永不屈服

Never Surrender

余杰/著

第三卷/黑暗時代的/抗爭者

目　錄

凡例與致謝 6
序：濁酒不銷憂國淚，救時應仗出群才 9

1920 年代 ──────────────────────17
01｜茅于軾（1929-）：唯有自由市場經濟才能讓中國人過上好日子　18

1930 年代 ──────────────────────29
02｜洛桑丹增（1939-）：正義和非暴力的力量一定能讓藏人勝利　30

1940 年代 ──────────────────────41
03｜章詒和（1942-）：近現代中國最大的災難，是對每個人天性和自由的剝奪　42
04｜朱耀明（1944-）：法庭的被告欄，是一生牧職最崇高的講壇　53
05｜李昱函（1949-）：受冤屈者還沒有得到自由，我怎麼能休息呢？　63

1950 年代 ──────────────────────73
06｜田奇莊（1953-）：反對個人崇拜，我將生死置之度外　74
07｜高志活（1954-）：帝國滅亡，藝術永存　84
08｜何清漣（1956-）：我的批判精神來自對公平正義的信仰　95
09｜高氏（1956-）：在極權中國，藝術家同時也是驅魔師　106
10｜毛孟靜（1957-）：我可能會跌倒，但不會失敗　118
11｜王剛（1958-）：願捨此頭顱，自由花燦爛！　129

2　永不屈服

12｜曹三強（1959-）：你可以對我施以重刑，卻囚禁不了我的
　　　　　　　　　心靈 138
13｜史庭福（1959-）：不要忘記六四這個痛苦的日子 149

1960 年代　　　　　　　　　　　　　　　　　　　　　　159

14｜李新德（1960-）：單刀孤雁走天涯，敢把貪官拉下馬 160
15｜趙海通（1961-）：如果能推動民主政治的進步，我死而無憾 169
16｜黃琦（1963-）：當我被判刑的時候，你們的罪行就板上釘
　　　　　　　　釘了 178
17｜王喻平（1964-）：我已捨情求道，隨時捨生取義 188
18｜李長青（1965-）：揭露公共衛生危機的真相，就是拯救人的
　　　　　　　　　生命 195
19｜余文生（1967-）：我的付出和努力，只為一個自由、民主、人權、
　　　　　　　　　法治的世界 204
20｜布倫丹・卡瓦納（1967-）：我必須反擊中國共產黨的跨國
　　　　　　　　　　　　　侵犯 215
21｜陳用林（1968-）：我很榮幸成為反共的典型 226
22｜許那（1968-）：當恐怖侵入日常生活，講真相要付多大代價 237
23｜帕爾哈提・吐爾遜（1969-）：槍口下的舞者，依然翩翩起舞 248
24｜楊紹政（1969-）：一個正常的社會需要有無數堅守正義的人的
　　　　　　　　　努力和奮鬥 257
25｜胡新成（1969-）：大病免費醫療，你我每日一呼 266
26｜鍾沛權（1969-）：為了新聞工作者不可逃避的責任，
　　　　　　　　　不惜失去一己自由 274
27｜塔依爾・哈穆特・伊茲格爾（1969-）：我額頭上的靶子，也無法
　　　　　　　　　　　　　　　　　　讓我下跪 284

1970 年代 ——————————————————————293

28｜藺其磊（1960-）：不為公權唱讚歌，誓為蒼生扶正義 294

29｜吳敏兒（1970-）：放棄只需一秒，堅持卻需要一世 307

30｜張海濤（1971-）：我用鍵盤和鼠標發出了自己的聲音，
　　　　　　　　　我無悔於這個時代 317

31｜昝愛宗（1971-）：我要自由而行，不再被奴僕的軛轄制 327

32｜富察（1971-）：專掌圖書無過地，遍尋山水自由身 337

33｜謝陽（1972-）：勇敢是中國律師最重要也最稀缺的品質 348

34｜郝志娓（1972-）：惟願荊棘蒺藜與我交戰，我就勇往直前 358

35｜王利波（1973-）：我只是想通過我的影片，盡量接近真相 367

36｜果・喜饒嘉措（1976-）：外來的紅風無法摧毀雪域的文化
　　　　　　　　　　　和信仰 377

37｜古麗尼莎・依敏（1976-）：我們以眼睛交談，以免黑暗發現
　　　　　　　　　　　　我們 385

38｜薩拉古・薩吾提拜（1977-）：我要堅強，我要為集中營裡的
　　　　　　　　　　　　　無辜者發聲 392

39｜陸輝煌（1978-）：掃除個人崇拜陰霾，促進憲政民主轉型 399

1980 年代 ——————————————————————409

40｜蕭育輝（1980-）：穿越怒海，奔向自由 410

41｜呂智恆（1982-）：每一次抗爭，我都在挑戰我的極限 420

42｜黃明志（1983-）：我要讓站著的人看到希望，讓跪著的人
　　　　　　　　　難看 432

43｜吳亞楠（1984-）：殺人不過點頭地，我不怕！ 442

44｜宋澤（1986-）：不讓天下有不平之事和不申之理 451

45｜符海陸（1986-）：我們再不說話，再不坐牢，他們會毀了
　　　　　　　　　更年輕的一代 461

46｜鄧玉嬌（1987-）：乍逢強暴拔刀起，天下惡官應喪魂 471

47｜權平（1988-）：以推翻共產主義為己任 480

1990 年代 ─────────────────────────── 491

48｜鄒家成（1997-）：拒絕殖民，民族抗暴 492

49｜夏巢川（1997-）：他們在教我變成石頭，但請變成水，夥伴 504

2000 年代 ─────────────────────────── 517

50｜方藝融（2001-）：與魔鬼是沒有任何妥協餘地的 518

凡例與致謝

一、「黑暗時代的抗爭者」為多卷本人物傳記，與「民主英烈傳」構成互補的系列——前者記述仍健在的抗爭者，後者記述已經辭世的民主英烈（現階段記述1990年以後辭世的）。本卷《永不屈服》為本系列之第三卷，此前已出版第一卷《當代英雄》（2023年）、第二卷《勇者無懼》（2024年）。「民主英烈傳」則已出版第一卷《美好的仗，已經打過》（2024年）。

二、本書所選之人物，以不同形式挺身反抗中共極權暴政，受到中共政權不同形式之迫害，如開除學籍、取消教職、吊銷律師執業資格、關閉經營的商業或企業、剝奪工作機會，乃至祕密警察長期監控、非法軟禁、通緝、酷刑折磨、行政拘留和刑事拘留、逮捕並判刑入獄等。他們的生命歷程即是對中共極權體制之強烈控訴和批判。

三、本書所表彰之人物，仍在中國（含已中國化的香港）者占六至七成左右，流亡海外且不能歸國者占三至四成左右，亦包括香港人、臺灣人、藏人、維吾爾人、蒙古人及其他少數族裔。作者深切期盼，本書能成為一座橋樑，將中國和海外的抗爭者及抗爭運動連接起來，促進不同環境下抗爭者的了解、交流、信任及彼此支持。更期盼閱讀到本系列的讀者，延續抗爭者之精神資源，以各種方式支持已經受難和正在受難的抗爭者們。

四、本書所寫之人物，必然涉及到若干與之共事、並肩作戰的同仁、支持者，後者以注釋形式作簡要介紹。本書所有注釋，均為相關人物之介紹，其他內容若需注釋則在文內出現。每篇人

物傳記中,約有五個相關人物以注釋呈現。注釋中的人物,亦有可能成為下一卷中的傳主。故而,每卷書中表彰的當代英雄有兩、三百位之多。

五、本系列所寫之人物,作者竭盡所能與傳主、傳主之家屬、友人取得聯繫,進行深入採訪,獲取第一手資料。若無法與相關人等取得聯繫,則努力搜集已有之資訊,包括傳主的文集、回憶錄、傳記、媒體訪問報導等,摘取其菁華部分,以求對人物做出全面、精準、深入、如實之呈現。

六、本書所記載的每一人物,篇幅大致在五千字上下,文字力求兼具史家之真實與文學家之優雅。小傳集中呈現傳主生前反抗中共暴政之面向,梳理其言行和思想起承轉合之脈絡,以利公眾對其主要事工、言行及思想觀點有基本之了解,而關於傳主的其他豐富和複雜的面向則暫且從略。

七、「黑暗時代的抗爭者」將是一個長期的寫作與傳播計畫。在中國實現民主轉型之前,將每年完成一至二卷,以抗爭者的故事形成一部當代中國的自由民主運動史。作者期盼,未來自由民主的中國,將如同其他自由民主國家,單單需要具備基本公民素質的公民,而不再需要英雄,更不必發生英雄為義受難乃至犧牲的悲劇。

八、本書之紙本及電子版,在華文世界唯一既具有出版自由又具有出版市場的臺灣推出,在臺灣及華人世界發行、傳播。本書之部分章節,將在若干媒體和網站發表、連載,並適時推出朗讀版及其他不同形式之版本,以便為更多關注中國議題尤其是中國民主轉型的讀者所接觸和了解。

九、本書的寫作和出版得到設在美國的人權組織「公民權利同盟」的支持與協助,「公民權利同盟」還將負責「民主英烈

傳」、「黑暗時代的抗爭者」兩大系列作品的推廣與傳播。該機構的願景是：建設一個充滿自由、公義和愛的美好中國。該機構的使命是：讓每一個華人成為有權利，有尊嚴，而且有社會參與意識的、有責任的公民。

十、本書引用若干自由世界的媒體，如：自由亞洲電台中文網、美國之音中文網、BBC中文網、法廣中文網、紐約時報中文網、改變中國網站、維權網、公民網、北京之春網站、中國政治犯關注網、民生觀察網、對華援助協會網、中國數字時代等媒體和資料庫的相關報導和資料，因篇幅所限，書中不再一一加以標註，在此一併致謝。

序／
濁酒不銷憂國淚，救時應仗出群才

在這個非人的地方，想有自由和尊嚴只剩反抗一途

在《永不屈服：黑暗時代的抗爭者（第三卷）》所寫的五十位抗爭者中，所有人都遭受過或正在遭受來自中共極權暴政各式各樣的迫害，從最年長的茅于軾到最年輕的方藝融（他們相差七十二歲），無一例外。

為了尋求自由，而不得不失去自由，或許是人類的宿命，正如劉曉波所說：「在我們這個非人的地方，想有尊嚴只剩反抗一途，所以坐牢只是人的尊嚴的必不可少的部分，沒有什麼可炫耀的。」然而，我們還是要努力記載和表彰每一個「以監獄為家」的勇敢者，因為自由的力量、榜樣的力量是可以傳染的。

在本卷書寫和出版之際，這五十個人物當中，仍身處監獄、看守所、精神病院及其他祕密拘押之地的有：高毓、毛孟靜、王剛、史庭福、李新德、趙海通、黃琦、余文生、許那、帕爾哈提・吐爾遜、楊紹政、鍾沛權、吳敏兒、張海濤、昝愛宗、富察、謝陽、郝志妮、果・喜饒嘉措、古麗尼莎・依敏、陸輝煌、呂智恆、吳亞楠、宋澤、鄒家成、方藝融等二十六人，總計超過一半以上。而書中的其他人，大都也是「出了小監獄，又進大監獄」，或者正走在前往監獄的路上。

本卷所寫的抗爭者中，有不少曾身處體制內。他們是官員、議員、社會名流、大學或學術機構的高級知識分子、媒體主管、

律師、商人、海歸等，比如茅于軾、毛孟靜、田奇莊、何清漣、楊紹政、王喻平、李長青、陳用林、胡新成、鍾沛權、吳亞楠、權平⋯⋯他們原本享有「食有魚，出有車」的優渥生活，如果明哲保身、對社會不公不義保持沉默，可以繼續生於安樂、歲月靜好。他們卻挺身而出，像索忍尼辛那樣「牛犢頂橡樹」，為此失去了此前擁有的一切，包括社會地位、財富、安全、自由乃至美好的家庭生活。他們付出的代價不可謂不沉重，九十二歲的茅于軾離開中國，自我放逐於加拿大，成為最高齡的「潤學」實踐者，就是其中最典型的案例。他們中的很多人遭到警察、祕密警察和司法機構構陷，遭到中共御用宣傳機構攻擊、誹謗和妖魔化，成為罪犯，成為賤民，成為「不可接觸之人」，成為媒體上的禁忌和「時代的失蹤者」。

然而，這是他們自己選擇的「少有人走的路」和「自由的窄門」。王剛說：「願捨此頭顱，自由花燦爛！」趙海通說：「如果能推動民主政治的進步，我死而無憾。」黃琦說：「當我被判刑的時候，你們的罪行就板上釘釘了。」余文生說：「我的付出和努力，只為一個自由、民主、人權、法治的世界。」楊紹政說：「一個正常的社會需要有無數堅守正義的人的努力和奮鬥。」鍾沛權說：「為了新聞工作者不可逃避的責任，不惜失去一己自由。」吳敏兒說：「放棄只需一秒，堅持卻需要一世。」張海濤說：「我用鍵盤和鼠標發出了自己的聲音，我無悔於這個時代。」謝陽說：「勇敢是中國律師最重要也最稀缺的品質。」呂智恆說：「每一次抗爭，我都在挑戰我的極限。」吳亞楠說：「殺人不過點頭地，我不怕！」方藝融說：「與魔鬼是沒有任何妥協餘地的。」他們的宣誓，每一句話都擲地有聲，可比擬一百多年前秋瑾女俠的詠嘆──「拼將十萬頭顱血，須把乾坤力挽回」、「金甌已缺總須

補，為國犧牲敢惜身！」

哪裡存在著最嚴酷的逼迫，哪裡就會誕生最堅韌的反抗

鑒於中國正在無聲發生的種族滅絕、文化滅絕和信仰滅絕事件，在本卷中，重點凸顯中共在某些特定區域、種族及信仰群體中實施的暴政，以及受逼迫者可歌可泣、前赴後繼的反抗。

目前，中共官方意識形態包括三足鼎立的三個部分：無神論的馬列主義和毛澤東思想、民族主義（漢族中心主義）、大一統的中央集權。所以，只要不認同、不服從此三大原則的個體、族群和文化及信仰群體，都是中共眼中除之而後快的對象。但是，哪裡存在著最嚴酷的逼迫，哪裡就會誕生最堅韌的反抗。

以少數族裔而論，作為維吾爾族的帕爾哈提·吐爾遜、古麗尼莎·依敏、塔依爾·哈穆特·伊茲格爾，作為哈薩克族的薩拉古·薩吾提拜，作為藏族的洛桑丹增、果·喜饒嘉措，作為滿族的富察，作為壯族的陸輝煌，作為朝鮮族的權平，他們的反抗通常是「雙重反抗」──既反抗中共政權對普世人權價值的踐踏，又反對中共政權對其生而有之的族群身份的「定向」迫害。他們既爭取作為一個人應當享有的基本自由和人權，也爭取所屬少數族群的身份認同。因此，他們所受之打壓數倍於其他抗爭者。

以宗教信仰而論，作為牧師或基督徒的朱耀明、曹三強、李長青、史庭福、昝愛宗、郝志妮、蕭育輝等人，作為穆斯林的帕爾哈提·吐爾遜、古麗尼莎·依敏、塔依爾·哈穆特·伊茲格爾、薩拉古·薩吾提拜等人，作為藏傳佛教僧侶或信徒的洛桑丹增、果·喜饒嘉措等人，作為法輪功修煉者的許那等人，他們的反抗同樣是「雙重反抗」──他們既是為能自由地信奉其宗教而

戰,也是為其他方面的自由和人權而戰(如言論自由、新聞自由、集會自由等),因為宗教信仰自由與其他方面的自由和人權不可分割、水乳交融。

　　以區域而論,與前兩卷一樣,本卷高度重視人權狀況慘不忍睹的「重災區」——新疆(東突厥斯坦)和西藏(圖博),也對淪陷於「警察城市」的香港予以更多同情、關注和聲援。香港不是緩慢地「內地化」,而是一步就邁向「新疆化」。本卷中收入的香港抗爭者有朱耀明、毛孟靜、鍾沛權、吳敏兒、呂智恆、鄒家成等六人,接近全書五十個人物的八分之一。多人僅僅因為參與民主派初選就被逮捕、長期關押,法治和人權保障蕩然無存。香港遭遇中共劣質、橫暴的再殖民,是自由民主世界在二十一世紀最大的挫敗。這個惡果不應當由香港一個城市的數百萬市民單獨承受,喪鐘不單單為香港而鳴,中共的魔爪不會止步於香港。自由民主世界理應支持香港人的反抗,幫助香港人「時代革命,光復香港」。

　　進入二十世紀以來,中國的維權運動此起彼伏,本卷中記錄的很多抗爭者都是在維權運動中湧現出來的。其中,維權律師有:李昱函、余文生、藺其磊、謝陽等人;維權人士有:李新德、趙海通、黃琦、胡新成、張海濤、蕭育輝、宋澤、符海陸、鄧玉嬌、夏巢川、方藝融等人。近年來,在習近平政權的瘋狂打壓下,維權運動式微,但絕不會泯滅,它如同魯迅筆下的「死火」,「有炎炎的形,但毫不搖動,全體冰結,像珊瑚枝」,終有一天,會如同「紅彗星」一般「突然躍起」。

　　中國古語說,「惻隱之心,人皆有之」;法國作家卡繆說,「我們只希望得到憐憫與鼓勵」。因此,本卷特別表彰幾位並非中國公民卻熱情為中國的民主自由鼓與呼國際友人:創作六四「國殤」雕塑的丹麥雕塑家高志活、用音樂對抗極權中國的英國鋼琴

家布倫丹・卡瓦納、以自由出版瓦解「大中華」偽歷史敘事的臺灣（中華民國）出版家富察、用流行音樂解構「龍國」皇權文化的馬來西亞歌手黃明志。史諾和季辛吉不是「中國人民的老朋友」，上述人物才是「中國人民肝膽相照的好朋友」。

共產極權主義是幽靈，我們每個人都是驅魔師

學者康正果在評論先鋒藝術家高氏兄弟的一系列反毛作品時，形容高氏兄弟是「驅魔師」。

共產極權主義是幽靈，是魔鬼。這是共產黨「老祖宗」馬克思自己說的，馬克思在《共產黨宣言》中寫道：「一個幽靈，共產主義的幽靈，在歐洲游蕩。」這裡，馬克思使用的德文原文是 Gespenst，德文《杜登詞典》對該詞如此釋義：意為「引起恐懼的鬼魂之物（以人的形態出現）」，也就是「鬼，鬼怪，鬼神，鬼魂，幽靈」，或（貶義）令人不可思的可怕的事情。該詞典援引《共產黨宣言》首句作為 Gespenst 一詞的名句。該詞典以下兩個詞條亦頗具啟發性——Gespensterschiff（幽靈船）：「傳說中載著死人漂浮在海上的船隻。」Gespensterstude（幽靈時間）：「午夜和一點之間的時間。」德文《布羅克豪斯百科詞典》對 Gespenst 的解釋是：「民間和迷信中預示不祥、總是引起恐懼的鬼魂形象，大都以人形出現，不可與神話形象、神靈或女巫相等同。」

從二十世紀初有人用中文節譯《共產黨宣言》開始，《共產黨宣言》第一句話大致有以下幾種譯法：民鳴本（1908）：「歐洲諸國。有異物流行於其間。即共產主義是也。」陳望道本（1920）：「有一個怪物，在歐洲徘徊著，這怪物就是共產主義。」華崗本（1930）：「有一個怪物正在歐洲徘徊著——這怪物就是共產主

義。」博古本（1943）：「一個幽靈在歐羅巴躑躅著——共產主義底幽靈。」果然，這些譯者中有好幾位，雖然加入了中國共產黨卻仍被中國共產黨迫害致死。

與共產黨和共產主義的抗爭，不是一場比賽蠻力和技巧的拳擊賽。我們的敵人，不單單是毛澤東或習近平這樣的獨裁者個體，也不單單是像絞肉機一樣的政黨組織和政權機器，而是共產主義意識形態。歸根結底，這是一場心靈、精神和思想領域的鬥爭，這是最高層次的鬥爭。正如經濟學家和政治哲學家米塞斯（Ludwig Von Mises）在《社會主義》一書中的大聲疾呼：「只有觀念能夠打敗觀念。」如果我們相信「真理只存在於大砲的射程之內」，就會崇尚成王敗寇的叢林法則，就會匍匐於共產暴政之下自願為奴；如果我們相信上帝賦予人類神聖的、不可被剝奪的自由和權利，就不會輕易放棄這寶貴的自由權利，當惡魔來誘騙或掠奪時，我們就會睜大眼睛、握緊拳頭、像驅魔師那樣，與惡魔抗爭到底。

如果說中國的東方專制主義是龍，那麼從西方傳入中國並實現「中國化」的共產極權主義就是惡魔。毫無疑問，驅魔比屠龍更難。但文字可以驅魔，繪畫可以驅魔，音樂也可以驅魔，每個人都可以找到自己在這場驅魔之戰中的位置和使命。在本卷中，許多身為學者、作家和藝術家的抗爭者，用思想、文字、藝術和影音作品參與到這場偉大的驅魔行動之中：茅于軾從經濟學入手得出結論：「唯有自由市場經濟才能讓中國人過上好日子。」章詒和以文字對抗遺忘，句句都是斷腸聲，凝聚成一句真相：「近現代中國最大的災難，是對每個人天性和自由的剝奪。」高志活和高牦的雕塑，布倫丹・卡瓦納和黃明志的音樂，以及王利波的紀錄片，也都是驅魔的法寶。即便你成不了他們那樣的原創者，你至少可以充當驅魔術的傳播者和推介者。

政治哲學家漢娜・鄂蘭（Hannah Arendt）提出「平庸之惡」或「惡之平庸」的概念，以此解釋極權主義何以擁有龐大的「群眾基礎」。她呈現了一部分的事實與真相，這是令人沮喪、悲觀的事實與真相。然而，在上帝所造之人類身上，除了這一部分以外，還有與之對應的「平凡之善」——這正是我們在「抗爭者系列」和「民主英烈傳系列」中不斷發掘的「隱藏在黑色煤炭中的閃亮鑽石」。劉曉波說過，中國需要道義上的巨人，但我們認為，中國更需要無數「平凡之善」的持有者和捍衛者。在本卷中，有超過一半主人公是平凡的抗爭者，很多人的名字，恐怕那些對中國民主人權運動多有關注的讀者也聞所未聞。這毫不奇怪，中共以舉國之力開動鋪天蓋地的宣傳機器，幾乎實現了對這些抗爭者的「二次謀殺」，讓人們以為他們的抗爭行為彷彿從未出現過。因此，我們奮力將他們發掘出來，激活他們的生命和精神，使之傳播，使之傳承，使之發揚光大。比如，身為失業工人的史庭福，在南京大屠殺紀念館外大聲疾呼，讓民眾不要忘記六四屠殺；身為富士康工人的陸輝煌，「位卑未敢忘憂國」，以一己之力寫出一份類似於《零八憲章》的中國民主轉型方案；身為普通大學生的方藝融，受四通橋勇士彭立發的激勵，以殉道者的勇氣在街頭再度上演類似壯舉。他們都為之付出了巨大代價，我們不能讓他們被中共像蛛絲般輕輕抹去。

馬克思沒有想到，一個半世紀後，共產主義的幽靈在歐洲被擊敗，這個幽靈卻盤踞在東方的中國殘民以逞。每一個熱愛自由的抗爭者，都是驅魔師，當驅魔師的數量超過魑魅魍魎時，中國必將迎來自由之光普照的那一天。

2024 年 10 月 30 日
美利堅合眾國維吉尼亞共和國費郡綠園群櫻堂

一九二〇年代

01 茅于軾：唯有自由市場經濟才能讓中國人過上好日子

茅于軾（1929年1月14日—）：經濟學家，長期在中國推廣自由市場經濟學說，美國加圖研究所（Cato Institute）「傅利曼促進自由獎」（Friedman Prize）得主，被譽為「經濟學界的魯迅」。1993年，創辦北京天則經濟研究所，成為中國民間智庫的先行者。2001年，創辦北京富平保姆學校。2009年，發起成立永濟小額貸款公司。2004年，被《南方人物周刊》評為「中國五十位最傑出知識份子」之一；2007年，被中國《新聞週刊》評為中國十年最有影響力的知識份子。他堅持「不能說，非要說；不能做，非要做」，因發表批判毛澤東、民族主義及中共一黨獨裁的言論，多次遭到官方封殺和毛派、左派、狂熱民族主義者的恐嚇威脅。2023年，九十四歲的茅于軾移居加拿大，並表示「此生不再回去了」。主要著作有：《擇優分配原理——經濟學和它的數理基礎》、《中國人的道德前景》、《經濟學的智慧》、《給你所愛的人以自由》等。

茅于軾：生於江蘇南京。祖父茅乃登是辛亥革命元老，父母都在西方受教育，父親茅以新是鐵路工程師，二伯父茅以昇是橋樑專家和教育家。

1946年，茅于軾考上南開中學。後又考入國立交通大學工商管理系，大二時轉入機械系。

1949年5月27日，共產黨軍隊開進上海時，年輕的茅于軾擠在人群中，熱情地觀看隊伍通過。但新政權對他這樣家庭背景的青年並不信任，他未能完成大學學業就被發配到黑龍江齊齊哈爾鐵路局工作，歷任機車司爐、司機、技術員、工程師。

1955年，茅于軾調入鐵道部鐵道科學研究院，任助理研究員。1958年，在反右運動中被劃為「右派」。這是他一生中最痛苦的時段之一，人的基本權利完全不被承認。

1959年，茅于軾被下放到山東滕縣勞動改造。在那裡他體驗了三年大饑荒，他自己險些送命。當時，他已全身浮腫，眼睛都難以睜開，靠撿螞蚱吃才活下來。

文革期間，茅于軾和妻子一起被掛牌、批鬥、強迫勞動，家被抄。他和妻子被剃成光頭，母親被剃成「陰陽頭」，以示他們是人民的敵人，可以被隨意羞辱和毆打。茅于軾曾被打到滿背鮮血淋漓。之後，他被調至大同機車廠工作十年。

1975年，茅于軾回到北京，開始從事運輸經濟、數理經濟等微觀經濟學研究。1984年9月，調入中國社會科學院美國研究所，先後任副研究員、研究員，躋身最著名的經濟學家行列。1986年，赴美國哈佛大學做訪問學者。

1993 年，茅于軾和**盛洪**[1]、**張曙光**[2]等學者共同創建民間智庫「天則經濟研究所」，先後任所長、理事長。「天則」二字取自《詩經》「天生烝民，有物有則」，意為合乎天道自然之制度規則。作為獨立的非營利智庫，天則以促進中國經濟的自由化和政治的民主化為目的，舉辦學術論壇、經濟學會議和學者沙龍、發佈研究報告。它被《華爾街日報》譽為「中國自由經濟思想的罕見燈塔」。

　　法國《費加羅報》在一篇專訪中寫道，鑒於茅于軾的學術成就和社會影響力，政府試圖拉攏他，曾邀請他加入政協。然而，茅于軾參與連署了呼籲為六四正名的公開信，政府只好就此罷休。

　　2004 年 7 月 16 日，茅于軾發表公開聲明譴責中共當局查禁其著作：「我的著作（由何宗思編輯）《給你所愛的人以自由》一書在 2003 年 5 月於中國文聯出版社出版，首次印刷 8,300 本，銷售良好，又於 2004 年 1 月第二次印刷 2,065 本，並且臺灣未來書城出版社又在臺灣出版。近日文聯出版社得到有關當局電話通知，不得繼續印刷，已經印刷尚未出庫的不得出庫銷售，使得出版合同無法繼續執行。我對於這種違反憲法，侵犯公民基本權利的做法深表遺憾。希望有關當局要學習憲法，懂得依法行政，即刻糾正這種違憲的行為。」

1　盛洪（1954-）：北京人，經濟學家，山東大學經濟研究院教授，天則經濟研究所所長。其專著《分工與交易》是制度經濟學的研究方法在中國的成功嘗試。其主編的《中國的過渡經濟學》和論著《尋求改革的穩定形式》代表了這一領域的領先水準。2018 年 11 月 1 日，他赴美參加學術會議時，在首都機場邊檢被告知不許出境，理由是「危害國家安全」，讓他感到震驚，恍若隔世。

2　張曙光（1939-）：經濟學家，中國社會科學院經濟研究所研究員，研究生院教授，天則經濟研究所學術委員會主席。主要研究領域為：宏觀經濟理論和政策，制度和制度變遷理論。他曾在公開演講中說：「事實上我們現在的狀況就是在政府主導，國有企業統治，公有制為主體，有中國特色這個情況之下，把西方的市場經濟引進來以後，這樣的市場經濟我覺得就扭曲了。」

8月15日，劉曉波發表〈自由是起而行的果實——有感於茅于軾的聲明〉一文表達聲援。劉曉波寫道：「茅先生的公開聲明，像他一貫的敦厚寬容的文風一樣，注重法律、措辭溫和，但其首開體制內人士公開抗議禁書的先河，不僅是對言禁制度的尖銳挑戰，對有憲法而無憲政的法制現狀的批判，而且對於其它的被禁作者也是一種感召。」文章還寫道：「茅先生，不但一直為自由主義價值進行辯護，而且屢次以行動捍衛國民的自由；他不但敢於起而捍衛自己的言論自由，而且當別人的基本權利受到侵犯之時，他也能起而捍衛，多次參與敏感的政治性維權活動，表現出言行合一的知識良知：論證自由，固然重要，但自由不是坐而論道論出來的，而是身體力行地做出來的。特別是，茅先生曾毅然加入對杜導斌的聲援，曾令晚輩肅然起敬。因為，就在導斌被捕前不久，導斌曾撰文批駁茅老的〈已見曙光、待見朝陽〉一文，其文風之激烈，筆走偏鋒，在所難免。茅先生沒有著文回應，卻在導斌被捕時加入聲援的行列，以其實際行動踐行著自由主義的鐵律：我可以不同意你的某個觀點，但我要以生命捍衛你說出這個觀點的權利。」

2008年，茅于軾成為劉曉波發起的《零八憲章》的第一批簽名者。劉曉波被捕一年後，茅于軾等328名《零八憲章》的起草者和簽署人發表題為〈我們願與劉曉波共同承擔責任〉的聲明，表示願意跟劉曉波共同承擔責任。茅于軾接受外媒訪問說，他要向當局表示，「你們對劉曉波的看法、你們給劉曉波的懲罰，我們願意承擔，儘管這個懲罰是毫無道理的」。他還說，現在到了政府徹底反省的時候了：「胡錦濤講『不要瞎折騰』，你抓劉曉波就是瞎折騰。發個《零八憲章》有什麼了不起的，又不會動搖你的統治。你抓劉曉波是不符合憲法的，老百姓有言論自由嘛，以言治

罪完全是沒有道理的。」

2020年12月1日，茅于軾原定搭飛機到新加坡，出席「喜馬拉雅流域開發國際合作會議」，並發表題為〈成功的國際合作需要什麼條件〉的演講。他在北京機場準備飛往新加坡時，被邊防以「危及國家安全」為理由拒絕出境。同一時段，若干民主派知識分子被禁出境，中共當局擔心他們前往奧斯陸參加劉曉波的諾貝爾和平獎頒獎典禮。茅于軾在微博上披露此事說：「（危及國家安全之說）使我想起文革，我家被抄，掃地出門，愛人被剃了光頭，我被鞭打流血，反而說我是首都的危險分子。現在我被阻出國，反說國家安全受威脅。同樣的邏輯。」

2011年4月，茅于軾發表〈把毛澤東還原成人〉一文，是**辛子陵**[3]所寫《紅太陽的隕落》一書的讀後感。他寫道：「中國餓死三千多萬人，超過中外歷史上和平或戰爭時期餓死人的最高記錄。在和平時期，沒有任何別的理由可推脫。這是誰的責任。無疑是毛澤東的責任。」、「在毛眼中，人民只不過是一堆肉，是叫喊萬歲口號的工具。權力欲望控制住了他的生命，他為此而完全瘋狂了，用最大的代價去追求權力，以至於他的權力本身因此而削弱。」、「現在揭發發現，毛澤東姦污過不計其數的婦女。原來他在神壇上，他的人性的獸欲方面誰也不敢說。他從神壇上走下來之後，這些事一樁樁被暴露。其冷血性無與倫比。其心理的陰暗實在叫人吃驚。大家都說，毛澤東有超高的智慧，沒人學得

3　辛子陵（1935-2021）：河北安新縣人，原名宋科，傳記作家，中共黨史學者。曾任中國人民解放軍軍事學院出版社長、國防大學《當代中國》編輯室主任等職，退休前為正師級大校軍銜。其七十萬字的著作《紅太陽的隕落：千秋功罪毛澤東》嚴厲批評毛澤東，結論為「毛澤東一生過大於功，倒三七開」。曾因批評曾慶紅家族腐敗，被隔離審查和軟禁在家。

了。但是更沒人能學的是他的冷酷無情,沒有起碼的人性。」、「四人幫的頭頭,這禍國殃民的總後臺還在天安門城樓上掛著,在大家每天用的鈔票上印著。中國的這幕滑稽劇現在還沒有真正謝幕。」

這篇文章激怒了毛派網站「烏有之鄉」。「烏有之鄉」刊出對茅于軾和辛子陵的「公訴書」。「公訴團」指控茅于軾以極度惡毒的語言攻擊、詆毀中共和毛澤東,篡改、捏造和醜化中共的歷史。「公訴團」聲稱徵集到上萬簽名。毛派還打電話到茅于軾家中及天則所進行辱罵和威脅。

茅于軾不是一位原創性的經濟學家,他只是在中國傳播自由市場經濟的常識,並以溫和理性的形象成為中國知識界的道義標竿。2012年美國倡導自由市場經濟的智庫卡托研究所將該年度的「傅利曼促進自由獎」授予茅于軾。卡托研究所在授獎詞中表示,茅于軾積極倡導中國建立開放和透明的政治體制,並努力推動公民社會和自由,在研究中國經濟問題的時候不忘推動公民權益,並把社會平等視為中國市場經濟轉型的重要內容。「他努力推動經濟自由,讓民眾能夠選擇自己的生活。他也呼籲坦誠審視中國過去走過的道路,尋求改善政府問責制和尊重個人自由的方法。」

同年5月4日,茅于軾在華盛頓舉行的頒獎典禮上發表演說指出:「自由促進了財富的增長,把人們從貧困中解放出來。接受這個促進自由獎,是我八十多年的一生中最重要的事。我感到非常榮幸。我把卡托研究所授予促進自由獎看成是對中國多年來全體追求自由人士的鼓勵。」他指出:「自由主義是一種個人修養,是不干涉別人應有自由的自我約束。如果每個人都有這種修養,我們就生活在一個自由的世界裡。但是人從小長大都是從自我為中心開始的,慢慢地懂得要尊重別人,約束自己。為此我寫

了一本書,題目是《給你所愛的人以自由》,而且我還說,也要給你不愛的人以自由。因為別人的自由是他的權利,誰也無權剝奪它。有時候也要給敵人以自由。因為你干涉了他的自由而變成了敵人。如果給他自由本來應該是朋友。問題在現有的制度安排使有一部分人有權干涉別人的自由而不受制裁。這是問題的所在。」他樂觀地預言,歷史上自由與特權延續幾千年的衝突可能很快結束:「至今形勢有了特別快的進展,自由的浪潮席捲全球,成為不可抵抗的力量。人類絕不會再花幾百年來完成這個過程。再有兩三代人,這個幾千年的鬥爭就會結束了。它一定是普遍的,人人平等的享受自由的狀態。如今還負隅頑抗的特權者應該認清形勢,及早適應世界大潮。」他在演講的最後說:「在中國,追求自由的力量越來越強大。我在過去三十年內做的只是極其微小的一部分。但是世界自由平等的大潮就是由涓滴細流形成的。全世界所有的大江大河無一不是由許許多多細流會合而成。全世界追求自由的大潮也是這樣。」茅于軾將二十五萬美元獎金捐獻給他創辦的天則研究所和扶貧基金。

茅于軾也不害怕發表爭議性的言論,諸如「替富人說話,為窮人辦事」、主張教育商品化、反對經濟適用房等。2012年8月,茅于軾接受鳳凰衛視訪問時說:「老百姓關心的是什麼,生命財產的安全,希望能夠交朋友,到日本到臺灣去旅遊,做生意,交換信息,互相交朋友享受人生,這個是老百姓最關心的事。我覺得,釣魚島沒有常住人口,沒有GDP,更沒有稅收,如果海水漲了把它淹了,對全世界任何一個國家、任何一個老百姓不會有任何的影響。我們為了這件事造成衝突我覺得這個太不合算了。」他在新浪微博上表示:「請問,是領土完整重要,還是百姓的生命財產重要?我認為當然是百姓的生命財產更重要。領土不完整,

少了一塊，於我何干呢？……如果那是一塊連人都沒有的荒島，爭這塊領土就毫無意義。」他還公開表示，反對建造航母：「我不同意拿國家的錢去造航空母艦。……不造航母，錢可以用於消除貧困、愛滋病治療、改善氣候變暖等等困擾的問題。」他的這些言論遭到民族主義者猛烈抨擊，指其言論與賣國主義者的行為無異。

2012 年，薄熙來垮臺，習近平掌權。茅于軾一度對中國的前景頗為樂觀，他甚至評估說，六四將很快平反。但隨後習近平推行了一條升級版的薄熙來路線，六四正名更遙遙無期。三年後，茅于軾接受媒體訪問指出，「六四肯定要平反。這是遲早的問題，也是世界不可逆的大潮流。……有一個很簡單的『給說法』途徑，那就是現在還活著的責任人，比如李鵬，站出來公開向全國人民三鞠躬，認罪，謝罪，承認自己當時做錯了。」

2013 年，茅于軾到遼寧瀋陽和湖南長沙做演講，遭到電話騷擾以及現場抗議而被迫中斷。瀋陽示威者打著橫幅「瀋陽人民聲討漢奸茅如屎」、「打倒美國豢養的漢奸走狗」、「警惕茅于軾串聯煽動推翻共產黨，把中國變成敘利亞」等；長沙示威者打著橫幅「茅于軾是反民族反共產黨、反社會主義的狗漢奸」、「嚴防漢奸茅于軾流竄偉人故鄉作案、紅色熱土豈容玷污、三湘父老情何以堪」。當局任由左派公開展示如此惡毒的人身攻擊。

2016 年，中共當局大張旗鼓紀念改革開放四十週年。茅于軾接受外媒訪問指出，過去四十年來中國市場化很成功，但政治改革滯後甚至倒退，經濟成就難以保障。「政治清明、言論自由、人民監督、司法獨立，這些做不到，市場發展就會受阻礙。」他認為，80 年代是中國政治最開明的時代，那時是胡耀邦和趙紫陽主政：「拿我個人來講，80 年代，我每年到北京和外地，主要是各

個大學，發表的演講，每年至少是四十次，最多是六十次。相當於平均一個禮拜一次。但是這個過程到了89年六四停下了。」他在80年代出版過的很多書，以後都無法再版。

茅于軾直言，六四中斷了中共政改過程，六四是中國政治倒退的開始：「一個政府沒有權力把自己的老百姓打成反革命，更沒有權力殺自己的老百姓，這個道理用不著多解釋。無論如何，將槍口對準手無寸鐵的老百姓就是不對的。」他表示，中國政治的進步，鄧小平起了極大的阻礙作用。六四開槍，趙紫陽、胡耀邦下臺，以後大家只知道江澤民、胡錦濤，他們就是維持一個局面，沒有改革開放的決心，造成今天不進不退的局面，「雖然我們不斷還在喊改革開放，實際只是變成一個口號，沒有實際行動」。

茅于軾點名批評習近平說：「我感覺幫習近平出主意的人是高級黑，他自己也糊塗。其實，你想終身制，用不著修改憲法。」他進而指出：「治理國家要有 idea，要有觀念。毛澤東是有一套觀念的，儘管他的觀念並不對，但他確實對治理國家，形成了一個自洽的應對的方案，這個是很抽象的治國方案。習近平到現在沒有發展出他自己的治國觀念，所以他比較方便的拿毛澤東的治國方案來用。當然隨著形勢變化，不完全是那一套。」茅于軾還批評習近平「不懂經濟但又要凡事一把抓」。

2017年1月14日，中國最高法院院長周強在全國高級法院院長會議中表示，全國各級法院要做好意識形態工作，「堅決抵制西方『憲政民主』、『三權分立』、『司法獨立』等錯誤思潮影響，旗幟鮮明，敢於亮劍」。茅于軾與崔衛平、**張千帆**[4]等七十多名學

---

4 張千帆（1964-）：上海人，法學學者，美國德克薩斯大學奧斯汀分校政府學博士，主攻憲法學、比較憲法、中國憲法、憲政原理等領域。北京大學法學院教授、中國法學會憲法學會理事。2019年2月，其主編的已於中國高校使用十五年之久的教材

者、作家、律師和企業家發表連署信〈敦請周強辭職書〉。信件指出，司法獨立在全球早有共識，中國政府也早已簽署《世界司法獨立宣言》和《世界人權宣言》；信件批評，周強以中國首席大法官的身份，公然給「司法獨立」貼上西方標籤，藉此混淆法治共識，「這樣的院長，必須走人」。

2月，茅于軾再遭封殺，其個人社交網帳號，及天則所的官網、中評網都遭關閉。

2018年11月，北京工商行政管理局以擅自從事教育活動為由，吊銷北京天則所諮詢有限公司的營業執照。

2019年8月，北京市有關部門指控天則所違反監管規定，「未經登記，擅自以民辦非企業單位的名義進行活動」，下令強制關閉該研究所。

天則所理事長吳思對外媒表示，目前天則所已經停止辦公，進入解散、清算和遣散員工善後的程序。天則所行政主任盛洪接受訪問時說：「我們再也沒有生存的空間，在沒有選擇下只有關門。」歷史學者章立凡稱，天則被取締是繼《炎黃春秋》之後中國又一次對知識分子的打壓行動。章立凡指出：「目前中共的邏輯就是，基本上NGO就是顏色革命的策源地，他們對這種民間學術團體有本能的警惕和排斥。」北京清華大學社會學教授郭于華認為，一直以來中國的社會空間就十分有限，但近幾年更加嚴酷，「一點空間都沒有了」。取締天則一方面是要限制言論自由，另一方面是侵佔和封鎖社會空間，不讓社會存在自組、自主、自治的組織，「整個趨勢就是一黨專制，包括想用宣傳來控制所有的輿

《憲法學導論》遭下架，有傳言稱與其遭檢舉「鼓吹西方制度」有關。主要著作有：《為了人的尊嚴：中國古典政治哲學批判與重構》、《憲法學導論：原理與應用》、《西方憲政體系之美國憲法》、《西方憲政體系之歐洲憲法》等。

論，用權力來控制社會的這種空間、組織，這就是一個明顯的趨勢」。

海外輿論認為，在中國經濟處於下行風險，以及與美國捲入貿易戰之際，向獨立智庫進行消音，將削弱中國領導人對政策研擬的視野。哈佛大學中國研究專家柯偉林（William Kirby）說，天則之關閉進一步收窄了中國經濟研究的言論空間，而這正是中國極度需要聆聽這些論點的時刻：「在此刻，頭腦發熱的官僚們採取肆無忌憚的手段來打壓討論空間。」哈佛大學學者 Julian Gewirtz 說：「天則已經成為在中國爭取發聲空間的一個象徵，它旗下的成員毫不避諱地將他們的著作與西方思想家和學者拉上關係，而這正是習近平政府所要杜絕的。」

2023 年中，茅于軾攜夫人趙燕玲移民加拿大溫哥華，與女兒一起生活，並表示此生不會再回中國，成為最年長的「潤學」實踐者。獨立時評人**蔡慎坤**[5] 披露了一些內情：「當茅老提出要出來的時候，是國安主動把他送上飛機的。巴不得讓他早點走。」

2024 年 1 月 17 日，旅美作家**高伐林**[6] 在 X 平臺發帖轉達茅于軾給年輕人的寄語：「我已經很老了，活不了多久，將來的世界是年輕人的。你們將面對什麼樣的社會？應該比我急。社會要進步，這是每一個人的責任。若社會倒退，也是我們每一個人造成的。」

5　蔡慎坤：專欄作家、時評人、每經智庫專家。鳳凰網 2011 年、2012 年十大影響力博主。著有：《股民辭典》、《海南十年反思》、《誰來拯救中國股市》等。
6　高伐林（1950-）：湖北武漢人，作家、歷史學者。青年時代出版過多部詩集。1990 年最後一天，遠走美國。近年來轉向歷史題材寫作。

一九三〇年代

02 | 洛桑丹增：正義和非暴力的力量一定能讓藏人勝利

洛桑丹增（Lobsang Tenzin，1939年11月5日—）：第五世桑東仁波切（Samdhong Rinpoche），近五歲時被認證是第四世桑東仁波切的轉世，從此悉心研讀佛法。1959年，隨第十四世達賴喇嘛逃離中共軍事佔領下的西藏，抵達印度。隨後，在多個寺廟及學校學習、任教，並在流亡政府從事政治工作。1992年，他被達賴喇嘛提名為西藏人民代表大會（國會）代表，並當選為議長。2001年及2006年，兩度當選西藏流亡政府噶倫赤巴（即總理，或稱首席部長），他也是最後一位具有僧人身份的西藏政府首腦。

洛桑丹增：生於雲南德欽縣一個普通藏族人家。他在五歲左右被認證為第四世桑東仁波切的轉世，並在甘丹德千林寺坐床，跟隨止傑樣仁波切學習聲韻學。七歲時，在持桑蚌仁波切座下出家並求授沙彌戒。十二歲時，進入三大寺哲蚌洛色林僧院學習佛法。隨後，在第十四世達賴喇嘛及林仁波切、赤江仁波切座下學習佛法。

1959年，中共軍隊殘酷鎮壓藏人的反殖民運動，達賴喇嘛被迫出走印度。桑東仁波切追隨達賴喇嘛逃亡。在逃亡路上，達賴

喇嘛任命當時還未年滿二十歲、比自己年輕四歲的桑東仁波切給隨眾和僧侶講授佛法。桑東仁波切視之為達賴喇嘛對其學識的肯定和極大的榮耀。

1960年，桑東仁波切在佛教聖地菩提迦耶的菩提法林寺，於達賴喇嘛座下求授比丘戒。同年，他前往達蘭薩拉，於達賴喇嘛的二大親教師尊前聽聞法義。同時，他幫助西藏流亡政府整頓相關工作及在南方學校整理藏傳佛教經典書籍和教授課程。

1961年起，桑東仁波切在席拉、大吉嶺、及南方等多地學校擔任佛法教師及校長職位多年，對藏傳佛教的教育體系奠定了紮實的根基。

1968至1969年間，桑東仁波切獲得哈然巴格西學位後，進入上密院學習並獲得優等密續格西學位。

從1971年起，桑東仁波切在中央高等藏學研究學院擔任校長，對於佛法研究及教育貢獻甚大。在其領導下，中央高等藏學研究學院發展成為印度知名的大學。他本人是一位在藏族文化、宗教和歷史方面造詣頗深、梵文功底尤其深厚的學者，有若干學術著作問世。

在政治方面，桑東仁波切是西藏流亡政府中重要的政治活動家之一。1966年，桑東仁波切任達賴喇嘛辦公室秘書長半年。隨後，他參與組建「西藏青年大會」。1970年10月，「藏青會」成立，他因在籌備工作中表現突出，出任「藏青會」第一屆副主席，後當選主席。他還在流亡政府中擔任過宗教與文化部秘書長。

有記者曾提問說：在活佛與政治工作者之間，似乎有著靈世與現實世界之間無法跨越的巨大隔閡，在兩界都有重要地位的桑東仁波切，如何看待自己身處的矛盾？

桑東仁波切回答，從佛教理論的角度出發，僧人最好不要

和政治扯在一起，要靜心修行，放棄今世政治，但在當代，藏人的情況很特殊。從慈悲的角度來看，僧人從事流亡政府的工作是一件好事，是一種與佛法相關的事情。「1959年藏人流亡之後，我第一次見到達賴喇嘛時，他就提到我們僧人和活佛，在深山或寺院裡純粹修行的時代已經結束，無論是僧人或活佛都要為六百萬藏人的自由事業而奉獻。於是，我聽從了達賴喇嘛的教誨。現在我們在印度流亡，沒有軍隊或警察，所以政府工作中，基本上找不到一項是僧人不能做的，如果能以僧人的修行與慈悲心來從政，也是好事一件。」

桑東仁波切回憶說，流亡初期，達賴喇嘛最關注的有三件事：首先是讓藏人青年接受教育，包括傳統教育和現代文化知識教育；二是在西藏流亡社區推廣民主理念和民主體制；三是用非暴力的方式去爭取西藏自由。桑東仁波切最初從教育上落實達賴喇嘛的關注，從一般的老師到大學教師再到大學校長，在教育領域工作了大半輩子。

桑東仁波切也投身政治工作。西藏流亡政府的民主化進程，他是親身參與者之一。1961年，在達賴喇嘛指示下，流亡藏人起草了《未來西藏憲章》的簡寫部分。1963年，完成了《未來西藏憲章》的完整部分。1990年，在達賴喇嘛的敦促下，召開了一次特別大會，解散了國會和噶廈政府，選舉產生了新的、任期僅一年的臨時政府。當時，還成立了《流亡藏人憲章》起草小組，因為《未來西藏憲章》是未來憲法，很難執行，必須要有一個流亡藏人立即可實施的憲法。起草小組組長是已解散的噶廈（政府）的首席噶倫（首席部長，即內閣總理）**久欽・土丹南嘉**[7]，桑東仁波

7　久欽・土登南嘉（Juchen Thupten Namgyal，1929-2011）：原西藏流亡政府總理（噶

切也是起草小組成員。

1991年，流亡藏人選舉了新的西藏人民代表大會，由原來的十六、七人，擴大到四十六人。這是第十一屆西藏人民代表大會，其主要任務是討論通過《流亡藏人憲章》。當時，西藏人民代表大會的四十六人中，有三人是達賴喇嘛指派的，桑東仁波切即為其中之一。達賴喇嘛認為，代表中需要有一個熟悉憲章討論過程的人，即曾在《流亡藏人憲章》起草小組工作過的人，就選中了桑東仁波切。

桑東仁波切回顧說：「我們的民主制度，從1991年開始，向前邁了一大步。現在的三權分立，其最高的決定權在國會。國會的立法由噶廈負責執行。噶倫在執行過程中，必須向民眾選舉的國會負責。在不違背印度憲法的情況下，我們有自己的最高法院、立法機關、行政機關，這三個機構的各自義務，責任都非常清楚。同時第十一屆議會還制定了各個機關的條例等。」

桑東仁波切強調說：「在一個民主的制度裡，行政機關向立法機關負責是很重要的。而且，最高的權力是立法機關。不過，行政機關裡同時也有幾個非常重要的機構，比如：我們成立了獨立的審計署，監督各行政機關的運作模式、預算、支出等業務方面的問題；另外，在一個民主社會裡，主要是選舉問題，我們成立了幹部選舉委員會，以及提拔委員會等，在挑選和提拔中，都不受行政機構的影響。幹部選舉委員會、提拔委員會，以及審計

倫赤巴）。出生於康區德格，1955年時加入四水六崗衛藏志願軍，1959年曾帶領兩百多人守衛達賴喇嘛的夏宮羅布林卡。後流亡至印度，1974年出任西藏人民議會議長。1976年起任外交部噶倫（外交部長），並三度代表達賴喇嘛與流亡政府前往西藏與北京，與中國政府接觸。後又出任流亡政府第六、七屆政府總理。2011年8月31日，在新德里逝世。

署,是三個獨立的機構,向立法機關負責。但不需要向噶廈負責,因為它是獨立的,否則,就是不乾淨的民主。」

1992年,第十二屆西藏人民代表大會成立。桑東仁波切仍被達賴喇嘛提名為代表,並當選議長。長期研究藏人流亡社群民主化問題的臺灣學者蘇嘉宏認為,達賴喇嘛領導的西藏流亡政府與印度流亡藏人社會的民主化,由於是達賴喇嘛以政教領袖極其崇高的地位主動推動,可能仍和一般學界所習慣認知的西方自由民主理論有所出入。但許多熟悉西藏流亡政府的人士都認為,達賴喇嘛直接任命國會議員的規定在流亡社會的運用應該是比較成功的,通過達賴喇嘛的直接任命,對流亡社會的上下階層流動、領域交流等方面起了正面作用。蘇嘉宏特別指出,桑東仁波切在流亡社會的人望無人可以比擬,但在最初,他能成為議員則是由於達賴喇嘛的直接任命,否則他到現在為止的身分都可能僅僅只是一個高僧或高級佛學院的院長,無法從宗教領域跨足到政治領域。

不過,這樣的情況連續幾年以後,達賴喇嘛覺得由他提名,然後國會選舉通過,雖然是民主,但不是完全的民主;而且流亡政府的政治領袖,僅僅由四十六位國會議員選舉,也不算是徹底的民主。因此,在2001年,達賴喇嘛提議,流亡政府的政治領袖,不要局限於由國會的四十六人投票,應該由全體藏人自己選舉產生。選舉產生的噶倫赤巴,有權提出組閣名單,而後,上報國會通過。於是,流亡社會的民主,又向前邁進一步——這一年,西藏流亡百姓以百分之八十五的選票,將已擔任議長十年之久的桑東仁波切選為噶倫赤巴。

2006年,桑東仁波切以更高的百分之九十的得票率再次勝選連任。他在競選中明確指出,如果他當選,除了繼續原有的政策外不會有其他變化。在經濟上,除了已經完成的政府部門經營的

企業全部私有化以及完善稅收和募捐制度─充實和累積資金的政策而外，在各農業定居點將繼續推動綠色農業。在教育上則繼續推行以藏語文為主要教學語言的本土教育政策。

據媒體報導，桑東仁波切的日常安排十分忙碌，一天二十四小時裡，只有九個小時用於祈禱和睡覺，其他時間都忙於工作。但他透露，如果有空閒，他會像孩子一樣閱讀卡通漫畫。他說：「在我的個人生活裡，除了工作，就是祈禱做功課和睡覺，其餘並無閒暇。一般來說，在達蘭薩拉辦公室時，我不上網，達蘭薩拉的工作人員會把資訊傳給我，只有在外出時，會查電子郵件。」他介紹說：「在達蘭薩拉，流亡藏人和印度人混居在一起，在印度南方的流亡藏人難民點裡，沒有印度人居住。那裡是純藏人社區，公路和房屋建設由流亡政府負責，西藏流亡政府領導難民點的政治。」他也承認：「在印度，我們以難民身份居住，無論在哪個地區都要遵守印度政府和地方政府的法律。」

2011年3月14日，達賴喇嘛正式致信西藏流亡議會，要求卸下一切政治權力，辭去政治領袖一職，並強調政教分離。達賴喇嘛還提議修改憲法，將政權完全交給「民選的、有任期的政治領導人」。4月27日，在新一輪選舉中，洛桑森格正式當選為新一屆領導人，8月8日宣誓就任內閣總理。七十二歲的桑東仁波切榮耀地結束了數十年的公職生涯，回歸僧侶的單純身份。

2011年5月30日，西藏人民議會通過決議，把流亡政府或最高行政當局更名為「藏人行政中央」。2012年9月20日，藏人行政中央安全部部長忠瓊歐珠在第十五屆西藏人民議會第四次會議中提出修正案，經全體議員一致通過更改《西藏流亡憲章》第十九條，將西藏政治領袖噶倫赤巴的職稱正式修訂為西藏行政中央司政。洛桑森格成為最後一位保有噶倫赤巴稱號，以及第一位被

稱為西藏司政的西藏民選首長。2020 年 12 月,美國國會通過《西藏政策及支援法案》,承認藏人行政中央是反映全世界西藏人民願望的合法機構。

除了沒有國家和土地以外,流亡藏人的民主制度,已達到了一個高度。小小的藏人流亡社群,在民主化方面遠遠走在中國前面。漢人長期認為藏人的文化落後、野蠻,但漢人如果了解藏人流亡社群在短短半個世紀裡就從政教合一的中世紀邁向現代三權分立的民主憲章體制,一定會甘拜下風。

桑東仁波切執政十年間最受爭議的一項政策,就是努力推動與北京政府的和談。他在接受採訪時說:「對和談,我們在堅持西藏民族應建立統一的行政實體(大藏區),並根據中華人民共和國憲法施行民族區域自治的原則的同時,將會在其他方面儘可能地配合北京政府的立場。」

從 2002 年起,藏人行政中央之代表(中國政府稱為「達賴喇嘛的私人代表」)曾到北京進行六次商談。2008 年,西藏發生 314 事件後,雙方曾三次會談,雙方代表分別是達賴喇嘛特使**甲日‧洛迪**[8] 和中共中央統戰部部長杜青林。在 7 月的商談中,中共統戰部轉達中國政府要求達賴喇嘛落實「四個不支持」(即「以實際行動不支持干擾破壞北京奧運會的活動、不支持策劃煽動暴力犯罪

---

8 甲日‧洛迪:又譯嘉日‧洛珠堅參(Lodi Gyari,1949-2018):西藏流亡政府高級官員,西藏民主人權運動活動人士。1959 年,隨父親逃往印度。1966 年,進入西藏流亡政府秘書處任職。1970 年,與達賴喇嘛弟弟丹增曲傑等組織西藏青年大會,歷任秘書長、副主席,1975 年任主席。後創辦自由西藏通訊社和英文報刊《西藏之聲》。他先後任職於西藏流亡政府宗教部、衛生部、外交部,並成為達賴喇嘛私人秘書及英文翻譯。1987 年,任達賴喇嘛駐華盛頓辦公室代表。1988 年,在華盛頓創立西藏國際運動,任董事會執行主席。2002 年,甲日‧洛迪和格桑堅贊被選定為達賴喇嘛同中共談判特使,與中共展開多輪談判,但無結果。2018 年 10 月 29 日,在美國舊金山因病去世。

活動、不支持並切實約束『藏青會』的暴力恐怖活動、不支持一切謀求『西藏獨立』、分裂中國的主張和活動」），據說獲得藏方正面回應。但藏人行政中央代表堅持大藏區立場，雙方商談無結果。2008 年 11 月，甲日・洛迪等人再次到北京商談，提出「為全體藏人獲得真正自治的備忘錄」。備忘錄稱自治合乎憲法和法律，並提出在憲法下應加強的自治項目和權利。但新華社稍後發文反駁備忘錄，認為該文件仍隱含「大藏區」、「假自治真獨立」等企圖。會談因此沒有進一步結果。

很多藏人批評桑東仁波切在與中共談判時太過溫和乃至軟弱，認為與中共談判是與虎謀皮。桑東仁波切後來承認：「從現在中國領導人的思維方式，以武力統治的狀況來看，真的沒有解決西藏問題的希望。而且如果還有所寄託的話，會被認為是笨蛋。」但他仍對西藏的未來抱有樂觀的期待：「從另一個角度來說，我們可以從大方面，從世界的變化、中國已經發生的變化、中國民眾思維方式的變化，以及西藏境內外，藏人的追求及思想變化來看，我們覺得有希望，並不是需要很長時間來解決。在這些大的變化中，我們可以看到西藏問題能夠儘快解決的希望。而這一希望也並不是沒有任何根據。因為，爭取解決西藏問題，藏人具有兩大力量，第一是具有追求正義真理的力量；第二是四十年來採取非暴力的方式。所以，我們相信正義和非暴力這兩種力量一定會取得勝利。」

2017 年 11 月，有外媒報導說，達賴喇嘛派西藏流亡政府前總理桑東仁波切祕密訪問中國昆明，並與中共高級官員會談。但後來並未達成任何成果。

2021 年 11 月 5 日，由印北達蘭薩拉印藏友好協會、衛藏協會、多麥協會、全球藏人中間道路運動和西藏婦女協會等機構聯

合在達蘭薩拉舉辦了桑東仁波切八十二歲華誕慶祝活動。現任西藏人民議會議長**堪布索朗丹培**[9]在慶祝活動致詞時表示:「從1961年初開始,桑東仁波切就為我們流亡藏人社區服務,先後在印度瓦拉納西的中央高等藏學研究學院擔任教師和校長。尤其是桑東仁波切的領導下,中央高等藏學研究學院發展成為印度知名的大學方面,其不朽貢獻是無可爭議的。從該學院畢業的學生在社會上擔任著許多重要職務,對流亡藏人社區做出了極大的貢獻,這些都是由於桑東仁波切的恩惠和奉獻而實現的。再次,我們要永遠銘記桑東仁波切在西藏文化、語言和宗教領域作出的巨大貢獻,這些貢獻將使當代的藏人社會受益,也將使我們的未來一代受益。」

堪布索朗丹培議長進一步指出:「桑東仁波切在流亡藏人社區的政治領域也做出了巨大的貢獻,特別是在我們這代藏人最艱難的階段。從1970年開始,仁波切擔任西藏青年大會的主席,之後又擔任了藏人行政中央宗教與文化部秘書長和《流亡藏人憲章》起草委員會成員,1991年至2001年兩度擔任西藏人民代表大會的議長(現稱:西藏人民議會),2001年至2011年擔任兩屆藏人行政中央的首席部長(現稱:司政)。在他擔任議長期間,議會制定了多部法律、法規和條例,將西藏的政治制度轉變為一個民主和法治的制度。同時,仁波切是真理、非暴力和民主的信仰者,他加強了藏人行政中央的行政管理能力,使之成為一個穩定和高效

---

9 堪布索朗丹培(Ven Khenpo Sonam Tenphel,1974-):出生於西藏康區若柯,十三歲時在當地納日扎西林曲寺出家。1993年,在流亡印度後受到達賴喇嘛接見。後來,加入南印度的南卓林寺,系統性接受佛教顯密兩部的教育,並獲得洛本學位。隨後在南卓林寺任教。2006年,作為寧瑪派的代表當選第十四屆西藏人民議會議員。2011年,當選為第十五屆西藏人民議會副議長。2016年,當選為第十六屆西藏人民議會議長。2021年,再次當選為第十七屆西藏人民議會的議長。

的行政體系。仁波切總是說，民主既是權利，也是責任，特別是在最艱難的時期，在行使權利之前，應該優先執行責任。因此，每當我們的社會出現任何問題時，我們要永遠記住仁波切的信念，為解決西藏問題和發展藏人之間的團結而共同努力。此外，桑東仁波切遵循達賴喇嘛尊者的建議，不僅使藏人社會受益，也使其他社會在教育、政治、民主等領域受益。」

一九四〇年代

03 | 章詒和：近現代中國最大的災難，是對每個人天性和自由的剝奪

> 章詒和（1942年9月6日—）：作家、戲曲研究學者。文革期間，受作為大右派的父親章伯鈞影響，在四川被以「現行反革命罪」判有期徒刑二十年，在獄中誕下一女。1979年獲釋，後調回北京，在中國藝術研究院戲曲研究所工作。2001年，退休並開始寫作，代表作《往事並不如煙》（又名《最後的貴族》）、《伶人往事》等深受讀者好評，產生巨大影響。先後榮獲獨立中文筆會「自由寫作獎」、中國民主教育基金會「中國傑出民主人士獎」等。2006年，中國新聞出版署查禁其著作，章詒和奮起抗爭。2023年，被禁止出境探親。

章詒和：祖籍安徽桐城，生於抗戰期間的重慶。國共內戰期間，章詒和被父親章伯鈞安置在香港灣仔與旺角的親戚家生活三年，在香港培正小學讀書，這是她一生中難得的安定祥和的時光。近年來，香港的自由和法治被中共破壞殆盡，章詒和多次為香港發聲。

中共政權建立前夕，章詒和隨家人遷到北京定居。中共建政

之初，作為民盟領導人的章伯鈞一度出任中央人民政府委員、交通部長。章詒和後來寫道：「留在大陸的知識分子滿心以為未來的道路通向天堂，大家邁著歡快的步伐，一齊走進了地獄。希望而來，絕望而去，原來人家許諾的民主、自由和幸福原本就不存在。」

1954 年起，章詒和就讀於北京師範大學附屬女子中學。

1957 年，章伯鈞在反右運動中被打成頭號右派，受到嚴厲批判，並禍及家人。

1960 年，中學畢業的章詒和原本立志考入北大歷史系，但由於出身問題，只能考中國戲曲研究院戲曲文學系。因為在日記中寫「一人得道雞犬升天」遭人發現，得罪了江青，1963 年大學畢業後，被放逐到四川省川劇團藝術室工作，「每天只是寫字幕、賣票」。

1966 年，文革爆發，紅衛兵運動抄家打人，章伯鈞告訴女兒，「這是老毛湖南農民運動的那一套……小愚啊，中國近代史上最黑暗的一頁就要開始了」。章詒和在北京家中養病，與家人一起遭到批鬥，紅衛兵將他們手上戴的手錶和桌子上的紅糖統統抄走，這是一種「合法」的掠奪，正符合共產黨之名稱。

1968 年，章詒和被勒令回到成都原單位，接受批鬥，病重的父親再也無力保護女兒。1969 年 5 月，章伯鈞在恐懼和憂患中去世。此前，章詒和逃跑到北京，父女見了最後一面。父親對她說：「你可以什麼都不做，但是要活著！」

1970 年，章詒和因批評江青，被四川省革命委員會、四川省公檢法軍事管制委員會以「現行反革命」的罪名判刑二十年。

章詒和被送到採茶場勞動改造，過了十年「永遠處於饑餓狀態」的牢獄生活。「我學會了扯謊、罵人、偷東西——這是監獄生

存必需的能力。打架罵人,是犯人之間流通的公共語言。我能像原始人那樣用拳頭撕扯扭打;像老潑婦那樣當眾罵街。偷,專偷吃的,是因為餓。餓是什麼?是一種關乎生命的本質性痛苦。說句不好聽的,除了廁所裡撈出來的,不吃,我什麼都吃。」

　　章詒和曾被迫從事掩埋其它囚徒屍體的可怕工作。有一次,在風雨交加的荒野中,她幾乎決心撲到死去的難友的墓穴裡,以死亡來終結邪惡勢力所給予她的一切淩辱。但她還是堅韌地活下來,她記得父親臨終前的告誡——父親希望女兒成為時代的見證人,父親叮囑女兒把整個時代的光榮與恥辱都記錄下來。

　　章詒和看到無數年輕女囚的旺盛求生欲,善良懵懂的本性,同性群體裡滋生的爭鬥、互陷、愛欲和憎恨,以及在厚重高牆之下綿延不斷的絕望。她曾經接受管教幹事派下的任務,和其他幾個罪犯一起監聽記錄一名女囚的反革命言論,以此立功減刑。任務完成後,女犯被判槍決。她不原諒自己,自判有罪,感覺自己正在變成最醜惡的人。「監獄裡蹲了十年,從二十八歲到三十八歲。出獄後噩夢十載。白天奔波勞碌,夜晚被人追逐殘害。夢中驚魂不定,醒後大汗淋漓,再多的安眠藥也是無效。」

　　入獄前,章詒和與劇團樂師唐良友談戀愛,向政府申請結婚,也因家庭成分遲遲不准。唐良友陪她逃到了北京,又在鐵窗外等了她十年。某天,這對有情人一時興起跑去登記結婚,終成眷屬。半年後的1979年5月,唐良友卻因急性膽囊炎猝逝。「半夜裡他突然大叫,我開燈,將他抱在懷裡,他已經斷氣了,右眼角緩緩流出一滴淚。」

　　1979年秋,章詒和回到北京,母親設席慶賀,親朋好友都來了,在王府井東來順,章詒和一言不發,獨自吃完六盤羊肉片。

　　女兒是章詒和另一個痛。她在獄中產下和唐良友的愛情結

晶,卻只能將她交給娘家撫養。出獄後,母女如同兩個世界的人。一生以父親遺志為己任的章詒和,卻有一個老死不相往來的女兒。

此後二十多年,章詒和在文化部下屬的中國藝術研究院戲曲研究所從事戲曲研究,雲淡風輕,默默無聞。工作之餘,她無師自通地嘗試寫作。她後來受訪時說:「章伯鈞、羅隆基、儲安平等父輩一個個含冤而去,羅隆基還沒有子女,他的親戚到北京,拿走了他的藏品,獨獨不要他的骨灰。簡直悲涼入骨!文革中的我就暗中發誓:一定要活著走出監獄,一定要講述他們的故事。這是我寫作的動機,同時也是我寫作的意義。」

1992年,章詒和完成第一篇文章〈憶張伯駒〉,但要到2002年,她把〈史良:正在有情無思之間〉登在《老照片》月刊,這才舉座皆驚。

2004年,章詒和將這些「老故事」結集成《往事並不如煙》一書出版,儘管簡體版被刪去數萬字(後來,該書完整版以《最後的貴族》之名在香港和臺灣出版),但一出場便豔驚四座。章詒和足足練筆了二十年,應了梨園俗諺:「臺上一分鐘,臺下十年功。」

2004年10月30日,獨立中文作家筆會在北京郊區舉行頒獎典禮,向章詒和頒發「自由寫作獎」。有六十二位筆會會員及各界友人出席這場盛會。獨立中文筆會秘書長王怡主持會議,會長劉曉波作了發言——這是六四之後劉曉波在聽眾最多的場合的講話。

獨立中文筆會理事余杰起草並宣讀了頒獎詞。頒獎詞指出:「章詒和以三十年的苦難和血淚凝聚而成的文字,賦予了淪為權力和金錢的奴隸的當代漢語寫作以嶄新的質地——這種寫作不僅僅是對黑暗時代的控訴,更重要的是申明了對不可摧抑的人性尊嚴

的肯定和破壞這一尊嚴的所有企圖的否定。」

頒獎詞認為，章詒和的作品顯示了當代中國作家中少有的捍衛人的自由、尊嚴和歷史記憶的勇氣。「章詒和的作品既是文學，也是歷史，是記憶，也是現實。章詒和用文字完成了對時間的超越，為讀者展示了毛澤東時代以消滅知識份子為目標的反右運動的真相。在她那冷靜而不乏溫情的筆下，那些身處備受屈辱的狀態卻努力保持人格尊嚴的知識份子們獲得了復活。」

頒獎詞還說，「章詒和的寫作根植於中國源遠流長的史官傳統，乃是《史記》作者司馬遷在屈辱中秉筆直書的遙遠響應。章詒和的寫作也得益於她作為一位優秀的戲曲研究者的身份，她從古代沉淪在社會底層卻寫透人情世故的偉大的戲曲家身上獲得了悲情的力量。她的寫作重現了中國知識份子在黑暗時代的心靈劇痛，並清晰地傳達了這樣的信念——儘管毛澤東及其所代表的意識形態竭力羞辱、貶低和蔑視文化和知識的價值，但是文明將如同壓傷的蘆葦那樣永不折斷，人類的良知也必將戰勝那些一度看似無比強大的邪惡力量。」

頒獎詞最後總結說：「獨立中文作家筆會相信，章詒和女士以她的生命和寫作表明，她是一位嚴肅的歷史見證人和讓人尊敬的自由事業的發言人。她給當代漢語寫作注入了活力，帶來了一種標竿性的尺度。」

章詒和在會上宣讀了〈答謝辭〉。她說：「我從少年而青年，從青年而壯年，從壯年而中年，其間貫穿始終的一件事，是不間斷地寫檢查，寫交代，寫總結，寫彙報。由中年而鬢髮皆斑，才開始了寫作。如今，因寫作而獲獎。悲耶？喜耶？但無論是喜是悲，我都要感謝國際筆會獨立中文作家筆會授予我 2004 年度自由寫作獎。」

章詒和表示:「如果有人問:近現代中國最大的災難是什麼?我會回答:是對每個人天性與自由的剝奪。……《最後的貴族》說的都是陳年舊事。這些事浸透著父輩的血淚,而我的筆並不出色,只是字字來得辛苦。有朋友問:『你寫作的訣竅,是不是由於記憶力特好?』我說:『我不過是有些經歷,並對經歷有些認識罷了。』日出月落,絮果蘭因。從至大的動靜到至微的氣息,淺薄的我是永遠寫不出的。」

　　最後,章詒和指出:「獎項是獎勵,於我也是一種戒懼。一者,我不知道自己還有幾天的活頭。命是個定數,誰也難以預料。二者,本人能力水準極其有限,未來的寫作很可能是個虎頭蛇尾的結局。像徐志摩在〈「詩刊」弁言〉中所言。再次感謝國際筆會獨立中文作家筆會。」

　　與在民間得到的讚譽相反,中共當局將章詒和的文字視為洪水猛獸。2006年12月下旬,國家新聞出版總署傳出消息,包括章詒和的《伶人往事》等十一本書被列為「重大出版違規書」,禁止繼續發行、再版,已發行的緊急收回,收回的全部銷毀。

　　2007年1月11日,全國圖書定貨會開幕前,國家新聞出版總署副署長鄔書林在通報會議上宣佈,章詒和的《伶人往事》等八本書,因其題材「越線」而被列入作為「掃黃打非」的對象禁止繼續發行。

　　2007年1月19日,章詒和發表公開聲明,強烈譴責新聞出版署的封禁行為違反憲法。聲明最後,她大聲疾呼:「祝英台能以生命維護她的愛情,我就能以生命維護我的文字。」她還樂觀地表示:「只要你的文字好,官府是禁不了的!」

　　章詒和的抗爭得到數百名作家、學者、律師和公共知識分子簽名聯署支持。

4月18日,章詒和在張思之律師的陪同下,向北京第二中級人民法院提交狀告新聞出版總署的起訴書。但法院拒絕受理此案。

　　儘管在中國發表和出版作品越來越困難,章詒和仍然堅持寫作,不斷有新作問世,如「回憶」系列:《一陣風,留下了千古絕唱》、《伶人往事——寫給不看戲的人看》、《順長江,水流殘月》、《雲山幾盤,江流幾灣》、《總是淒涼調》等。

　　章詒和還寫了《劉氏女》、《楊氏女》、《鄒氏女》、《錢氏女》等四部「女囚」系列小說,她計畫一共寫十部。她接受媒體訪問時說:「女人犯罪,經過法律的懲處,開始服刑。在漫長的刑期裡,她們絕不是窮凶極惡,天天歹毒,處處殘忍。在嚴加看管和求生欲望雙重作用下,人性的裡面另外一些東西就顯露出來。尤其是長刑期的,都比較踏實,肯勞動,很多人心靈手巧。雖然互相揭發檢舉,但當同室的犯人重病不起,或上大刑的時候,她們的同情心就表現出來。女囚們個個在暗中追求美,並在難以覺察之處表現出來。犯人相處,是不許產生感情的。其實,情況恰恰相反,獄中有不少同性戀,原來她們不是,進了監獄才成了同性戀。……進了監獄,我深深地感到:人性是永遠琢磨不透的,也是永遠變化的。監獄泯滅不了人性。」

　　章詒和表示,對她而言,寫作是最大的欲望。除此之外,人活著的最大的樂趣就是,「有事可做,有飯可吃,還有幾個朋友。事,有意義又有興趣的事。飯,是好吃的家常飯。友,是過心的朋友。」她交往的朋友全是所謂的敏感人士:鮑彤、蔣彥永、張思之、浦志強等。她認為,屈從政治和屈從金錢,從人性角度看,兩者是一脈相通的。「至於我,在壓力面前我不會後退一步。以前是這樣,以後也是這樣。理由也簡單:我老了,無家無後,大牢坐過,加之,早就不想活。可以說,我是個特例。比較好的

選擇是——堅持下去，智慧生存。」

章詒和謙虛地表示，自己不是史家，也不是作家，寫的東西屬於「非文非史」。她在微博的自我介紹裡講得很清楚：「自己是一個講老故事的老人。朋友們願意聽就聽，不想聽就別聽。」她還說：「我的經歷和我所知道的故事，一輩子也寫不完。所謂表達的技巧，我以為能把內心的東西寫出來，就是最好的表達技巧。我所寫的東西當然存在著許多毛病和缺陷，我一直缺乏自信，從不覺得自己的東西有多好。」

章詒和一直呼籲要在民盟中央的大院裡，建立一個右派碑——儘管她作為民盟成員，連民盟的大門都進不去，更不能參加會議——「碑的正面是一個向右拐的箭頭，背後鐫刻著民盟反右史，後面應該有一面牆，5,173塊磚，每塊鐫刻著民盟右派分子的姓名。這是民盟的苦難史，也是民盟的光榮史。」章詒和認為，「中國未來想要走得更好，必須清算，『去毛化』。沒有『去毛化』，就像資中筠講的，一百年了，上面還是慈禧，下面還是義和團。」

2006年，反右運動五十年，章詒和等五名作家出版《五十年無祭而祭》。在書中，她強調說：「受害者跟著加害者走，一步一步地喪失人性，每次運動都是這樣，豈止一個反右……我們既要從政治體制上追究歷史的罪責，同時還要從人性的深層拷問民族、群體及個人的責任。」

同年，章詒和也推出新書《花自飄零鳥自呼》，繼續聚焦反右與知識分子：「我寫得很慢，為許多人和事傷感……似乎每個人都在沿途顛仆掙扎，身上千瘡百孔」。她如此解釋新書名：「一位在人民日報社的朋友告訴我，『大姐，妳這輩子是看不到中國憲政了。』咱們不是老了嗎，不斷在衰退，但還要不斷發出聲音，鳥

應該啼，我再往上提一點，呼。」

2022年2月16日，章詒和在臉書上貼出一頁自己的書法作品：「中國是有悲哀傳統的，過分的樂觀只存在於想像之中。」

5月3日，章詒和在臉書上說：「今天是世界新聞自由日。人還是要敢言，什麼都別怕，無非命一條。大多數人不敢講，有人敢講，就行！」

5月11日，章詒和的微信帳號被無預警「永久性限群限圈」，無法使用「群聊」和「朋友圈」兩項功能，使其在疫情期間的日常社交和個人生活受阻。她在臉書上披露：「微信基本被封，只能在這裡說話。無數次打擊，甚至前不久與同事在滬江香滿飯莊吃飯也被監聽。但我不會屈服，不會沉默，除非習先生殺了我。當然，絕大多數老百姓不會站出來講話，以表達自己的看法，但外表的妥協絕不等於內心的接受。」

當時，她告訴《明報》，她的微信被封或許與她數週前轉發的一則朋友圈內容有關，該則貼文內含有「『他』應該『不再連任』」等字眼。對於這個「他」，章詒和始終不願提及名字。

5月13日，章詒和在臉書上說：「喝茶，好端端的一個詞兒，居然成了大陸官府隨意侵犯公民的一種手段，還有『請』到派出所去喝茶的。如果請我喝茶，我一定帶上菜刀。拚了！」

5月25日，章詒和在臉書上說：「剛接到中國藝術研究院電話，通知我接受境外媒體採訪，要向機關報告，求得批准。我立即回覆：絕不服從！這是對公民個人權利的侵犯，是違法的！」

6月14日，章詒和在臉書上留言：「中國藝術研究院領導跟我的每個一同事和學生都單獨談話，明確要求不與我往來（包括交談，吃飯）。這叫什麼？這是對我的有組織迫害。我想：還是把我押回監獄好了。」

7月4日，章詒和在臉書上留下驚心動魄的一行字：「清晨六時，國安就派了兩個人來關照我。我動手打了他們，因為我坐了十年大牢，受到侵害會手癢，明天我準備持刀自衛。」

8月10日，章詒和又在臉書上憤怒譴責說：「奉勸北京建國門外派出所，要想知道章詒和讀什麼，寫什麼，說什麼，交往什麼人，請直接找我。別今天找這個鄰居，明天找那個鄰居，居然三個警察穿著警服找到鄰居子女的所在單位。這是什麼做派？合乎憲法?!」

9月19日，章詒和再次在臉書上說：「昨天被官府通知：章詒和不許請客吃飯！包括節假日在內，包括不能請幾十年的同事。不吃就不吃！我會把所有的非法打壓化作寫作動力。這不剛完成小說《女扒手》。」

11月5日，章詒和在臉書上寫道：「中國藝術研究院領導還給我的每一個學生談話，叫他們遠離我。用孤立之法製造精神壓力。有十年大牢墊底，我什麼都不怕。除非殺了我！」

12月16日，章詒和在臉書上寫道：「今晨接受外媒採訪，問：對江澤民的看法。答：在大陸體制下，所有領導人都是一樣的。」

2023年6月9日，章詒和在臉書等社群媒體上披露，她被中國當局禁止出境，淪為「國家囚徒」。她原訂7月2日和家人一起飛赴瑞典探親，簽證、往返機票均已備妥。6月8日前往退休前所在的中國藝術研究院參加活動時，該院和文化部的高層先是對她捐贈物品給圖書館、博物館表示贊許，還發給她獎狀，但「兩個小時的閒談完之後，輕描淡寫地對我說：『您不能出境。』」

曾有媒體詢問：「有沒有想過寫一本自傳去講自己的故事？」章詒和回答說：「我的一生太痛苦了，現在還沒有勇氣提筆。我現

在寫作，常常是淚流不止；將來若寫自己，則很可能哭死過去。所以，至今沒有勇氣說：章詒和會講自己的故事。」章詒和說，自傳將是此生「最後一本書」。

　　章詒和告訴朋友：每天一如既往，三小時寫作、三小時閱讀。她說榜樣是楊絳，可以寫到一百歲。不過又說，做不到楊絳那樣好像機器人一樣平靜，因為她寫作常常調動了大量的情感。她從未「太上忘情」，在社交媒體上為烏魯木齊火災的死難者致哀，為富士康工人的抗爭鼓勁。

　　在經歷了如此多的風雨之後，死亡對章詒和來說，是生的一部分，是生命的最後形式。「等我把所有該寫的都寫完，寫完就去死，死很幸福！我好到天堂見父母，這個世界不值得留戀。我沒有墓誌銘。」章詒和不需要墓誌銘，她的墓誌銘就是她的著作。

　　章詒和臉書：https://www.facebook.com/yuyu.zhang.98478

04 | 朱耀明：法庭的被告欄，是一生牧職最崇高的講壇

朱耀明（1944年1月21日—）：香港柴灣浸信會榮休牧師，香港民主發展網絡及支聯會成員，長期投入改善社會民生，關注民主公義問題，曾組織「黃雀行動」救助六四後的中國流亡民主人士。2013年3月27日，與戴耀廷、陳健民共同發佈〈讓愛與和平佔領中環信念書〉，三人合稱「佔中三子」。雨傘運動爆發後，積極支持抗爭的學生和市民。後被控「串謀作出公眾妨擾罪」，被判刑十六個月，緩刑兩年。2020年底，移居臺灣，完成回憶錄《敲鐘者言》。

朱耀明：生於香港，自幼便因父母感情破裂，被送回廣東台山鄉下隨祖母生活。

小學時，朱耀明的教育在「打倒美帝國主義」的口號下完成。他目睹殘酷的土改運動，許多地主受公審，有些當即被槍斃，有些不堪凌辱而自盡。他加入少年先鋒隊，也曾參與毆打地主，對於年少無知的胡作非為，他抱憾終身。

政治鬥爭及錯誤的經濟政策，導致鄉村田地荒廢，人民成為犧牲者，挨飢抵餓，以樹葉野果充飢。少年朱耀明替人看牛和種

田,與祖母相依為命。小學五年級時,祖母離世,他從此成為無依無靠的孤兒。

少年朱耀明在親友幫助下,提交出生文件,申請回香港。獲批後,他擔著簡單的行李,步行一天,到達台城車站,然後乘車去石歧,在廣州過一晚,再經拱北入澳門,最後乘船赴香港。抵港第一天,他便上工當學徒,每月只賺兩、三塊錢。他還曾上街替人擦鞋,飽受歧視,更被黑社會欺凌毆打。

1960年,十六歲的朱耀明患上風濕性心臟病,住院兩個多月。他躺在病床上,看見病友死前的掙扎,看見別人有探病的親友,自己卻孑然一身,傷心莫過於此。一位慈祥的老人家介紹他到基督教學校真光中學附屬第一小學充當校工。主任是基督徒,常傳福音,邀請他到教會。他在一場佈道會上決志信主,並於1961年12月25日受浸。

隨後,朱耀明拿著離職的一個月港幣130元的工資,開始半工半讀,先後完成三年高中、四年大專、三年神學院(臺灣浸會神學院)課程。在臺灣求學期間,他與神學院同學、臺中女孩梁吳秀相戀並結為終身伴侶。新婚後不久,這對年輕夫婦便回到香港,朱耀明預備作傳道者,服事基層,與弱勢者和窮苦人同行。

1974年,朱耀明接任柴灣浸信會堂主任一職。1978年1月1日,他在柴灣浸信會被按立為牧師。柴灣,一直被人視為香港的「紅番區」,名稱的由來,是由於地區人多擠迫,居民生活貧窮,教育水平低下,醫療衛生不足,青少年吸毒和犯罪率非常高。還有不少家庭住在木屋區,夏天有風災和雨災,冬天深夜常有火災。每一次,朱耀明到災難現場,擁抱安慰災民,深感窮人的痛苦與無助,用教會慈惠基金援助不幸的災民。他深有感慨說:「多走一步,教會應是散播盼望的群體;多走一步,教會應是擁抱傷

痛的群體；多走一步，才是教會存在的真正意義。」他一心決志與民同行，多走一步，一起爭取改善民生，爭取興建東區走廊，爭取興建東區醫院，爭取木屋居民上樓，爭取改善工人生活。

1987年，柴灣浸信會大樓竣工，朱耀明表示：「我們興建這禮拜堂，不只是為了自己教會，而是為了社區。一路走來憑的是信心、傳福音的使命和服務社會的心志。」

1980年代的香港，人心浮動。中英政府於1984年簽署了《中英聯合聲明》，中國將於1997年收回香港主權。很多人選擇移民離開，教會推動「香港是我家」運動，鼓勵港人不要離去。1984年，朱耀明等八十多位教牧、神學工作者、機構同工等，簽署了一份〈香港基督徒在現今社會及政治變遷中所持的信念獻議〉（簡稱〈信念書〉）：「信念基於我們的信仰：每個人都是按照上主的形象被造的。因此，人人應受尊重和保護，我們致力爭取民主，因為民主的理想是自由、平等和博愛。政治自由不是單一地對國家的效忠，也應承認人的尊嚴，而且人人生活在社會，都有其獨特的潛力和能力，貢獻和創建社會，而人權是上主所賦予，任何政權均不得隨意剝奪。」1986年，朱耀明參與組建「民主政制促進聯委會」（民促會），並兩次參與組團訪問北京。多年後，他反省自己當初太過天真，居然相信中共能網開一面，讓香港維持英國留下的普通法及自由市場經濟制度。

1989年北京的民主運動，中共政權以屠城終結。目睹這場運動的悲慘結果，港人不寒而慄。朱耀明強忍悲痛，參與策劃極具風險的「黃雀行動」，救助流亡的中國民運人士。關於這一事件的來龍去脈，三十多年後在臺灣出版的回憶錄《敲鐘者言》中，朱耀明仍留下數千字篇幅的方框以示「不能說」──因為諸多當事人還留在香港，披露細節會讓他們身陷陷阱。而很多當年被救助的

中國民主人士，日後在海外的公共觀瞻不盡如人意，且對香港遭血腥鎮壓的民主運動漠不關心。儘管如此，朱耀明仍然表示：「香港人確實做了一件光榮的事。」

1997年，香港遭到中國劣質殖民統治後，民主、民生、民權皆一落千丈。中共治港取代港人治港的承諾，香港政制從溫水煮青蛙演變成開水煮青蛙。2002年，朱耀明與陳健民等發起成立「香港民主網絡」並擔任主席。該組織成員包括有律師、學生、學者，並由陳健民教授領導三十多名教授，研究符合基本法要求的政制方案，並號召「打造新香港，民主再啟航」，爭取2007年一人一票選特首，以及2008年普選立法會。

2010年，朱耀明從教會退休。他剛動過大手術不久，親友皆勸他好好休息。

2013年1月，戴耀廷發表文章〈公民抗命：香港民主運動的大殺傷力武器〉。2月，戴耀廷邀請陳健民和朱耀明參與「公民抗命」。朱耀明如此回應說：「戴耀廷教授和陳健民教授不惜為公義、公平犧牲，爭取2017年一人一票選特首，我雖然已七十高齡，但禁不了良知的呼喚，我絕不會讓我的弟兄孤身上路。還記得少年時，基督教我認識真理，離開孤單的人生；還記得教會內，基督訓示我擁抱窮人，讓他們不再孤單；今天，民主號角再次響起，我怎能讓有心人孤單呢？我本著清心、簡念、分別為聖——無利益衝突、無權力慾望、無隱藏議程、決心為香港盡最後一分力，與港人再多走一步。」

在與戴、陳兩人的商討中，朱耀明提出，與以往香港的社運相比，這一次的公民抗命應當秉持三點特性：一、Simple（簡單），這場運動只有一個訴求，就是爭取在2017年普選特區行政長官；二、Pure（單純），以個人身份參與，純粹付出，不含政治

利益等雜質;三、Holy(神聖),要求犧牲精神,參與者得負上違法的刑責,用個人自由來喚醒民眾和當權者。他後來說:「自我犧牲,深懷愛意,是我從一開始便要強調的訊息。我的信念是,只有愛才能感動人、凝聚人,讓運動開花結果。一場社會運動若不從愛人愛社會出發,可能帶來很大的破壞。」

2013 年 3 月 27 日,朱耀明、戴耀廷、陳健民三人選擇在教堂十字架前表達其願意犧牲和受苦的精神,宣讀「讓愛與和平佔領中環」的信念:第一,選擇制度必須符合國際社會對普及和平等選舉的要求;第二,具體選舉方案經民主程序議決;第三,這場公民抗命行動雖違法,但絕非暴力。當日,朱耀明的禱告是:「我們堅守法律,我們以身違法,為的是要突顯目前政制不公義的地方。若果我們因此行動失去個人自由而能為今日社會和下一代帶來更大的自由,那麼,我們可能失去的自由,就微不足道,這也心甘情願的!我們選擇和平非暴力的運動,雖然我們面對的不公義力量是那麼巨大、掌權的人那麼難以對付,我們絕不害怕和逃跑。我們可以重新肯定自己人性的尊嚴,採用和平非暴力的抗爭,揭示不公平法律的不公義,迫使邪惡不能再躲藏在合法性的框架內。」

4 月 28 日,當「佔中秘書處」成立時,經朱耀明牧師等人聯絡和溝通,又有香港社會各界人士包括邵家臻、蔡東豪、**郭乃弘**[10]、**吳錦祥**[11]、**陳慧**[12]、**張銳輝**[13]、**潘瑩明**[14]、**鄧偉棕**[15]、

---

10 郭乃弘(1938-):中華基督教會香港區會資深牧師,香港基督徒學會創辦人及首任總幹事、香港基督教協進會前總幹事。1980 年代開始積極參與民主運動,出席 1986 年的首次高山大會並發言,表明要促進政制民主和發揮高度自治。退休後,仍積極支持和參與佔中運動。

11 吳錦祥:學生時代積極參與學生事務及校政,曾任醫學會主席和港大教務委員會首位醫學生代表。1974 至 1976 年,在香港大學社區醫學系任講師。後移民美國,獲哥倫比亞大學流行病學博士學位,留校任助理教授。1993 年回港,成立新科技醫學

徐少驊[16]、錢志健[17]等加入佔中運動——他們被媒體稱為「佔中十死士」。

此後一年多，「和平佔中」與民間團體協作，辦了三十多場討論會，從十五個方案中選出三個。隨後，有將近七十萬香港民眾參與全民投票表決。

2014年8月31日，中國全國人大通過決議，推翻此前的承諾。若按此規劃，香港民主將大幅倒退。

9月23日，香港學聯發動罷課五天。次日，群眾自發在添馬公園展開「公民講堂」。9月26日，學民思潮組織一千多名中學生前來聲援。香港政府出動警察抓人。次日晚上，五萬多人參與學

診斷中心，篩檢子宮頸癌。後兼任香港中文大學社區醫學系榮譽副教授。2016年退休，現居美國檀香山。著有《星星之火：我的港大歲月》。

12 陳慧（1960-）：原名陳偉儀，香港作家及電影編劇。其小說作品《拾香紀》獲得香港中文文學雙年獎；小說《浪遊黑羊事件簿》則獲得第二十八屆「湯清基督教文藝獎」；小說《弟弟》獲得2023年臺灣文學金典獎。2018年移居臺灣，在大學任教及從事寫作。

13 張銳輝：香港教育專業人員協會研究部主任，香港通識教育教師聯會主席，曾於保良局李城璧中學擔任通識科教師。曾任香港大學學生會會長。1989年，他在太古堂對面的太古橋上的黑布上寫了二十個白色字「冷血屠城烈士英魂不朽，誓殲豺狼民主火不滅」，字跡穿過白布留在橋上。每年六四週年前夕，港大學生都會為這二十字重新上色。

14 潘瑩明：中學數學科教師，教學年資三十多年，曾任行政長官選舉委員會教育界委員，教協理事及教協電腦部副主任。

15 鄧偉棕：律師。1982年畢業於香港中文大學，主修社會學，副修翻譯。畢業後曾在報社任職，也曾擔任政務主任，後來於1992年從倫敦大學取得法律學士，成為律師。曾任香港民主發展網絡等組織的委員。香港律師會網站顯示，他現為鄧王周廖成利律師行合夥人。

16 徐少驊：資深媒體人，曾任《壹週刊》副總編輯，佔領行動尚未啟動，便稱因「思想轉變」而退出。後移居英國，經商為業，亦有發布影片，批評香港警方國安處搜查《立場新聞》的行動。

17 錢志健：香港資深對沖基金經理。曾為全球最大型倫敦上市對沖基金Man Investments地區主管。後移民英國，在YouTube上發佈影片，批評香港不再自由。在臺灣出版新書《對沖人生路　自由價更高》，批評香港管治者失控、《國安法》謀殺港人自由。

聯和學民思潮在添美道政府總部外組織的集會，群眾之後發動「重奪公民廣場」行動，多人因此被捕。9月27日，政府總部外集會的市民高呼「守護學生」，要求即時「佔中」。朱耀明等與在場的學生代表舉行會議，取得共識：9月28日凌晨1時40分由戴耀廷宣布「佔領」行動開始。

28日中午，朱耀明與學生領袖、泛民立法會議員和陳日君樞機主教等手牽手坐在臺上等待被捕。下午5時58分，突然聽到槍聲，夏愨道煙霧瀰漫，站在前線的市民大聲叫喊：「警察放催淚彈」。此時，朱耀明腦中湧現北京天安門的景象，心裡說：「一定要守護學生，保護群眾不受傷害。」

真正發生的，不是「佔領中環」，而是「雨傘運動」，這一點，包括朱耀明在內的「佔中三子」皆始料未及。運動的決策權轉移到學生領袖手中。朱耀明說：「我們從領導角色退下來後，常常這樣告訴自己：夜宿街頭也好，睡立法會也好，總之默默陪伴學生，冀盼黎明。」

10月3日，一群黑幫人士暴力襲擊旺角佔領區的抗議人群。朱耀明第一次在眾人面前失聲痛哭：「我看到女生在旺角被毆打的畫面，便呼叫大家離開，不能任人魚肉。你可以說我婦人之仁，但是讓每個人平安回家、不作無謂犧牲，一直是我的心願。」他因此遭到激進派的辱罵。

經過朱耀明等多人和多番的游說和努力，終於決定10月21日學生和政務司司長林鄭月娥公開對話。可惜政府無意讓步，對話破裂。

12月2日，朱耀明等召開記者會，「佔中三子」主動承受刑責，期盼學生以退為進。朱耀明說：「政治上我們確實爭取不到最想要的結果，可是以一場覺醒運動來說，它非常成功。雨傘運動

秉承愛與和平的精神，開創了香港社運史上最大型的群眾運動，之後很多專業人士組織起來關心時政。我們這一代很快過去，然而，那些受過催淚彈甚至橡膠子彈洗禮的年輕人，十多二十年後就是社會主力。雖然我未必能夠看到，但只要他們保持士氣，繼續勇敢，位置對了就能發揮影響力。」

12月3日下午，朱耀明、戴耀廷、陳健民來到中區警署自首。那天共有七十五個香港人有秩序地排隊進警署。

隨後，警方陸續於各佔領區進行清場，雨傘運動持續七十九天後告終。

2018年11月19日，「佔中三子」案的審判正式開始。2019年4月9日上午，朱耀明在法庭上說：「作為牧師，能在被告欄內讀完自己人生中最重要的一篇演講，是我的榮幸。作為一個終生為上主所用，矢志與弱勢者和窮苦人同行，祈求彰顯上主公義，實踐天國在人間，傳頌愛與和平福音的牧師，垂老之年，滿頭白髮，站在法庭被告欄，以待罪之身作最後的陳詞，看似極其荒謬和諷刺，甚至被視為神職人員的羞辱！然而，此時此刻，在我心中，在法庭的被告欄，是一生牧職最崇高的講壇，死蔭的幽谷成就了靈性的高峰。」他最後指出：「在乖謬的時代，在專權的國度，在扭曲的社會，我甘願成為一個勇敢的敲鐘者，喚醒人間昏睡的靈魂。……雨傘運動中，我只是一個敲鐘者，希望發出警號，讓人們知道不幸和災難正在發生，期望喚醒人們的良知，共挽狂瀾。如果我仍有氣力，必繼續在教會敲鐘，在世上敲鐘，在人心敲鐘。」

2019年4月24日，法官陳仲衡作出判決，宣佈朱耀明等九人罪成，朱耀明被判入獄十六個月，緩刑兩年。法官如此解釋對朱耀明的判決：「他三十多年來對社會，特別是有需要人士（如吸毒者和愛滋病毒帶原者）的奉獻精神和對社會正義的投入，給我留

下深刻的印象和感動。我也關心他的年齡,他現在已經七十五歲了,根據我得到的醫療報告,立即入獄會對他的健康產生影響。」

當時,朱耀明已做好入獄的準備,購置了入獄的衣物鞋履。他說:「公民抗命走的路,第一步是違反不合理的法例;第二步是在法庭申訴,講出不合理的事;第三步是,若這些人為公義、為公眾利益進行的行為,最後仍被送進監獄,對社會亦是一個信息。所以當你一接受走上公民抗命這條路,你一定要走完。若說最後判刑的人都違反普通法,我想香港所面對的困難就大了,因著這些罪進入監獄,香港人一定要思考,不是思考兩位教授及一位牧師坐監,而是思考控告這三人的重點,是在記者會及電臺所說的,以及在報章所寫的文章。這是好危險的,將來的言論自由一定受禁。」

朱耀明還強調說,他選擇抗爭跟他的信仰及牧師的身份息息相關:「當我們開始決定以禮拜堂作為運動的出發點時,其實已定下自己的崗位,與其他運動完全不一樣,我們是在禮拜堂十字架下召開記者會。走上這條路,就是走上耶穌基督犧牲的路,這個運動最重要的精神是自我犧牲,所以當我們一旦決定,就定了走上這犧牲之路去宣揚公義。正如馬丁‧路德‧金恩說,你們要爭取自由及平權,若無犧牲及受苦的心,你爭取不到的。所以,每個人走上這條路時,都要準備一個犧牲及受苦的心。」他認為,教會應是時代的先知:「教會的承擔,其實有很大的責任是要敢傳真理,因為社會的沉淪,唯有教會是從耶穌基督的教訓裡打出一個希望。自己已七十五歲,還有多少時日也不知,有生一日只會緊緊跟隨耶穌的腳蹤行,不會懼怕勢力,亦毋懼別人眼光,一定要追隨耶穌的腳蹤。有時亦會想起〈獻給無名的傳道者〉——弟兄,起來啦!我們要望住各各他的審判。不要怕希律的審判,起來走吧!在這時候,我們需要站在耶穌基督的旌旗,若教會能這

樣做,就會帶來希望;若教會沉默無聲,或多或少會成為幫兇或助紂為虐。教會應是這個時代的先知,若是,可指引上帝的路如何走。我盼望教會在這亂世中,能看到自己先知的角色。」

2016年4月17日,朱耀明獲得德國科隆福音派教區頒發的奧爾格‧弗里茲紀念獎(Pfarrer-Georg-Fritze)。奧爾格‧弗里茲是德國牧師,因反對納粹被迫害致死。科隆教會為紀念他設立此獎項,表揚以和平方式對抗暴政的人士。朱耀明因三十多年來為香港民主發展的不懈努力而獲獎,是首位獲此殊榮的華人。朱耀明稱,獎項是對雨傘運動的一種肯定,屬於每個爭取民主的港人,希望藉領獎鼓勵民主路上年輕人,別為眼前的無力感而灰心。

2020年底,朱耀明倉促決定離開香港,移居臺灣,擔任國立政治大學訪問學人。原因是「十二港人」案發生後,中共喉舌《大公報》曾指控事件是由朱耀明和另一位臺灣牧師合作進行。雖然他即時發聲明否認,但最後還是接受已移居臺灣的「佔中」戰友陳健民建議,離開香港以減低被捕風險。

初到臺灣第一年,因憂慮香港前途及掛念獄中友人,朱耀明患上憂鬱症,需要向精神科醫生求診。移居臺灣的第二年,他在農曆新年期間患上急性膽囊炎,劇痛了三天,入院接受治療兩個月後,最終進行了膽囊切除手術。加上脊椎早有退化問題,住院期間缺乏運動使情況惡化,一度連行走都有困難。由於容貌憔悴,加上使用拐杖步行,連迎面走過的陳健民也一度認不出他。幸好他後來接受一對一的物理治療,定期做瑜珈和游泳後,身體狀況才有所好轉。

在臺灣三年平靜的歲月,讓朱耀明有充裕的時間回溯一生,完成回憶錄《敲鐘者言》,留下自己的故事,為活著的人和受害者作見證。

05 | 李昱函：受冤屈者還沒有得到自由，我怎麼能休息呢？

李昱函（1949年10月9日—）：北京市敦信律師事務所執業律師，為多起人權案件辯護。因擔任「709」王宇案代理律師，於2017年10月9日被瀋陽警方帶走。在看守所被超期關押六年之久，慘遭非人虐待和精神摧殘，身患心臟病、心絞痛、甲狀腺亢進和腦部梗塞等七種疾病。2023年10月25日，被瀋陽市和平區法院以詐騙罪和尋釁滋事罪判處有期徒刑六年半。2024年3月24日，刑滿出獄。先後榮獲2020年德法人權法治獎、對華援助協會2023年林昭自由獎。

李昱函：遼寧撫順人。出生於一個普通家庭，父親是工人，母親是家庭婦女。

李昱函上中學時，文革爆發，她曾作為紅衛兵到北京串聯。1968年，她作為知識青年，到農村插隊。1974年，她得以回城，學過赤腳醫生，在衛生所做臨時工。後來，她到撫順一家工廠工作，工作之餘報名參加電視大學的學習。後來，她與同廠的一名工人結婚，1981年生下兒子馬聞廷。

1980年代末，李昱函又自學法律。後來，她通過參加成人自

考，進入吉林大學法律系學習。1990 年，她通過律師資格考試，並在一年後開始在撫順執業。

1997 年，李昱函的兒子馬聞廷在中學裡遭到嚴重的校園暴力，患上精神疾病，被醫院鑒定為二級精神殘疾。

霸凌者的父親名叫周長江，是當地一名有黑幫背景的房地產商。李昱函找到周長江，要求獲得道歉和賠償，但被周長江拒絕。於是，李昱函通過法律訴訟為兒子維權，但因此激怒了周長江，後者對李昱函一家展開報復行動。後來，李昱函與丈夫離婚，帶著兒子從撫順搬到瀋陽，但她和兒子仍然不斷受到周長江的打手的暴力騷擾。

李昱函堅持不懈地控告周長江的一系列違法犯罪活動及當地政府的不作為，這讓她的律師工作受到越來越大的壓力，以至於無法繼續在遼寧省執業。周長江的律師恐嚇說：「再這麼控告，找沒人的地方先打瞎眼睛，然後給你們滅門。」

2009 年，她轉到北京敦信律師事務所工作。同為維權律師的文東海在一篇文章中寫道，在北京繼續上訪的李昱函變成了一個「律師訪民」。遼寧公安數次到北京來對她施加迫害：當街毆打，或是抓入駐京辦的黑監獄。即使心臟病發作，她也無法得到治療，警察甚至會繼續對她使用酷刑。

李昱函不僅替自己和家人維權，更參與諸多敏感案件，諸如受迫害的基督教家庭教會及法輪功修煉者案件。在維權律師群體中，她的年齡幾乎是最大的，卻勇敢地衝在第一線，維權律師們尊敬地稱呼她「大姐」。王宇律師在一篇文章中寫道：「文弱的李昱函大姐常年一副病怏怏的樣子，說話慢聲細語，做起事來卻執著、堅韌，如在武漢越戰老兵**高漢成**[18] 聚眾擾亂社會秩序案中，她不顧年高體弱，多次奔赴武漢，向各個部門反映高漢成案的情

況；在貴州**胡自由**[19]信仰案中，她依舊不顧自己患病在身，堅持在偏遠的貴州西南地區調查、取證、會見，我當時給她打電話，勸她休息，她說：『是啊，我真的感覺要垮了，真受不了了，可胡自由還沒有自由呢，我怎麼能休息啊！』多麼善良的大姐！」

因為代理人權案件和參與維權活動，李昱函長期受到中共當局的打壓。2009年3月10日，她被誣陷「阻礙民警執行職務」，遭到行政拘留十日處罰（實際拘留八日）。2011年3月15日，她因上訪而被冠以「擾亂國家機關秩序」的罪名，給予警告處罰。2012年9月25日，她又被冠以「擾亂公共秩序」的罪名，給予行政拘留七日處罰（實際拘留七日）。2017年1月31日、2月1日、2月2日，她又因為「違法上訪行為」，被公安機關分別予以訓誡三次。

2015年，「709」案爆發時，李昱函沒有直接成為當局的目標。一個月後，她挺身代理王宇案，由此成為當局的眼中釘。當時，情勢極為嚴峻，沒有人敢出頭為王宇辯護，但李昱函說，這是義不容辭的責任，「如果沒有人代理這個案子，就由我來代理吧」。

---

18 高漢成：湖北省武漢市人，原越戰老兵，維權代表。因參與老兵維權活動，遭中共當局強力打壓。2015年5月5日，被武漢市東西湖區警方抓走，後以涉嫌「組織老兵維權請願」為由抓捕、刑事拘留，以涉嫌「聚眾擾亂社會秩序罪」轉正式逮捕。2016年6月1日，其案一行八人在武漢市武昌區法院集體開庭受審，被該法院一審以「聚眾擾亂社會秩序罪」判處有期徒刑四年。高漢成不服上訴，但武漢市中級法院拒不安排開庭。在獄中其因糖尿病嚴重出現併發症，申請取保候審遭拒。2019年5月4日，刑滿釋放。
19 胡自由：貴州退伍軍人，因傳播海外網站內容（包括有法輪功背景的網站），於2016年11月底被抓。雖然他不是法輪功學員，卻於2017年底以涉嫌「利用邪教組織破壞法律實施」罪被判刑。

在接下來的一年裡，李昱函頻繁地往來於京津兩地，數十次來到天津市公安局和看守所要求會見王宇，卻屢屢遭到拒絕。她向當局的違法行徑發起挑戰，在一份提交給天津市和平區檢察院的申訴材料中，要求追究中央電視臺等播放王宇認罪視頻的媒體的法律責任。

　　2016年7月23日，王宇獲取保候審，在天津滯留一段時間後，一家人被押送到老家烏蘭浩特，住進國保安排的房子，由國保實施「保護性監管」。半年多後，李昱函終於與王宇取得聯繫，直到此時，王宇才知道李昱函是自己的律師。

　　2017年5月，李昱函與文東海律師祕密前往烏蘭浩特會見王宇，這是一個大膽又危險的抉擇。為了避開國保的嚴密監視，李昱函把自己隱藏在帽子和墨鏡之下。他們先到達王宇母親的家裡躲藏起來。王宇在晚些時候乘坐國保的車來與他們會合。她們擁抱在一起。後來，王宇回憶說：「大概兩年的時間裡，我是和外界完全隔絕的。兩年了，第一次見到親人那樣的感覺，非常激動啊。……我們還瞭解到，在我夫婦被抓捕的那段時間裡，是李昱函大姐一直在安慰我們的老人，關心我們的孩子，又是探望又是捐款，真情實意，讓我一家永生難忘！」此時，國保還在樓下，他們很緊張，沒有太多時間敘舊。李昱函繼續做起律師的本職工作，讓王宇和丈夫包龍軍重新簽署委託書，確認代理關係——她擔心這對夫妻會在取保期滿後再次被捕。她卻沒有想到，先被捕的是自己。

　　當警方發現李昱函居然突破嚴密封鎖、讓他們顏面盡失時，他們開始策劃對李昱函的迫害。2017年10月9日，這天是李昱函六十八歲的生日，警察以「融冰行動」為幌子，欺騙她說，要解決她多年來上訪的訴求。當李昱函按約出現在公安局，再也沒有

走出來。

當時，李昱函的弟弟李永生接到姐姐打來的電話。李昱函躲在廁所裡，急促地說，警察要把自己刑事拘留，請李永生向她的同事們傳遞消息。這時，警察已發現異常並開始敲廁所的門。電話在兩分鐘後掛斷。當天，李昱函被刑事拘留。11月15日，她被執行逮捕，羈押於瀋陽市第一看守所。

大約兩週後，兩位律師在看守所會見了李昱函。根據其中一位律師藺其磊回憶，前來和律師見面時，李昱函需要在同監室友攙扶下行走。李昱函告知，她受到了各種酷刑和虐待：她被警察粗暴地推進監區大門，以至於差點摔倒；被捕以來，她沒有正常的飲食和睡眠，無法得到長期服用的心臟病藥物。藺其磊律師說：「李昱函律師被帶到派出所後，她要求看這些人的證件被拒絕，背銬也不打開，去洗手間幾個男的竟要求進去看著她（這簡直流氓到了極點）。其中一人要她手機密碼不成，就惱怒地讓人拽著已渾身發顫的李昱函律師來回在房間裡拖來拖去，這個人（後來知道名叫魏琦）說，多折騰她幾趟，死了也有正當理由，她有病啊。這樣大概拖了她近二十分鐘。」王宇律師譴責說：「這些讓人震驚的描述，勾勒出一幅殘忍的圖畫，畫面中，一群毫無人性的禽獸在戲耍著一個女人、一個母親！這讓我們對瀋陽警方的行徑出離憤怒。」

12月，李柏光律師在另一次會見後發布的通報裡，描述了李昱函遭受酷刑的更多細節：在冬天，她被要求用冰冷的涼水洗澡，她購買的水果被故意放在廁所淋上尿液。兩個多月後，李柏光律師因一場離奇的肝病而去世。

2018年4月9日，瀋陽市和平區檢察院向瀋陽市和平區法院提起公訴，瀋陽市和平區法院決定立案受理，並組成合議庭。

2019年4月9日,瀋陽市和平區法院開庭審理李昱函案,但在開庭三天前被突然取消。然後,法院又說,計畫於6月8日庭審此案。但到了6月8日,庭審再次被突然取消。彷彿幕後有一雙看不見的手在操縱此案。

之後,一直拖到2021年10月20日,此案才初次開庭審理。李昱函的羈押被法院數次延長,但她從未收到任何正式的批准文書。到後來,案件已沒有繼續偵辦。2021年1月7日,法官來到看守所提訊她時,只是讓她認罪。「認罪了就可以出去,」法官對她說,「妳認罪了,我們就好處理了。這些不是我們所能做主的」。

在藺其磊看來,李昱函清楚公權力的欺騙本質。作為一個人權律師,她已目睹太多當局肆意違法的情形。她正是因為在辦案過程中堅持律師的職業道德,依法捍衛當事人的權利,因而冒犯政府,才遭受此般迫害。如今法庭逼迫她認罪,她不能違背自己的良心。「稍微有點法律常識、生活常識的人,都會認為我不構成犯罪。」她告訴律師。漫長的羈押已摧殘了她的身體。「但她的精神一直沒垮。」

開庭時,法院有大量警察把守。若干其他試圖旁聽審判的人權律師和人權捍衛者都被阻止進入法院。李昱函的兩位辯護律師中只有一位被允許參加出庭,另一位辯護律師因所在律師事務所的營業執照被取消而不被允許進入法庭。前一天抵達瀋陽的王宇律師試圖提交代表李昱函的委託書,也被主審法官拒絕——此前,李昱函是王宇的律師;如今,王宇試圖充當李昱函的律師。這是只有極權中國才會出現的人權律師「互為律師」的曠世奇觀。在當局的殘酷打壓下,人權律師群體日漸萎縮,或流亡海外,或被捕入獄,或被取消律師資格,或被迫淡出這一領域。所以,只剩下屈指可數的人權律師彼此相濡以沫。

在起訴書中，檢察院找不到任何罪狀，居然將李昱函為殘疾的兒子申請低保說成是「詐騙」；李昱函在天安門前路過，則構成「尋釁滋事」。

2021年10月21日，**姬來松**[20]律師在該案的辯護詞中指出：綜合本案的全部證據材料，足以證明李昱函的涉案行為不構成犯罪。關於尋釁滋事案，起訴書指控的涉案行為是李昱函多次到過天安門廣場、長安街、西城區府右街等地區，並以此認定其構成尋釁滋事罪。根據一般社會常識和法律常識，瀋陽市和平區檢察院將李昱函到天安門、長安街、西城區府右街等地區遊玩甚至路過的行為歪曲為非正常信訪行為，是對公民自由權利的打壓。其次，根據法律常識，「非正常信訪」不屬於法律用語，所有法律以及所有立法、司法解釋都沒有規定「非正常信訪」行為是尋釁滋事行為。第三，瀋陽市和平區檢察院虛構公共場所秩序嚴重混亂的事實，意圖追究李昱函的刑事責任。第四，信訪是公民監督政府的一項權利，不是發洩情緒、尋求刺激的流氓行為，任何政府及其部門不能予以剝奪，更不能羅織罪名打擊報復。

關於詐騙案部分，李昱函通過正當途徑依法為其殘障兒子申請最低生活保障待遇，不存在欺詐、偽造證明材料的行為。李昱函按照當地民政部門的要求提交了完整的申請材料，上述材料分別經撫順市順城區長春街道辦事處和瀋陽市皇姑區北塔街道辦事

---

20 姬來松（1982-）：維權律師，曾擔任《中國律師觀察網》網路編輯。河南杞縣人，現居鄭州。近年來代理過多起公益和維權案件，如崔英傑殺城管案、彭寶泉被精神病案等。2012年10月，參與公開撕毀毛澤東畫像的行為藝術，被警方傳喚。2013年1月，積極參與聲援《南方週末》的抗議活動。因計畫參與在趙紫陽故鄉河南滑縣舉行的六四公祭活動（實際並未到場），於2014年5月26日被警方帶走，27日以涉嫌聚眾擾亂公共場所秩序罪刑事拘留，7月2日罪名變為尋釁滋事罪逮捕，羈押於鄭州第三看守所。2014年9月2日，取保候審獲釋。

處的認真審核，並經撫順市順城區民政局和瀋陽市皇姑區的嚴格審批，李昱函的兒子才最終取得最低生活保障待遇。

辯護詞揭露了法院嚴重超期羈押的事實：「迄今為止，李昱函已被羈押了四十八個月之久，其中在審判階段被羈押了四十二個月之久。貴院對李昱函的超期羈押不僅嚴重侵害了李昱函的合法權益，而且褻瀆了法律的尊嚴，損害了司法機關在人民群眾中的光輝形象，應立即糾正。」

然而，這次庭審走完了全部法律程序，最終沒有作出判決。

法院隨後變更合議庭組成人員，由刑事審判庭審判員葉菁菁擔任審判長並主審，審判員石銳銳、審判員孫昌松參加評議。一直延遲到2023年10月20日，法院才再次召開開庭前會議，於10月25日重新開庭審理此案。瀋陽市和平區檢察院檢察院馮海、邵冰出庭支持公訴。

李昱函在兩名法警攙扶下出庭受審，如今身患多種疾病卻長期得不到治療的她，沒有拐杖已無法自己行走。李昱函當庭提出管轄權異議，她連續二十餘年控告瀋陽市和平區法院違法，如今卻由這個法院來審判她。被拒絕後，她起身準備罷庭，在弟弟李永生勸說下才沒有離開。「他們違法，也把這違法程序走完。」李永生這樣勸說姐姐。

李昱函在最後陳述中說：「我不認罪，這是打擊報復。」

李昱函被當庭判處六年半有期徒刑，並處罰人民幣五萬元，「上繳國庫」。人權律師將這種判決譏諷為「實報實銷」，意為政治犯被判處的刑期剛好高於超期羈押的時間。

針對此判決，國際特赦組織中國事務總監莎拉·布魯克斯（Sarah Brooks）表示：「就像她的許多人權律師同行一樣，李昱函曾為那些被誣陷犯法的人進行辯護，因而付出了巨大的代價。當

局應立即無條件釋放李昱函,並對她在拘留期間據稱遭受虐待的多種情況,進行獨立調查。……李昱函律師已經被任意羈押了六年。她的案件是當局針對行動者、法律界宣導者或任何在中國和平推動人權的人,持續進行無情打壓的一個縮影。她應該在家與家人團聚,而不是僅僅因為捍衛民眾的人權就被關進監獄。」

李昱函的弟弟李永生告訴海外媒體,這樣的判決結果是在意料之中,既然姊姊已被非法羈押六年多,肯定會被判六年以上,但其實此案沒有事實依據、沒有法律依據,兩種罪名都不應成立。

李昱函當庭表示將上訴。李永生指出,就算知道上訴被駁回的機率非常高,也要藉由上訴「吶喊」,告訴法官他們是正確的,「李昱函無罪」。

2024年4月2日,李昱函經過六年半的牢獄,刑滿獲釋。她的身體狀況很差,坐在輪椅上,白髮蒼蒼。有律師朋友想跟她通話,但家屬告訴李昱函這個朋友的名字後,她臉上並無反應,顯示她已不記得很多人和事。

李昱函接受外媒訪問時透露,自己長期在獄中都用勺子吃飯,現在回家了,重新學習用筷子吃飯,內心悲喜交加。她還說,遇上那麼多風風雨雨,自己始終有一個信念,就是一定會出來,現在真的回來了,要特別感謝所有關心自己的朋友。「有好多朋友來看我,大家在一起聚一聚,大家聊聊。看著大家能夠跟我在一起,我心裡頭感到很高興,也覺得大家關心我,我不是我一個人,我對人生還是很有信心的。」

一九五〇年代

06 ｜田奇莊：反對個人崇拜，我將生死置之度外

田奇莊（1953年11月15日—）：中共黨員，擅長新聞、雜文、評論寫作，曾任《峰峰礦工報》記者、《中國煤炭報》記者，河北省作家協會和雜文協會會員、獨立中文筆會會員。為中國選舉與治理網、部落格中國、凱迪網路、中國改革網等網站專欄作家。2022年8月22日，田奇莊與另兩位老黨員聯名發文呼籲「修改黨章，黨政分離，防杜個人崇拜」，三天後被警察帶走。同年12月，被以「勾結外國勢力罪」判刑兩年。

田奇莊：河北省保定市人。1968年，畢業於邯鄲市第五中學。次年，作為知青到邯鄲市曲周縣龍堂公社小中寨插隊。1971年至1984年，在峰峰礦務局二礦、孫莊礦當採煤工、裝車工、火車司爐工。1984年至1993年，憑籍出色的寫作才能，他得以擺脫繁重的體力勞動，被選拔到《峰峰礦工報》和《中國煤炭報》當記者。1993年，他工作調動到邯鄲市，先後在邯鄲市趙都商場任辦公室主任、在樂頤房地產公司任辦公室主任、在錦江房地產公司任副總經理。多年來，田奇莊因工作出色，獲得過企業、礦務局、邯鄲市、河北省新聞協會、《中國煤炭報》先進個人稱號。

2002 至 2004 年,被邯鄲市政府聘為行風監督員,多次向政府部門提出有關參政議政的意見和建議。

田奇莊在工作之餘辛勤筆耕,成為一位深受讀者歡迎的雜文家。很多雜文作家通常集中批評遙遠的外地事務,不敢批評近在咫尺的本地事務,因為批評本地事務容易引火燒身。田奇莊無視此一明哲保身的策略,在邯鄲市工作和生活,卻從不避諱對邯鄲當地政府提出批評意見。

記者張君評論說:「在不少人眼裡,田奇莊是批評邯鄲市長『走馬燈』現象第一人。」1999 年,田奇莊在《雜文報》頭版頭條發表文章〈怎能六年換四任市長〉,首次批評邯鄲市長「走馬燈」換人。2003 年,田奇莊在「邯鄲論壇」發表〈十年七任市長,城市有何希望〉一文,引起熱評。隨後,央視進行專題報導。2006 年,田奇莊又寫了〈邯鄲頂風作案換市長〉一文,引起全國人大的重視。邯鄲市換一次市長,田奇莊就寫一篇文章抨擊其違反《地方組織法》,並質疑說:「平均任期不到兩年的市長,連基本情況都難摸清,怎麼保證科學決策、科學發展?」

從 2001 年開始,田奇莊展開網路寫作,「互聯網給了我寫作的春天」,「我完全沉溺在網路寫作,沒有星期天、沒有公休日,發出了二百餘篇文章,成為多個網站的專欄作家」。他在網上發表大量批評官方腐敗、宣揚憲政民主和人權的文章,啟蒙了很多人,包括不少體制內官員。他被網友投票評為「邯鄲十大網友」,也被網友譽為「網路大俠」、「啟蒙先鋒」。

田奇莊在傳統媒體和網路發表近千篇文章,代表作包括:〈國家大劇院圓了誰的夢?〉、〈人大何時長成大人〉、〈愛國賊、愛國秀、愛國牛〉、〈能用三七開評價毛澤東嗎?〉、〈磕頭下跪是頭號國粹〉、〈毛澤東思想豈能成為終極價值觀〉、〈人民內部矛盾論可

休矣〉、〈官帽批發商是國人頭號公敵〉、〈1968年邱縣慘案〉等。2006年,他出版了雜文集《公民話語》。

田奇莊從不迴避敏感的政治議題。比如,他在〈政治體制改革目標和三大任務〉一文中指出:「政治體制改革關係到國家前途命運,更有必要明確目標和任務,以凝聚人心群策群力為之奮鬥。……筆者認為政改的目標就是實現依憲治國,使老百姓成為中華人民共和國的真正公民;使官僚成為社會的真正公僕。……建立健全法律法規,使憲法確立的公民權利得到全面落實;實現權力運作公開透明,使官僚權力受到嚴格的監督和限制。」他進而指出,圍繞實現依憲治國目標需要完成三大任務:「一是落實憲法規定的公民選舉地方首長權利。二是落實公民新聞出版和言論自由權利。三是成立憲法法庭。」

田奇莊成為網上論壇大俠,並非天生神力。每天淩晨四點,他就起床讀書、思考、寫作,堅持不懈,樂此不疲。妻子曾不解地埋怨:「在網上發稿又不給稿費,何苦那麼賣命!」田奇莊精神動力源自何處?也許他為個人網站所起的名稱──《靈鳥網》提供了某種答案:《靈鳥網》借用范仲淹的名作〈靈鳥賦〉,田奇莊非常欣賞其中的名句:「寧鳴而死,不默而生。」他說:「那是提醒自己不忘匹夫之責。」

互聯網上的寫作者大多穿著「馬甲」(使用假名),田奇莊卻堅持以實名發貼發文,這份坦誠和自信,使眾多網友將其人其文視為當今文膽,代表了社會良心,正如網友所言:「無一絲矯飾,無一分造作,以文會友,以筆作槍,鐵骨錚錚,以剛對剛。頗具當代魯迅、網路樹人之風範。」

田奇莊的友人、異議人士、詞曲作家**徐琳**[21]評論說:「田先生的文章旗幟鮮明、說理透徹,通俗易懂又不失文采,觀點犀利

卻又文筆溫和,可謂獨樹一幟。……更難能可貴的是,田先生不僅是一個批評者、宣傳者,更是一個具有建設性價值的人,他的一些文章的建設性意見得到了當局的採納,給社會、民眾帶來了實際利益。」袁達毅教授評價說:「田先生不愧是中國民間思想家。」百靈網站版主、臥梅教授由衷地感歎:「為田先生的如椽巨筆喝彩,為田先生的俠肝義膽喝彩!」

在田奇莊看來,其人生目標很簡單,就是努力成為合格公民,為實現社會公平公正貢獻微薄之力:「公民不是私民,不是自了漢──不能只作稻粱謀,不聞饑苦聲。」、「雖然每個公民只是滄海一粟,但大家都負起憲法賦予的政治責任,公民就能成為中國主人:出以公心,爭取公益,捍衛公道,恪守公德──這樣的公民總有一天會成為社會尊敬的人。」、「只有越來越多的公民參與公共事務,社會才可能實現公平公正。越來越多的公民行使政治權利之日,就是中國社會實現民主自由、健康和諧發展之時。」

2006年1月1日,田奇莊在網上發表了〈讓我們努力成為合格公民──新年獻辭〉。他開宗明義地指出:「不當草民,不當良民,不當順民,不當愚民。當遵紀守法的公民,當名副其實的公民,當行使全部公民權利,履行所有公民義務的中華人民共和國公民──也許這才是最有價值的人生目標。」田奇莊勇敢地剖開

---

21 徐琳(1960-):高級建築師、自由撰稿人、詩人、詞曲作家,獨立中文筆會會員、2019年劉曉波寫作勇氣獎得主。原籍湖南省永興縣,後移居廣州。自上世紀末開始撰寫時政文章、詩歌,創作歌曲,後參與公民維權抗爭行動。常遭警方監控和騷擾,多次被軟禁及關押2017年9月26日,徐琳被廣州警方抓捕,關押期間遭酷刑。2018年12月7日,被以尋釁滋事罪判刑三年。2020年9月26日刑滿獲釋。2024年4月28日,徐琳公開發表聲明,表示他遭抓捕威脅,希望朋友將他撰寫的《聯合國應利用民間組織促進各國的文明發展》建議書遞交給聯合國。5月16日,徐琳遭廣州警方抓捕並抄家,次日又被加以涉嫌尋釁滋事刑事拘留,6月21日被正式逮捕。

一九五〇年代 77

歷史的傷痕：「曾幾何時，國人被忽悠得暈頭轉向。……我們崇拜，我們狂熱，我們麻木，我們冷漠。我們在癡迷中把命運之槃（公民權利）拱手交給了他人。……於是無妄之災接踵而至，貧窮恐懼如影隨形。之所以出現這一切，就因為我們不是合格公民！」他呼籲：「新的一年即將開始，讓我們努力成為合格公民，讓我們喚醒更多人的公民意識——爭取憲法規定的所有公民權利不折不扣早日兌現！」

2006年，田奇莊入選博訊版「2006年百名最具影響力的華人公共知識分子」名單。他在〈活出生命的尊嚴——我竟被評為公共知識份子〉一文中寫道：「網友告知，我入選了華人2006年百名公共知識份子。我不敢相信這是真的，急忙到網上查詢，果然有不少這樣的網頁。我的名字真的就在其中，是由博訊網評選出來的。這既讓我感到激動興奮，又令我惶惑不安。不過有一條是肯定的，這樣的評選沒有官方背景，沒有暗箱操作，沒有利益可圖，應當是公平公正的。我還清楚地記著當年對公共知識份子的定義：他們是具有學術背景和專業素質的知識者，是進言社會並參與公共事務的行動者，是具有批判精神和道義擔當的理想者。我有自知之明，頭一條我遠遠不夠。自己的正規學歷只是初一沒上完，後來拿過一個河北大學中文函授大專文憑，基本上沒受過專業教育。自己多年來雖然也算手不釋卷，筆耕不輟，但興趣廣泛，淺嘗輒止，缺乏系統專業知識。如果論第二條、第三條我還沾點邊。網路寫作沒有任何報酬（凡是有報酬的都要按人家的規矩寫），要發出自己的心聲，憑的完全是豪情與熱血。這一次，能成為全球華人公共知識份子中的一員，就是對我努力的最高回報。在我看來，這樣的稱謂是萬兩黃金也買不來的啊。」

然而，麻煩隨之而至。2006年10月12日下午和20日下午，

邯鄲市網警支隊兩次傳喚、訊問田奇莊，要求他不得再寫「不利於邯鄲形象的文章」，「你在網上指責政府違法，就是損害政府形象，違反了網際網路管理規定。」彼時，田在邯鄲市已成「敏感人物」，「市裡的媒體，包括省裡邊的，我的文章都不能刊登了。」他的個人部落格也被關閉。

2008年，田奇莊辦理提前退休手續，曾赴北京擔任維權機構「公盟」理事及行政主管。這一年多與許志永等人一起維權的經歷，讓他從「紙上談兵」走向基層選舉。

2008年，田奇莊成為《零八憲章》第一批303位簽名者之一。由此，邯鄲當地國保警察對他的監控和打壓升級。

2012年，田奇莊在邯鄲市以獨立候選人的身份參與人大代表選舉，卻被官方以黑箱操作逆向淘汰。他憤而針對邯鄲基層人大代表選舉中的各種違法操作，向邯鄲市叢臺區法院提起法律訴訟。在起訴書中，他列舉了選舉中的大量違法事實，要求確認選舉結果無效。其第一被告為邯鄲市叢臺區聯西辦事處選舉領導小組，法定代表人為該選舉領導小組負責人、中共聯西辦事處書記祝建軍。第二被告為邯鄲市叢臺區聯西辦事處文明里社區主任、黨支部書記，法定代表人為該社區主任劉淑平。他在起訴書中指出：「七位候選人來自四個單位，其中只有幾十個人、一百多人兩個單位推出了四位候選人。錦花社區八百四十多戶！數千名居民！唯一的候選人是田奇莊，通過有組織有計劃的操縱預選，把田奇莊淘汰。完全違反了中華人民共和國選舉法。」然而，法院對此訴訟置之不理。

儘管如此，田奇莊的參選，喚醒了當地民眾的公民意識。網路評論人「黑皮四卦」讚揚說：「田奇莊不僅擅長寫作，更注重行動。他認為，未來的中國政治是選舉政治。公民參與公共治理要

從所在選區起步。總結田奇莊的座右銘是：『改變自己就是改變中國，踐行公民權利就是實施憲政。』他的人生目標是，『自己成為合格公民，動員更多人成為當代新公民。』田奇莊在用個人行為影響著社會現行體制。」

2022年4月20日，田奇莊寫信給中紀委書記趙樂際，向中紀委實名舉報廣西壯族自治區黨委書記劉寧公然違反黨章搞個人崇拜，要求中紀委立案查處。

廣西黨代會在公報中聲稱，「要盡職盡責，以高度的政治自覺錘鍊黨性、忠誠核心，永遠擁戴領袖、捍衛領袖、追隨領袖」。田奇莊認為，在書記劉寧主持下，廣西自治區黨委發出這樣的公報，嚴重違反了黨章，是公然挑戰黨的組織原則。

田奇莊在這封公開信中寫道：「1982年黨的十二大修改黨章時，針對毛澤東晚年搞個人崇拜犯下的重大錯誤，總結歷史教訓特別加入了一條重要規定：『黨禁止任何形式的個人崇拜。』如今四十年過去，黨章歷經修改這一規定隻字未動。足以證明，這條規定是黨心民心所向，是每個共產黨員必須遵循的金科玉律，是各級黨組織，每個共產黨員永遠不得逾越的高壓線。」

田奇莊表示，個人崇拜的要害是擁戴個人權力淩駕於憲法法律之上，違反了在法律面前人人平等的共和國立法原則。廣西自治區黨委敢於公然違反黨章發公報，就是對中國幾十年來堅持依法治國基本方針的否定，也證明瞭當下個人崇拜已經泛濫到了十分危險的程度。他譴責說：「這是比貪污腐敗嚴重一萬倍的政治腐敗！中紀委如果對這樣的公報聽之任之，就說明，由九千萬黨員宣誓認可的神聖黨章從此淪為一張廢紙！」

田奇莊最後要求中紀委迅速查處劉寧，並向全黨公開查處結果，以儆效尤，防止這樣的腐朽文化思潮捲土重來。

田奇莊舉報的對象，表面上看是劉寧，其實是劉寧所諂媚的習近平。中紀委當然不會聽取田奇莊的呼籲。反之，田奇莊在網上公佈此一信件後，立即遭到邯鄲市警方傳喚及抄家。

田奇莊並沒有在當局的打壓下退縮。8月25日，他又與另兩位老黨員**董洪義**[22]、**馬貴全**[23] 聯合在中共「二十大」前夕發公開信，呼籲「修改黨章，黨政分離，防杜個人崇拜」。

信中稱，中國當前面臨的主要問題是，黨委權力過大，伸手過長。黨員領導幹部貪污億萬鉅款，買官賣官有增無減。中央紀檢機關拒不採納世界通行的公開官員個人財產方案。武漢疫情出了這麼大的亂子，司法機關居然沒有按照《傳染病防治法》追究任何官員的法律責任，反倒是說明真相的李文亮醫生受到公安訓誡。黨章第二章第六款，黨禁止任何形式的個人崇拜。個人崇拜事關國家興亡，一句簡單的「禁止」，無法阻止陰謀家的野心，也難遏止居心叵測者迎逢諂媚謀求升官的企圖。要想真正「禁止」必須附之相應的制裁、懲處措施。

信中提出杜絕個人崇拜的具體建議：「鑒於個人崇拜曾經給國家、人民和黨造成了極其嚴重的傷害，教訓極為慘痛。鑒於我國尚處於權力過於集中、缺少公眾有效監督制約的現實環境。每個黨員，特別是領導幹部，都要自覺與個人崇拜劃清界限，批評、抵制並舉報此類行為，紀委要及時查處搞個人崇拜活動的策劃召

---

[22] 董洪義（1945年11月28日—）：〈修改黨章建議書〉連署人之一。河北省邯鄲市人，河北省邯鄲鋼鐵集團有限責任公司退休工程師，某民營企業管理者，中共黨員，民主憲政追求者。因聯署建議書，與田奇莊一起被捕，被判處一年半徒刑。刑滿出獄時已七十八歲。

[23] 馬貴全（1946-）：〈修改黨章建議書〉連署人之一。原籍北京，大學畢業先後在鐵路部門、邯鄲鋼鐵公司工作，1984年加入共產黨，曾是邯鋼運輸部部長兼黨委書記。2006年，從單位退休。因聯署建議書被警方傳喚，後因身體原因獲釋，並被遣送回原籍。

集人,對利用職權搞個人崇拜的黨員領導幹部一律開除黨籍並建議開除公職。」這些建議,雖沒有一個字點名批評習近平,但每一個字都擊中習近平心坎。

此信發表三天後,三人皆被邯鄲市警方傳喚帶走。幾天之後,田奇莊與董洪義被以涉嫌「勾結外國勢力罪」正式刑事拘留。馬貴全因身體出現眩暈而被取保候審後遣回北京原籍。隨後,田奇莊與董洪義被邯鄲市檢察院以同一罪名正式批捕。據悉,其辯護律師為法院指派。田奇莊被單位停發退休金,其姊受牽連而被當地政府以「手續不合法」為由從自家購買的農家院驅逐。而田奇莊在被捕後一度絕食抗議。

2022 年 12 月,田奇莊被邯鄲市中級法院以「勾結外國勢力罪」判刑兩年。

網絡作家連晨在〈記田奇莊先生的一件文壇往事〉一文中回憶,田奇莊曾在凱迪網絡「貓眼看人」發表文章〈償還天下「右派」的工資欠帳〉。該文指出:「在舉世矚目的中非論壇上,中國政府宣佈,免除非洲各國一百多億元的欠款。別人欠我們的錢,一下子就免掉了。可是,當年我國進行反右運動到後來改正時,欠了天下右派近五十億元工資,直到今天尚沒有償還。⋯⋯若能給予天下右派們工資補償,將是對生者的極大安慰,也是對死難者的最好祭奠,更能體現政府對廣大右派子女的真誠關懷。」當時,凱迪網老總牧沐在內部會員區發了簡短貼文,談及田奇莊的帖子:「田奇莊看來撞動底線了,為天下右派補發工資的帖子,已引起嚴重關注。凱迪再發類似資訊,將被嚴厲處置。⋯⋯田奇莊還在抱怨該資訊為何被刪除,看來他還不知道此事的被關注程度。」

連晨感嘆說:「今天說起這件事,是因為田奇莊先生不僅是一

位敢言的鬥士,更是一位積極促進社會變革且參與到實際變革大潮的身體力行者。⋯⋯我敬仰田奇莊先生,欽佩他的良知、膽魄及契而不捨勇往直前的精神。他是我心中的偶像。我想我應該站出來為他的的入獄說幾句話——作為一個中國公民,《憲法》賦予田奇莊言論自由,任何人或組織不得剝奪田奇莊這項自由權,不得因其行使了該項自由加罪於他;作為一個中共黨員,《黨章》賦予田奇莊向黨的任何一級組織反映問題和提出建議的權利,任何人或黨的任何一級組織,不得因其行使了該項權利加罪於他。據此我認為:逮捕和關押田奇莊先生是毫無理由的,是野蠻粗暴之舉!據此我呼籲:立即釋放田奇莊,還田奇莊自由之身!」

2024年8月27日,田奇莊刑滿出獄,他的妻子和友人前往迎接。

田奇莊微博:
https://m.weibo.cn/u/1357867977?refer_flag=1005050010_%3Frefer_flag%3D1005050010_&refer_flag=1005050010_&jumpfrom=weibocom
田奇莊、趙軍民、王衛星:〈一九六八年邱縣慘案〉:
https://difangwenge.org/forum.php?mod=viewthread&tid=11907

07 ｜高志活：帝國滅亡，藝術永存

高志活（Jens Galschiot，1954 年 6 月 4 日—）：丹麥建築師、雕塑家及人權活動家，Aidoh（藝術捍衛人文主義）組織創始人。他用雕塑對抗世界上的各種不公正現象，並將它們放置在世界各大城市和廣場中。他的巨型雕塑「國殤之柱」（the Pillar of Shame）從一 1997 年起一直被放置在香港大學校園內。他長期關注中國及香港人權，曾多次到香港參與人權活動，後被香港政府拒絕入境。2021 年 12 月 22 日晚至次日早上，「國殤之柱」突遭港大拆毀，後來殘片又被香港警方搜走作為「罪證」。高志活多次發表公開信譴責香港大學、香港政府、香港警方的作為，堅信「帝國滅亡，藝術永存」。

高志活：生於丹麥腓特烈松市（Frederikssund）。父親是設計師，母親是夜間電話接線員。

高志活五歲時，父母離婚，母親帶著他和他姐姐住在一套簡陋的公寓裡。1961 年，高志活開始上小學，他非常好動，創意無限，同時又有閱讀障礙，這讓他在學校與老師產生很多摩擦，經

常被懲罰。他後來受訪時表示:「我的童年好困難。我好動,不能靜下來,常與學校老師發生大爭拗,他們會打我,最後更踢我出校,所以,我當時非常不喜歡成年人。很多人講,童年是美好的,我覺得這是謊言。我年幼時,雙親已離婚。十一歲時,母親患癌症離世,我當時覺得整個世界好似塌下來,之後,我跟父親一起住。」

1968 年,八年級的高志活收到校長的最後通牒:他要麼選擇退學,要麼被開除。他自願選擇離開學校,到各地的工廠打工。他接觸到共產主義思想,並參與 1960 年代的嬉皮運動,嘗試吸食毒品。他說,自己十四至十七歲時,終日服用毒品,不同種類的毒品差不多都試過。

1970 年,高志活希望重回學校,他想成為一名電工學徒。教師委員會拒絕了他的申請,但校長決定接受他,希望可以幫助這個十五歲的孩子脫離濫用毒品。

此時,高志活已開始設計和生產皮革、皮包、髮帶和皮帶,一部分通過街頭小店出售,一部分在父親的商店出售。十六歲時,他成功自學了一手雕刻技藝,成立了個人工作室。1972 年,讀高中的高志活參加乘坐家庭巴士的考察旅行,遇到後來成為人生伴侶的科萊特・馬庫斯(Colette Markus)——他們後來結婚並育有三個孩子,他的孩子也參與他的藝術和人權活動。他妻子是一位心理治療師,幫助他治癒童年留下的心理創傷。

高中畢業後,高志活成功戒除毒癮,加入工會,是政治上的激進派。不久,他發現工會已官僚化,便退出工會,放棄左派思想,把一生貢獻給藝術。他後來說:「我想把這些經歷讓那些被指不遵守法規、不在制度裡的人知道,因為我從來不在制度以內。我二十八歲時才真正以藝術為生,不喜歡跟人對話,只喜歡看,

喜歡感受，覺得這已足夠。」

1985 年，高志活開設了佔地 2,000 平方米的工作室，包括青銅鑄造廠、工作室、畫廊。

1988 年，高志活在歐登塞的畫廊舉辦第一次單獨雕塑展，主要展示其「空」美學銅製女裝雕塑。

1989 年，柏林圍牆倒塌，高志活提議建造一座紀念碑，並為柏林圍牆設計了兩種色調。同年，他受丹麥服裝工業聯盟委託，為丹麥女王瑪格麗特二世的五十歲生日精心製作了一尊雕塑。

1992 年，高志活深受南斯拉夫內戰中的種族屠殺暴行的震撼。他意識到，人既有人性，也有獸性。文明和人文主義只是薄薄的一層外殼，當外部條件具備時，隨時可能開裂。他陷入巨大的挫折感中，這種挫折感跟他從小的生活經歷如影相隨。於是，他的藝術創作有了決定性的改變：他用藝術作品來質疑和挑戰已有的倫理和道德。

1993 年 11 月，高志活創作的二十個一噸重的「我的內在野獸」雕塑未經許可地出現在歐洲的二十個城市。他在一份聲明中說：「我將在兩天內豎立二十個高度超過兩米的實心黑色或棕色雕塑，由鋼筋混凝土製成，將在為期兩天的活動中在歐洲大城市周圍豎立。每個雕塑都將被放置在每個城市象徵自由、正義和民主的地方，目的是關注歐洲日益增長的不寬容和殘暴行為。我想指出的是，我們所有人都對自己和人類同胞的這些傾向負有個人責任。」

之後，高志活開始了他最有名的「國殤之柱」系列的創作。1995 年，在聯合國哥本哈根峰會期間舉辦的非政府組織論壇上，高志活的「國殤之柱」首次出現。次年，「國殤之柱」在羅馬亮相。這是他為聯合國糧農組織會議而創作的，以紀念世界資源分佈不均導致的死難者，警示世界性的饑餓問題。

1996年5月，高志活完成了一座悼念六四死難者「國殤之柱」，這是其迄今為止完成的最大型的雕塑作品。它高八米，重達兩噸，上面雕刻有數十具身軀扭曲面容痛苦的人像，象徵被血腥鎮壓的死傷者。基座正面以紅字刻有簡體字「六四屠殺」和草書「老人豈能夠殺光年輕人」，背面有同樣的英文語句。

　　高志活憶述，1989年的時候，歐洲地區已有很多中國人。學運期間，很多中國人在印刷中文報紙，他雖然一個字也看不懂，也被請求幫忙印刷，然後放在傳真機上一張又一張傳真到中國去。此後發生的屠殺令他感到毛骨悚然。他由此與六四事件建立某種微妙關係及感受──他的生日正好是6月4日。他說：「我為六四事件的發生而感到十分痛心，因為受害者都是一群無辜的學生。當時，那群學生好天真，以為可以反貪，可以跟國家對話。」

　　高志活認為，藝術與政治密不可分：「藝術品的意義就是引起人討論。你若做了一件簡單的藝術品，討論便會很平淡。我們在做的是一個紀念，這是很容易引起大家討論的事。六四是一件不容易否認的事，如果你講，我們不想有這東西，這代表你不想記憶那些被屠殺的人。事實上，有人不敢忘記，但也有人想去忘記。於是，議論自然萌生。」

　　高志活更強調，藝術是一項很個人的經歷，當中有很多不同的內在與外在的感受，會有高興也會有沮喪，自己就用這些感覺去做藝術。「我每次都會把自己的苦，自己的痛，全部釋放在雕塑上。」他也相信，歷史不能單單歌頌偉人故事，不應只為英雄立像，「國殤之柱」為被犧牲的人而立，表達政權屠殺人民犯錯後須負責任，人民不會忘記。

　　為六四屠殺而創作的「國殤之柱」完成後，高志活一直找不到願意安排在香港展出的團體。他在個人網站上寫道：「經過多月

的嘗試，成功機會都好像不大，我們寄了很多封信出去，但絕少有回音。看來，因為北京的極權打壓，香港人或許很怕與這種具爭議的計畫扯上關係。」

後來，香港支聯會願意接手，並決定在香港主權移交給中共前的最後一次維園六四燭光晚會上展出「國殤之柱」。1997年5月31日下午，「國殤之柱」從丹麥運抵香港。然而，原本負責將雕塑由貨倉運到維多利亞公園豎立的瑞士運輸公司違反合約，臨時變卦。公司負責人向高志活表示，他們不想得罪中共。6月3日，支聯會自行把「國殤之柱」運到維多利亞公園拆箱，並在高志活親自指導下完成組裝，於翌日的六四屠殺八週年維園燭光集會上公開展示。

1997年6月5日淩晨，「國殤之柱」由香港大學學生護送運往校園展示，一度在校門遭遇港大保安員阻攔。之後，校方准許「國殤之柱」移入校園，並在兩個星期後允許在黃克競樓平臺上豎立「國殤之柱」。

1998年9月，香港大學學生會舉行了有2,190名會員參與的投票，以1,629張贊成票，大比數通過將「國殤之柱」豎立於港大黃克競大樓頂樓平臺作永久展示。之後，在每年六四燭光集會前，「國殤之柱」都會被移送到維多利亞公園展出，並在悼念儀式完結後移回香港大學內的永久展示位置。

支聯會每年都會派人在六四前夕洗刷「國殤之柱」。它原本是鐵鏽色，支聯會原本計畫邀請高志活到香港，於2008年4月30日北京奧運會倒計時一百天之日，與香港大學學生會和支聯會成員一起將其翻新和塗成橙色──這是高志活發起的「橙色運動」的一部分，他說橙色是被中共鎮壓的西藏僧侶的僧袍的顏色。然而，4月26日，高志活被拒絕入境香港，並遭原機遣返。隨後，

支聯會和「四五行動」成員自行將之漆上橙色。

2009年5月30日,高志活再赴香港,但遭以「不符合入境理由」為由再次被拒入境,同行的兩個兒子及攝影師則獲准入境並參加了翌日的紀念六四屠殺二十週年的大遊行。

香港大學對於豎立「國殤之柱」一直採取相當配合的態度。2010年,雕塑在遷移時被發現出現裂痕,校方安排使用鋼索加以固定。2013年,高志活得以獲准入境香港,親自到港大修復塑像。

香港反送中運動失敗、《國安法》通過後,香港被籠罩在極權統治的陰影之下,原來已是香港人生活一部分的各種自由權利被剝奪殆盡。被中共及其傀儡香港特區政府視為眼中釘的「國殤之柱」亦岌岌可危。

2021年10月初,「國殤之柱」遭左派社團「香港政研會」舉報違反《國安法》,並在聲稱收集到逾兩萬名市民連署後,要求在目前缺乏港大學生會作為持有人的情況下,移除該塑像。香港大學隨後向支聯會發出律師信,要求支聯會在10月13日前移走「國殤之柱」。支聯會前副主席蔡耀昌批評有關安排不合理,建議港大直接與「國殤之柱」的擁有者高志活接洽。

高志活於10月12日發表聲明,表明自己是「國殤之柱」的擁有者,已委託律師去信港大,要求就事件召開聆訊,期望港大尊重其擁有權,協助將「國殤之柱」完整地搬離香港。高志活批評港大只給六天時間移除是「野蠻」做法,「那是義大利黑手黨大佬在歐洲才會用的手段」。他又稱,如果「國殤之柱」遭到摧毀,所有人應前往港大盡可能執拾雕塑碎片,這些碎片象徵「帝國滅亡,但藝術永存」。

10月14日,高志活再次發表聲明指出,港大至今仍未聯絡他或律師。他表示尊重校方的權利,惟搬遷「國殤之柱」需要時間,

他理解《國安法》實施後香港政治環境的變化令「國殤之柱」難以留在香港豎立，已計畫將其搬到其他國家繼續展示。他表示，可能因此須要前往香港親自拆解「國殤之柱」，不過以香港近期的政局變化，是否可順利地將「國殤之柱」從港大移走都成疑問，也不肯定能否再次入境香港，或入境后能否再離開。

丹麥外相 Jeppe Kofod 就港大要移除「國殤之柱」一事發表聲明，表示以藝術方式表達意見是基本人權，並已就此向中國當局提出意見。

12月22日晚，港大校方將放置「國殤之柱」的黃克競樓樓層用白膠布圍封，並派出大批保安員驅趕附近的學生。之後，貨車及吊臂車駛入校園內，大批工人包圍「國殤之柱」，並搭起金屬棚架。凌晨過後，「國殤之柱」所在範圍不斷傳出切割及敲鑿的噪音。至凌晨四時許，工人陸續將數件被白布和透明膠布包裹的柱狀物及雕塑碎片搬出。清晨6時，一批工人搬出「國殤之柱」底座。拆毀行動至早上7時大致結束。「國殤之柱」殘骸被運到位於新界錦田的港大嘉道理中心的一個貨櫃內。港大隨即發表聲明稱，該雕像已日久老化，拆除雕塑是顧及港大整體利益的決定。

次日，高志活發表聲明，對港大拆毀「國殤之柱」表示震驚，批評香港已變成無法無天之地。他批評港大的做法完全不合理及摧毀私人物品，而全世界有多個國家願意接受及展示「國殤之柱」。

2023年5月5日，香港警務處國家安全處持法庭手令在元朗區檢取「國殤之柱」。警方認為「國殤之柱」是與「煽動他人顛覆國家政權罪」案件有關的證物。

5月10日，高志活向港府發出公開信，強調自己是「國殤之柱」的擁有者，在香港也有法律代表，要求警方交代為何在沒

有知會他的情況下便取走他的私人財產。他表示，警方做法「荒謬」，沒有法律依據。他強調，由製作、運送，到豎立「國殤之柱」，只是他一個人的主意與行為，其他人都不應負上任何責任。他願意親自到香港法院作證，事件跟其他人無關，由他一個人承擔責任。

21日，中共鷹犬、香港保安局局長鄧炳強以電郵回覆高志活說，危害國家安全是非常嚴重的罪行，港府對防止危害國安的行為有憲制責任。鄧更宣稱「和平倡議」和「藝術創作」都是危害國家安全人士的「常見犯案手法」，執法部門會仔細調查這些行為的「本質」是否危害國家安全。鄧炳強還稱當局是「依法」沒收一切涉及危害國家安全的財產，並會依例處理及棄置。

高志活回應鄧炳強時批評，港府的回信反映香港繼續步進無法無天的獨裁統治，斥當局無法就他的問題給出具體答案，鄧炳強在信中只描述《港區國安法》內容，卻不披露他面臨的真正控罪，「這是我問題的核心」。高志活重申「國殤之柱」只是悼念六四事件死難者，假如有人借助「國殤之柱」顛覆中國體制，是他們的選擇，因為藝術可被自由詮釋，批評當局聲稱藝術創作是「犯罪手法」的聲明，是把所有藝術家視為危害國家安全的疑犯，「這是很可怕的邏輯，會破壞一切形式的藝術創作」。

鄧炳強在信中提到《港區國安法》的域外法權，高志活表示若然如此，世界過半地區曾討論香港獨立或中國人權的國會議員都可能被捕，並反駁港府聲稱港區國安法符合國際慣例的說法，指出他曾在墨西哥、巴西和歐洲多地豎立跟「國殤之柱」相似的藝術品，紀念政權對人民的逼害，但這些地方的藝術家都有權批評和質疑政府。他重申「國殤之柱」是其財產，並非屬於特區政府，亦未被列為任何控罪的證物，質疑「真正的恐怖分子會否這

樣聯絡政府」。

隨後，高志活設立網站，在全球範圍內發起公開展示印有「國殤之柱」圖像的直幡的運動，「向中國表明國家無法抹去自己的歷史」。他說，「國殤之柱」只是一個雕塑、藝術品，它唯一所做的是讓大家記住 1989 年在中國發生的鎮壓事件。「我不認為，香港可以有任何一條法律去禁止一件藝術品。」他又指出，「國殤之柱」的展出，過往一直是香港的傳統，如今被禁止，加上展示「國殤之柱」直幡的學生曾雨璇的入獄，表明香港不容許具批評的藝術品，香港政府將自食惡果。

高志活亦將矛頭指向蘇富比、佳士得、富藝斯等跨國拍賣行及畫廊，著手透過新一輪倡議行動及群眾施壓，迫使這些企業不能假裝香港仍然自由，自由世界必須如實反映香港實際隕落的情況，而非繼續以沉默為極權塗脂抹粉。他希望以喚起大眾注視西方藝術機構助紂為虐踏出第一步，繼而促使政府、立法層面就這些商業藝術行為落實監督，避免藝術被濫用，成為踐踏人權者幫凶。

雖然「國殤之柱」在香港消失了，高志活卻努力讓其遍佈世界各個角落。2020 年 1 月 23 日，以反送中運動為題，造型含該事件抗爭者元素，如頭盔、眼罩、豬嘴的港版「國殤之柱」在丹麥多個政黨見證下，豎立於丹麥哥本哈根國會外，為期三個月。高志活在開幕式上表示：「唯有我們在西方表達支持，香港人才能捍衛他們的言論自由與和平集會自由。」

2021 年 10 月 27 日，正值羅馬的二十國峰會前夕，高志活工作室成員駕駛的卡車穿過羅馬市區。卡車上，是高志活創作的三米高的「國殤之柱」銅模型。

2023 年 5 月 22 日，香港「國殤之柱」複製品在柏林阿克塞爾‧施普林格自由基金會（Axel Springer Freedom Foundation）展出

一個月。高志活原本希望在納粹集中營遺址上豎立一座「國殤之柱」，後終因支持度不夠而取消。在揭幕儀式上，高志活發表演講指出，「國殤之柱」不僅象徵中共對天安門運動的鎮壓，而且是以一種令人悲傷的方式，揭示香港當前處境。香港的學生和市民捍衛民主，但他們被打壓，很多人被關入監獄，香港政府最後把這個雕塑拆下來放入集裝箱裡，用於在法庭上對付那些在香港展出這個作品的人士。

流亡德國的香港活動人士、「自由香港」聯合創始人黃台仰也發表演講，指「國殤之柱」自矗立香港後，便成為香港民主運動的核心，見證香港抗議者不屈的精神。它也不斷提醒香港人生活在無恥的中共政權下，這個政權屠殺那些敢於追求自由和民主的人民；它也提示港人，如果不付出一切代價爭取香港的民主和自由，終將與中國人一樣淪為奴隸。

有別過去創作、展出大型雕塑，高志活將「國殤之柱」製作成微縮版的 3D 模型——最小的比打火機還小，透過降低成本、大量散播方式製造聲勢。「國殤之柱」由過去的實物演化成為抗爭符號，出現在人們的書桌上，出現在社交媒體上，有人生活的地方就有「國殤之柱」。

2024 年 3 月 19 日，中共御用的香港立法會通過《基本法》二十三條立法。同日，在布魯塞爾的歐洲議會門前，「被禁藝術」（The Forbidden Art）展覽開幕。除了約為原先在港大那個三分之一大小的「國殤之柱」外，還有香港流亡藝術家**淋漓淋浪**[24]的油畫作

---

24 淋漓淋浪（Lumli Lumlong）：夫妻檔的藝術家組合，創作以油畫為主。他們曾被親中傳媒點名「涉嫌違反國安法」，被迫於 2021 年流亡英國。兩人在英國以至歐洲參與二十多個展覽，實踐用藝術「保存歷史，重建香港」的目標。人在英國的淋漓淋浪表示，雖然肉身離開香港，但自己在社運中站的位置從未改變。

一九五〇年代 93

品「蘋果人」和移居臺灣的藝術家黃國才的作品「The Shield 反極權之盾」等。高志活表示，主辦方曾收到由中國駐布魯塞爾大使館來信，批評展覽「純粹是政治操作，以民主和人權為藉口，嚴重干預中國內政」。歐洲議會表示，捍衛藝術自由是基本人權，今次參展的作品展現了藝術家反抗獨裁鎮壓的韌性，這項活動標誌著歐洲議會與全球民主和人權倡議者之間團結和共同價值的里程碑，承諾會繼續捍衛言論自由並反對獨裁鎮壓。

高志活在接受媒體訪問時，深情回憶昔日與李卓人、「長毛」梁國雄等「老民主派」同輩合作、討論的經歷，如今同伴身陷囹圄，未知何時可相見，尤其憂心患癌後仍被羈押的何俊仁。他最後如此寄語港人：

當前形勢艱險，任何行動量力而為，切忌急躁，務必靜待時機，大家一切保重。「國殤之柱」承載六四的記憶，是中國的禁忌話題，期盼有一天能移放天安門廣場。中國多年來仍維持專制體制，令人遺憾。但我深信，有一天中國會民主化，習近平也會倒臺。

高志活網站：https://galschiot.com/en/about

08 ｜ 何清漣：我的批判精神來自對公平正義的信仰

何清漣（1956年3月10日—）：經濟學者、時事評論員。1988年，獲復旦大學經濟學碩士學位。先後在湖南財經學院、暨南大學任教，後在深圳任雜誌和報紙編輯。主要著作有：《人口：中國的懸劍》、《現代化的陷阱》、《我們仍然在仰望星空》、《霧鎖中國——中國大陸控制媒體策略大揭秘》、《中國：潰而不崩》、《紅色滲透：中國媒體全球擴張的真相》等。曾獲「長江讀書獎」，《三聯生活週刊》將她列為二十五位時代人物之一，稱其「代表了中國改革的良心」。亦曾被美國《商業周刊》評為「亞洲之星」。2001年6月14日，不堪中共當局打壓，流亡美國，先後在多所大學任訪問學者，並為多家媒體撰寫專欄文章。

何清漣：湖南邵陽人。出生於祖傳三代的老中醫家庭，祖父和父親都以醫術濟世，有修身齊家的士大夫之風。父親在文革中受到迫害，被下放到農村，後來半癱瘓、半瘋癲。

1968年，十二歲的何清漣在街上聽說，離她家一百多里遠

的邵陽縣在殺人了,說是殺地富反壞右等階級敵人組織的「黑殺隊」。在她嬉戲的邵陽河下游,突然間每天都有屍體漂來,有男有女,有老有少。她清晰地看到,有一家人,老的頭髮都白了,小的還抱在懷裡吃奶,一家大概有七個人都被用鐵絲從耳朵裡穿成一串,再從手指穿成一串,活活淹死在河裡。還有些赤身裸體的女屍。那一恐怖場景,讓她對中共的統治產生了最初的懷疑和反感。

1972年,何清漣讀了兩年初中後,被下放農村,參加修建湘黔枝柳鐵路。後來,她在一篇回憶文章〈心靈深處的墳墓〉中寫道,那時每天都要幹繁重的體力勞動,沒有星期天、沒有假期,艱苦的勞動給她留下胃病、風濕痛等後遺症。她帶著《唐詩三百首》、《唐宋名家詞選》等幾本書在勞動之餘閱讀,被同房間的女孩偷去檢舉,批判她的大字報貼到她門口。勞累了將近一年後,終於熬到大年三十,連隊幹部們又逼著她們爬上山嶺打柴,說是「要過一個革命化的春節」。雨後的山間小路濕滑,好友張志敏不小心掉到山谷裡摔死,淒厲的喊聲讓她終身難忘。

何清漣說,她學術上的現實關懷是青少年時代精神品格的直接延續。學者**樊百華**[25]在〈始終仰望遙遠的星空〉一文中指出,一個優秀的人,總是要有些悲劇意識,而對幽暗的敏感,似乎又總是源於直面慘淡人生的煩惱少年期,少年的思索對思想家的原創性成長,具有第一推動力的作用。這一現象在何清漣身上表現得尤為典型。他認為,何清漣從很熱烈而又沉靜的獨立思考中走向

---

25 樊百華(1955-):異議作家、自由主義知識分子。1989年,在其任教的南京郵電學院參加民主運動,六四後被非法剝奪講課權。2000年,赴杭州看望民運朋友,被杭州公安、國安非法關押。多年來,發表文章、論著近百萬字,其思想、言論以頑強而鮮明的現實關懷為特質,與傅國湧等合著《脊梁:中國三代自由知識份子評傳》。

明澈，在其少年期思想歷程中就可看到「萌芽」。他將何清漣個人的精神史概括為從「樸實的善」，經過「反思的善」到「實踐的善」的過程。

文革結束後，何清漣於 1979 年考入湖南師範大學歷史系，畢業後短暫任教於湖南財經大學，又考入復旦大學經濟系攻讀碩士學位。在讀研究生期間，她寫出《人口，中國的懸劍》一書，收入 1980 年代新啟蒙學者群創辦的《走向未來》叢書。那是當代中國政治相對寬鬆的一段時期，一個普通研究生的著作，只要有獨到的觀點且言之有理，就能與已成名成家的學者的著作放在一起出版。這一細節表明，中國正在由文革時的階級身份標準轉向契約社會。

何清漣本科學歷史，後轉入經濟學，本科四年的歷史教育，使她具有別的經濟學者沒有的歷史眼光，她考慮問題喜歡放到大歷史背景下分析。她在湖南財經大學任教時，開始關注農村改革轉移農村人口到城市的問題，發現很多問題用歷史解釋不了，決定去讀經濟學。有了這兩門學科的涵養，對她以後的學術研究如虎添翼。

1988 年，復旦畢業後，何清漣選擇去改革開放的前沿深圳，卻發現現實與理想差距極大。深圳在經濟上開放，在政治上相當沉悶壓抑。她在宣傳部工作期間，經歷了六四，因支持天安門學生，被迫離職，先後到學院、媒體和企業工作。1992 年，鄧小平「南巡」講話後，深圳股市活躍，企業實行股份制改革，官員大肆瓜分國有資產，權錢交易盛行，後來中國發展的軌跡，都在深圳先行發生。何清漣身在其中，撰寫的報導無法發表，成為她寫《現代化的陷阱》的第一手素材。

1997 年，何清漣的力作在香港明鏡出版社以《中國的陷阱》

為名出版。簡體版在中國的出版過程充滿中國特色：書稿輾轉經過八家出版社，編輯無一愛不釋手，卻沒有一家敢出版。經濟學者、官員**石曉敏**[26]很欣賞這本書，將打印本送給很多高官讀，希望為之找到伯樂。今日中國出版社副總編輯**黃雋青**[27]想辦法將書稿送到江澤民文膽之一的中國社會科學院副院長劉吉案頭。劉吉讀了後很欣賞，約何清漣進京長談五小時，稱讚說「這本書將在中國歷史上留下一筆」，並欣然為之作序。於是，該書刪節了較為「敏感」的幾萬字後，終於得以出版。一夜之間，洛陽紙貴，正版的發行量超過二十萬冊，盜版估計超過三百萬冊。汪道涵推崇備至，將此書當做禮品送人。長期推動農村改革的元老**杜潤生**[28]見到何清漣時，緊握其雙手連呼多遍書名：「陷阱，陷阱，陷阱……」該書被認為是剖析中國轉型期政治經濟問題最尖銳、最深刻的著作之一，不僅在中國引起巨大反響，國際各大媒體紛紛以巨幅報導、評論，甚至登上《紐約書評》封面。

在《現代化的陷阱》一書中，何清漣藉助於經濟學、政治學與社會學的基本理論，分析解構了自改革以來的中國社會現狀，其切入點是權力市場化這一社會現實。正是權力的高度市場化，使中國社會轉型過程具有兩個明顯特點：菁英轉換的連續性與利

---

26 石曉敏（1950-）：中國經濟體制改革研究會副會長、高級經濟師。1982年，畢業於北京大學經濟系。1983至1991年，在國家體改委工作，歷任副處長、處長。此後在中國經濟體制改革研究會工作。主要研究宏觀經濟運行與經濟體制改革。
27 黃雋青：資深出版人，南京大學中文系畢業。曾任今日中國出版社副總編輯。2002年，離開國企體制，創立博集天卷出版公司。他是第四屆「中國圖書勢力榜金推手」獲得者，策劃出版許多超級暢銷書。
28 杜潤生（1913-2015）：原名杜德，山西太谷人，經濟學家，資深農村問題專家。文革後任中共中央書記處農村政策研究室和中國農村發展研究中心主任，被譽為「中國農村改革之父」。1989年，杜潤生、李銳、于光遠、李昌等四名顧委委員等反對以武力鎮壓學生運動。

益轉移的隱蔽性。中國的利益分配格局，以及政治利益集團與經濟利益集團的形成，完全以權力市場化作為起始點。何清漣認為，鄧小平作為總設計師，其「摸著石頭過河，白貓黑貓，三個有利於和四項基本原則」可歸納為「一塊石頭兩隻貓，三條魚和四隻雞」。鄧的改革政策體現了其實用主義精神，但用在政治上就變成無原則的國家機會主義。繼任者再發揮一下，變成一切向錢看，以金錢與實利為導向，不講究政治道德底線，最後形成太子黨家天下的社會利益格局。

1999年，《現代化的陷阱》榮獲「長江讀書獎」。何清漣在頒獎典禮上發表演講，強調知識分子的批判使命：「對於中國來說，整個二十世紀充滿了無邊無際的憂患與苦難，這種民族的苦難，造就了這一百多年中國知識份子特有的知識人格。……一個多世紀以來，中國的知識份子在日漸邊緣化的同時，其菁英階層也一直以『學者兼戰士』的身份出現，承擔著社會批判的重任。在這一群體中，一直鼓蕩堅韌的道德理想擔當，承擔著把意見轉變為理論的社會責任，他們將自己的生存意義定位於不僅是求得個人生活的滿足，而是思考國家與民族的命運。……不管社會條件如何變化，在知識份子的菁英中間，這種批判精神的血脈卻一直頑強存在，即使在慘絕人寰的文革時期，這一血脈還以非常慘厲的形式延續下來。如顧准就是一位『竊天火，煮自己的肉』的思想者，我們今天思想的權利，正是顧准、遇羅克、張志新、黎九蓮這些敢於質疑現實並進行批判的思想者在我們前頭承擔了犧牲和不幸，用他們的生命為我們爭取來的，我們沒有理由不珍視這份權利並加以善用。」

何清漣也特別談及書中針對的腐敗問題：「十二年前我初到深圳這座城市，就發現一個任何人都無法迴避的社會現實：私人利

益得到滿足是以公共利益受損為前提,而賄賂則是私人獲取最大利益的必經橋樑。在受賄者看來,別人進貢的錢物只不過是別人從他們那裡得到的巨大利潤中的一小部分回饋;在行賄者看來,這些賄賂卻是保證他們能夠得到優待的必要條件。人們普遍認為,與其忍受官員們的百般刁難,還不如花錢買方便。從個別部門看來,賄賂似乎能提高效率,促成辦事速度加快。但是從社會宏觀層面以及長遠效果來看,系統性的腐敗卻很少能夠產生正面效果。腐敗行為促使政府官員在偏袒少數菁英的同時危害了社會公眾的利益。」她也是第一個提出制度性腐敗及制度性反腐的學者:「腐敗在中國的產生有其歷史根源,但從根本上來說還是源於現存體制。從其效果來說,腐敗在公共資源的分配過程中引入了低效與不公平,最終也不能有效地引導私人利益。如果政府容許某些人以犧牲他人為代價來為自己賺取超量的收益,那麼政府的合法性就會遭到破壞。僅僅依靠刑罰手段對腐敗分子進行懲罰是遠遠不夠的,這樣做固然可以爭取公眾對政府的支持,但卻無法解決那些引起腐敗的內在的問題。一個對反腐敗持嚴肅認真態度的國家,應該深入細緻地去研究腐敗的各種類型,並對症下藥地根除腐敗的內在根源。」

1998年夏天,中紀委請何清漣去北京開會,談反腐敗問題,由中紀委副書記主持。她的觀點是:高層自律和他律相結合,既要高層做出自律的表率,比如說總書記的兒子不經商;又要外部監督有制度進行他律,因為最好的外科大夫不能給自己動手術,再快的刀子也砍不到自己的刀背上。自律和他律如果做不到,反腐敗是沒有希望的。

中共當局不可能接受何清漣的建議,推動政治體制改革和制度性反腐。何清漣書中預言的「陷阱」,在此後二十多年都變成

了現實。中國不可避免地掉進陷阱裡：國有資產的嚴重流失，圈地運動的社會撕裂，農村惡勢力的滋長，黑社會的興起，人口增長的壓力，失業大潮的出現，貧富差距的巨大，社會分配的嚴重不公，生態環境的破壞污染，權力市場化的高度政治腐敗以及社會矛盾和民族矛盾的尖銳激化等，她所有預測的最壞結局都已出現，有的情況比她預言的還嚴重。有人開玩笑說：「中國就是按照何清漣的預言一步一步走到陷阱裡的！」她絲毫不感到高興。

壟斷權力的獨裁政黨，不喜歡帶來壞消息的人，甚至要射殺帶來壞消息的人。帶來壞消息的人，其實是本著對國家負責任的良知提出忠告或警示。然而，在中國，直言社會弊病被扭曲為反對，甚至被曲解為別有用心。《現代化的陷阱》在民間名聲鵲起，中共高層卻恨之入骨。據傳，時任總理的朱鎔基痛罵此書及作者，指責出版社嚴重失職，下令「禁止發表和出版使用公共數據指責改革開放、誇大腐敗問題的文章和著作」。

何清漣的處境日漸惡化。一開始，中宣部禁止她在國內任何報刊雜誌發表文章。第二步，她任職的《深圳法制報》解除了她的副主任職務，將她調到資料室任閒職。緊接著，國安部派出一組特務，入駐她隔壁的公寓，分三班晝夜實施監控，她一出門，就有便衣寸步不離地跟蹤，甚至跟她乘坐同一部電梯。這種狀況，讓一般人不敢跟她來往。有一次，她從西安回深圳，在飛機上碰到一名坐在她旁邊的女士，施施然地說：「我是國安部七局的人，你的書剛在香港出版時，上面讓我給中央政治局常委每人找一本。當時，你住在深圳的什麼地方，在什麼單位工作，你的兒子有多大，你在香港中文大學訪問時住雅禮賓館的幾號房間，我們全都掌握了。」何問，你們為何沒有對我採取行動？對方說，中央政治局意見不統一，很快要開十五大，就沒進一步討論了。

國安故意向她透露這些資訊，就是要讓她感到恐懼並乖乖閉嘴。

2000 年春，何清漣帶著兒子到北京，應邀到北大發表演講，住在友人戴晴家。出北大西門時，一輛黑色轎車突然衝過來，將母子兩人撞倒在地。何清漣被送到醫院檢查，發現腿部骨折，而肇事司機留下的電話是假的。多年後，她在加拿大出席學術會議，一名身份曖昧的中國商人對她說：「你還記得那次車禍嗎？是我表弟幹的。」這又是對她赤裸裸的恐嚇。

6 月 13 日晚上 9 點，何清漣回家後發現，家中洗手間的窗戶被撬開，室內的天花板也被破壞。家中並無財產損失，但若干資料和手稿不翼而飛。其中有一份宣傳部下發給報社的指導宣傳中國加入世貿組織的文件，這份文件並不重要，卻註明「絕密」，她看完後作為資料放在文件夾中——若當局以此治罪，她將有口難辯。不久前，當局正是用這種方式逮捕、監禁了從美國回來搜集文革資料的歷史學者宋永毅。

在此千鈞一髮之際，何清漣當機立斷，決定逃離中國。她原本計畫 6 月 26 日飛往芝加哥，在「拯救危難學者緊急行動委員會」幫助下，到芝加哥大學任訪問學者。但現在情況發生了驟變。若按原計畫出國，很可能在廣州白雲機場被捕。於是，她匆忙決定，次日在國安還未反應過來的情況下，改道從北京出關。

14 日早上，何清漣沒有攜帶任何行李，裝做去報社上班的樣子。她在辦公室借同事的手機給前夫打電話，請前夫照顧好兒子，再取出一筆存款，購買了當天下午飛往北京的機票。她甩掉跟蹤的便衣，趕往機場，飛到北京，晚上從北京飛往新加坡，再從新加坡轉往東京，再飛洛杉磯，最後抵達紐約。她去訂票時，售票小姐說，這樣多轉幾次，票價貴了一倍，很不划算，不理解她為什麼這樣訂票。飛機從北京機場起飛時，曾離開跑道回到登

機口,她以為警察追到了,結果是虛驚一場。多次轉機後,她順利抵達美國。後來,何清漣在《中國現代化的陷阱》修訂本前言中寫到:「我希望有一天,我以及與我命運類似的其他流亡者,都能夠在免除恐懼的狀態下,有人格尊嚴的回到中國,因為那樣一個中國正是一個半世紀以來,無數仁人志士為之奮鬥的目標。」

抵美後,何清漣與政治學者程曉農[29]結婚。她離開中國後展開的第一個研究項目是中共對新聞和言論自由的控制與操縱,初稿為一份八萬字的研究報告,卻被支持她研究的智庫束之高閣。後來,她將其擴展成二十多萬字的書稿《霧鎖中國——中國大陸控制媒體策略大揭秘》。這是當時唯一一本研究中國政府控制媒體的專著,因其資料翔實,受到中國研究界與中國國內新聞業者高度重視。此書在臺灣出版後,臺灣的出版公司將版權轉讓給一家中資背景的公司,致使此書絕版後再也沒有加印。可見,中共對何清漣的研究害怕到何種程度,遠在海外,仍要圍追堵截。

2017 年,何清漣在臺灣八旗文化出版社出版新作《中國:潰而不崩》。她在書中提出「共產黨資本主義」(Communist Capitalism)的概念,認為經過近四十年改革,中國出現了一種共產黨政權與資本主義「結婚」的政治經濟制度,即專制之下的權貴資本主義與國家資本主義,「中國模式」是它的好聽說法。它意味著,以消滅資本主義起家的共產黨,經歷了社會主義經濟體制的失敗之後,改用資本主義經濟體制來維繫共產黨政權的統治;同時,共產黨通過市場化將手中的權力變現,成為各種類型、各個領域內

---

29 程曉農(1952-):上海人,經濟學家,政治評論家。1980 年代,任中國經濟體制改革研究所綜合研究室主任、副研究員,後赴德國、美國留學,取得普林斯頓大學社會學博士學位。長期擔任《當代中國研究》雜誌主編。與何清漣合著有《中國改革的得與失》、《中國:潰而不崩》,與吳國光合著有《透視中國政治》。

的巨型資本家，掌握、壟斷社會大部分財富，製造了極端的貧富分化。這種利益格局，使紅色權貴和紅色家族的內部派系林立，但他們都需要維持中共政權的長期統治。何清漣的結論是：中國不會真正崛起，但也不會很快陷入崩潰。中共政權在十至二十年間不會崩潰，但中國社會將長期處於「潰而不崩」狀態。這個過程是中共透支中國未來以維持自身存在的過程，也是中國日漸衰敗的過程，更是中國不斷向外部（尤其是港臺）擴散負面影響力的過程。

2019 年，何清漣再次在八旗文化推出新作《紅色滲透：中國媒體全球擴張真相》。本書從回溯中國大外宣的歷史入手，分析中國自本世紀初以來形成的外宣媒體本土化（即在地化）策略，以及在此策略推動下的海外「大外宣」布局。她指出，中共建政後經過七十多年磨礪，其「外宣」早就形成成熟的整套方略。其「大外宣」計畫早已將遍布全球的華文媒體歸附於北京旗下，非洲更是結出碩果。這種由中國政府投入大量金錢，由中國國家媒體、香港、臺灣或其他地區的華人資本出面打造的媒體集團，形成「恩庇侍從」結構，該結構支配下的媒體，就是中共宣傳機構的延伸，而非自由媒體。此書出版後，僅一個月內就加印五次，作者應邀訪問臺灣，引發一股「何清漣旋風」。臺灣學者驚歎說，書中引用的資料以前也讀過，卻不知道如何解讀，讀了何清漣的書才恍然大悟。

近年來，何清漣轉向美國研究，批判美國左派文化、「政治正確」及「美式文革」。她指出，左派毒素已經侵入美國的政府、大學、媒體和 NGO，美國憲法、法治、市場經濟成為左派致力於摧毀的目標。這場災難已然動搖美國的立國根基。美國的政治菁英脫離選民，文化菁英脫離現實，全球化脫離本土價值，淪為「反

民主的全球化」。要擊敗極權中共,必須首先捍衛美國。美國是她最後安身立命的地方,美國若沉淪,再無處可逃。於是,她奮筆疾書,大聲疾呼,挑戰「身份政治」,努力將美國拉回憲政、法治和秩序之原點。她比土生土長的美國人更愛美國,愛之深,故責之切。

何清漣個人主頁「清漣居」,收錄有何清漣大部分著作,有部分英文、日文翻譯:
https://heqinglian.net/

09 | 高氀：在極權中國，藝術家同時也是驅魔師

高氀（1956年10月10日—）：前衛藝術家、作家，與弟弟**高強**[30]一起以「高氏兄弟」為名創作和發表作品。曾出版《中國前衛藝術狀況》、《藝術生態報告》、《在北京一天能走多遠》、《中國上訪村》（與廖亦武合編）等著作。主要藝術作品有：《子夜的彌撒》、《大十字架系列》、《擁抱二十分鐘的烏托邦》、《永不完工的大廈系列》、《毛小姐》、《槍決基督》、《毛的懺悔》、《試圖在列寧頭上保持平衡的毛小姐》、《假如時光倒流——肖像系列》等。曾在世界各地舉辦個展，作品被許多國際收藏家及藝術館、博物館收藏。2011年獲美國傑出人才綠卡，常往返美國與中國之間。2024年夏，高氀與妻兒赴中國探親，並計畫9月3日搭機返美。8月26日，高氀在河北三河市家中被警察帶走，以涉嫌「侵害英雄烈士名譽罪」刑事拘留。

高兟：祖籍山東日照，生於山東濟南。

高兟的父親是濟南市消防器材廠的一名職員，在文革中被批鬥、關押，在經歷了長達二十五天的刑訊逼供之後慘死，年僅四十七歲。當時，高兟只有十二歲。他後來受訪時回憶說：「那些事雖然已經過去幾十年了，但感覺就像昨天發生的一樣：1968年10月25日，父親單位一幫人與街道幹部以及派出所民警一同來到我們家，通知父親的死訊。他們進門後，把我們幾個年齡還小的孩子趕到門外，只讓我母親和大哥在屋裡。但我們看到來人的架勢，本能地知道父親死了，就在門外嚎啕大哭起來。他們對我母親和大哥說，我父親早上6點25分『自絕於人民』畏罪自殺，要我們全家與『反革命』父親劃清界限。這就是當時的革命邏輯，一個人被非法監禁，不明不白地死了，卻要求受害人家屬要與之劃清界限。父親到底是自殺還是被打死的，至今也無法證實。……不堪回首！那些經歷和往事對我影響重大，是一種無法彌合的精神創傷，不僅影響到我對生活的看法，也直接影響到我的藝術觀。我們從來不是那種純粹為了藝術而做藝術的人。」

他們的母親有六個兒子。在母親坎坷的一生中，經歷了戰亂、政治動盪以及近三十年喪夫守寡的艱難人生。父親死後，全家沒有一分錢收入，同時還要面對政治上的歧視。是母親以驚人的堅韌與毅力把六個孩子撫養成人。母親是無師自通的剪紙天才，常常信手拈來，隨便將一張廢紙三下兩下剪出一些很有現代感的人體或動物蟲魚。母親去世前，曾受山東大地藝術沙龍之邀在濟南舉辦過剪紙藝術展。高兟認為，母親是其藝術啟蒙者。

---

30 高強（1962-）：山東濟南人，中國當代藝術家高氏兄弟中的弟弟。以繪畫、裝置、行為等形式，活躍於當代藝術創作舞臺，尤以政治寓意話題的作品著稱。他們的作品有些無法在國內展出，在國外展出時因官方壓力受阻的情況也屢屢發生。

家庭的慘劇，讓高戕對文革和毛澤東的暴政有了深刻反思。他表示：「對文革，我認為需要一次真正意義上的徹底清算。那是一場史無前例的紅色大災難，人性在這場紅色災難中幾乎被徹底泯滅了。我想像不出還有什麼時代能比文革更令人恐怖。……那個為了個人權力而不惜犧牲眾生性命的文革始作俑者應當受到永遠的詛咒！」

1972年，在濟南第二十五中學讀書的高戕，因身為賤民，且交不起學費，被迫輟學。十六歲，到建築公司當臨時工，是最底層的苦力。他早上五、六點就起來，帶一塊窩窩頭、一塊鹹菜，坐很遠的公車到工地。一天三方半土工作量，一塊一毛錢報酬，一幹就是幾年，濟南市好幾座大樓都有他的汗水。他從建築公司小工到街道服務大隊挖地槽、到給醬菜店蹬三輪車一直到最後在街道生產組修電機，什麼活都幹過，卻一直沒有得到一張「留城證」。

與此同時，高戕正式拜師學山水畫，老師是有著親戚關係的畫家張登堂。張登堂當時因創作《海河》、《黃河》組畫在全國已很有名氣。

有了學畫底子，1978年文革結束，剛剛恢復高考，高戕考進山東工藝美術學校中國畫班。

1979年，中共當局「平反冤假錯案」。二十三歲的高戕帶著為父伸冤的上訴材料以及母親和兄弟們的重託，對學校謊稱去北京看美展請了假，隻身登上進京火車。多年後，他依然記得那個冬日的早晨，沿著那條狹長的街道，第一次走進國務院信訪接待站的情形。「街道兩旁是上訪者搭建的低矮的窩棚，旁邊堆積著破爛不堪的雜物，衣衫襤褸的上訪者在窩棚前支起簡陋的灶具生火做飯。滿臉污垢的孩子們在那個狹小的世界裡鑽來鑽去。」幸

虧有在中央內務部工作的二姑幫忙，信訪辦工作人員提前接待了他，但還是將上訪材料轉回山東。

經過多年申訴、上訪，高父終獲「平反」。1980 年，一紙平反文件，一條人命，等於三千多塊錢的「撫恤金」。後來，高家兄弟到害死父親的工廠幹部家討說法，對方卻說是「組織的決定」而拒絕認罪、懺悔。這就是鄂蘭所說的「惡之平庸」——在中國，毛澤東已化身為千千萬萬個「小毛澤東」，其暴君人格滲透到每個人心中。

在大學圖書館，高兟接觸到西方現代藝術，如同發現一個寶藏：「與傳統的國畫相比，感覺西方現代藝術是一種更自由、更直接、更強烈的藝術表達方式。」於是，他轉而投身現代藝術的學習和創作。

1980 年代是一個理想主義年代，也是一個理想主義幻滅的年代。1980 年代的新潮美術，是 1980 年代中國文化啟蒙運動的一部分。當時，無論是美術，還是文學、戲劇、電影等領域，都出現了崇尚創作自由與先鋒實驗的新潮流。

1985 年，高氏兄弟參與了「八五美術新潮」運動，開始對藝術媒介進行探索，包括雕塑、繪畫、攝影、裝置藝術、行為藝術以及被高氏兄弟稱作「發生藝術」的新興藝術形式，他們無所禁忌，一飛沖天。

1989 年春，高氏兄弟第一次參加中國美術館的「中國現代藝術展」，參展的作品為裝置藝術《午夜彌撒》。「有人憤怒，有人興奮，人們從來沒有見過這樣的藝術品，或者說從來沒見過有這樣褻瀆藝術的。」這件驚世駭俗的作品得到藝術評論家**栗憲庭**[31] 的

---

31 栗憲廷（1949-）：藝術評論家。出生於吉林，畢業於中央美術學院國畫系。長期擔

稱讚:「中國現代藝術到你們這兒,有點原創性的東西了。」在布展時,這件作品被主辦方有意識地安排在美術館一樓裝置和行為展廳的入口處。

藝術展結束時,高氏兄弟意外地介入一個政治性簽名活動。當時,位於使館區的「捷捷酒吧」老闆陳軍說要請大家喝酒,慶祝藝術展成功。一百多個參展藝術家幾乎全去了。陳軍告訴大家,方勵之給鄧小平寫了要求釋放**魏京生**[32]等政治犯的公開信,北島、費孝通等名人已簽名,希望借此機會大家也能簽名支持。一聽這話,很多人害怕找麻煩,先後離開了。留下的十幾人簽了名。栗憲庭從後面走到前面,第一個簽名。高氏和高強也簽了名。

當時,有外國記者問他們:「為什麼這麼多藝術家走了?你們為什麼會留下來帶頭簽名?」高氏說:「我們是藝術家,但是我們首先是一個人,我們認為一個人有權利表達自己觀點。」儘管他認為自己有這個權利,但也知道會因此惹來麻煩。果然,這事成了給他們帶來麻煩的導火索。

隨後,中國爆發了天安門民主運動,以及血腥的六四屠殺。在這期間,高氏因為在濟南上街遊行,遭到當局審查,上了黑名單,長達十四年時間不能出國,直到 2003 年才拿到護照。

1994 年,魏京生假釋後,到濟南與高氏兄弟等人會面,說要

任《美術》雜誌編輯、《中國美術報》編輯,是中國當代藝術領域最具權威的藝術批評家,對中國當代藝術運動的發生和發展具有重要而深遠的影響。他也積極參與公共事務,是《零八憲章》的首批簽署者之一。

32 魏京生(1950-):中國異議人士。生於北京一個解放軍軍官家庭。1978 年,在北京西單民主牆發表大字報〈第五個現代化:民主及其他〉等,點名批評鄧小平獨裁。1979 年被捕,以反革命罪判刑十五年。1993 年獲釋。1995 年再度被捕,以陰謀顛覆政府罪判刑十四年。累計坐牢時間超過十八年。1997 年,經由中美人質外交操作,以保外就醫名義流亡美國。目前擔任中國民主運動海外聯席會議主席和魏京生基金會主席。

和**黃銳**[33]策劃一個中、日、韓三國現代藝術展,想邀他們參加。高氏兄弟因此受到警方騷擾和監控。

在理想主義破滅、物慾橫流、暴力元素充斥現代藝術的1990年代,高氏兄弟的創作轉向基督信仰,轉向救贖與愛。1994年,他們創作了油畫《天國之愛》。1995年,他們完成「世界之夜」、「人類的憂慮」、「世紀黃昏」與「黎明的彌撒」等四件《臨界‧大十字架》系列裝置－雕塑作品。1996年,完成《大十字架》系列裝置的最後一件作品《福音書》。1999年,他們創作了環境雕塑《預言》。

高氏兄弟如此闡釋以《大十字架》為代表的一系列作品:「在這個分裂、混亂的世界上,我們選擇了十字架、打造了『大十字架』,這與其說是尋求絕對,不如說是為了重建理想,再造整體。我們試圖以『大十字架』系列超越現代藝術荒誕、醜陋的流行趣味,走出歷史與當下、中心與邊緣、世界與民族的狹隘的對立狀態,重建一種具有健康的理想主義情懷的新現代藝術。」

2000年,高氏兄弟策劃實施《擁抱》公共行為藝術活動,在網路上提議設立「世界擁抱日」。《擁抱》在國內外引起廣泛反響,評論人宇向指出:「《擁抱》系列行為從以往作品的繁複、主觀變得直白、直接、直抵人心,也揭示了行為藝術這種動感藝術形式的應有的品質和最真實的一面……由於它的親近、樸實而且更能廣泛地被人群傳播,也就會持久地為更多的人所接受。這無疑是他們近二十年的藝術生涯當中最具天才的一組藝術作品。」藝術評論家蘇姍‧戴維絲認為《擁抱》是「高氏兄弟真正在世界範圍

---

33 黃銳(1952-):前衛藝術家。北京人。十六歲時,被下放至內蒙耕種,1975年返北京。「星星畫會」運動的創辦成員之一。他創作的繪畫、雕塑和裝置作品挑戰美學和政治上的既有傳統,被視為同期藝術家當中的重要一員。

引起普遍關注的作品」。

高氏兄弟將藝術創作當著祈禱，並與上帝和耶穌基督建立聯繫：「我們是在 1980 年代初開始閱讀《聖經》的，當時，手頭上只有一本《舊約全書》。對我們來說，《聖經》是一本不可能一口氣一次性讀完、讀懂的書，《聖經》的魅力主要在於它絕對的原創性、神秘性與啟示性。我們是通過米開朗基羅開始對《聖經》感興趣並開始理解《聖經》的。」上帝以不同的方式呼召不同的信徒。高氏兄弟可稱為「非建制基督徒」，其作品不是淺薄的宗教宣傳，而浸透了對基督信仰獨特的領悟，並傳達出藝術與信仰的動態平衡。

2002 年 2 月農曆小年夜，高氏兄弟在濟南街頭向各路人士發出「你願意與無家可歸者共進晚餐嗎？」的請柬，希望以此喚起民眾對貧富懸殊議題的關心，「有人暴富或者走向小康，還有人無家可歸，但社會階層的差異造成的交流障礙是有可能打破的」。

2003 年春節前夕，山東某民工為討薪自焚，高強把消息貼在某詩歌網站，而後有詩人發起簽名、捐款。高兟買了營養品，去醫院探訪燒傷民工，護士人手不夠，他就上前幫忙。對於高兟而言，在日常生活中「愛人如己」，甚至高於藝術創作。「在貧富兩極分化日趨嚴重的今天，『底層』作為一個不能回避的當代問題理應在當代藝術中有所反映⋯⋯」

2003 年，高兟、高強兄弟將工作室搬到 798 藝術村的尤倫斯畫廊對面，並選中離工作室不遠的兩棵大楊樹，依照樹的長勢設計了草圖，蓋起一間咖啡廳，又模仿卡爾維諾（Italo Calvino）的小說題目，命名為「樹上咖啡」。這間咖啡館成為北京自由主義知識分子和文化人的重要沙龍。

2006 年，高氏兄弟在 798 工作室策劃了名為「灰紅」的藝術

家聯展，其中包括畫家武文建描繪六四的作品。這個展覽遭遇警方上門查封。高氏在一篇文章中寫道：「我這是一個帶有測試性的展覽。那個期間，似乎整個藝術圈都陷入一種盲目的樂觀情緒之中，都覺得隨便什麼都可以展出，藝術已經非常自由了。結果，該展覽遭到警方與各文管部門到現場巡查並禁止。英國衛報以〈中國當代藝術遭遇紅燈〉為題目報導了此事，並發表了武文建等人的作品。記得當時警察逕直走到武文建作品前問：『這不是畫的六四嗎？』我回答：『六四沒有發生過嗎？』他們質問說：『現在展出合適嗎？』我反問：『那你們認為什麼時候展出合適呢？』一時他們語塞。」

之後，高氏兄弟的工作室被盯上了，有國保經常光顧，跟他們「喝茶談心」。有一段時間，有兩個保安人員專門上崗，阻止遊客進入工作室。

2008 年，高氏兄弟參與劉曉波組織的《零八憲章》簽名，是少數參與簽名的當代藝術家。

同年，高氏兄弟在莫斯科以行為藝術《剩下的是骷髏》讓全場震撼。那是一組俄羅斯套娃式的「毛小姐」雕塑裝置，高氏兄弟當場砸破「毛小姐」額頭，頭腦內現出列寧頭像，再砸破列寧頭，最後現出一具黑色骷髏。如康正果所說：「正是通過這一鬧劇演示，高氏兄弟對中共的淵源做出尋根究底的追探，毛像崇拜學步列寧像、史達林像崇拜的進程，中共的引狼入室之罪就赫然暴露在觀眾眼前了。這一罪行的惡果尚在進一步演變之中，那黑骷髏到底預示著什麼險惡的前景，的確是一個令人深懷憂慮的問題。」習近平以毛的精神之子自居，與毛一樣對俄國老祖宗及當下的俄國獨裁者俯首帖耳。

2009 年，中共建政六十週年之際，高氏兄弟完成《槍決基督》

和《毛的懺悔》兩件重要作品。他們在798工作室舉辦一個內部晚會。由於《紐約時報》記者的現場報導，事後引起警方關注，前來工作室搜查。

搖滾歌手崔健說過，「只要天安門城樓還掛著毛澤東像，我們就是同一代人」。中國從來就沒有告別毛澤東，而習近平的「再毛化」政策再次證實了這一事實：毛從未走下神壇。在此背景下，高氏兄弟創作一系列去毛、反毛的藝術傑作極具時代意義。康正果在〈毛像的流變與高氏兄弟的「去毛」創作〉一文中指出：「在今日中國的前衛藝術家中，真正把毛像推向終結的人物是號稱高氏兄弟的高兟和高強。」

在當代中國，祛魅即啟蒙，藝術如此，政治亦如此，正如高氏兄弟所說：「我們希望不斷通過以置換、戲謔、批判的方法，徹底清洗毛作為一個有史以來最大的暴君獨裁者塗抹在歷史帷幕上的精神污垢，清算其所犯下的深重罪孽，以驅魔的方式把毛從他的黨羽和後代打造起的神位上驅趕下來，還原其妖魔真面，並讓他接受一次缺席的審判。毛的反人類思想與行徑不但讓中國人蒙受了巨大恥辱和災難，也嚴重踐踏了人類的尊嚴。當我們試圖探討我們生活其中的這個政治體制的罪惡的時候，就不能不回到始作俑者毛這個根來。我們始終相信，毛是制度的起點，毛罪不算，惡制難除。這是中國社會轉型必須面對的一個根本問題。只有否定毛，中國才可能發生根本性的變化。這就是我們為什麼要用這多年，耗費那麼大精力通過藝術與言說批毛的根本原因。」也如康正果所論：「國人熟知的毛像——從天安門巨幅像和紀念堂肉身像直到音像和文字所灌輸的『偉光正』毛形象——與歷史現實中的毛本人存在著脫節和分裂，他們創作的『毛系列』作品就是要消解舊毛像，除掉這個長在毛臉上的面具，把歷史現實中的

毛澤東其人裸裎出來。」

在當代中國，毛澤東是一個吞噬了數千萬人而且仍然在吞噬無辜者的惡魔。有良知和正義感的藝術家，同時兼具驅魔師的身份和使命。高氏兄弟神容冷峭，再加上常穿的一身黑衣，恍惚讓人覺得，他們有些降魔道士風貌。康正果評論說：「正因這哥兒倆滿懷『祛魅』的使命，他們才大膽擔當起當今藝壇薩滿的責任，在一件件重構毛像的作品中發揮其『驅魔』的創意，每一次都咒出了毛的原形。」

康正果尤其欣賞高氏兄弟模擬法國畫家馬奈名畫《槍決國王馬克西米連》而創作的《槍決基督》塑像群。「把七個行刑隊人員一律換成真人大小的毛澤東，是高氏兄弟令人拍案叫絕的創舉，……它把寫實性的真實和超現實的真實水乳交融在一起，讓觀眾在虛擬的空間中目睹了一個凝聚著千萬個屠殺事實的瞬間，讓這個恐怖的包孕性瞬間在不同觀者的眼簾中投射出各自獨特的場景。七個持槍的毛像並不算多，他們代表了千萬個身穿軍大衣揮手屹立的偉大領袖塑像，也代擬了毛澤東生前和死後毛猴般遍佈中國大地的小毛澤東們。受難的基督不只象徵了中共對基督教的迫害，也是偽神屠殺真神的隱喻。廣義地來說，眾毛像舉槍射擊的動作也具現了像毛這樣的平庸者對一切神聖、崇高、純真等讓他忌恨的品質所作的扼殺，概括了中共的暴政對所有無辜者的殘害。」

2011年底，高兟底獲美國傑出人才綠卡，他開始在北京與紐約兩邊跑。鑒於中國的狀況日漸惡劣，他於2022年與家人定居紐約。

2024年夏，高兟帶著妻子和七歲的小兒子赴中國探親。8月26日，高兟在河北家中被警察抓走，被拘押於河北三河市看守

所。他的妻子也被限制出境，他們七歲的兒子雖然在美國出生、是美國公民，卻也無法獨立返美。外界認為，這可能與高氏兄弟創作的有關毛澤東的雕塑作品有關。此前，有警察搜查了他們存放雕塑作品的倉庫，有物業管理人員告知了這一事件。但高氒忽視了這個警告。很多朋友詫異於高氒為何以身犯險，高強解釋說：「這或許是由於過去那種假設自己是自由的行事方式成了習慣，或說命運使然，他就像神拋入暗夜的一面鏡子。」

高氒妻子得到的丈夫的刑事拘留通知書上寫道，高氒是涉嫌「侵害英雄烈士名譽罪」而被刑事拘留。2018 年 4 月，中國全國人大常委會通過《英雄烈士保護法》。2021 年 3 月 1 日，《中華人民共和國刑法修正案（十一）》正式實施，「侵害英烈的名譽、榮譽罪」正式入刑。而高氒有關毛的作品都是在此之前創作的。高強認為，「對新法生效之前的有關行為進行追溯性懲罰，有悖於現代法治通用的『無追溯力原則』。而且，藝術表達與犯罪行為應當有邊界。」

高氒被抓後，來自世界各領域的 181 位藝術家、作家、詩人、教授、學者、普通公民簽署了一封公開信，信中寫道：「三河公安局竟把高氒的藝術創作當成罪證，重蹈文革迫害。我們感到不解和悲痛。也感覺到中國的藝術界正在收緊管控，人人都會成為下一位被拘押者。」公開信呼籲：「我們期待儘快釋放藝術家高氒，讓他和家屬團聚，以彰顯中國正在以法治國。」

高氏兄弟外貌放浪不羈，其實內心溫柔敏感，他們不是政治活動人士，而是藝術家和詩人，但與一般的藝術家和詩人不同，他們又兼具歷史學家的責任感和哲學家的深度。高氒常常吟誦他喜愛的詩人阿波利奈爾（Guillaume Apollinaire）的詩〈蜜蠟波橋〉（Le pont Mirabeau）──「讓黑夜降臨，讓鐘聲吟誦，時光消逝

了,我沒有移動。」他熱愛的是生活本身,而不是政治與權力,正如他所說:「生活便是應當聽聽鳥叫,看看風景和雲彩,或者和可愛的女孩聊聊天。生活不應該總是和政治掛鉤,我們做藝術不是為了反抗,反抗都是不得已而為之。」

三十多年來,高氏兄弟一直「堅持文化批判的獨立態度」,被公認為以「對於後毛時代中國的反思」而聞名,但兄弟倆始終認為,他們所有的作品,都源於對美與愛、希望與自由的渴望。當然,他們也深知,驅魔和屠龍是危險的事業,很有可能遭到惡魔和惡龍的反噬,但他們義無反顧。

高氏兄弟臉書:https://www.facebook.com/gaobrothers

10 ｜毛孟靜：我可能會跌倒，但不會失敗

毛孟靜（1957年1月18日—）：基督徒，香港資深傳媒工作者，前立法會議員，民主派政治人物。香港公民黨聯合創辦人，「香港本土」聯合創辦人，香港民主派會議召集人。亦曾在多所大學任教。2021年2月28日，因參與民主派初選被捕，入獄至今。

毛孟靜：出生並成長於香港島跑馬地。父母是「避秦南來」一代，本來想追隨國民黨到臺灣，卻在香港扎根，「我爸爸從前常常用上海話說，共產黨嘛，弄勿調直。意思就是共產黨永遠是 crooked（歪曲）的。」

毛孟靜早年畢業於銅鑼灣聖保祿幼兒園、跑馬地聖保祿天主教小學和聖保祿中學（都是法國修會學校）。讀中學階段曾是班長。在中學會考中，文科成績優異，理工科成績不理想。1974年赴加拿大留學，於1979年在渥太華卡爾頓大學（Carleton University）新聞系畢業（副修英國文學）。

毛孟靜入讀卡爾頓大學是因為覺得威風，加上好勝心強。1975年，加拿大只有卡爾頓大學開設新聞系，獲取錄的學生必須通過法文考試。她從小學習法文，應付法文考試綽綽有餘。後

來從政,任職立法會議員期間,她曾被認為是立法會七十位議員中唯一懂得法文者,世界各地的法文記者對其均直接使用法文採訪。後來,她在電臺節目澄清建制派議員石禮謙亦懂法文,自己並非唯一。

回港後,毛孟靜分別在法新社和《英文虎報》擔任法文及英文記者,又擔任香港無線電視新聞部主播及香港電臺電視節目《城市論壇》現場直播主持、《傳媒春秋》主持以及有線電視兒童臺主持等。

1982年,毛孟靜與英國記者菲臘·寶靈(Philip Bowring)結婚。寶靈為第四任港督約翰·寶靈(Sir John Bowring)的嫡系後人,曾任《遠東經濟評論》總編輯,亦為 Asia Sentinel 新聞網站顧問編輯,為《南華早報》撰寫專欄超過二十年。夫妻倆育有兩個兒子,均就讀法國國際學校,擅長法語。

早年,毛孟靜頗有民族主義情懷,對香港作為英國殖民地的身份耿耿於懷,對民主回歸存有幻想:「為什麼要寄人籬下?1997年中國收回香港,我覺得起碼有可能當家作主。」有一次,她跟丈夫參觀大英博物館,琳瑯滿目都是中國國寶,即時發火,指著丈夫說:「你們祖先全部是賊!」丈夫有英國人的幽默和口才,如此回答:「幸好有這些英國賊,把你們的東西偷去,放在大英博物館。想像一下,這些國寶可以在文化大革命時逃過劫難嗎?」她不認輸:「那現在還給我們吧!」丈夫說:「還給臺灣還是中國?」後來,她逐漸明白,英國人從沒有強迫香港人效忠女王,也沒有叫中小學生看著英國國旗流淚,「英國跟香港向來是分得很開的,最好例子是香港人的英文一直以來都不好,也不了解英國歷史。大家想法只是和平共處,共享太平盛世」。

1989年,北京發生天安門民主運動。毛孟靜赴北京採訪,親

眼目睹六四清場，稱「有接近死亡之感」。她後來在公開演講中說：「六四慘痛一幕，改變了幾許人的選擇及命運。89 年 6 月 5 日，在除了列隊駛過的裝甲車發出的轟隆聲外，在寂靜得可怕的北京街頭，與劉銳紹相遇，執手相看淚眼。」回到香港後，她寫了一本以六四為題的書《危城記》。二十五年後，她重寫此書，以《戀我危城》為名出版，加入二十五年間香港的變化，包括反國教、自由行爭議及《明報》前總編輯**劉進圖**[34]遇襲等。六四屠殺三十週年時，《蘋果日報》在頭版刊出其訪談〈香港資深媒體人毛孟靜細說六四前因後果〉。她說，六四是她那個年紀的香港人生命的分水嶺，今日的新聞是明日的歷史，年輕人必須知古鑑今。

　　毛孟靜家住淺水灣，是優雅低調的豪宅。《蘋果日報》在一篇訪談中寫道，房間中充滿英倫風格，牆上掛著 1954 年英文報紙，報導委任約翰・寶靈為第四任港督的消息；家中的鋼琴也有百年歷史。但毛孟靜說，自己並無戀英情意結，既不吃英式早餐、不喝英式下午茶，也不會彈琴。但她承認，1997 這個年份，隔開了兩個世界。九七之後，新聞界採訪官員越來越困難，她拍了短片《六度門》嘲諷新政府總部關卡重重，採訪時像兵戎相見。「以前絕對不是這樣，我記得以前可以直接打去陳方安生家裡！夏鼎基爵士會請記者去官邸，好親和。」她還記得昔日新聞處處長丘李賜恩主持記者會，一派英式溫文作風，「但現在都當記者是暴民」。她說，英國人再耍招式，也有底線和誠信；但現在的官員公然說謊，也不臉紅。

---

34 劉進圖（1964-）：基督徒，香港資深媒體人，倫敦政治經濟學院法學碩士，曾任世華網絡營運總裁、《明報》總編輯。2014 年 2 月 26 日，遭黑幫暴徒襲擊，背部及腿背中六刀，被送往東區醫院搶救，情況一度危殆。後來，他引用「真理在胸筆在手，無私無畏即自由」，誓言捍衛新聞自由。

毛孟靜在從事新聞和教學工作的同時，也勤於著述。她著有《毛孟靜小小說選》，寫「九七大限」震盪人心，有人堅定留下，亦有人害怕選擇離開，人生百態，盡在其細膩筆下顯露出來；她的人物訪談系列《與君一席話》、《勝讀十年書》、《毛孟靜三十訪》等，叫好又暢銷，被訪者多為香港極有分量的知名人士，包括政壇女強人**陸恭蕙**[35]、不畏被毆的名嘴**鄭經翰**[36]、屹立文壇幾十年的怪傑**簡而清**[37]等。其他著述包括《我要真普選》、《I'm a Hongkonger我係香港人》、《崇優有骨氣》、《人山人海》等。

　　2008年，毛孟靜投身政治，代表參與創立不久的公民黨首次參選立法會議員。十年後的2018年5月12日母親節，她在一篇寫給兩個兒子的文章〈每遇困難，多問自己一句「這公道嗎？」〉中說：「你們都已長大，有自己的生活，我和爸爸已是老伴了，終於，我可以全心全意為香港做點什麼。你們知道嗎，我投身政治一個小小的念頭，早在2004年醞釀。那一年有立法會選舉，有一班人之前成立了一個網臺，他們宣佈參選後，自行決定不適合繼續在數碼世界發言。於是我得受邀去幫手撐起那個網臺。在那個年頭，那是很新鮮的事兒，我二話不說就一口答應了。由是認識了好些年輕人，過了一個最是熱鬧的夏天。（記得嗎，因為我的慫恿，你們也曾到九龍東助選去。）聽其中一個人說，他的媽媽對他的參與很有點擔心，媽媽的感覺是，政治是污穢的。清楚記

---

35 陸恭蕙（1956-）：香港政治人物，前香港環境局副局長，前民權黨主席及創辦人，思匯政策研究所創辦人及保護海港協會主席。曾任立法局及立法會議員。現任香港科技大學環境及可持續發展學部首席發展顧問和訪問教授。
36 鄭經翰（1946-）：香港資深媒體人，人稱「鄭大班」，前香港電臺政論節目主持及立法會議員，已移居加拿大。
37 簡而清（1927-2000）：作家、翻譯家、演員。多才多藝，博覽群書，曾寫過小說、散文、在《明報》寫專欄，做過食評人、影評人，亦曾從事麻將及馬經研究。

得，當下我忽然就靈光一閃：我也是個媽媽，也許我也應該考慮walk the talk，不淨是討論政治，而是身體力行去實踐，幫忙證明政治也不一定髒。這些年下來的一點心得，是生活充滿黑與白、光與影、對與錯，水漲水退，還有『半杯水』，還有給陽光割切了一半的街道⋯⋯人生在世匆匆幾十年，人性追求的，講到底，原來也不過是一點公道之心。就像所有的年輕人，你們還有很長的路要走，許多的日子要過。也許，每遇上困難的決定，只要都多問自己一句：這公道嗎？Is it fair？也就做到君子坦蕩蕩了。」

最終，毛孟靜得到一萬七千多票落敗。《明報》的報導認為，其落選部分歸因於同屬泛民主派的社民連在選舉時對公民黨作出指責，尤其是**黃毓民**[38]對其猛烈攻擊。

2012年，毛孟靜以溫和本土民主派立場，在立法會選舉捲土重來，順利循九龍西地方選區當選，與另外五名黨友一同晉身立法會。她表示，最少有五千票，是臉書網民替她拉回來的，「這是一個全新的票源」。

在任內，毛孟靜除屬公民黨外，亦與「新民主同盟」議員**范國威**[39]組成二人政團「香港本土」，以捍衛正體字、廣東話等本土事物及價值為目標。她提倡保育本地文化、提升香港身分認同的

---

38 黃毓民（1951-）：香港政治人物、資深傳媒人及時事評論員。《癲狗日報》創辦人，前立法會議員，前《成報》社長及《快報》主筆，前珠海書院新聞及傳播學系專科教授兼系主任及香港中文大學校董。先後於2006年、2010年和2011年創立社會民主連線、普羅政治學苑及人民力量。2013年，退出人民力量，與泛民主派決裂，轉而支持本土派政團。他強烈反對中共政權及特區政府對香港的統治，主張「全民制憲，重新立約，實現真正『港人治港』」。2020年，因《港區國安法》的施行而移居臺灣。
39 范國威（1966-）：香港民主派政治人物，「新民主同盟」及「香港本土」成員，前香港立法會議員及前西貢區議會運亨選區議員。主張港人優先，捍衛本土權益。因參加民主派初選，於2021年1月6日被捕。2月底被還押至今。

「香港本土」理念，與范國威倡議政府取回單程證審批權，認為此舉能紓緩其「低學歷新移民」大幅增加所帶來的福利負擔。

2012 年 11 月 11 日，亞洲電視在政府總部外舉辦「關注香港未來」集會，反對政府再發新牌照。直到節目尾聲，毛孟靜堅持上前要求與地產商、亞洲電視控制人王征對話，即被多名「亞洲先生」組成人牆阻擋。此時，躲在「壯男」身後的王征，向毛孟靜破口大罵：「我知道你是誰，你是香港禍害，滾回去！」事後，毛孟靜回應：「嚇到我，你堂堂電視臺高層，傻的嗎？」

2013 年 8 月底，毛孟靜與范國威、**張超雄**[40]、**譚凱邦**[41]、**韓連山**[42]及多名社運人士在臉書發起「抗融合・拒赤化・反盲搶地，一人一百元換特首、還香港人一個家」行動，由數百名港人集資於 9 月 3 日在《明報》及《都市日報》刊登「反梁」廣告，批評梁振英漠視港人利益，讓自由行陸客肆虐香港，破壞香港的文明和秩序，宣稱香港人基本生活需要不斷被剝削，已讓港人忍無可忍，表明「換特首是出路」，促請北京政府停止干涉香港特別行政區內部事務；並在臺灣《自由時報》刊登「香港面對嚴重中國化，請臺灣引以為鑑」廣告，宣稱港人要面對香港引入中國新移民及旅客後的苦況，要臺灣人避免被陸客「攻陷」。

---

40 張超雄（1957-）：香港民主派政治人物。前香港立法會議員，前香港理工大學應用社會科學系講師，工黨副主席（外務）。2020 年 5 月 4 日，在立法會內務委員會期間於主席李慧琼臺前高呼口號接近四十四分鐘，涉嫌違反《立法會權力及特權條例》而被捕。2022 年 2 月 4 日，在西九龍法院承認一項藐視罪，被署理總裁判官羅德泉判監禁三星期。出獄後，與家人流亡加拿大多倫多，申請加拿大政治庇護獲得批准。

41 譚凱邦（1980-）：香港中學教師、社會活動家、民主派政治人物，前香港荃灣區議會馬灣選區議員，香港「環保觸覺」創辦人、現任總幹事及前主席，亦曾是「新民主同盟」成員。2021 年 1 月 6 日，因參與立法會民主派初選而被捕。2 月底一直還押至今。

42 韓連山（1949-）：退休中學教師，香港教育專業人員協會資深會員及監事，「保衛香港自由聯盟」創辦人兼發言人，曾聲援「雨傘運動」。年近七旬仍籌備參選立法會。

2014 年，香港爆發雨傘運動。11 月下旬，毛孟靜和張超雄在旺角清場危機中，充當人盾，保護民眾。

2015 年 7 月，香港大學爆發副校長遴選風波。8 月上旬，中共黨報《人民日報》海外版點名公民黨為首的反對派是風波背後「始作俑者」。8 月 4 日下午，約有二十名市民到公民黨總部抗議，批評公民黨是製造校園對立的罪魁禍首。示威者拉起「政治幹（干）預校政，用心何其惡毒」、「公民黨、政棍黨」等橫額及標語牌。毛孟靜事後於臉書上載圖片，質疑有關人士「露出馬腳」，「以為干預的『干』是簡體字，聰明過頭地改為『幹預』！」

2016 年，香港立法會選舉中，毛孟靜以高票成功連任。同年 11 月 14 日，她召開記者會宣佈，因與公民黨在本土等問題上有分歧，正式退出公民黨，而以「香港本土」成員身份繼續擔任立法會議員。她的政治立場被認為是溫和的自決派：支持香港本土主義，支持香港文化和正體字，反對如改用中國用語、簡體字等中國化現象；但同時強調「務實本土」路線，雖認同香港人應有自決權，但不支持港獨和以武力方式應對中港矛盾。有記者問她對「本土」的定義，她答：「本土就是很香港的一套感覺，還有文化，然後才有政治理念。」

毛孟靜的第二屆議員生涯，碰上反修例運動，當時她出任泛民召集人。運動中，她是相對較理解年輕人的主流民主派。7 月 1 日，示威者衝入立法會議事廳，她曾擋在示威者面前含淚苦勸：「不要呀，暴動罪要關十年。」示威者拒絕她的勸說，甚至有人辱罵她。但她事後沒有譴責這次行動。「以前上一代，有任何一點不尋常，就會說這是暴力，要跟他們劃清界線，這個是上一代的想法，」她說，「百分百聯手、兄弟爬山、齊上齊落的感覺非常好」。因為不與示威者「割席」，毛孟靜多了一個外號叫「連登契媽」。

2020 年 7 月，香港民主派策劃初選。毛孟靜參與戰況最為複雜、坐擁至少四萬本土票源的九龍西民主派初選，排名第三出線。毛孟靜曾說，自己已做了兩屆立法會議員，也曾有想過急流勇退，但是在《國安法》殺到身邊時，正常的「退」其實也變成了退縮。「我希望可以留下，在國際線的新聞範疇及本土議題上繼續為香港人發聲及抗爭。」

然而，香港政治局勢急劇惡化。立法會一直是用以保留香港民主自由的「一國兩制」法律框架的標誌。2020 年 11 月 11 日，中共當局採取行動對香港民主和異見的最後殘餘部分進行壓制，全國人大賦予香港政府廣泛的新權力，允許其剝奪沒有明顯對中國表示效忠的議員席位。在一場清洗行動中，港府剝奪了**郭榮鏗**[43]、**郭家麒**[44]、**梁繼昌**[45]和楊岳橋四名民主派議員的議席，並在幾分鐘內就將四名議員驅逐出立法會。

在四人被取消議員資格後幾小時，泛民主陣營其餘十五名立法會議員表示，將一起辭職，以示抗議。毛孟靜在下午 2 點左右，身穿黑衣，帶上黃傘，向立法會秘書處遞交辭職信。她告訴

---

43 郭榮鏗（1978-）：香港政治人物、執業大律師，曾任香港公民黨執委（黨務發展）、香港立法會法律界功能界別議員、司法及法律事務委員會副主席。2020 年 11 月 11 日，中國全國人大常委會作出決定，制訂涉及取消立法會議員資格的框架安排，授權特區政府處理有關事宜，並由特區政府宣布其即時喪失議員資格。隨後，流亡英國。2023 年，在倫敦參與創立「中國戰略風險研究所」。

44 郭家麒（1961-）：香港政治人物，泌尿外科專科醫生，曾任香港立法會新界西直選議員以及前公民黨健康及生活質素支部主席。2020 年 11 月 11 日，中國全國人大常委會作出決定，制訂涉及取消立法會議員資格的框架安排，授權特區政府處理有關事宜，並由特區政府宣布其即時喪失議員資格。2021 年 1 月 6 日，因早前參與立法會民主派初選而被捕。2 月底一直還押至今。

45 梁繼昌（1962-）：香港政治人物，「專業議政」成員，擁有律師及會計師資格。2012 年 9 月，當選香港立法會會計界功能界別議員。2020 年 11 月 11 日，中國全國人大常委會作出決定，制訂涉及取消立法會議員資格的框架安排，授權特區政府處理有關事宜，並由特區政府宣布其即時喪失議員資格。

媒體，自己擔任兩屆立法會議員，期間經歷 2014 年的雨傘運動及 2019 年的反修例運動，因此帶上黃傘及身穿黑衣紀念。她說，「sad but relieved（悲傷但又釋然）」，但強調辭任立法會議員並不代表放棄為香港的民主抗爭，「We never quit（我們永遠不會閉嘴）」。

香港政治評論家練乙錚在《紐約時報》中文網發表題為〈香港民主運動未死〉的文章指出：「最近辭職的立法會議員（也是我的好友）毛孟靜說，剝奪議席的做法是想為『香港民主鬥爭』敲響『喪鐘』。她一如既往地敢於挑戰，但對她的許多同事和支持者來說，政府此舉打擊堪稱慘痛。……香港不再有正式的政治反對派了。整個民主派陣營已從香港立法會辭職，以抗議北京的全國人大常委會將罷免四名反對黨議員合法化的決議──這基本上就是香港行政長官林鄭月娥請求做出的決定。」但他認為，香港的反抗運動不會消失：「香港的地下分支會靜靜地等待時機，同時壯大力量；而海外的分支則會大聲疾呼，爭取國際支持。香港新的民主運動或許規模不大，但至關重要，它站在第一線對抗積極擴張的中國。它也充滿生命力和創造力：即使有中國的大炮對準它，它也會生存下來。」

2021 年 2 月 28 日，毛孟靜與其他民主派初選中的參選人士共計四十七人，被香港警方以違反《國安法》，涉嫌「串謀顛覆國家政權罪」為由抓捕。3 月 4 日，四十七人案被九龍西法院正式指控為涉嫌「顛覆國家政權罪」。4 月 14 日，毛孟靜向香港高等法院申請保釋，遭拒。5 月 28 日，《國安法》指定法官杜麗冰頒佈書面理由，稱沒有充份理由相信毛孟靜不會繼續實施危害國家安全的行為，故拒絕批出擔保。

代表律政司的署理刑事檢控專員楊美琪指，同案首被告戴

耀廷曾與毛孟靜頻繁地在 WhatsApp 聯絡，徵詢她對於初選的意見，又傳送「35+ 同意書」的初稿和定稿予毛過目。楊續指，即使《國安法》生效後，兩人依然頻繁地對話，談及法例生效，毛曾提醒戴要小心，因此毛顯然是作為一個提供意見的重要角色。楊另指，毛在九龍西初選論壇中，稱自己通常「最專注國際線的新聞」，多次向國際媒體散佈謠言，關於 831 太子站傷者，以及警察喬裝示威者破壞店舖等。楊指，毛在接受彭博社訪問時，以情緒式言詞來形容香港是一個「失落的城市」，《國安法》立法是對國際金融中心的衝擊，標誌著香港的死亡。楊又指，直至 2020 年 11 月，毛仍在媒體訪問中，表達對於引用《宣誓條例》取消議員資格的意見，形容此舉是「一國兩制棺材的最後一粒釘」、「港版文化大革命」，顯示她一直在本地和國際媒體上經常發聲及具影響力，亦與不同國家的外交官有密切聯繫，沒有充分理由相信若果毛獲得擔保，不會繼續實施危害國家安全的行為。

入獄半年後，毛孟靜透過助理發信給香港囚權支持組織「石牆花」（後被保安局局長鄧炳強點名批評後被迫解散）創辦人邵家臻，指「報個平安」。她介紹獄中生活說，她擅長英語，在獄中開班教英文，並努力重溫法文，自 1991 年離開法新社後法文已有些生疏。她還引述家人說她「一直保持著令人困惑的快樂」。

在信中，毛孟靜表示，在獄中感覺一直超現實。案中其他女被告包括吳敏兒等，同被還柙在羅湖懲教所。她以前愛打扮，愛穿黑色、白色和灰色衣服，認為灰色有高貴的感覺；但自監獄中的門窗地板等均是灰色，以後要重新考慮是否穿灰色衣服。她又透露，初時瘦了三公斤，往後沒有胖回去，也沒有繼續瘦下去。

2022 年 1 月 26 日，邵家臻探望毛孟靜後披露，毛繼續在獄中「還書債」，閱讀陳日君樞機在其生日時贈予的俄國作家杜斯

妥也夫斯基的《罪與罰》和《卡拉馬助夫兄弟們》。兩本皆是磚頭書，內容圍繞善惡交戰和愛恨糾葛，宗教味濃厚。為了與在法國生活的兒子溝通，她重拾放下三十年的法文，在獄中「自己跟自己練習」，現在「上半天學法文，下半天學英文，晚上學中文」。她直言在獄中「前所未有地能睡這麼多覺，前所未有地能讀這麼多書」，笑說「此刻是有生以來最有學問的時刻」。她還說，人在監倉，沒有化妝品化妝，白頭髮都只能用手拔走，但睡眠充足，精神飽滿。在獄中過著「大棚」生活，跟三十人一起工作，與十人一起睡覺，群體生活令她認識世界的另一面，聽了很多不同的血肉故事，像昔日做前線記者的日子。

前議員**梁耀忠**[46]也首次探望了毛孟靜。毛孟靜一見到梁就笑不攏嘴，又重提他當年為一眾「等候董建華發落」的少年犯爭取權利一事，並問候案中的主角現在近況。

毛孟靜在獄中的勞動是負責黏貼政府公文袋，她認為堅持心境造就環境，並感激陳日君樞機多次來探望，並指「基督信仰給我巨大幫助」。她又向說英文的訪客說：「I may be stumbling but not failing.（我可能會跌倒，但不會失敗。）」

毛孟靜 Instagram：https://www.instagram.com/_claudia_mo/

---

46 梁耀忠（1953-）：香港民主派政治人物，曾五次當選新界西選區直選立法會議員，曾任香港葵青區議會葵芳選區議員長達三十六年。「街坊工友服務處」執行監督。2021年4月16日，因參與2019年「818」未經批准的遊行，被法庭判囚八個月、緩刑一年。由於判囚超過三個月，其區議會議席因此喪失。著有《我固執而持久地，過這種生活》。

11 | 王剛：願捨此頭顱，自由花燦爛！

王剛（1958年10月6日—）：河北工程大學臨床醫學院前副教授。網路作家，筆名「諾亞方舟」，「人類黨論壇」專欄作者。因在網上發表評論時政的文章，收到國保警察嚴密監控，多次被喝茶、傳訊、拘留。2022年6月6日，因撰寫和發表〈中華聯邦共和國建國大綱〉，被誘騙到派出所，遭刑事拘留。12月底，被以「煽動顛覆國家政權罪」判處兩年六個月有期徒刑。在獄中備受虐待，一隻眼睛失明，健康狀況嚴重惡化。

王剛：河北人。1982年畢業於河北醫學院，後長期任教於河北工程大學臨床醫學院。其父輩中，有選擇加入國民黨的，也有選擇加入共產黨的。他雖然學醫，但從小就喜歡研究文史和政治問題，且有與眾不同的思考。

從二十一世紀初開始，王剛因在網上發表大量評論時政及反思文革的文章，被其任職大學所在地邯鄲市的國保部門列為重點監控對象，被喝茶達三十多次。

2012年，王剛在騰訊博客發表〈致中共中央的公開信〉，質疑中共用人制度及專制腐敗現象，呼籲政治體制改革。他希望民

眾予以轉發和支持，以便令高層聽到民間的呼聲。

王剛在接受外媒採訪時表示，中國歷史上許多朝代滅亡的原因是愚民變暴民後推翻現有權力階級。這種「怪圈」的存在有兩個因素：種子和土壤。「第一，種子。種子就是專制和腐敗。第二，土壤。土壤就是愚民。現在又在往這個方向發展，我感到憂慮。愚民的形成一方面是統治者的有意培養，另一方面，中國人先天的性格和素質決定其具有被愚弄和屈從的奴性。所以，我想出來呼籲，把這個道理講清楚，讓所有人從現在開始引以為戒，不要再發生中國歷史上的悲劇，從惡性循環的怪圈中解脫出來，使中國走向長治久安的合理的道路。我覺察到中國再次面臨類似的危機，已經到了爆發的前夕。」王剛樂觀地認為，隨著網路不斷發展，中國愚民的人數在減少，很多人的公民意識被喚醒，這部分人「一點就透」，只要能把這些人團結起來，就能形成一股強大的力量，「中國就有希望了」。

2018年9月，王剛在微信上發表〈中華聯邦共和國建國大綱〉及討伐最高領導人習近平的文章，被邯鄲市警方處以治安拘留兩次（第一次拘留十天，第二次拘留十天）。後來王剛表示：「看守所不是人待的地方，三十個人住一個小屋，只能側著身睡覺。」他還說：「王朝到了末路，窮凶極惡，瘋狂抓人。殊不知，他們的如意算盤是一碼事，結果往往適得其反。」

2018年1月8日，王剛再次呼籲中共反腐和政改，又創立「上海百姓維權」與「中國百姓維權」等微信群，認為中共絕不會走民主憲政之路，呼籲民眾以移民的方式來獲得自由。邯鄲市叢臺區聯西派出所派專人以「科研助手」名義對其進行貼身監視。

2018年7月6日，王剛被校方解聘。校方給出的理由是他違反勞動紀律，遲到早退，言論違反師德等。王剛接受外媒訪問時

指出，真實原因是他經常在微信上發表批評政府的言論。校方先是藉口他遲到、早退、曠工，扣他兩、三萬塊錢，然後又找藉口解聘他。王剛說：「昨天人事處派人宣布解聘我，說我的言論違背了做老師的道德，其實就是因為我寫了些文章，以此報復我。」

此後，王剛成為自由撰稿人，周遊各地，廣交民主人權活動人士。「中共惡人榜」發起人、流亡荷蘭的異議人士**林生亮**[47]回憶說：「王剛近年活躍在網路上，勇於批評時論，言論犀利，為人高調，經常在全國各地拜訪公民朋友，曾經約我見面探討時政。」廣西何先生說：「2022年元月，王教授到南寧，與我們數人聚會聚餐。3月末，他電話說可能會遇到麻煩。4月初，我和多位與他接觸過的朋友相繼被喝茶。我因為多次被喝茶，又被南寧當地街道辦和村委約談，所以退了他的群。」

王剛在設置於美國的「人類黨論壇」發表大量文章。據該論壇主編「葉公子」介紹，全人類即為人類黨，人類黨即無黨，人類黨不是組織和黨派，提倡統一地球，全球民主。「人類黨論壇」之所以叫論壇，是自由民主，是思想互相不同的人討論和碰撞的地方。「人類黨論壇」作者名字分實名和筆名，根據作者的需求，或所處的環境安全與否自行安排。筆名背後，真實身份也分兩種：一種是隱匿真實身份，不讓知道文章作者真實面目；另一種是真人以筆名露臉，比如網友聚會，用的是網名，但人是真實

---

47 林生亮（1978-）：廣東省深圳市人，原深圳市永利興科技有限公司經理，民主維權公民。2017年，因為在自行車上噴塗「一切剛剛開始」被判刑一年兩個月。獲釋剛一個月，他又因計畫在推特發佈「中共惡人榜」和微信中批評中共，於2018年8月被抓捕，後以「尋釁滋事罪」判刑兩年。獲釋後，流亡荷蘭。從2022年底開始，廣邀志願者蒐集中國的惡人事蹟，並在X平臺公布違法亂紀、侵害人權的官員照片、工作地點及上榜原因，迄今已有數百人上榜。林生亮強調，「惡人不停止作惡，每日不停榜」。

一九五〇年代

的人，包括頭像和日常照片用的都是真人的。一般用筆名的作者不會暴露真實身份，王剛是個例外，他用「諾亞方舟」的筆名，但筆名與實名一起公開裸奔。「這是一種政治理想，獲得重生，或者像諾亞方舟一樣帶大家走向光明。每個人的政治角色定位不同，身在中國國內，還心繫蒼生，用筆名匿名的方式寫文章，必定是英雄；而王剛裸奔式的鼓與呼，絕對是純真爛漫的革命英雄主義。」

2022年5月，六四前夕，王剛頻繁遭邯鄲警方約談和做筆錄，並被威脅稱，若其盡快退出微信群，且不再在網上發表違規言論，就不對其翻舊帳；但若繼續發聲，不僅會被行政拘留，更會將以前的案子重新盤查，再以「顛覆國家政權罪」論處。但王剛不為所動，繼續發聲。

5月21日，王剛突遭警方立案偵查。王剛的朋友吳先生接受外媒訪問時指出：「主要是因為他寫了一個〈建國大綱〉，提倡以聯邦方式建國。這篇文章出來後，南方至少十幾個朋友都被傳喚，包括我也被傳喚去做筆錄。依我的經驗，一般國保對某人會有一個整體判斷，會有個決策。我看過很多案子，在抓人之前就已經立了案，做了大量周邊的調查，只是在等待時機而已。」

王剛對漸漸逼近的危險一清二楚。他對外媒說：「最近一段時間以來，國保不停約談我，說什麼要了解情況，讓我做筆錄，並威脅不要翻了臉，如果我在網絡上發表違規言論，拘留所待上十天半個月必不可少。本來已經偃旗息鼓，這次又重新被追查，而且被立案偵查了，由公安部出面，在全國五、六個省份對我展開調查。邯鄲市姓馬的國保支隊長威脅我，可以把以前的案子推翻，以『顛覆國家政權罪』來處理。國保對我發出最後通牒，說有三種方法處理：第一，按刑事罪論處；第二，送精神病院；第

三，停發養老金。我的案子原來歸邯鄲市叢臺區國保大隊管，現在歸反恐怖、反滲透、反顛覆大隊管。……從現在開始，如果我三天沒有音信，就意味著失去了自由；十天沒有音信，很可能又進了拘留所；超過十五天，那我可能進了看守所或精神病院。」他最後表示：「我已經六十四歲了，不怕死，而且寫好了遺囑，就是拼死一搏，也要把心裡話講出來，並持續為正義發聲。」

5月14日，王剛給海外網友發了一條簡訊：「下午，國保警察約我到邯鄲市叢西派出所警察辦公室約談。……在派出所警察辦公室裡，氣氛還比較輕鬆，問了我在網上發帖的情況，以及自由亞洲、美國之音的電話採訪。因為我的事情，他們都受到了上級的批評。這個派出所的警察和我關係比較好，我在網上沒有點他的名，領導質問他，為什麼點別人偏偏沒有點你？無語，跳進黃河也洗不清。為此，這個警察寫了三份檢查，分別交給三個部門。看來我好心真的不一定有好報啊！過去都是國保為主，派出所配合，而這次顛倒了個，這個警察唱主角，國保副大隊長配合。要求我七一之前不要發帖。我提出幫助我辦醫療保險，他們答應向上反映。」

5月21日，王剛在微信上給友人林生亮留言：「邯鄲市叢臺區聯西派出所警察，通知我10點到他的辦公室，說新上任的指導員要見我，還有反恐怖、反滲透、反顛覆大隊的副隊長。」

6月4日，王剛留言：「全年最最敏感的一天（六四）即將順利過去，恭喜大家啦！向聯合國相應機構及人大常委會建議，每年的今天定為『神經節』，因為這一天大家都神經兮兮的，他們嚇唬我們，我們嚇唬他們。」

6月7日早上8點25分，王剛在好幾個群組發出最後一條簡訊：「警察約10點半到派出所辦公室，說是談幫助解決醫保的

事。」從此,他再無音訊。

此前,王剛已寫好一份遺囑,他失聯後,有朋友在網上發表出來。王剛在遺囑中講述了自己因言獲罪的過程:「在谷歌搜河北工程大學王剛,手機13931029827,13313207564。因為發表言論被河北工程大學解聘,兩次行政拘留。這次有可能問題更嚴重,因為撰寫〈中華聯邦共和國建國大綱〉和討習檄文,已經由公安部出面,在全國五、六個省份展開調查,目前所知的是,福建省、廣東省、湖南省、海南省。上次為此事住過一次拘留所十天,本來已經偃旗息鼓,這次又重新追查,源自於邯鄲市國保支隊長姓馬的。」

王剛在遺囑中表示:「不自由,毋寧死!我決心進去之後,第一天就開始絕食。如果按照規範,很快進到監獄還可以,可是,我們的朋友們凡是被判刑的,很多遲遲不宣判,就在看守所裡待著,監獄和拘留所基本還尊重有關的法律和規定,但看守所就不是人待的地方。……人生自古誰無死,留取丹心照汗青!譚嗣同說過,中國的變法是因為沒有流血,流血從我開始。死亡沒什麼可怕的,記得小學語文課老師解釋視死如歸,把死當做應該去的地方。本來孫文革命黨人在海外慘淡經營,正是由於菜市口六君子喋血,突然,人氣增加了數萬人。許多中國人都是八九六四之後徹底覺醒的,包括我在內。中國面臨著關鍵的歷史性選擇,這就是二十大(習)連任與倒習,用我個人的死亡,點燃倒習運動的導火索,我的死是不是挺值?我的私心就是,揚名立萬,現實的就是成為劉曉波那樣的人物,我發表的文章很多,大家看夠不夠水平?」

王剛還以自己為個案,對未來中國民主化之後的轉型正義提出具體建議:「如果有平反昭雪的那一天來臨,在徹底清算的大背

景下，我的提議，應該盡量減少擴大打擊面，人數盡可能最少，但以下人必須清算：第一，害死人命的；第二，六四的劊子手；第三，躲在幕後的網警、五毛、網信辦及騰訊公司；第四，在最後時刻還頑固堅持反動立場的。至於迫害我的人，馬支隊判終身監禁，另外幾個直接責任人，輕微處罰，我拘留所住了多少天，他們就住多少天，畢竟他們是受人指使，意思意思就行，況且在盡可能的情況下，對我還不錯，至於說有關網警必須判刑。另外也要追究把我解聘的河北工程大學的黨委書記，校長以及人事處長。主要讓他們進行民事賠償就行。」

王剛在遺囑中簡單提及其家人的情況：「我死之後，沒什麼可牽掛的，老母親在養老院裡有養老金，兒子混的還不錯，我們基本早已中斷聯繫，不要牽涉連累他。只是妻子尚年輕，沒有生活收入，雖然我做了一點安排，但是不夠，請大家幫忙。」

王剛表示，是劉曉波激勵他走上殉道的道路：「人的命，天注定，胡思亂想不頂用。老百姓講話，活到六十歲就不是短命鬼，我今年六十四歲，正好和六四事件吻合，曉波死了之後，應該再有人出來為真理殉道，鮮血和死亡是促進歷史進步的潤滑劑，我活著沒有什麼意義，死亡，倒可能引發連鎖效應，南美洲的一隻蝴蝶搧動翅膀，會引發太平洋的海嘯。當年張靈甫的七十四師，就是想用自己作為誘餌，全殲共軍，可惜國軍不團結。現在中國又到了歷史的抉擇，關鍵時期，倒習、容共是我大綱裡寫的兩大關鍵策略，發布之後，沒有什麼人理會，如果中共高層炒作，那就不一樣了。我的命運，早就不屬於我個人，而屬於國家和民族，需要的時候就拿去，苟利國家生與死，豈因禍福避趨之!?負責辦案人員的聯繫方式，大隊長李進 17731054455，邯鄲市反恐反顛覆反滲透金副隊長 18830058899，隊長姓魏。在谷歌搜河北工程

大學王剛,筆名諾亞方舟。」

在最後,王剛留下自己的絕命詩及他喜愛的其他作者的絕命詩:「我的絕命詩:『生當作人傑,魂繫孫中山。願捨此頭顱,自由花燦爛!』另外,現在補充一首:『魑魅魍魎時,我未捨此頭。苟活十數載,為留後人羞!』本來臺灣作家柏楊的《醜陋的中國人》沒有多少人知道,臺灣當局把他抓進監獄,立即暢銷。如果對劉曉波不大動干戈,也不會有太大動靜,更得不了諾貝爾和平獎。我最欣賞的絕命詩,大家說作者都是誰?一,死去原知萬事空,但悲不見九州同,王師北定中原日,家祭毋忘告乃翁。二,人生自古誰無死,留取丹心照汗青。三,我自橫刀向天笑,去留肝膽兩崑崙。四,慷慨歌燕市,從容作楚囚,引刀成一快,不負少年頭。五,斷頭今日意如何?創業艱難百戰多。此去泉臺招舊部,旌旗十萬斬閻羅。南國烽煙正十年,此頭須向國門懸。後死諸君多努力,捷報飛來當紙錢。」

2022年6月24日,有消息傳出,王剛被刑事拘留,並被關押在邯鄲市第一看守所。8月19日,王剛被邯鄲市檢察院以涉嫌「煽動顛覆國家政權罪」正式批捕。

2022年9月10日,王剛的妻子通報說:「我快有三個月沒有見到我家王剛了,律師前幾天會見王剛,出來告訴我,王剛的高血壓一直很高,痛風經常發作,他的眼睛一隻看不見,一隻近視四百度,讓我給他送個塑膠眼鏡。王剛本人希望我給他送點衣服,天氣涼了。我每次去給他送衣服,看守所都不讓送,讓我老公在裡面凍著,不讓家屬送衣服。王剛有很嚴重的糖尿病,打胰島素不讓用酒精消毒。你們要是不讓家屬送衣服,你們給準備衣服也行,不能讓人凍著啊!你們不讓送酒精,你們醫物室給提供酒精也行啊!為什麼要這樣對待一個一身都有病的老人呢?

2022 年 12 月底，王剛被河北省邯鄲市法院以「煽動顛覆國家政權罪」判處有期徒刑兩年六個月。王剛提起上訴。二審駁回上訴、維持原判，刑期至 2024 年 12 月 5 日。

2024 年 3 月，王剛的家屬收到邢臺監獄的通知稱，王剛臉上出了很多皰疹，讓送阿昔洛韋乳膏和阿昔洛韋片這兩種藥。但 2023 年 12 月，邢臺監獄有服刑人員死亡，獄警聲稱，是因用了家屬所送的藥導致的，因此不再允許家屬送藥。王剛的家屬一方面擔心王剛的疾病，一方面也擔心監獄讓家屬送藥，是不是意味著王剛也會出現不測。

2024 年 3 月 7 日，王剛的家屬按監獄要求給王剛送去上述兩種藥。但監獄方宣稱，王剛違規了，不准許家屬會見。此舉令家屬更加擔心王剛的身體狀況。

王剛的 X 帳號：王剛（@wg7712103）
王剛目前被關押在河北省邢臺監獄。
地址：邢臺市橋西區太行路 1526 號
郵政編碼：054000

12 ｜曹三強：你可以對我施以重刑，卻囚禁不了我的心靈

曹三強（1959 年 5 月 3 日—）：基督徒，牧師，美國綠卡持有者。曾在美國北卡羅萊納州、湖南邵陽、雲南等地的教會擔任牧師，先後在四川、雲南、緬甸北部的佤邦等地辦學和從事慈善、扶貧、戒毒及傳教工作。2017 年 5 月 3 日，從緬甸進入中國邊境時被捕。2018 年 3 月 23 日，被雲南普洱市孟連縣法院一審以「偷越國境罪」重判有期徒刑七年，並處罰金兩萬元人民幣。2024 年 3 月 4 日，刑滿獲釋，被警察押送回湖南長沙老家，因戶口被註銷、無法獲取身份證件和旅行證件，無法就醫，且寸步難行。

曹三強：湖南長沙人。生於書香門第的家庭，父母都是教師。

1977 年，中國恢復高考，曹三強以優異的成績考入湖南師範大學英語系。為了練習口語，他在假日到長沙街頭找外國人說話。1980 年的一天，他遇見來自美國的基督徒史密斯夫婦，他們送給他一本英文聖經和一些英文雜誌。此後，曹三強常常寫信就閱讀聖經遇到問題請教已回到美國的史密斯夫婦。史密斯夫人向曹三強介紹了美國福音佈道家葛培理（Billy Graham）。曹三強回信

告訴這位他後來稱之為「美國媽媽」的史密斯夫人，他開始收聽葛培理的福音廣播，並決志信主。

曹三強在學校中公開自己的信仰，在畢業分配時受到不公正待遇，被分到湖南婁底雙峰縣一個偏僻的公社中學教英語。他經過禱告，決定拒絕接受，成為全國第一個公開放棄畢業分配的大學生。他賣過牛仔褲，也曾應聘到廣州一家美國公司工作。後來，他寫信給史密斯夫婦，表達了想到美國讀神學的願望。在史密斯夫婦幫助下，曹三強於 1985 年到美國，入讀北卡羅萊納州坎貝爾大學（Campbell University）。

在求學期間，曹三強與美國女孩吉米‧鮑威爾（Jamie Powell）結識並相戀。他以一種特別的、溫柔的方式打動了吉米，吉米回憶說：「他獨自一人乘巴士橫跨全美旅行期間，給我發了一百張明信片，那真的打動了我。這是他追求我的方式，非常可愛。」1988 年，曹三強與吉米結婚，搬家到紐約──曹三強開始在紐約宣道會神學院參加一個特別為立志到中國宣教的人安排的學習項目。

1990 年，曹三強成為美國合法永久居民。他一直沒有加入美國籍，他曾表示，持中國護照，有利於在中國的工作。他每年都奔波在中美兩國之間。幾年後，他們的兩個兒子阿摩斯和本傑明相繼在美國出生。

1993 年，曹三強回中國創辦「葡萄園英語學校」，重在培訓聖經英語和培養學員的品格。此後，多所「葡萄園英語聯盟學校」發展起來，為中國教會培養了不少翻譯人才。一位「葡萄園英語學校」畢業的學生表示：「曹老師辦的英語培訓機構是免費的，可以看出他的愛心和無私奉獻。曹老師經常教導學生要勤儉節約，並且自己先做到。」

1999年，曹三強捐資十三萬元在偏僻的貴州三都縣建立一所希望小學，他為此得到三都縣教育局嘉獎。2003年，他和友人共同出資在雲南綠春縣建了另一所希望小學。兩所小學後來都無償移交給當地政府。

2008年，汶川地震後，曹三強鼓勵「葡萄園英語學校」的學生們向災區群眾捐錢捐物，並帶領學生去災區開展震後救援。吉米說，丈夫的扶貧救災行動是出於他骨子裡的樂善好施：「他和其他的人道主義工作者一樣，在災難發生的地方，在需要志願者，需要愛的地方，他就會去。」

2013年，曹三強回美國休整時，聽到一位華人基督徒提及佤邦地區民眾的惡劣生存環境，就去佤邦考察，立刻被那裡的貧窮、落後所震驚。從此，他帶領兩百多名中國國內家庭教會的志願者在佤邦窮山區從事教育、醫療和扶貧工作。他們在佤邦地區建立了十六所學校，讓兩千多個貧困孩子得到基礎教育；他們為佤邦貧民提供醫療服務，組織北京醫療隊去義診，大大降低當地兒童的死亡率；他們為當地少數民族募捐約一百噸衣服，讓當地居民不再衣不蔽體；他們還展開戒毒服務，一家一戶地宣傳，勸告村民不要吸毒、販毒。

曹三強持有美國綠卡，一年回美國兩次，和妻子、兒子和同工團聚幾個月。他向美國教會介紹佤邦的情況，特別是佤邦孩子的需要。教會為孩子們捐贈的書籍、玩具、衣服等，他先從美國帶回長沙的媽媽家中，然後再帶到佤邦。退休數學教師、曹三強的母親孫瑾環說，年近六十的曹牧師，經常是自己手上拿著，肩上扛著，像騾子一樣托著這些沉重的東西：「他就像一個駱駝，把緬甸孩子需要的書籍呀、醫藥呀，都帶到緬甸去，送到孩子的家裡。我也陪他去過，送油送鹽呀，送一些吃的東西。」

2017年3月5日淩晨，曹三強與另一位基督徒同工**景如霞**[48]從緬甸北部的佤邦乘木筏返回雲南時，被等候在河對岸的中國邊防警察抓捕。

2018年2月，曹三強案在雲南省孟連縣法院開庭審理。3月23日，法院電話通知曹三強的律師**劉培福**[49]，法院並未開庭宣判，而是將判決書直接送到孟連縣看守所交給曹三強——以「組織他人偷越國境罪」判處曹三強七年有期徒刑，罰款兩萬元人民幣。

隨後，曹三強告訴辯護律師，他沒有「組織他人偷越國境」，雖然以非正式方式越過國境到佤邦，但他是去那裡扶貧，為佤邦百姓提供教育、醫療、戒毒服務，都是做好事，對中國只有好處，沒有壞處。

被曹三強的人格深深感動的**李貴生**[50]律師表示，代理曹三強案後，越多瞭解曹三強和他所做的一切，就越佩服曹三強：「他燃燒自己，照亮別人，是一位實幹家。」李律師認為，法律是懲惡揚善的，應該鼓勵人們去做義舉，曹三強去佤邦做善事、行義舉，卻被判刑七年，這讓人難以接受。其次，曹三強不是不想辦理邊境出入證，而是他無法辦理。根據現行的中緬邊境地區中方人員出入境管理規定，曹三強需要憑中國居民身份證在湖南辦理出入境證件。但他1985年赴美留學時，戶口已被吊銷，一本中國護照

---

[48] 景如霞：追隨曹三強牧師，從事宣教和慈善工作的基督徒。與曹三強牧師一起被捕後，同案受審，被判囚一年，罰款五千元人民幣。由於已經關押逾一年，法庭宣判後即獲釋。

[49] 劉培福：北京共信律師事務所律師、著名維權律師李柏光的表弟。他曾與李柏光一起承辦郭飛雄案、山西朔州教案、廣州廣福教會基督徒李紅敏案等諸多人權及宗教信仰自由案件。

[50] 李貴生：貴州恆權律師事務所律師、著名維權律師，貴州兩名被禁止出境的律師之一。他曾代理覃永沛案、張凱案、成都法輪功學員李曉波案，還幫助「潑墨女孩」董瑤瓊的父親董建彪尋找被非法關進精神病院的女兒。

是他目前在中國國內唯一的身份證明。作為美國永久居民，又要在佤邦做慈善，於是，曹三強選擇了邊境地區居民司空見慣的過境方式——不走國門，而是乘木筏或皮划艇通過一條不足二十米寬的界河到達佤邦。李律師說：「那個地方幾十、上百公里的邊境線，我們到現場去看過，有邊無防。」在與佤邦一河之隔的孟連縣勐阿村，邊民隨時往來於界河兩邊，不需要任何人的指揮、策劃、領導，大家也都沒把它當成違法的事。孟連縣法院用「組織他人偷越國境」來給曹三強定罪毫無根據。李律師表示：「一審定曹三強罪，違反了中國刑事訴訟法所確定的關鍵證人出庭的制度。……2月9日一審開庭時，沒有證人出庭，所謂證詞，只是警方所做的筆錄，而且都與事實不符，法官卻全部接納了這些所謂的證詞。」

一審判決後，曹三強提出上訴，案件在雲南普洱中院得到受理。同年7月3日，律師李貴生和楊輝在看守所會見了曹三強。曹三強表示，在看守所期間，他的身體狀況不太好，牙痛和眼睛痛，椎間盤突出等病較嚴重。他希望他的同伴，那些在緬甸支教的宣教士不要因為他被關押判刑，而放棄他們的工作。他請律師轉達他的觀點，即將聖經中關於行善的教導置於優先位置：「當基督徒行善與當地的法律或傳統有衝突，我們應該主動推動社會的進步，而不是躲躲閃閃。」

2019年7月12日，普洱市中級法院裁定，駁回曹三強的上訴，維持一審原判。

七年來，曹三強的監獄見證一直鼓舞無數基督徒。入獄初期，他沒有機會閱讀聖經，他在監獄圖書館中搜尋聖經段落，在意想不到的來源如《尼采隨筆》、《湯姆叔叔的小屋》等書籍中找到。他將找到的段落摘要抄寫到牙膏盒上，並找到讚美詩〈奇異

恩典〉、〈平安夜〉、〈馬槽聖嬰〉和〈普世歡騰〉的歌詞。最終，他在律師幫助下，於 2018 年 9 月得到一本聖經，律師聲稱當他一年半以來第一次觸摸《聖經》時，止不住熱淚盈眶。後來，獄方沒收了他的聖經，曹媽媽只好在每一封信件上抄寫二、三節經文供他閱讀，抄多了又不准許。曹媽媽總共寫了九十封信給他，他給媽媽寫了五十二封獄中書簡，但曹媽媽僅收到三十一封。曹三強出獄時，包括珍貴信件在內的很多私人物品被扣押。

2019 年 7 月 25 日，曹媽媽首次獲准探望曹三強。他告訴媽媽，在監獄，他有大量的時間禱告。監獄的生活很受限制，他被另類對待，白天有人監督，不准他跟人說話，晚上有人監督他睡覺。全天都有三個人貼身跟蹤。在這種被孤立的狀態下中，他說：「我從來沒有孤獨，聖靈給我力量，我知道上帝同在，弟兄姊妹跟我同在。」

2019 年底，監獄探訪因疫情暫停。2022 年 9 月，曹三強在寫信給媽媽的一封信中，解釋自己的名字「三強」意為「坐牢強、傳教強、辦學強」。他還說，出了獄以後，對自己的要求是成為一名「三無」人員——無罪愆，無私產，無自我。又有「三樂」：樂隨靈（隨靈：跟隨聖靈、聖經，凡事順從聖靈的引導），樂讀書，樂交友。另有「三愛」：愛耶穌，愛仇敵，愛大眾。又有「三勇」：勇鬥罪惡、勇作見證、勇拓新域。還有「三為」：為教會墊底、為新人鋪路、為歷史添章（就是寫幾本書，「以前我從沒想過立言之事，書店的書夠多了，簡直到了泛濫的程度，我又有什麼好寫的呢，經過這七年的沉澱，我自信還是能寫出幾本佳作」）。在信的結尾，曹三強跟媽媽說：「您看，我還未出獄就在做『後獄期』的生活構思了，這種遠景眺望，給我快樂。」

2023 年 2 月 9 日，曹媽媽恢復監獄探訪。她需要搭火車二十

個小時,才能從湖南到雲南。曹媽媽在一篇公佈的〈會面紀實〉中寫道:「今天昆明陽光燦爛,清早曹老師的學生如霞陪我到了昆明二監獄。這是三年疫情以後恢復隔著玻璃會見的第一次。」監獄長親自出來扶著曹媽媽到八號座位坐下,幾秒鐘以後曹三強就大步走來,喊著:「媽媽,媽媽!」曹媽媽立即站起來。曹三強說,媽媽你坐。但曹媽媽還是站著,因為她要看清兒子的真面貌。曹三強也站起來,將一雙胳膊肘彎曲,做了三次擴胸運動,又拍拍胸說:「媽媽,你的兒子健健康康。你放心,請全世界的弟兄姊妹們放心,美國的親人們放心,我在這裡很好。」

在很多朋友眼中,曹三強擁有聖徒一般的品質。香港資深媒體人蔡詠梅在一篇文章中寫道:「這位湖南老鄉是個很簡樸的人,穿得有些土氣,腳下是雙一看就知是廉價貨的涼鞋,加上他一口帶湖南鄉音的普通話,有一天在香港街上被警察攔住查身份證,警察認為他可能是大陸來的偷渡客。警察問他,幹什麼的?他回答後,警察立即向他鞠了一個躬,連說『先生,對不起。』因為他的回答是:『我是一個牧師。』」蔡詠梅還說:「曹三強是我認識的朋友中最為純粹的人,一個有愛心,安貧樂道,有奉獻精神的真正的基督徒,他與我們交往,總是給予我們很多幫助,但從不向我們大談基督教的教義,而是以他的人品來感動我們。他為人樸實,行事低調,沒有耀眼的光芒,但他的真誠、樸實,發自內心的善良,只要與他接觸,就直覺知道這是一個值得信任的好人。他就是中國版的史懷哲醫生。」

詩人梁太平(尾生)在一篇文章中寫道:「第一次遇到到曹三強,他皮膚黝黑,一看就是飽經風雨的洗禮,離大地比較近的人。他穿得也很樸素。放在地裡,你會覺得他就是個種地的人。人家介紹他是英語老師,我大吃一驚。人家再介紹他是牧師,我

覺得就像是在他身上發生了什麼神蹟。」曹三強曾問梁天平要不要去緬甸,他說緬甸佤邦夜晚的星星非常漂亮,說去的話肯定可以寫很多好詩。梁太平寫道:「我當時確實心動了。我現在還想去那裡看星星。那裡的星星該是梵谷畫裡的星星一樣吧,像碩大的花朵,多得往山上掉。此時的曹牧師正在看守所,他的視力如果能穿越高牆和天花板看見星星該多好啊。或許曹牧師在信心裡能看得更遠吧。他的眼睛應該早超過我只是想看星星的眼睛了。我是一個想看星星的人,而曹牧師更像一個種星星的人。我時常軟弱得不行,可想著耶穌基督,特別是那些活出耶穌基督見證的人,其中就有曹三強牧師,我就又剛強起來了。」梁太平還寫了一首名為〈致曹三強牧師〉的詩歌:

他就像是
一個種星星的人
被陽光洗得黝黑的皮膚
被歲月磨礪,堅定的眼睛

他就像是
一個四處流亡的人
他早已移民成天國的百姓
卻又一次次「偷越國境」

他給黑夜裡的人
帶來了滿天的希望
他給這個世界的人
帶去了福音

2024 年 3 月 4 日，曹三強刑滿獲釋，由四位警察從雲南昆明專程護送到湖南長沙。他的戶口早已被取消，導致他連搭車、看病都成問題，申請旅行證件回美國與家人團聚更遙遙無期。曹三強接受外媒訪問時表示：「我面臨一個最大的問題，因為老年人身上有各種各樣的病，不能看病，是個很折磨人的問題。我不能去醫院，因為醫院要求要身份證，所以我也看不了。」

即便面對種種困境，曹三強在出獄後第一次與教會朋友們視訊分享時，仍信心滿滿地表示：「我跟大家分開了七年，但這個七年都是充滿著喜樂，充滿著上帝的恩典，每一天都是神跟我特殊的同在。真的是行過死蔭的幽谷，也不怕遭害，我們知道主耶穌與我們同在，弟兄姐妹也與我同在！我每天早晨五點鐘就會醒來，自動醒來，監獄裡面沒有時鐘，但總是會在五點鐘醒來，甚至更早，有時四點鐘就起來了。監控的人不允許我禱告，我就側過身來禱告。」

曹三強分享說，獲釋當天，他被送到長沙後，長沙的警察對他進行「教育」，說：「五年的時間要常常來對你進行教育，教育你不要再犯罪。」曹三強就回應說：「警官啊，謝謝你。但是我們需要表明立場，我沒有犯罪，不存在你來教育我。我的律師，我的上帝（公義），為我打官司。」

在獄中七年，曹三強的身體遭受巨大損傷，常年不見陽光，沒有運動，連放風時間都沒有，嚴重營養不良，現在耳鳴，聽力衰退，牙齒脫落，膝蓋也不好。他卻樂觀地表示：「我現在對自己的生命更願意破碎，以前我覺得，聖經裡面說的你要成為一個完美無瑕疵的人，這個我們怎麼能做得到呢？經過七年，火爐中間的起舞，因為神與我同在，所以成為一個無瑕疵的人，我們是可以做得到，因為不是我們自己做得到的，是上帝給我們力量幫助

我們。」

最後，曹三強說：「我們要一直往前邁進。有人說你出獄了要幹什麼？我今年六十五歲了，可以退休了，然而，對於上帝的僕人來說是無休可退的。我們一直要為主做見證，做到我們去見主的面，對我來說，沒有退休這麼一說。我要生命不止，禱告不停息。」

曹三強將在獄中所寫的詩歌整理出來，由對華援助協會出版了中英文雙語版本。美國國會中國事務委員會成員、眾議員薇琪·哈茲勒（Vicky Hartzler）為之撰寫了推薦語：「曹三強牧師活生生地證明了兄弟犧牲的愛超越自我，以背負他的十字架為榮，讓別人知道十字架中有永遠的生命。他如同聖經中提到的那些不貪戀這個世界的人，願意因著上帝的緣故，哪怕失去這個世界。願曹三強牧師在中國監獄中的話激勵我們變得更好，更勇敢，像他一樣，使我們的生命做出永恆的改變。」

其中，一首〈你與我〉這樣寫道：

你可以奪走我的自由，卻奪不走我的禱告。
我的禱告長有翅膀，飛躍鐵網高牆，
眾多弟兄姊妹都已聽到。
又天天自由飛翔，全都抵達藍天上的天堂。

你可以對我施以重刑，卻囚禁不了我的心靈。
它宛如一隻歡快的黃鸝，對著鐵柵輕輕讚美。
我的救主一定聽到了我的聲音。

你可以剝奪我的陽光，每天吃的是殘羹冰涼，

你卻熄滅不了主在我內心安置的明亮。

來自全球的問候，讓我溫暖，激情飛揚。

你以為我孤苦伶仃，你逼迫基督徒七十年可曾見一個踽踽獨行？

你以為逼迫能將教會叫停，你真是愚昧呀，

翻開千年歷史，哪一頁不是基督徒將患難喜迎？哪一頁不是基督徒用鮮血灑滿荊棘窄徑？

你以為四圍高牆擋住我視野，方向不定。

我卻從不四顧環境，只是雙眼向上注目天庭。

你是盲人騎馬就以為人人都是摸著石頭過津。

我心中自有牧人的杖，自有主攙扶著我前行。

你們視我為不共戴天的仇敵，將我投入絞肉機。

我卻視你為骨肉兄弟。

這樣說不是因為我怕你，而是因為耶穌愛你，我就愛你。

《曹三強牧師獄中詩集：Living Lyrics（生命之歌）》：亞馬遜網站連結
https://www.amazon.com/dp/1737502909/ref=cm_sw_r_awdo_navT_a_HQ1GTMN0G8BM3AQC3H68

13 史庭福：不要忘記六四這個痛苦的日子

史庭福（1959年6月14日—）：基督徒，維權公民，街頭民主運動踐行者。因上訪和參與各種維權活動，三次被捕入獄。2017年6月4日，在南京大屠殺紀念館門前身穿「勿忘六四」血衣，發表紀念六四屠殺二十八週年演講，並將影片上傳到網上。當天下午，被警方從家中帶走。後被南京市雨花臺區法院以「尋釁滋事罪」判處有期徒刑一年，緩刑一年六個月。2024年1月，史庭福因幫助新疆阿拉爾市的果農維權，被新疆警方跨省抓捕。同年7月16日，被新疆阿拉爾墾區法院以「尋釁滋事罪」判刑三年。史庭福身患多種嚴重疾病，在獄中健康狀況堪憂。

史庭福：江蘇南京市人，南京市無線電元件第十一廠退休職工。

1989年，史庭福還是一名剛剛三十歲的工人，積極支持學生民主運動，上街高呼「反官倒反腐敗，爭民主爭自由」。

1995年，因民事糾紛，史庭福招來官二代的報復，先後三次

遭到毆打，落下多處病傷。行兇者卻逃脫了法律制裁。

2001 年，史庭福上訪維權，再次遭到誣告陷害，被當地法院以「敲詐勒索罪」枉法判刑四年。後減刑，於 2004 年提前出獄。

2003 年，史庭福尚在獄中時，其子史竟（當時年僅十五歲），在探監途中遭到父親得罪的黑勢力毆打、砍傷，落下多處病傷。這些黑勢力多與地方司法機構有所勾結，故而長期逍遙法外。史庭福出獄後，為替兒子討公道，再次上訪。2007 年，他在維權途中再遭毆打。

多年的維權道路一無所得，其境遇越來越糟糕。史庭福經過深刻反思，意識到這不是自己一人的不幸，根子在於中共一黨獨裁的政治制度。他由一位普通的維權訪民，蛻變為一名堅定的自由民主鬥士。他研讀中國近現代史，認為三民主義與普世價值才是中國的出路，決心通過街頭民主運動推廣三民主義和普世價值，喚醒沉睡的中國人。他為人真誠、熱情、厚道，經常關注困難同道，熱心幫助給比之更弱勢他人，故備受各地維權人士的尊重和讚許。

據史庭福的兒子史竟講述，他小時候聽父親講六四的事情，跟他在學校接受的教育完全不一樣，他不相信父親說的一切。他認為，父親反對共產黨，如同螞蟻挑戰大象，自不量力，所以很不理解父親為什麼要這樣做。直到他成年後，到香港和臺灣旅行，接觸到不一樣的書籍、報章和史料，這才發現父親講述的六四歷史是真相，漸漸理解和支持父親的所作所為。2018 年 6 月，史竟曾因到香港參加維園燭光晚會而被南京警方拘押一天，同年 9 月他應邀到臺灣觀選卻被警方禁止出境。

2015 年 4 月 13 日，史庭福到臺灣自由行，在臺北 101 發現若

干臺灣的親共分子高舉中共國旗和黨旗，嫉惡如仇的他禁不住上前與之論戰，當眾揭露他們的醜陋心態並扯掉他們手上的中共國旗和黨旗。

2016 年 6 月 2 日，「七七事變」七十九週年紀念活動在南京市中山陵舉行。當時，有臺灣參加過抗戰的國民黨將領應邀參加該活動，史庭福到現場高呼「中華民國萬歲」。他還在家中的陽臺上掛起中華民國國旗。

2016 年 6 月 3 日，史庭福因欲赴港參加紀念六四屠殺二十七週年的活動，被攔截於深圳海關，旋即被押回南京，拘禁於南京下關白雲亭一處僅一平方米的籠室長達數日。中共當局並未向他出示任何法律文件。

2016 年 10 月 31 日，在臺灣的中國國民黨主席洪秀柱到南京中山陵訪問，史庭福當場高喊「三民主義萬歲」，被南京市警方抓走。洪秀柱等國民黨高層人士熟視無睹，不敢向中共當局提出抗議。與很多中國的「民國粉」及「國民黨粉」相似，史庭福因對中共極權體制不滿，卻又資訊受限，對臺灣的民主化進程缺乏基本了解，遂將希望投射到早已淪為中共隨附組織的在臺灣的中國國民黨以及在臺灣已無人問津的三民主義意識形態身上，最後只能迎來更大的失望。

同年 11 月 26 日，史庭福在臺灣旅行時，在中正紀念堂偶遇 6,300 名法輪功學員的排字活動。他當場表示，第一次看到這麼多的法輪功學員，中共對於法輪功的污衊謊言不攻自破。他說，在海外這麼多人煉法輪功，沒聽說自焚、跳樓、被關精神病院的，為何在中國煉法輪功就有問題了？他還說，自己被中共迫害不只一次，中共流氓組織比納粹、比恐怖分子還要殘忍。

一九五〇年代

同年，史庭福曾因現場圍觀南京**王健**[51]案、蘇州「429」祭林昭、舉牌聲援郭飛雄、組織南京網友幫助高智晟律師家人度過生活難關等，而被當局維穩監控。

　　2017年6月4日上午，史庭福身穿用寫有隱喻鮮血的紅色字體「勿忘六四」的白襯衫，到南京大屠殺紀念館門前，發表紀念六四的演講。他對圍觀民眾說，固然要紀念南京大屠殺，更要紀念六四大屠殺，共產黨殺害學生更可恨。那是一個讓人痛苦的日子，那一天，有多少孩子被殺害的媽媽和爸爸痛哭流涕？我們不能忘記那一天。未來，中國會實現民主，那些被共產黨殺害的學生，也會被迎接到紀念館中紀念。當有聽眾向他詢問六四的問題，他耐心回答，並建議民眾將他的講話錄製下來，到網上傳播，讓更多人知曉。他還主動說出自己的真實姓名，說自己的做法就是要喚醒更多民眾來紀念六四，讓人們不要做共產黨的奴隸，不要做沒有未來的「韭菜」。他的帶著南京口音的普通話，聲如洪鐘，發人深省。

　　當天下午3點，兩名南京市雨花臺區的警察來到史庭福家中，將史庭福帶走傳喚調查，還從他家中搜走他使用的手機、電腦和很多資料。

　　受史庭福案牽連，其友人、維權人士**許忠東**[52]因涉嫌拍攝史庭

---

51 王健：南京維權人士，積極參與維權活動，行蹤遍及黑龍江建三江、河南鄭州、湖南衡陽、湖北武漢、江蘇蘇州。曾參與聲援山東曲阜薛明凱父親死亡案、河南鄭州市十君子案、趙楓生案、聖觀法師案、黃靜怡案、張科科案等。2015年2月，因到蘇州聲范木根案，被警方抓捕，處以行政拘留十天。2015年6月3日，被南京警方從家中帶走，以涉嫌「尋釁滋事罪」正式逮捕。2016年12月13日，被南京市江寧區法院一審以「尋釁滋事罪」判處有期徒刑兩年。

52 許忠東：山西運城人，網名許曉東。維權人士戚欽宏介紹說：「許忠東在營救飛雄群裡出現過，去年我和哎烏主持頒發良心公民獎時常出現並發言。剛得知他為史庭福拍照被抓感到突然又震驚，希望大家設法營救許曉東勇士。年度最佳攝影師許曉

福演講片段,並上載互聯網,而被警方抓捕,羈押於在南京市雨花臺區看守所。

次日,史庭福被以涉嫌「尋釁滋事罪」刑事拘留。隨後,被轉為正式逮捕。

7月5日,代理史庭福案的律師**劉浩**[53]向南京市公安局雨花臺區分局遞交了〈對史庭福先生予以取保候審的申請書〉,申請書中寫道:「史庭福先生因2017年6月4日於南京大屠殺紀念館發表紀念陸肆演講,被以尋釁滋事為由拘留、逮捕,押於南京市雨花臺區看守所。史先生作為南京市民,不計利害,不顧安危,超越訪民之小我,追求公民之大我,為國家統一於民主、民族團結於民主而鼓而呼,於現實行義,於未來有功,於南京爭光,其何罪之有也?!……顯而易見,根據黨史,根據國史,特別是根據《中華人民共和國憲法》,史先生呼籲民主無罪,依法應當立即釋放。」

申請書還寫道:「毋庸置疑,對於言論,不能無限上綱。文化大革命,一去不復返也!本案受到國內外廣泛關注,遺憾的是,偵查機關竟然無視民主大潮,無視法律規定,一意孤行,對史先生予以拘留、逮捕。史先生曾因民事糾紛遭遇多次暴毆,落下多處病傷,目前更是患有胃潰瘍、高血壓等疾病。顯而易見,史先生的肉體與精神正遭受著雙重巨痛。稍有良心者,聞之無不潸然

東!」南京維權人士王健接受外媒訪問時表示,正在找尋許忠東的家人,為許忠東簽署律師委託書。王健認為,許忠東的行為並無違法,他只是拍影片放到網上,無論受訪者做了什麼,許忠東的行為本身並沒有犯罪。王健說,找到許忠東所在的看守所後,給他存了錢買衣服。

53 劉浩:維權律師,廣東經國律師事務所律師。曾代理史庭福案、李碧雲案、陳家鴻案、沈良慶案等人權案件。在709大抓捕中亦被傳喚。發表有〈維權征途的「敲詐勒索陷阱」如何跨越——區某文等涉嫌敲詐勒索罪案辦案手記〉等文章。

淚下；略具常識者，思之無不慨然身起！」

申請書最後指出：「史先生呼籲民主無罪，應當立即釋放，即使採取強制措施，也應以取保候審為宜，無論如何不應予以逮捕，對於目前的逮捕，應當變更為取保候審。為了維護史先生的合法權益，為了防止史先生的健康情況每況愈下，為了防止偵查機關的違法行為愈演愈烈，根據《中華人民共和國憲法》、《中華人民共和國刑事訴訟法》、《中華人民共和國刑法》等法律之規定，特此申請，要求對史先生立即釋放，即使採取強制措施，也要求將逮捕變更為取保候審。」

然而，南京警方對此置若罔聞，繼續拘押史庭福。

11月3日，劉浩向江蘇南京市雨花臺區檢察院遞交〈史庭福涉嫌尋釁滋事罪案不起訴法律意見書〉、〈史庭福涉嫌尋釁滋事罪案羈押必要性審查申請書〉，並將〈南京冤民史庭福〉一文附上。隨後，劉浩律師前往南京市雨花臺區看守所與史庭福會見，他在會面通報中披露：「史先生精神尚好，談鋒甚健，只是提到自己的看守所專用卡被管教沒收未還已逾三月之久，日常生活消費多有不便之處，身體健康頻受影響，不禁黯然神傷，搖頭歎息。」會見完畢，劉浩律師就史庭福的看守所專用卡沒收問題，當即向所方反映。所方答覆：按照最高消費規定幫助在押人員，不會虐待在押人員。

後來，史庭福的家屬向海外媒體透露，在看守所，史庭福屢遭獄方及牢頭獄霸虐待，致其多處病傷復發。睡眠空間狹小難以躺下，經常睡中窒息、憋醒，好不容易入睡，又被牢頭獄霸指使同倉人員搖醒，甚至抽去代為枕頭的衣服。伙食變質變味，難以下嚥，賣菜人員唯獨拒絕其一人買菜，並聲稱係領導安排。

11月8日，南京市雨花臺區法院就史庭福案接受南京市雨花

臺區檢察院起訴,決定立案。

2018年2月8日,史庭福案在南京市雨花臺區法院第一法庭開庭審理。劉浩律師作無罪辯護,認為政府對八九事件的定性只是政府的看法,不代表當事人的看法和群眾的看法,並無法律規定民眾只能接受政府的看法。法庭未當庭做出判決。

2月11日,法院以「尋釁滋事罪」判處史庭福有期徒刑一年,緩刑一年六個月。當天下午,已被關押七個多月的史庭福獲釋出獄。

出獄後,史庭福接受外媒採訪,揭露南京看守所黑幕。他以南京鼓樓看守所(南京市第二看守所)為例,陳述其中的惡行。他說,中共獄卒用各種殘忍方法,把人弄瘋:「他們是用紙附在一個小布條,在你的眼前大概四十公分左右,再偏斜一點,讓你的眼睛對著它看。只要眼睛動一動,就打。還有,讓你來回走,就腳尖對腳跟,連在一起走路,一天來回地走。正常人十天半個月就精神病了。」他指出,中共獄卒踐踏人的自尊,用極其殘忍的方式折磨受害者:「叫一個犯人過來,一個嘴巴子又是一個嘴巴子,讓這個犯人嘴張開,然後把自己的老濃痰吐到犯人嘴裡,讓這個犯人再吐到廁所。」

史庭福已年逾六旬,且身患高血壓、肺炎、哮喘病等多種疾病,仍矢志不渝地從事維權活動。他認識了一位來自新疆建設兵團的果農,這位果農的房子被強迫拆遷,投訴無門。於是,史庭福慨然幫助對方撰寫信訪材料,並將相關材料轉發給他認識的外媒記者。

成立於1954年的新疆建設兵團,是一個讓人談虎色變的「國中之國」和「黨政軍企合一」的機構,分佈於新疆各地,管理多個縣級市,擁有自行處理經濟、行政和司法等事務的權限。在經

濟方面，兵團對外稱中國新建集團公司，是一個大型國企，主要經營農業和工業，還涉足交通、建築、商業和其他經濟建設業務。兵團旗下擁有十多家上市公司，並持有上千家公司的股權。2020 年，美國政府以涉及嚴重侵犯新疆少數民族人權為由，將新疆生產建設兵團列入制裁名單。2022 年 7 月 26 日，英國雪菲爾哈倫大學（Sheffield Hallam University）海倫娜・甘迺迪（Helena Kennedy）國際司法中心發布了一份題為〈「除惡務盡」——中國的戍邊集團及其在維吾爾地區的人權侵害〉的報告，論述了新疆生產建設兵團如何通過強迫遷移、強迫勞動、徵地、法外拘押和監禁以及宗教迫害等方式，壓迫維吾爾等少數群體的生活、文化和身份認同。報告寫道，兵團是一個「殖民機構」，「由黨國高層派遣，充當鎮壓維吾爾人異議的軍事和工業力量」，該組織並在新疆正在進行的種族滅絕中「發揮關鍵和核心作用」。史庭福無意之間招惹了兵團這個惡魔，兵團的報復接踵而至。

　　2024 年 1 月 15 日，兵團下屬的阿拉爾市城區公安局的兩名警察來到南京，上門將史庭福跨省抓捕，他們給史庭福定的罪名為「勾結境外勢力」、「洩露國家機密」。隨即，史庭福被刑事拘留，再轉為正式批捕，被羈押在阿拉爾市看守所。知情人士透露，新疆警方本來計畫將史庭福的兒子史竟一起帶走，只是被南京國保阻止，史竟在被傳喚二十四小時後僥倖獲釋。

　　隨後，史庭福的罪名被更換為涉嫌「網路編造、傳播虛假資訊」及「尋釁滋事」。警方宣稱，另發現史庭福有傳播宣揚恐怖主義、極端主義的網路行為，故而不准律師會見。

　　據知情人士透露：「史庭福僅僅是幫一個新疆維權人士寫了上訪材料，可能是關於房子拆遷方面的事情。那個材料是無關緊要的東西。當事人已被保釋出來，史庭福反而被抓進去。若他真的

轉發了什麼敏感的東西，為什麼南京警方不去抓他呢？這很明顯就是新疆方面的報復。」

2024年4月11日，律師終於在阿拉爾市看守所會見到史庭福。史庭福本來身體就不好，被關押後身體情況更差。

2024年7月16日，史庭福被阿拉爾墾區法院以「尋釁滋事罪」判刑三年。

史庭福在被關押期間，身體狀況急劇惡化。流亡美國的異議人士**界立建**[54]透露：「史庭福被關押的監獄，白天非常炎熱，晚上溫度特別低，對他的身體構成很大的痛苦、折磨，就醫權也得不到任何保障。他的身體現在非常糟糕，血壓一度飆升到兩百，一度生命垂危。」

2024年7月20日，洛杉磯數十名華人到中國領事館前抗議中共非法迫害史庭福。界立建在演講中表示：「史庭福的事蹟感動每一個朋友。我們多次呼籲，海外應當多關注這些草根英雄。」來自天津的關洋女士表示：「我們在海外能做的是，用我們最大的力量去聲援他們。這些義士用人身自由、乃至生命換來的自由和文明之光，也將照到更多人身上。」

---

54 界立建：山東人，訪民、異議者、公民記者，曾三度被中共當局強迫關進精神病院。2018年逃離中國，在亞洲、非洲、南美洲輾轉一年，於2019年12月24日抵達美國加州洛杉磯。他在當地定期組織示威活動，聲援被消失、監禁的政治犯。他說自己就像一根芒刺，讓中共如鯁在喉。2023年8月22日，他在家附近散步時突然被人從背後襲擊，身受重傷。

一九六〇年代

14 ｜李新德：單刀孤雁走天涯，敢把貪官拉下馬

李新德（1960－）：資深新聞工作者，「中國輿論監督網」創辦人，「輿論網」微信公眾號運營者，北京萬仕龍業法律諮詢服務中心主任，被譽為「中國民間輿論監督第一人」。他揭發了數十名貪官，幫助過數以百計的冤屈民眾。2019 年 10 月 25 日，被江蘇邳州市警方以涉嫌「非法經營罪」指定居所監視居住，隨後轉為刑事拘留、逮捕。2021 年 1 月 7 日，被江蘇邳州市法院以「非法經營罪」判處有期徒刑五年。

　　李新德：安徽阜陽臨泉縣人。中學畢業後，參軍入伍。1980 年，從部隊退伍後，他被安排在臨泉縣偏遠的呂寨文化站做負責人。1986 年，他停薪留職，開始做藥材生意。

　　由於平時常給報社寫點豆腐塊文章，李新德被《中華工商時報》聘為見習記者。《工商導報》副總編輯李穎多年後還記得李新德被聘為特約記者時的情景：李新德找來一名個體老闆的朋友當擔保人，當場向報社領導表態：「我這人常寫批評稿，如果將來給報社惹來官司，不管輸贏，我會負擔由此產生的所有費用，我的朋友為我做擔保。」

　　李新德真正開始撰寫反腐敗和輿論監督方面的文章，始於

他弟弟的一場官司。李新德的弟弟李新民在臨泉縣承包一家麵粉廠，經營得有聲有色，廠方要求增加租金，李新民不同意，廠方就停水停電。雙方對簿公堂，官司一直打到高院，李家沒有得到任何賠償，弟弟的公司就垮掉了。李新德感到很氣憤：「法律成了有權有錢人手裡的麵條，想粗就粗，想細就細。」他憤而書就〈再就業明星望眼欲穿盼公正〉一文，刊發在《檢察日報》上，這是其撰文反腐的「處女航」。

同時，這件事讓李新德悟出一個道理：只有懂法，才能護法。於是，他報名上了法律大專班。邊學法，邊為報紙寫輿論監督文章。三年後，他拿到法律專科畢業證書，也發表了各類反腐敗報導和法制新聞近一百篇，遠近百姓遇到不平事首先想到的是李新德。

2000年8月11日晚，十八個農民敲開李新德的家門，見到李新德馬上齊刷刷地下跪。原來，他們都是安徽太和縣農民，耕地被當地政府強徵。他們到法院打官司屢戰屢敗，只好抱著最後一線希望來找李新德幫忙。

李新德在妻子丁巧葉支持下，隻身到太和縣實地調查，寫成〈丟了土地「命根子」〉一文發在網上，被很多讀者讀到。次日，中央電視臺《新聞三十分》欄目組給李新德打來電話，希望他配合電視臺採訪這起「假造文件坑農案」。

後來，在中央級媒體加持下，農民們打贏了官司。農民們雖欣喜若狂，李新德卻陷入深思——可見，中國的司法就是力量的博弈，毫無公正可言。

不久後，「反腐敗網哨」網站邀請李新德擔任記者調查欄目主持人。李新德發現，網路的力量放大了輿論的監督作用，他萌生了建立一個自己經營的網站的想法：「我不是法官，無法對冤假錯

案進行糾正,但是,我可以用筆來說話,把事實真相告訴人們。」

2003年10月,以披露官員貪汙腐敗、關注社會熱點問題為主旨的「中國輿論監督網」應運而生。當時,在一位精通網路技術的朋友的幫助下,只用了短短十幾分鐘,「中國輿論監督網」便註冊成功。李新德有點不相信:「這就成功啦?」那位朋友笑道:「那你還要怎麼著?得了,一百多塊的註冊費,我替你交了!」直到此時,這位「中國輿論監督網」的「站長」還不會打字,也不會發郵件,當然,更不會使用MSN。李新德回憶說:「最初網站的知名度不大,著急呀,到處求人給連結。」

李新德曾接受外媒訪問,介紹創辦「中國輿論監督網」的初衷:「以前我也是媒體的記者,在寫文章和發稿的時候,不是那麼自由。有的時候,稿子被槍斃了,有的時候,就被報社拿去換廣告費去了。稿件被斃掉以後,心裡不大服氣。另外,網路非常快捷,我以前在報社當記者的時候,很多稿子都是先透過網路傳播的,傳播得非常廣。所以,我就考慮到:第一,自己有一個發稿子的地方,第二,能夠快速傳播,最主要的是,被斃掉的稿子有地方發,這樣心裡面比較舒服。」

2004年6月10日,李新德在「中國輿論監督網」上發布〈下跪的副市長——山東濟寧市副市長李信醜行錄〉一文。李信下跪的圖片被貼在網站首頁,異常醒目。

此前,中央電視臺新聞調查主持人柴靜曾三次採訪李信腐敗一案,在節目製作完畢已選定播放日期時,接到上面指示,節目被撤銷。新華社、南方週末等媒體均接到過對李信的舉報,但都引而不發。當李新德接到舉報材料後,以「不入虎穴焉得虎子」的勇氣,親赴濟寧挖掘真相。在他到達濟寧的第二天晚上,就接到一個匿名電話:「我們給你一百萬元,你走人,如果你想當英

雄，錢我們也會給，但不是給你，是給要你命的人。」

李新德不懼威脅，完成調查，撰寫成一篇力透紙背的報導。文章發表後，已是凌晨一點。這時，電話響了，一位朋友擔憂地告訴他：「新德，有人在到處打探你女兒的消息，說要花二十萬元買她的一隻眼睛。」李新德知道，自己是在和一個十分危險的人物鬥法，倘若不小心，搭上自己的性命不說，還會殃及妻女。他給女兒寫了一封信：「鈴鈴，我最親愛的女兒，這是爸爸第一次給你寫信，萬一我身遭不測，這封信就算我的遺書……除了一臺筆記型電腦和一架數碼照相機，我沒有其他任何東西留給你。如果我死了，我的網站就交給你，你要替爸爸管好網站，好讓爸爸在九泉之下睡得安心……」他把信發給妻子和女兒，已是凌晨兩點四十分。然後，他給妻子打了個電話，讓妻子第二天就搬家，讓女兒晚上不要外出，不要向別人透露她的學校。隨後，他切斷辦公室的電話，關閉手機，開始過東躲西藏的生活。

四十六天後，李信被逮捕，李新德這才結束外出躲藏的生活。李信最終被判無期徒刑，而李新德的文章成為壓倒駱駝的最後一根稻草。

李信腐敗案件成為二十一世紀初中國網路監督的標誌性案件。之後，李新德的電子郵箱成了全國各地民眾舉報貪官的法寶，網站則成了他向外發佈和揭露貪官的罪惡和醜行的平臺。

李新德一如既往地堅持「真實是新聞的生命」的原則，尤其是在撰寫反腐敗和法制新聞一類的文章時，他總是認真核實、反覆調查，在保證事實清楚的同時，快速發稿。他的品行贏得了同行們的尊重，「中國輿論監督網」上的稿件九成以上被各報刊採用。多年來，他因惹惱某些人致使網站數次被封，但他本人沒有因為稿子而惹上過官司。

2004年9月1日,《中國青年報‧冰點週刊》發表了一篇記者劉萬永撰寫的關於李新德的長篇報導〈他們最害怕光〉。文中寫道,李新德只是一家地區報紙的特約記者,但他一人撐起了「中國輿論監督網」。一只小手提箱,裝一臺宏碁筆記型電腦和一部三星數位相機,李新德經常拎著他的「網站」,從一個城市穿梭到另一個城市。「有人說,李新德算什麼,不就一臺破電腦嗎?」李新德忿忿然,「可我從不輕看自己。我的滑鼠一點,一個貪官可能就會完蛋」。他說話時底氣十足,眼睛瞪得像牛眼,時而聲調會提高八度。在朋友眼中,他「仗義執言,愛管閒事」。

　　許多網友執著地問李新德同一個問題:你一個小人物,又沒什麼背景,獨自面對一個權欲薰心的副市長和他編織的利益集團,你就沒害怕過嗎?

　　對此,李新德的回答是:一個人只要問心無愧,就沒什麼可害怕的!真正害怕的人是那些表面上不可一世、屁股下面污穢不堪的貪官。他們是黑暗中的強者,但他們最害怕光。因為,見光死!

　　李新德的網名叫「單刀走天涯」,自李信事件後他改名「孤獨雁」。「其實我不孤單,有很多人支援我。」在李新德的朋友圈子裡,有各行各業的人士。當然,最令他欣慰的還是那麼多默默無名的網友,始終在背後癡情不改地支持著他的網站。

　　也有人當面質疑李新德:你只是揭了濟寧市的副市長,地位更高的貪官你敢不敢揭?

　　李新德當即反駁:「你錯了!這不是我敢不敢的問題,是有沒有證據的問題。證據在手,再大的貪官照樣不堪一擊。」

　　2005年,「中國輿論監督網」發表多起有關官員貪腐案件及輿論實錄,比如:遼寧省阜新市退休高官王亞忱案件的系列

報導，以及〈遼寧省紀委書記充當黑惡勢力保護傘？〉、〈中國最「牛」的社長和他神秘的「愛人」〉、〈強姦女雇員、報復男下屬？——江蘇省外辦主任受黨紀處分一案再起波瀾〉等多篇反腐維權文章。經過李新德的揭露，很多此前不為人所知的案件成為輿論熱點案件——河南開封的女精神病案、山東汶上縣大姑娘下環案、淄博市燃料總公司財務帳冊被人故意焚燒案，都是李新德為先鋒，民間人士及網站、傳統媒體共同合作的成果。

李新德先後對二十多名廳級以上高官進行輿論監督。他是第一位曝光湖南省郴州市原紀委書記曾錦春的民間記者，又對遼寧省原紀委書記王唯眾的醜行進行了揭露。他舉報山東濟寧市金鄉縣雞黍鎮二十五歲女鎮長韓寒從科員升任鎮長僅用三年時間，是靠其擔任濟寧市組織部常務副部長的父親韓東亞的蔭蔽。雖然當局否認此事，但輿論不斷發酵，父女兩人在一個星期後被迫一同辭職。網民稱讚李新德的報導「一箭雙雕」。

李新德曝光的最高級別官員是曾任中共政治局委員、山東省委書記、全國人大副委員長的李建國。李新德是第一個採訪舉報李建國的網民韓龍光的人——後者在微博發文，指山東濟寧市委常委張輝是李建國的外甥，在李建國擔任山東省委書記期間，張輝僅用八個月時間就從副處級上升到副廳級。不久，海外媒體報導，李建國因涉及「用人唯親」成為中紀委調查對象，但最終還是「平安著陸」。後來，舉報李建國的韓龍光被公安羈押，李新德也承受了巨大壓力，被迫將伺服器轉移到美國。

隨著網路監督的力量越來越大，中共當局開始了嚴密的控制和瘋狂的打壓。中國新聞出版總署的官員在接受《光明日報》記者採訪時表示，「所有以『網路記者』名義進行的新聞採訪活動都是非法的」。李新德認為，網路的出現在很大程度上幫助憲法規

定的人民的話語權、言論自由得以實現。他打電話到新聞出版總署，對主管官員說，關於採訪權的問題，不管官方允許與否，民間的「採訪」、「報導」，已蔚然成風。他不認為自己從屬於新聞出版總署或其他管理部門，但他樂於接受正當法律體系的管轄：「他們問：（網路監督）有沒有主管單位？我說，沒有，但是有一條，我們受到法律的管轄。」

在習近平掌權初期，誓言反腐，很多高級官員落馬。其實，習近平是以反腐來清除黨內其他派系，鞏固一人獨裁的權力格局。與此同時，他需要民間力量的支持與配合。但當黨內政敵都掃除、其權力無人能挑戰之後，民間的反腐力量就成了其打壓和清除的對象。這種「飛鳥盡良弓藏」做法，如同鄧小平在文革後復出時，利用西單民主牆的民間輿論，從華國鋒那裡奪取最高權力，但一旦其大權在握，立刻翻雲覆雨，殘酷打壓民間民主力量。

2019年10月25日，李新德與兒子**李超**[55]在河北廊坊市燕郊鎮的家中被江蘇邳州市警方跨省抓捕，並以涉嫌「非法經營罪」指定居所監視居住。同年11月26日，被以同一罪名轉刑事拘留。12月5日，被邳州市檢察院正式批准逮捕。

起訴書稱：李新德自主運營「輿論網」微信公眾號、「中國輿論監督網」網站等網絡平臺，為謀取利益，在未核實真偽的情況下，撰寫或者安排其子被告人李超撰寫含有虛假資訊的帖文。2018年以來，李新德、李超通過上述方式炒作李霖昊非法集資案、山西澹臺一民執行案件、天津鍾大明被刑事追逃案、上海馨怡養老院案等，收取澹臺一民、李小東等人支付的費用共計人民

---

55 李超（1984-）：因參與運營「中國輿論監督網」，與父親一起被監視居住、刑事拘留、逮捕。2020年10月26日，在被關押一年後，獲取保候審。

幣 32.5 萬元，屬於違法行為。

然而，一件數額並不大的「非法經營」案件，居然需要江蘇警方大動干戈地跨省抓捕當事人，並拖了一年多才開庭審理，本身就不合常理。

2021 年 1 月 7 日，李新德、李超案在邳州市法院開庭審理。江蘇省邳州市法院一審以「非法經營罪」判處李新德有期徒刑五年，並處罰金人民幣三十萬元；判處李超有期徒刑一年，並處罰金五萬元。判決書顯示，審判長為王鍇，審判員為蔣榮志，人民審判員為高永貴。

北京維權律師劉曉原在微信公眾號上針對此案指出，李超「認罪認罰」是迫不得已，因為李超的母親當時身患重病，已在彌留之際，檢方勸李超認罪，若認罪就可取保候審，見母親最後一面。李超認罪後，獲取保候審，在母親病逝前夕出獄。

一審判決之後，李新德不服判決，當庭表示將提起上訴。

2021 年 4 月 15 日，徐州市中級法院對李新德上訴案件沒有開庭審理，而是做書面審理。辯護律師為李新德繼續做無罪辯護，李新德也堅持做無罪自辯。辯護律師辯稱，被告人李新德對資訊進行了核實；沒有證據證實李新德明知是虛假的資訊仍繼續發佈，被告人李新德不存在故意扭曲事實的行為；不能因為被告人給涉事單位三天的回覆時間較短而認定發佈的資訊是虛假的，被告人李新德不構成非法經營罪。然而，徐州中級法院做出終審裁定，駁回李新德上訴，維持一審判決。4 月 20 日，李新德的兒子李超從徐州市中級法院拿到李新德的刑事裁定書。

劉曉原律師對此判決評論說：「當今社會，為受到不公的民眾發聲，用輿論監督公權機關，這是非常危險的。像這樣在做輿論監督時被抓的案例有很多。」分析人士表示，以「非法經營罪」、

「尋釁滋事罪」等各種名義打壓異己是中共的一貫做法。以「非法經營罪」定罪，讓當局掩蓋因言治罪的實質，判決時不需要具體指出受刑人冒犯當局的言論為何。

李新德微博：https://weibo.com/yuluncn
李新德推特：https://twitter.com/guduyan

15 趙海通：如果能推動民主政治的進步，我死而無憾

趙海通（1961年5月22日—）：人權活動人士，定居新疆。南方街頭運動重要參與者，經常幫助受迫害的維吾爾人維權，被維吾爾人視為「真正的朋友」。2013年8月9日，趙海通在新疆吐魯番幫維吾爾人維權時，被新疆警方帶走，後被以涉嫌「煽動顛覆國家政權罪」逮捕。2014年11月7日，被烏魯木齊市法院以同罪名祕密重判有期徒刑十四年，刑期至2027年8月8日。在獄中備受虐待，健康狀況惡化。

趙海通：生於青海省海西州，後移居新疆。中專畢業後，曾任教於一所技工學校。後辭職經商。他長期致力於為新疆地區弱勢群體、維吾爾人群體及政治犯、良心犯維權呼籲。南方街頭運動興起後，他屢屢南下廣東，與南方各地維權公民、人權捍衛者等一起參與街頭民主運動，舉行各種聲援舉牌和集會。

南方街頭運動興起於2011年7月。當時，集中在廣州及周邊地區的一群六四屠殺知情者、維權活躍人士、有受過迫害經歷的民間草根青年，如劉遠東、王愛忠、楊崇、歐榮貴、陳斌、**卓協**[56]

---

[56] 卓協：南方街頭運動參與者，多次被警方傳喚、拘留，發表有論述該運動的文章〈關於南方街頭運動〉。

一九六〇年代 169

等，提出從網路到街頭廣場的口號，經常相約走上街頭，拉舉橫幅，提出政治權利要求。這一抗爭行動的模式可概括為：事先設計策劃有關熱點時政及民生議題的橫幅，接著組織多人在鬧市街頭、廣場、地鐵站、商場等處舉牌抗議，然後在網上發佈有關資訊，讓事件的影響力遠遠超越現場有限的目擊者。

廣州是南方街頭運動的發源地和中心。廣州地處珠江三角洲，近代以來是中國反叛運動的重要基地，如今又是南方的政治、經濟、貿易、文化中心。廣州毗鄰深圳、香港，廣州街頭抗爭行動引起廣東各地市勞工、農民、居民廣泛關注，且向廣東各地市蔓延，向外遍及華東各省市，甚至激盪全國各地的訪民匯聚的北京。

南方街頭運動開啟了自1989年民主運動失敗後中國民眾走上街頭抗爭的先河。它沒有具體的政治綱領，致力於推動中國完成從網路政治到街頭政治，最終走向議會政治。其參與者立場堅定，行動決絕，對自由、正義、尊嚴的追求義無反顧，對犧牲表現得大義凜然，堅信能以行動和犧牲消除民眾的恐懼和冷漠、喚醒更多人站出來抗爭。經歷多年的努力，南方街頭運動的同仁們以勇敢的行動、悲壯的犧牲贏得世人的關注和尊重，成為中國最有希望的一支變革力量。

南方街頭運動的參與者被譽為民主行動派，其中有數十人被捕、被判刑入獄、遭受酷刑折磨。2015年11月27日，中共當局在一天之內就以「聚眾擾亂公共秩序罪」和「尋釁滋事罪」判處南方街頭運動三位參與者楊茂東（郭飛雄）、劉遠東和孫德勝[57]分

---

[57] 孫德勝（1981-）：湖北省黃岡市蘄春縣人，原蘭州軍區退役軍人，廣州維權公民，民主舉牌踐行者，自2008年以來，立志反抗強權，積極參與各種維權民主活動。在2011年的茉莉花事件中，被祕密拘押、酷刑折磨。因參與南方街頭運動獲刑兩年。

別六年、三年和兩年有期徒刑。2016年4月8日，中共當局集中審判南方街頭運動者，以快審、快判的形式，判處謝文飛四年半有期徒刑、王默四年半有期徒刑、梁勤輝一年半有期徒刑、張聖雨四年有期徒刑、**聖觀法師**[58] 四年有期徒刑、**黃靜怡**[59] 兩年有期徒刑。六位被審公民共計被判刑二十年六個月。

在南方街頭運動的參與者中，趙海通是獲刑最重的人之一。

2013年2月12日，北韓在離中國邊境一百公里的咸鏡北道吉州郡豐溪里舉行核試驗，釋放的核能量為廣島爆炸原子彈的三倍，中國境內很多地方都有震感，且受到核污染影響。趙海通與其他維權人士在廣州地鐵車廂和其他公共場合舉牌抗議：「流氓無賴，朝鮮政府，核試驗威脅中國。」

因為騰訊公司大肆將異議言論封號，趙海通與同道赴騰訊公司門口舉牌抗議：「抗議騰訊，配合宣傳部耍流氓，封號，封微博，不做人材做奴才」、「抗議騰訊，違反憲法，被匪綁架，禁錮言論」、「馬化騰，你媽喊你回家打醬油」。劉遠東因參與此活動被拘捕。

---

58 聖觀法師（1962-）：原名徐志強，曾參與八九學運而被判刑一年。2001年，出家為僧後，到處宣揚佛學，並公開支持維權運動。2011年，他前往印度與達賴喇嘛尊者會面時表示，如果因為自己的立場而被中國關押，就當作閉關修行。如果被殺頭，就乘願再來，繼續反共。達賴喇嘛回覆說：「當你乘願再來時，估計你要反對的對象早已不在了。」2014年5月17日，他到武漢講法時，與七名信眾一起被抓，拘押近兩年後，獲刑四年。

59 黃靜怡：湖北人，原名黃芳梅，原武漢市某製藥企業宣傳幹事，佛教居士，維權公民。曾因篤信佛教又支持公民運動、推行公益而遭到當局多次騷擾和打壓。因支持聖觀法師被捕，獲刑兩年。2018年2月，因在自己生日宴會上玩「倒車，請注意」遊戲，被中共當局懷疑諷刺習近平取消國家主席任期限制，於3月1日被武漢市警方以「尋釁滋事」為由處行政拘留十五日。

2月21日，趙海通前往武漢，探望處於嚴密監控之下的民主運動前輩秦永敏。他事先已知道包括**劉本琦**[60]在內的很多朋友因去看望秦永敏而受到便衣警察搜查，威脅、恐嚇、凌辱甚至毆打，但還是義無反顧地去了。果然，他從秦永敏家出來後，立即遭到潛伏在附近的便衣警察的暴力對待。國保警察將他反銬後，慘無人道地毆打他，致使他哮喘病急性發作，險些昏迷過去。該社區有一個好心的婦女看不過去，給他拿來哮喘藥，才讓他緩過來。在武漢好友的及時幫助下，他及時報警並得到派出所的回執。

隨後，秦永敏在網上發文披露事件經過，譴責警察的暴力。

23日，趙海通又一次去秦永敏家，詳細講述被凶手毆打的過程。秦永敏給武漢市公安局的國保領導打去電話投訴。國保負責人來了後，趙海通首先提出對行凶打人的流氓警察的抗議，並提出幾點要求：一，要求警方進行法醫鑑定；二，要求行凶者公開賠禮道歉、書面檢查；三，要求律師介入；四，要求武漢市公安局紀檢委出面查處；六，要求湖北省公安廳警務督察處介入並查看被打現場的監控錄像；六，如果以上要求得不到滿足，就進行民事訴訟，要求民事賠償。

此後兩天，趙海通一直與武漢國保方面交涉。警方希望他讓步，大事化小、小事化了，並承諾為秦先生和到訪者提供更寬鬆的環境，把那個叫鄧剛的打人警察調離工作崗位。

---

60 劉本琦（1968-）：湖北紅安縣人，退伍軍人、中國民主黨成員、維權活動人士。長期傳播人權活動家秦永敏提出的「全民和解」概念。2012年7月18日，因在QQ群說「中國憲法規定公民有遊行示威自由，十八大的時候我們都到北京遊行去」，青海省格爾木市警方刑事拘留、逮捕。次年6月5日正式開庭。2014年1月23日，被青海海西蒙古族藏族自治州法院以「煽動顛覆國家政權罪」判處有期徒刑三年。獄中備受酷刑折磨。其妻劉英因對外透露其被拘訊息，遭青海當局勞動教養一年。2022年2月23日，騎摩托車赴江蘇徐州豐縣探訪「鐵鍊女」，遭徐州警方攔截，並被行政拘留十天。

在談判中，趙海通不失時機的講述其對民主政治的理解、國富民窮的社會現象以及無官不貪、貪污腐敗的惡劣制度。他用種種社會現實表達對執政黨的不滿和鄙視，心平氣和的與警方代表交流。他指出，國保對民主人士的行凶打人、監控、打擊、壓迫、迫害，是為統治者助紂為虐，是阻止社會進步和向前發展。

交涉中，趙海通提出：「如果鄧剛是個男人，就和我面對面打一架。我有哮喘病並且我的胳膊去年斷裂後還在康復期，但我不怕流氓、也不怕流氓耍流氓！既然看望秦先生是合理合法的就沒有必要有恐懼的心理，並且希望越來越多耍流氓行為被曝光，讓人們知道這個流氓是什麼人。」

27日，趙海通對被毆打事件發表一份公開聲明指出：「中國人從1949年以後一直在忍辱負重，沒有話語權、沒有人權，唯唯諾諾，只有敏感詞。司法在黨控制操作下，冤假錯案層出不窮，沒有三分鼎立的司法獨立，何來法律的公平公正？……暴力執法者終究會在歷史上受到公正的審判！我堅信這一點，也相信秦先生推動民主進步會成為歷史的英雄！雖然我受到傷害，雖然我放棄兩萬元的賠償，但是通過我的讓步能給老秦和看望老秦的網友爭取到警方寬鬆的環境，我趙海通義無反顧。如果這只是警方的忽悠，那麼官逼民反，鎮壓在升級，反抗也會升級。這是一條千古不變的事實。此時此刻，我知道自己在被監控中，我的某一些言論引起有關當局的仇視，我在當天接受了海外媒體的採訪，也許分分秒秒我會像秦先生一樣鋃鐺入獄或被軟禁。我無所畏懼！我本人不想被炒作、不想出人頭地，但有些話不得不說，如果有網友認為我的容忍和讓步是軟弱，請你告訴我你的方法，或者你我一起來執行你V字復仇者的方法，我不會退卻。我在感悟人性的良性發展，也在觀望武漢警方的變化，當然我也保留我不放棄

使用暴力保衛自己的權利，甚至是復仇的權利。有一天，如果人們認為我今天的讓步能喚醒有些人的良心，能爭取到一部份人能在寬鬆的環境下平和的推動民主政治的進步，海通我死而無憾。」

4月7日，趙通海與**聶光**[61]、**賈榅**[62]在廣州火車站對面天橋舉牌，「流氓政府打壓民主人士是歷史罪人」。隨後，聶光被治安拘留十天，賈榅被治安拘留二十天。因聲援兩人，**袁小華**[63]被拘留十五天，陳劍雄被拘留十天。趙通海僥倖逃過一劫。

4月8日，趙海通與**黃文勛**[64]、**張聖雨（張榮平）、張茂中**[65]、**梁頌基**[66]、**王修求**[67]等六位網友在廣州天河區「又一城」地下商場，舉

---

61 聶光：南方街頭運動參與者。2011年12月18日，在深圳東門步行街與尹宙、姜衛東、林光路等十餘人舉牌聲援烏坎，呼籲民主憲政。此後參與多次舉牌活動，屢屢受到警察抓捕、毆打。

62 賈榅：南方街頭運動人士，維權活動家。2014年，因言獲罪，遭廣東警方以涉嫌「尋釁滋事罪」刑事拘留。

63 袁小華（1972-）：湖南益陽籍人，前湖南沅江市楊閣老中學教師，原廣東省某企業中層管理者，廣州市黃花崗公園月末公民聚會發起人，廣州、深圳街頭運動發起人之一。2013年5月25日，袁小華等人在湖北赤壁市政府門前舉牌展開光明中國行活動，7月17日，隨後袁小華與袁兵、黃文勛三人一起被捕，三人被稱為「赤壁案三君子」。2016年5月9日，袁小華被湖北赤壁市法院以「聚眾擾亂公共場所秩序罪」、「尋釁滋事罪」判處有期徒刑三年六個月。其在羈押期間備受虐待和酷刑。

64 黃文勛（1990-）：廣東惠州市博羅縣人，農民工，自由撰稿人。積極參與南方街頭運動，「赤壁案三君子」之一。2016年3月，黃文勛突然被改控涉嫌「煽顛罪」，同年9月，最終被湖北咸寧市中級法院判刑五年、奪政治權利三年。榮獲2017年度「劉曉波良知獎」。

65 張茂中：南方街頭運動參與者。參與抗議朝鮮核試驗、呼籲釋放被捕民主人士的活動，被行政拘留且被毆打。2016年6月2日，在六四前夕，被行政拘留十天，電腦被查抄。

66 梁頌基（1976-）：廣東省廣州市人，維權公民，街頭民主踐行者。2018年10月14日，被廣州市荔灣區青塔派出所警方刑事拘留。同年11月20日，被以涉嫌「尋釁滋事罪」正式逮捕。2019年10月25日，被廣州市荔灣區法院以同罪名判處有期徒刑一年六個月。

67 王修求（1985-）：湖南新化人，異見人士，致力於書籍傳播與學術研究。2014年，開始活動於海外網絡平臺，創建以「不受限制的言論環境才能激發人無限的創作潛能」為宗旨的「種子書城」，收集共享數千本中文版電子書。著有：《為什麼總不希

起「習近平，你敢釋放劉遠東嗎？你敢釋放北京四君子嗎？你敢結束獨裁專制嗎？你敢立即民主憲政嗎？」、「習近平先生，無罪釋放劉遠東，停止經濟、政治迫害，結束獨裁專政」等牌子。隨後，他又與黃文勛、張聖雨在廣州體育中心地鐵站去天河城處舉牌抗議。

5月11日，趙海通前往青海探望入獄的維權人士劉本琦，他在社交媒體上寫道：「我來到青海格爾木市看望好友良心犯劉本琦，找到格爾木看守所，發現這裡成了刑警隊。輾轉反覆，終於找到了位於柴達木監獄旁邊的新看守所，被告知只有每月的五號和十五號才可以送東西。這是我和劉本琦、劉英的兒子劉佳瑞的合影，正值母親節，孩子思念獄中的父母。」

6月，趙通海到合肥參與聲援安徽民主人士張林之女張安妮失學事件，他與網友舉起大橫幅：「守望相助，讓世界充滿愛。」他還舉起顯示張安妮失學天數的牌子。隨後，他遭警方強行拘押。

8月9日，趙海通在新疆吐魯番市幫助維吾爾族公民維權，被新疆警方刑事拘留，關押於新疆烏魯木齊市六道灣看守所。據說，他是因為當眾譴責中共的民族政策，被便衣警察錄音而被捕。同時被捕的還有另一位維權人士。

9月12日，趙海通被以涉嫌「煽動顛覆國家政權罪」正式逮捕。

2014年6月17日，經過十個月的關押，趙海通首次與家屬委任的律師會見——荒謬的是，在與律師會見之前的5月中旬，當局就已開庭審理此案，律師是由官方指定的。趙海通的律師劉志

望自己是中國人》、《說人話的人與說鬼話的人——道德檔案》、《中國期刊——發刊詞錄》、《毛澤東把地獄搬到了人間》等。因參與街頭運動，多次被警方拘押。

強[68]向海外媒體證實，他和另一位律師常瑋平在會見趙海通時才得知此一情況。

律師還披露，趙海通的身體變得十分差，但精神不屈。他第一次會見律師時，堅決否認控罪，並表示如果被定罪的話，將會上訴。在會面時，趙海通多次問起他進去之前被拘捕的民主同仁們的情況。他感謝朋友們的關心，同時表示：雖然看守所的生活很苦，但他不會退卻一步！希望朋友們堅持下去！

7月25日，烏魯木齊市中級法院以不公開開庭的形式對趙海通案作出一審判決：趙海通被以「煽動顛覆國家政權罪」判處十四年重刑，剝奪政治權利五年。趙海通的律師劉志強和常瑋平均未獲准出庭，法院指定黃豔宇律師配合這場表演。趙海通當庭提出上訴。

10月29日，新疆維吾爾自治區高級法院以不公開開庭的方式作出二審判決，駁回趙海通的上訴，維持原判。一直到11月7日，趙海通的家人才得知判決結果。在美國的人權活動人士曹雅學評論說：「在新疆或涉及新疆的問題上，中國政府對異議者的打擊尤其嚴酷，令世界震驚。」

2018年3月13日，中國維權人士曹順利女士逝世四週年前一天，海外中國民主人士在中共駐紐約總領事館外舉行集會，並向**趙海通、李小玲**[69]**、甄江華**[70]**、陳建芳**[71]等四名維權人士頒發該年

---

[68] 劉志強：維權律師、死磕律師，承接過若干有影響力的維權案件。2013年2月，楊金柱、陳光武、楊學林、劉志強等在「黎慶洪案」中死磕過的律師在江西辦理「桂松案」時，斯偉江發了一條微博，戲稱：「你們死磕這班人又去搞新案子啦，不如任命你們為死磕派。」劉志強開玩笑說，「死磕派不是誰都能當，要搞一個認證」。

[69] 李小玲：廣東人，深圳市番禺區居民，原軍人家屬，維權公民。2017年6月，因之前警方暴力執法使其眼睛失明，發起「李小玲六四光明行」。6月3日，在天安門廣場舉牌要求當局平反六四，被北京市西城區警方刑事拘留。同年9月12日，被珠海市檢察院以涉嫌「尋釁滋事罪」正式批捕。2018年11月27日，被珠海市香洲區法

度的「曹順利勇氣獎」。

趙海通關押地點：新疆維吾爾自治區伊犁哈薩克自治州塔城地區烏蘇市，烏蘇監獄八監區
郵政編碼：833006

院判處有期徒刑三年，緩刑五年。2019 年 2 月 14 日，珠海中級法院經二審裁決，對其維持原判。關押期間，遭到非人道虐待，曾被連續提審二十二次，致其舊病復發、身體極差，左眼失明。
70 甄江華（1985-）：湖南人，人權捍衛者，「翻牆網」（ATGFW.ORG）執行編輯，支持公共資訊公開，翻牆網提供如何繞過中國網路審查的資訊。2017 年被捕，次年 12 月 28 日，珠海市中級法院以「煽動顛覆國家政權」對甄江華定罪，判處其有期徒刑兩年。
71 陳建芳（1970-）：上海人，在當地政府和開發商在未給予足夠補償的情況下沒收了她和家人的土地後，開始維權活動。她長期在基層從事捍衛土地和住房權利，爭取弱勢社會群體的權利，並揭露系統性侵犯權利的根源。她推動民間社會參與國際人權機制，並倡導參與監測政府履行人權義務的情況。她屢屢遭到警察和其他國家機構的報復，曾被任意拘留、監視和限制旅行。2018 年 3 月 20 日，她在家中被捕。2021 年 3 月 19 日，上海市第一中級法院以「煽動顛覆國家政權罪」審判陳建芳。8 月，法院判處陳建芳四年六個月徒刑，還下令沒收價值三萬元人民幣的個人資產。

16 黃琦：當我被判刑的時候，你們的罪行就板上釘釘了

黃琦（1963年4月7日—）：網名難博（席維斯史特龍扮演的電影英雄藍波之諧音），「六四天網」網站創辦人、中國天網人權事務中心負責人，人權捍衛者。長期致力於探尋六四死難者、被拐賣的婦女和兒童以及四川地震中「豆腐渣」校舍真相等各種黑幕、冤案。2000年、2008年、2016年，三度被捕，分別判刑五年、三年、十二年，三次刑期相加共二十年。在獄中受盡酷刑折磨，身體狀況極度惡化。曾獲和法蘭西基金會之「網路自由獎」（2004年）、「中國青年人權獎」（2006年）、美國「赫爾曼‧哈米特獎」（2007年）、無國界記者之「國際新聞自由獎」（2016年）、中國民主教育基金會之「中國傑出民主人士獎」（2017年）等殊榮。

黃琦：四川內江人。畢業於四川大學無線電子系，畢業後創立「成都華美計算機網路有限公司」，公司經營小有成就。他熱心公益事業，在朋友的眼中，是一個「充滿正義感與理想主義的書生」。

1998年10月23日,黃琦與妻子曾麗用多年創業的全部家產,在成都創辦了中國第一家公益性機構「天網尋人事務所」及「天網尋人網站」。他希望創建一個民間平臺,記錄和幫助中國大地上每天都在發生的司法冤情和失蹤事件,特別是幫助被拐婦女兒童親屬尋找和解救親人,其中也包括尋找「六四事件」中失蹤者。評論人士指出,司法冤情的背後是體制問題,失蹤事件背後是社會的悲劇和陰暗。可以想像,處理大量這樣案例的網站必然觸及官方的敏感神經;辦網站的人,只要良知還沒有泯滅,心中必然充滿憂國憂民的鬱悶與不平。

天網尋人的公益事業曾受到中國各大媒體的關注和表彰。連官方的《人民日報》也刊登專題報導〈天網尋人故事多〉。其他媒體相繼刊登〈萬家團圓是我的心願〉、〈尋人事務所──用愛和淚水來經營〉等專題採訪報導,黃琦的妻子曾麗還曾受邀到人民大會堂領獎。

1999年6月4日,黃琦又設立「六四天網」網站。《紐約時報》記者張彥在一篇報導中指出,黃琦的「六四天網」是社會動盪的標記物。網站的名稱反映了它的議程。「天網」指的是「正義」。數字六和四是指網站的創辦日期:1999年6月4日。但這個日期並非巧合──它也是要求民主的抗議者在北京遇害的天安門廣場大屠殺十週年紀念日。這篇報導寫道:「黃琦和志願者團隊每天接聽幾十通電話,通常是民眾因土地被徵用對政府進行申訴。許多人參與了街頭抗議活動或向政府機構遞交請願書,黃琦的團隊對他們的投訴和行動進行了報導。」

2000年,網站報導了民工被迫做不必要的闌尾切除術,並為此向公立醫院支付高昂的費用。這贏得了政府的肯定。

然而,由於網站同時登載各種批評時政的文章,引發當局的

打壓。2000年2月，四川省國安人員卜列平等人到天網尋人事務所與黃琦發生衝突，黃琦被打傷。這一事件引發輿論極大反響。隨後，當局查封了天網網站。4月15日，在一家美國網路服務提供商幫助下，天網網站重新開張。

當中共當局對法輪功展開大規模鎮壓之後，天網報導了有關情況，包括法輪功修煉者在被拘押期間被毆打致死的案件。

2000年6月3日，六四天網發表了一篇國外異議人士寫的有關天安門事件的文章，黃琦遭到四川成都警方刑事拘留。「路還很長，感謝大家、感謝為中國民主努力的人們。他們來了，告別了。」這是當天下午5時20分警察登門時，黃琦留下的告別語，之後他被關押並與家人隔絕。7月12日，黃琦被正式逮捕。

2001年，黃琦的妻子曾麗在接受CNN採訪時說，自從黃琦被捕後，她不被允許探望丈夫。在2001年8月的一次庭審中，她和其他親屬被阻擋在庭外。曾麗說：「當警車開進時，我看到他，他非常瘦，他做了個V型手勢，並微笑。他的手被銬在背後」。她試圖給她丈夫拍照，但被警察沒收了膠捲。

2003年2月22日，黃琦在被超期羈押兩年七個月後，被四川省成都市中級法院以「煽動顛覆國家政權」判處有期徒刑五年，剝奪政治權利一年。

成都中院對黃琦的定罪理由是：黃琦是天網的法人代表並具體負責網站的維護及主頁的製作與更新。2000年3月至6月，「天網網站」的「走向論壇」、「網海拾遺」、「遙看中華」等欄目中出現了「六四」、「疆獨」、「法輪功」、「民主黨章程、綱領」等有關內容的文章及鏈接，而這些內容以造謠、誹謗方式宣揚民族分裂、煽動顛覆國家政權、推翻社會主義制度。

2003年5月18日，黃琦在獄中寫給四川省高級法院的上訴狀

中，對以上指控予以辯駁。他指出，公訴機關指控他的犯罪事實是發生在 2000 年 3 月 30 日以後，而 2000 年 3 月 30 日天網尋人網站被公安機關關閉後已交由「北美華人尋親會」管理，網站的管理由「北美華人尋親會」的技術人員管理，對網站技術，他本人一竅不通。他本人只能對 2000 年 3 月 30 日以前網站自辦欄目的內容負責。黃琦指出，上述「違法」文章公訴機關無證據證明是他本人撰寫、上傳或轉載發表的。

黃琦在上訴狀中描述了他和家人的處境：「為了天網事務所的尋人事業，我的家早已變賣了，妻子也因此失掉了工作，或許我的兒子（十二歲）因為有了一個『戴罪』的父親，正遭受著同學和老師的白眼。每天我戴著沉重的腳鐐手銬、睡在潮濕的地面、品味著撲面而來的尿液、目睹著在押人員的生殖器、扳著手指頭計算司法機關超期羈押期限的我都在想：一個冒著生命危險解救了七名受害農村少女、一個幫助過兩百多個家庭闔家團圓、一個無償為數萬離散家屬提供免費尋人服務、一個無私無畏為數十萬蒙冤者吶喊的人，會是煽動顛覆國家政權的罪犯嗎？在獄中，我得知妻子在我入獄後，舉步為艱，舉債度日，為了把尋人事務所事業繼續支撐下去，曾經一度打算把我們的親生骨肉、我們唯一的兒子送給別人寄養；在獄中，我面對殘無人道的折磨，曾在獄中自殺，幸虧及時搶救，才得以倖免。因為有一個理念在支撐著我，『依法治國』的陽光和『民主自由』的空氣將最終彌漫共和國湛藍的天空，歷史會最終證明我的清白和無辜。為了我的家，為了您的家，為了我們大家的家，我上訴，直至生命最後一息！」

然而，四川高院駁回了黃琦的上訴，維持原判。

在獄中，黃琦遭到法警、獄警和其他罪犯多次毒打，導致腦積水、腦萎縮、雙側腦室擴大等嚴重疾病。

2005年6月2日，黃琦刑滿出獄後，將其服刑時仍繼續運行的「天網尋人網站」正式命名為「六四天網」。「六四天網」以「與無權無錢無勢的弱勢人群站在一起」的核心理念，面向求告無門的全國訪民，開展了更加全面、有效的和平理性維權服務，包括發展天網義工，堅持事實報導，揭露公權貪腐，發布維權信息，成為中國第一家專為訪民提供各種信息服務的民間媒體機構和綜合性人權組織。

　　2006年4月28日，六四天網公布了中國第一個「六四死難者」索賠初步成功的消息：當地政府支付了七萬元給「六四死難者」家屬唐德英。

　　2008年5月12日，四川發生汶川大地震。黃琦和天網的志願者們積極參與搶險救災，並在「六四天網」首先報導豆腐渣校舍問題，因而觸怒四川當局。

　　2008年6月10日，黃琦與天網人權事務中心兩名工作人員吃飯時，被幾名身份不明的人強行塞進一輛汽車帶走。6月16日上午，黃琦母親蒲文清收到黃琦以「非法持有國家機密」受到刑事拘留的通知書。7月18日，黃琦被正式逮捕。

　　2009年11月23日，黃琦在被超期羈押一年多後，被成都市武侯區法院以「非法持有國家祕密罪」判處有期徒刑三年。

　　2011年6月9日，黃琦刑滿釋放。他表示，在長達一年時間都被單獨拘禁，常常睡在水泥地上，致使腎臟受損，已罹患腎臟絕症，需定期透析。

　　即便如此，黃琦仍不辭病痛，再次投入「六四天網」的公益服務，並創辦中國天網人權事務中心。然而，他也因此耗盡個人財產，家庭解體。儘管如此，他對網站的影響仍很樂觀。他表示，國家的安全機關會看這個網站，並稱它有助於公開民怨，給

政府施壓。

黃琦堅持民間維權立場的同時,也不拒絕在具體問題上建設性地幫助改善政府工作。他在幫助大量訪民解決切身實際問題的同時,也得到了國內廣大訪民群體的支持和愛戴。

2013年11月,黃琦在一次受訪時表示,他很讚賞谷歌公司堅持普世價值的骨氣,面對中國的新聞封鎖和網路封鎖,一直不妥協。這種做法理應受到全世界企業的效仿。他希望「各個企業能夠將人權、民主理念放在更高的位置,摒棄與當局同流合污,以保障中國民眾的人權和新聞自由」。

2014年5月3日,無國界記者組織發佈了該年度一百位新聞自由英雄榜,「這些英雄鼓舞了所有渴望自由的人們,沒有他們的勇敢,自由的邊界就無法被延伸」。在這份名單裡,有三名中國公民和記者入選,他們分別是創建「六四天網」的黃琦,揭發官員和警察腐敗的前《成都商報》記者李建軍[72]以及舉報官員違法而被當局指控犯有「誹謗勒索」罪的前《新快報》記者**劉虎**[73]。

2016年11月28日,黃琦第三次被四川省綿陽市警方從成都家中帶走刑事拘留,自此失聯。同年12月16日,黃琦被以「為境外非法洩露國家機密罪」正式逮捕,並被關押在綿陽看守所。

---

[72] 李建軍(1977-):山西平遙人,記者,曾就職於《山西晚報》和《成都商報》。2012年,李建軍實名舉報了華潤集團董事長宋林貪腐。隨後,山西金業集團總裁張新明、山西省公安廳幹部數度對李建軍及其家人使用「威脅恐嚇」手段打擊報復。兩年後,宋林落馬,後被判刑十四年。

[73] 劉虎(1975-):重慶渝北區人,記者,曾就職於《新快報》。2013年7月29日,劉虎在微博實名舉報前重慶副市長、國家工商行政管理總局副局長馬正其等貪腐官員,指出「馬正其在重慶期間在處理國企改制事宜上涉嫌嚴重瀆職,致數千萬元國資被侵占」。8月23日,劉虎被以「造謠」罪名被北京市警察刑事拘留。9月30日,轉為逮捕。12月31日,被以涉嫌「誹謗罪」起訴。此事引起輿論譁然。2014年8月3日,以「取保候審」名義釋放。2015年9月10日,北京市東城區檢察院正式對劉虎案做出不起訴決定。劉虎表示,將申請國家賠償,並稱自己不會轉行,還會做記者。

2017年7月28日,經半年來六次長途奔波交涉後,黃琦的辯護律師隋牧青和黃琦的母親蒲文清在綿陽市看守所成功會見了重病之中的黃琦。

會見中,病中的黃琦身體多處浮腫,病態明顯,卻精神不墜,意氣昂揚,對中國未來必將走向憲政民主和實現社會正義充滿信心。談話在警方監控之下進行,在見面約一個半小時後,看守所以停電無法監控為由提前終止了會見。

黃琦涉案的所謂「國家機密」是什麼呢?據律師的瞭解是:2016年4月,綿陽某部門出示一份文件給訪民陳天茂拍照。4月6日,「六四天網」就此材料發出一條「四川省公安廳定下打擊天網黃琦方案」的報導,內容是四川省省委書記王東明下令懲處黃琦的講話。綿陽官員透露:「六四天網」是國外網、反動網,專門把中國的醜事發到國外去,讓外國人看笑話,因此省委書記王東明已下命令,指示綿陽公安收拾黃琦等人。該文件後經鑒定為「絕密」級。但隋牧青律師表示:「把這段話(四川領導人的說話)定義為絕密,在我來看很不可思議。」

隋牧青律師瞭解到,黃琦在看守所期間,一直是零口供,否認當局指控的罪行,更拒絕上電視認罪。但黃琦的身體狀況令人擔憂:黃琦幾年前就患上嚴重腎炎,在監獄中肌酸酐指數上升得非常快,其手、腳、臉都是浮腫的,摁一下都有坑。一般有浮腫意味著病情在惡化,其身體狀況不樂觀。

據隋牧青透露,黃琦在獄中受到虐待,歷經超過三十六人的輪番審訊,還伴有辱罵;看守所曾強迫黃琦一日站立六小時值班,後改為每日站立值班四小時,持續二十餘日至今。這對重病纏身的黃琦而言,是難以承受的重負。

據黃琦的母親、重病纏身且八十四歲高齡的蒲文清介紹:黃

琦患有慢性腎炎、糖尿病、嚴重的腦血栓、心肌炎冠心病、肺氣腫等多種病，有些病是無法治癒的，唯有休息、藥物，才能延長一點生命。浦文清希望當局能從人道主義出發，釋放她的兒子。

2018年12月10日上午，劉正清律師在綿陽市看守所與黃琦會面。在劉律師公佈的會見筆錄中記載：黃琦告知，2018年11月30日上午，馬志強、杜鵬兩名駐所檢察官來見他，要求他自證其罪。下午也是相同的內容。期間，他們談到國家形勢一片大好，全國人民都擁護習近平，國際社會也是對習近平一片讚揚之聲，要求黃琦放棄幻想，主動認罪。黃琦予以拒絕。

檢察官杜鵬對黃琦說：「美國已打不起貿易戰了，主動向我們投降了，之前增加的關稅很快就要取消，西方領導唯利是圖，他們打不起，也打不贏我們。我們可以集中力量辦大事，現在我們回過頭來，談你的事情。時間不夠了，判你個十多年，你就完蛋了。我們給你機會，也是有限的，拖了這麼久，你怎麼不瞭解我們的善意。」

黃琦我回答說：「不是你們給我機會，而是我在給你們機會，我完全可以讓你們在犯罪的道路上越走越遠。當我被判刑的時候，你們的罪行就板上釘釘了，所以你們一直在拖延，逼迫我自證其罪。希望你們放棄幻想，不要認為我會扣屎糊臉，所有人都知道你們是構陷迫害我。」

杜鵬說：「迫害？我們是代表人民對你起訴，人民法院對你審判，也可以說是代表法律，代表國家，代表中國絕大多數人的利益對你審判。」

黃琦說：「人民法院，人民檢察院只是你們自己安的一個名稱，並不代表人民，只是一個小集團而已，你們代表的是中國法西斯集團。我真的希望立即開庭，我作為受害者，也代表其他受

害者，在法庭上揭露中國法西斯集團對人民的迫害。」

2018年12月4日，綿陽中院法官董小平帶了一大堆的案卷材料和筆記型電腦來見黃琦，要求黃琦查閱全部案卷材料。黃琦告訴他：「我只在法庭上，兩位律師在場的時候充份地舉證，質證，認證。」

2018年12月5日，審判長周冬青再次前往看守所與黃琦見面，希望黃琦查閱案卷材料。黃琦問他，是否包括之前未向律師提供的所謂的「絕密」卷。周冬青說都給你看。黃琦再次拒絕。周冬青還說：「你申請保外就醫，未獲批准。」並拿出刑事訴訟法給他看。周冬青說：「上面寫得很明白，患有嚴重疾病，生活不能自理的才能保外就醫。」黃琦問周冬青：「是兩項都同時俱備才能保外，還是只要一項即可？」周冬青說：「必須兩項同時具備才能保外就醫，這是法律規定。」

2018年12月7日，綿陽法院給黃琦送達庭前會議傳票。

黃琦在與律師會見的最後，特別請律師帶話給外面的朋友們：「希望關心我的朋友放心，我一定會抗爭到底，也希望大家關注一下因黃琦案件而遭迫害的重慶危文久、北京張寶成等各地朋友，以及目前是失蹤的我母親蒲文清。」

2019年7月29日，黃琦被四川省綿陽市法院一審以「故意洩露國家祕密罪」、「為境外非法提供國家祕密罪」共判處有期徒刑十二年，剝奪政治權利四年，沒收個人財產兩萬元。

黃琦當庭表示不服判決，提起上訴。後經綿陽市中級法院二審裁決，駁回上訴，維持原判。

無國界記者等國際人權組織譴責這一判決，稱對於身患多種嚴重疾病的黃琦而言，這十二年刑期「相當於死刑」。

張彥在《紐約時報》的報導中指出，黃琦這位中國互聯網先

驅被判十二年監禁，這是近年來人權倡導者所獲最長刑期之一，這進一步表明，中國的獨立社會行動主義之窗幾乎已經關閉。

庭審前，黃琦的老母親蒲文清到北京去陳情，表示黃琦的健康狀況危急，不希望兒子在獄中送命，已多次申請保外就醫但都被駁回。蒲文清在北京遭到暴力毆打和阻止上訪。

黃琦入獄四年後，一直不能與家人會面。蒲文清不斷給中共各級首腦寫信、向監獄反映，每天向巴中監獄打電話爭取黃琦會見權。蒲文清在一份題為〈黃琦母親最後的告白〉中寫道，當局對其嚴密監控，規定她第一不能上北京；第二不能接受媒體採訪；第三不能和目前正在告狀、上訪的人見面來往；第四不能請人權律師，請律師要通過他們批准，他們不批准的就不能請，請了也不讓見。

在蒲文清鍥而不捨的努力下，再加之國際社會的呼籲和海外媒體的關注，他們母子倆終於在 2020 年 9 月 17 日上午，在網路視訊見面三十分鐘。

據悉，黃琦在獄中曾遭虐待迫害，常被犯人毆打致腿部受傷，家人所寄存款亦被獄警隨意扣押；因身體健康極差，有腎功能衰竭危險，患腦積水、心臟病、肺氣腫和肺炎等多種嚴重疾患。親友恐其成為下一個曹順利、劉曉波、楊天水、彭明、紀斯尊等被獄方迫害致死的政治犯。而身患肺癌晚期、身體各器官已經衰竭、現年九十一歲的蒲文清，在兒子被捕之後長達八年時間裡，從未見到兒子真人，每日以淚洗面。習近平政權的冷酷殘忍，恐怕連納粹都自嘆不如。

由海外義工重新開張的六四天網：https://64tianwang.net/。

17 王喻平：我已捨情求道，隨時捨生取義

王喻平（1964年9月11日—）：網路作家，網名「王一鳴」。曾歷任某國企分廠廠長、私企高層主管等職。因發表反共言論及創建中華民主正義黨並任主席，多次被捕入獄。流亡泰國曼谷後，於2012年被中共特工綁架回中國。2015年5月19日，被以「煽動顛覆國家政權罪」判處有期徒刑十一年、剝奪政治權利三年。刑滿獲釋五個多月，又被強制送入精神病院，經其激烈反抗後才得以獲釋出院。

　　王喻平：出生於湖北省監利縣容城鎮。弟兄姊妹四個，王喻平排行老大。中專畢業後，入國企工作，曾任廠長。後到浙江發展，在一家私企任高官，享有高薪及優渥的福利。

　　然而，王喻平不滿足於個人事業的成功，開始思考中國的民主自由問題。自2008年以來，他因長期在網上發表反共和支持民主的文章，主張以各種方式結束中共一黨獨裁及其暴政，創建中華民主正義黨，多次遭到中共當局的打壓和迫害。

　　2008年12月19日，王喻平被四川省成都市警方跨省綁架，成都警方與杭州警方聯手將其挾持至杭州市江干區筧橋派出所。經過四個小時非法審訊後，他被釋放。

2009年1月19日,王喻平因在網上發表《09救國綱領》而被杭州市警方傳喚、審訊。

2011年2月至3月間,王喻平因參與茉莉花民主集會活動,遭義烏市警方綁架、毆打及非法拘禁,並屢受電話騷擾、恐嚇、跟蹤、斷網、查房、拘押等迫害。

2011年3月,王喻平因幫助同事解決網路被封問題,遭警方審問和抄家,並被非法關押在義烏看守所,隨後被罰款八萬元。

4月7日,王喻平獲釋,一個星期後又因公開散發〈人民思想家王一鳴之控告書〉而被警方以「擾亂社會治安」之名再次行政拘留十天,且遭當局指使的牢獄惡霸暴力毆打。

5月29日,王喻平回到戶籍所在地湖北省荊州市監利縣,到公安局辦理出境護照,卻被告知公安部限制其出境。

8月至10月間,王喻平被浙江警方先後從八家旅館驅逐、破壞其就業,致其流離失所、生活困頓。隨後,浙江警方強行將其遣返湖北老家。途中,他再次遭當局委派的便衣警察之毆打。

2011年10月,王喻平因為被警方斷絕生路,被迫逃亡泰國曼谷,並繼續從事民主運動。

2012年11月8日,王喻平在曼谷被中共派遣的特工越境綁架回國。他被綁架的次日,國安部在北京機場將王喻平交給公安部門的國保警察,由國保警察押送回武漢,旋即祕密關押於湖北省天門看守所。

由於牢頭獄霸的毆打、折磨加上糟糕的飲食狀況,王喻平的身體迅速惡化:多次站立不穩跌倒不起,睡覺無力翻身,上廁所都要由兩人攙扶,此外他還遭到天門看守所所長梁映竹等四人的圍毆和踐踏。他更受門板鐐酷刑長達十天之久,身體部分部位腐爛。為了反抗迫害,王喻平先後進行六次絕食抗爭。在此情況

下，荊州國保經請示上級，於 2013 年 7 月 9 日，將王喻平轉押於荊州市荊州區看守所。

但王喻平的處境並無實質性的改善。2013 年 7 月 29 日，王喻平在荊州看守所十九號監室遭到牢頭、死刑毒犯劉本林等五人圍毆。由於獄警對投訴不予理睬，王喻平絕食兩天抗議。8 月 1 日，在王喻平結束絕食抗爭之時，他竟然收到荊州市中級法院送來的檢察院簽署日期為 5 月 15 日的起訴書——起訴書到他手中整整晚了兩個半月。中共司法機關漠視和踐踏法律程序，到了無法無天的地步。

王喻平被非法關押兩年兩個月，法院才開庭審理此案。王喻平在法庭上指名道姓要曾為唐荊陵辯護的**劉正清**[74]律師擔任其辯護律師，但當局以湖北省荊州市律師協會查不到唐荊陵案的名義，剝奪了王喻平聘請律師的權利。2014 年 12 月 30 日，荊州中級法院為其指定荊州市法律援助中心副主任吳春紅律師為其辯護，純係配合當局走過場。王喻平對此非常氣憤。

2015 年 1 月 8 日，荊州市法院以「煽動顛覆國家政權罪」判處王喻平有期徒刑十一年，剝奪政治權利三年。

王喻平不服判決，提起上訴，並委託劉梅芳和劉正清兩位律師為其辯護。2015 年 5 月 19 日，經湖北省高級法院二審裁決，駁回上訴，維持原判。

---

74 劉正清（1964-），湖南人，廣州執業律師，代理過新疆張海濤「煽動顛覆國家政權」案、佛山李艷明涉法輪功案、謝陽案、黃琦案、郭飛雄案、王炳章案、秦永敏案等人權案件。2018 年 12 月 25 日，劉正清接獲廣東司法廳通知，指他在法庭上的辯詞危害國家安全，對其作出吊照的行政處罰決定。劉正清成為近年因辯詞原因，首名被吊照的律師。劉正清表示，他不承認司法廳這個非法組織及其決定，拒絕出席聽證會：「官方想吊銷律師執業證就吊銷執業證。現在無法無天了，這個政權已經瘋狂到頂了。」

稍後，王喻平被送往湖北省江北監獄服刑。江北監獄對其強制集訓二個月，因在集訓期間仍宣傳民主，被關禁閉數週。期間，王喻平繼續申訴，親筆寫了委託書要劉正清代理其申訴。為此事，劉正清曾到江北監獄，在監獄方嚴密監控下，會見王喻平約半小時。

2015年12月30日，江北監獄獄政科徐大偉通過郵局快遞將王喻平的申訴書和授權委託書寄給劉正清律師。2016年1月7日，劉正清分別將其申訴書寄給最高院（刑事）審判監督庭和原二審法院（湖北高院）刑庭。然而，該二級法院均無任何回覆。

2016年3月4日，王喻平從江北監獄轉到湖北省洪山監獄服刑。4月21日下午，劉正清律師在其弟陪同下，到洪山監獄獄政科要求會見王喻平。獄政科負責人稱：「因王喻平上星期開大會時鬧事、違紀，現正處在隔離期間，故律師不能會見他。」律師問何謂「隔離」，該負責人支吾其詞不作正面回答。

2017年12月19日下午，在會見被拒兩年多後，劉正清律師終於在洪山監獄見到王喻平。律師在會見通報中描述：「其精神飽滿，氣宇軒昂，談及這兩年多的抗爭及種種磨難仍談笑風生。」當劉正清說「我及外面的朋友沒有忘記你」時，這位鐵漢流淚了。王喻平說：「我寧可打死，也不會屈服，決不在監獄裡從事勞動。」他還說，他得到一本《聖經》，從4月開始就皈依基督，從《聖經》中找到力量和源泉。

在這次會面中，王喻平通過洪山監獄的一名警察交給劉正清一封給其弟弟的絕交信。信中囑劉正清律師替其保存。劉正清感慨說：「我覺得這份信任的厚重和責任的沉重。此信之決絕似有遺囑般的悲愴，望有心的朋友替我收藏，以備因我之不慎，萬一丟失。說不定此信能與林覺民之〈與妻書〉一樣入未來的歷史博物館！」

王喻平在信中講述了自己成為基督徒的心路歷程：「一個偶然機會，亦可理解為上帝的眷顧與安排，今年4月份，我拜讀了《聖經》，才知道我多年孜孜以求之理想竟與上帝之道、耶穌之德不謀而合。我目前之處境也與耶穌傳道之初相似：父母阻止，弟妹指責，反對搗亂。但我要比當時的耶穌幸運一點：家鄉人在知曉事情後，雖恐懼，卻還沒有群起而逐之；今後會不會如此，還不得而知，但此前我並未被家鄉逐離。」

王喻平繼續寫道：「耶穌被逼離開家鄉傳道，直至他被猶大出賣，被釘十字架，升天，復活，永生之日，也沒有與其家人相見。這體現了他履行天道時義無反顧、一往無前的頑強意志和寧可捨情求道，捨生取義的偉大風範。耶穌曾說：聖道不屑與世俗為友。又說，他到世上來傳道，不是要使父母兄弟姐妹親屬之間更為親近，而是要勸誡父母兄弟姐妹親屬之間疏遠。因為人必須接近真理、自由、公平、正義、誠信、善良、博愛，而過於濃密的親情往往會妨礙人類辨別是非、認清正邪、接近並獲得正道：撒旦就寄住在親情之中，往往會借親情、私慾發作，使人迷失心智，使人盲從發狂，恣行邪惡。……兩千多年前偉大的基督耶穌的傳奇經歷——《聖經》，如今再次降臨到一切奉行正道之士的追夢歷程中，我也是其中之一。身臨其境，我必須擺脫世俗的羈絆，寧可捨生取義，捨情求道。」

王喻平感謝其弟屢屢前來探視自己，並在監獄為犯人設置的帳號上存錢幫助自己，但他表示，既然弟弟與自己價值觀迥異，就決定與弟弟斷絕兄弟關係，以後不再與弟弟會面，也不再接受弟弟的財物。他還雲淡風輕地交代了自己的後事：「我不懼各種隨時實施的針對我的謀害、毒殺、殘殺等邪惡詭計。現我已捨情求道，隨時捨生取義，況且劉曉波、楊天水等人已被害死，我如死

於黑手（不論黑牢內外，毒手、殺手等等），你不用處理我的屍首和骨灰，我的屍首和骨灰由律師和民主人士處理，骨灰灑向天空。」

在這封信的最後，王喻平寫道：「你不用怪我王一鳴冷血無情，我自幼便孤傲不群，潔身自好，嚴於律己，心存良善，追夢不止。成年後，我更恥於隨波逐流、同流合污。拜讀《聖經》後，我又感到朋友如雲，不屑與世俗為友，誓與正道共存，民主正義便是歸屬。上帝、耶穌與我同在，聖徒們與我同行，我並不孤單。你我漸行漸離，不必心生怨恨，這一切都是你我此生造化，此刻只是各歸其位罷了。天各一方，窮此一生，但我之思想靈魂已得到永生。惡魔們即使毀掉我的軀體，又能奈何得了民主正義之思想聖靈？！感謝全智的上帝，十全的耶穌基督！自救者天助，自棄者天棄。保佑一切奮起自救的人，信仰正道的人！阿門！」

2018年3月9日，劉正清律師到湖北省洪山監獄，申請會見王喻平。他到該獄政科辦理會見手續時，該科負責人熊姓科長臉色凝重地說：「取消你的會見。」詢問原因，對方說：「你上次會見時在網上發了消息。」劉律師與之理論，熊科長便離開其辦公室，消失得無影無蹤。無奈，劉律師到該監獄辦公室找負責人交涉，但仍然未能見到王喻平。

4月18日，劉正清律師陪同王喻平的弟弟再次到監獄，要求會見王喻平。他們到獄政科辦理會見手續時，一名職員說：「王喻平已被取消律師會見。」問原因，對方含含糊糊地說：「王喻平違反了監獄的規定。」劉律師問：「何事違反了規定？」對方不回答。無奈，劉律師找曹姓監獄長交涉說：「上次會見時，我是中規中矩的，會見時你們有全程監控，你們當時也沒提出異議，且我還勸他不要與你們發生激烈衝突，免得受不必要的折磨。這在客

觀上對你們的管理是有好處的呀！」曹說：「不是因為你會見時說了什麼，而是因上次會見後在網上發佈了消息，造成了惡劣的影響，上面在追責。」並說：「那天給你信的管教，我們內部已對他進行了最嚴厲的處罰。」

有網友前往王喻平老家探視其老母親時，其老母親告知，王喻平十分孝順，在他最後一次入獄前，他已有心理準備，提前把家裡的事物全部安頓好，如：房子已經請人檢漏；買了電熱毯取暖器給母親冬日備用；生活必須品基本都買齊了，還給母親買了一部手機；銀行卡裡也給母親存了些錢。總之，老母親一說起大兒子，總有說不完的話，她知道大兒子所做的事都是對的，大兒子入獄前經常會跟她講自己所做的都是推動社會進步的事。老母親還說，王喻平以前在浙江做廠長時，每月工資約一萬五，有好幾個女孩子追求他，但他都以「不會那麼早結婚」為由，拒絕了人家。原本，兒子是可以過上很好的生活的，現在卻落成這個樣子，她十分痛心。

2023年11月7日，王喻平刑滿出獄。五個月後，又遭強行關進精神病院。據流亡歐洲的人權捍衛者林生亮的資訊：「王喻平被關精神病院剛剛出來，在裡面被幾十個人強行灌藥。據消息人士披露，迫害他的政保大隊長王發源的妻子是當地縣級市副市長。」後來經過王喻平本人的抗爭和家人的爭取，他才被釋放回家。

18 │ 李長青：揭露公共衛生危機的真相，就是拯救人的生命

> 李長青（1965年2月5日—）：基督徒，原《福州日報》記者、新聞中心副主任。1987年，從華東師範大學中文系畢業後，一直在新聞媒體工作。2004年9月，福州市傳出「登革熱」疫情，當局封鎖消息，李長青無法在自己供職的媒體發表相關報導，遂向海外網站「博訊網」投稿，揭露「登革熱」疫情真相、譴責政府無所作為。2004年12月16日，李長青被「雙規」。隨後，被正式逮捕。2006年1月，被福州市鼓樓區法院以「編造、故意傳播虛假恐怖信息」的罪名，判處有期徒刑三年。

李長青：出生於福州山區的一個貧寒家庭。他十歲時，父親患癌症去世，留下大量債務。他們家五個孩子由母親一人拉拔長大，窮人的孩子早當家，他從小就在學習之餘幫母親做家務。

1983年，李長青以優異成績考入華東師範大學中文系。那是一個理想主義高張的時代，他如魚得水，如饑似渴地大量閱讀經典著作，尋求著自身靈魂安妥和民族命運的答案。他通過詩歌寫作，認識了後來跟他一樣因言獲罪並獲得世界報業協會「自由金

筆獎」的師濤。他後來回憶說:「這是值得我們終生銘記的歲月,它在我們心中種下了獨立思想和自由精神的種子,培養了我們不做精神上的閹奴,肯為真理和正義獻身的堅定信念。」

大學畢業後,李長青進入新聞業,誓言做一名「暴風雨中的領航員」。1989年六四屠殺之後,他所服務的雜誌因為存在著嚴重的「資產階級自由化傾向」,被無限期停刊整頓,他第一次失去了工作。然而,出於對新聞工作的熱愛,三年之後,他又尋機重操舊業。在中國,從事新聞工作,是一項最充滿風險的事業,要當一名好記者,不僅需要智慧,更需要道德勇氣。

1992年,李長青的生命中也迎來一個重大事件,「因著耶穌基督的憐憫,精神世界無比黑暗、軟弱的我成了一名基督徒,他恢復了我的良知,讓我行走在光明之境,釐清了我的心靈和世界的關係,來自上面的洞察力幫助我穿越重重迷障,對世界的真實有更深入的看見」。基督信仰賦予李長青更大的勇氣和智慧來追求真實和真相:「我堅信,惟有真實能拯救我們!惟有真實能超越狹隘的黨見,突破意識形態的樊籬,在普適人類的道德觀和價值觀中,讓人民看見,讓人民說話,讓良知的聲音通行大地,讓謊言和罪惡無處遁形,讓人民自覺承擔責任、選擇命運,建設一個民主、自由、平等、博愛的幸福家園!」

在新聞界打拼多年後,李長青成為《福州日報》新聞中心副主任。他是報社最大膽的記者之一,發表了很多關於「敏感」議題的報導,得罪了不少官員。他的更多報導和文章,無法在官媒上發表。那時,網路開始風行,網路尤其是海外網站有更大的資訊自由度。於是,他悄悄將一些官媒不能發表的報導和文章送到海外網站發表。比如,福建連江縣委書記**黃金高**[75]揭露前任和若干當地官員的腐敗,反而受到打壓。李長青仗義執言,撰文在海

外網站發表，表達對黃金高的支持。

2004年9月，福州發現了第一宗從柬埔寨傳入的登革熱病例，當局秘而不宣。未料，病毒竟如野火燎原般蔓延開來，遍及福州市區及各區縣。有醫療界人士透露，至少已有百餘人感染，人數還在持續增加，並有患者死亡。但實際病患數只有福建省和福州市少數高層幹部知道。福州市政府下令全市滅蚊，卻拒絕說明疫情現況。當地政府刻意隱瞞登革熱大範圍傳播，是因福州市將要舉辦國際化纖會議，擔心形象受損。

李長青在採訪中知道了疫情蔓延的情況，但報社上級嚴令不得發表有關報導。他對此非常憤怒，他深知，封鎖消息的結果必然是疫情蔓延，將更多無辜民眾的生命置於危險之中。他覺得保持沉默違背新聞記者的良知。

10月12日，李長青撰寫了一篇福州登革熱疫情的報導，投稿給海外的「博訊網」。這篇報導在「博訊網」發表後，引起海內外輿論震動。李長青後來如此回顧他的這一選擇：「我承認，在十多年的記者生涯中，我虛假過，因為我不得不虛假；我畏懼過，因為我不得不畏懼；我放棄過，因為我不得不放棄⋯⋯職業良心和職業行為總在我心裡打架，直至這一次，我決定聽從良心的召喚，做一名真正的記者。」

福州當局為此設立專案組，追查消息來源。2004年12月，李長青被紀委「雙規」。2005年2月3日，李長青被福州市公安局國保大隊以涉嫌「煽動顛覆國家政權罪」逮捕。

---

75 黃金高（1952-）：福建莆田人，原福建連江縣委書記。2004年8月11日，投書官方媒體《人民網》，稱因反腐受到上級及黑社會威脅，六年來每天均穿著防彈衣上班。隨後，他被民間譽為「防彈衣書記」。但因此得罪官僚系統，被免職、拘捕，並被以貪污罪判處無期徒刑。

李長青的家人聘請莫少平律師代理此案。經過莫少平與福州市檢察院交涉，檢察院接受莫少平意見，因就該罪名提出的指控並不成立而撤銷起訴。

　　然而，福州市鼓樓區檢察院又以另一罪名「編造、故意傳播虛假恐怖資訊罪」起訴李長青，並在極短時間內起訴到鼓樓區法院。檢方指控，李長青在「博訊網」上登出的名為〈福州市爆發「登革熱」百餘人染病，政府刻意隱瞞，引發民眾恐慌〉的文章是任意捏造事實，意圖製造恐怖氣氛，擾亂社會秩序。

　　事實上，李長青文章中披露的都是鐵的事實。當李長青的文章發表後，感到被動的官方被迫發表新聞稿，認可當地感染登革熱的數字是九十四人，這個數字與李長青文章中的「百餘人」差別並不大。福州當局直到「博訊網」披露該疫情後才向公眾披露有登革熱疫情，福州當局「刻意隱瞞」也符合事實。

　　2006年1月24日，福州鼓樓區法院開庭審理李長青一案，以「編造、故意傳播虛假恐怖資訊罪」判處李長青三年監禁。

　　李長青提出上訴，3月底二審判決下達，駁回上訴、維持原判。

　　莫少平律師在判決後表示，此案的判決有法律外的因素：法院認為李長青在互聯網上發表的文章屬虛假消息，但李長青所言均為事實，他只是盡記者本份，揭露疫情，不應被判有罪。「因為他這篇文章引起政府上層關注這件事情，他的文章起了正面作用，迫使福州當局披露疫情，沒有危害社會，反而對社會有意義。」

　　具體操作這一冤案的司法人員包括：審判長趙屹、審判員謝立紅、代理審判員程羽。在當代中國「司法不公正」的歷史上，在當代中國「文字獄」的歷史上，這三個人留下無法掩飾的一頁。

　　炮製李長青案的元兇，是時任中共福州市委書記的何立峰。何立峰於1984年踏入廈門政壇後，遇到的最大貴人是習近平。隨

著習近平成為中共黨魁，何立峰升到中央，成為中共政治局委員和國務院副總理。像何立峰這樣的新聞自由的殺手，偏偏能青雲直上、飛黃騰達。可見，中共的人才選拔體制是「優敗劣勝」。

2006年4月27日，李長青被送往永安監獄服刑。之後，他被強迫接受長達一個月的「入監隊」軍訓。

李長青被捕後，他的妻子鮑丁玲留在家中照顧年幼的孩子，家庭沒有收入，只能靠親戚接濟生活。李長青入監服刑後，她多次要求探望丈夫，都被獄方拒絕，理由是：李長青的案子特殊，需要領導批准才可探望。相關法律法規完全被束之高閣。

李母身體不好，李長青怕母親經受不住打擊，囑咐家人將自己的事情瞞著母親。生活在山區的母親不斷問李長青為何很久沒有來探望她了，家人以出差等理由敷衍。一直隱瞞到李長青入監服刑之後，家人才不得不告訴其真相。

永安監獄距離福州市三百多公里，每次探視旅途遙遠。這種安排也是當局故意折磨囚犯和家屬的一種報復。

5月20日，鮑丁玲與李長青的母親、妹妹、弟弟一起去監獄探望李長青，再次遭到獄方的無理拒絕。

李長青曾在4月30日和5月1日給家裡寫過兩次信，但直到6月10日左右，家屬才收到他的信件。獄方的解釋是：李長青的信件要經過特殊的審批才能發出，所以滯後。

一直到6月15日，鮑丁玲才第一次探視到丈夫。這是自從李長青在2005年2月被捕後，夫妻倆第一次見面。鮑丁玲帶去書籍、衣服和藥品，獄方卻禁止給李長青提供書籍、衣服，讓她將書籍、衣服帶回，只收下藥品。

鮑丁玲發現，丈夫的健康情況堪憂。丈夫患有嚴重的胃病，而獄中劣質的食物和強制勞動會進一步惡化其健康。她說：「李長

青臉色不是很好。他現在要勞動，在工廠，每天八個小時。」

李長青被捕和被起訴後，總部設在美國紐約的「記者保護委員會」公開呼籲說：「我們譴責起訴李長青，並呼籲立即釋放他。李根本談不上任何犯罪，相反，他以巨大的勇氣和正直報導公眾關心的問題，包括腐敗、公共健康這些當地政府試圖掩蓋的問題。」

2007年11月20日，「世界報業協會」（WAN）宣佈，將「2008年度自由金筆獎」頒發給李長青。該協會總部設在巴黎，代表全球一萬八千家報紙，會員包括七十七個國家報業協會、一百零二個國家的報業公司及報業主管、十二家通訊社與十家地區及全球性新聞團體。

這是中國記者連續兩年獲獎——前一年的獎項辦法給了李長青的學弟、因雅虎向中國政府透露個人郵件資訊而入獄的原《當代商報》記者、詩人師濤。連續兩年頒發獎項給同一個國家的記者，這在「自由金筆獎」歷史上尚屬首次。

「世界報業協會」發言人拉里－基爾曼指出，本年度「自由金筆獎」頒發給李長青的原因是，他的舉動鼓舞了全世界的新聞工作者，「我認為，李長青一案十分明確。政府出於某種原因對登革熱的消息進行了封鎖，而李長青披露了這一消息。這是新聞記者工作的傳統，也是富於勇氣的行為。我們知道，在中國，一些原本應受到嘉獎的行為卻會受到懲罰。李長青正是因此而被捕入獄。」該協會發表聲明指出：「李長青因報導公共健康所面臨的嚴重威脅而受到迫害，顯示出中國當局控制新聞出版政策的無理和破產。中國當局擁有掩蓋事件真相的長久歷史，李長青在知道可能的危險後果的情況下勇敢地決定報導傳染病流行的消息，這對世界各地的新聞記者都是一種鞭策。」

時任獨立中文筆會會長的劉曉波接受媒體訪問時指出，獨立

中文筆會是李長青的推薦者，李長青的獲獎是一個鼓舞人心的事件：「因為中國現在是世界上關押記者最多的國家，世界報業協會關注像李長青這樣的受迫害記者。這在某種程度上既是對民間爭取新聞自由、言論自由人的一種鼓勵，同時也是對中國官方製造文字獄的野蠻制度的譴責。」

2008年2月2日，李長青刑滿獲釋，身體非常虛弱。

同年6月2日，「世界報業協會」在瑞典哥德堡舉辦六十週年慶典大會並頒發該年度的「自由金筆獎」，瑞典國王和王后亦出席此一盛典。

前一年，尚被監禁的師濤無法出席頒獎典禮，其母親代為領獎。這一次，中共當局對李長青和家人實施更嚴厲的管控。

李長青接受外媒訪問時表示：「我是無法出去的，本來我也很感謝他們（世界報業協會），在我受到這麼大的磨難的時候，給了我非常大的精神支持，我非常重視這個獎也希望自己能夠親自去。但沒有辦法，我不能拿到可以出國的護照，所以我想叫我妻子幫我領，但她在北京出海關的時候，整個就被攔住了。」

李長青的妻子鮑丁玲表示：「過安檢的時候，他們說我的護照有問題，把我和女兒帶到另外一邊去。我一直問他們有什麼問題，他們就不告訴我，他們只說要核實一下，然後就在聯繫，然後就過來了七八個人，把我們帶到詢問室，我女兒待在一邊我待在一邊。最後，他們就說我的護照不能用了，已經作廢了。我問他們為什麼，他們說沒有為什麼，反正就是要我回去，他說他們也是執行任務而已。」

李長青只好起草了一份受獎答謝詞，請一位身在海外的作家朋友代為領獎和宣讀。他寫道：「去年11月，當我還在福建省永安監獄勞改的時候，前來探監的妻子小心翼翼地向我透露了獲獎

的模糊資訊。後來,她又通過特殊管道,準確地告訴我,是世界報業協會授予我 2008 年度『自由金筆獎』。我當時被強迫在車間勞動,這個大好訊息給了我莫大的鼓勵和支持,讓我在苦難中看見:世界有一雙巨眼,能看到真相;世界有一顆溫柔的心,能緊緊擁裹那些為真理、正義和良知受難的人們!我深知,這不是專屬我個人的光榮,它也是對所有為爭取言論自由勇敢獻身的同行們——特別是我的中國同行們——的嘉獎!在歡欣的同時,我的心情也不輕鬆,中國記者兩年接連獲得『自由金筆獎』,以及中國成為世界上關押記者最多的國家這些事實表明,中國言論自由的現狀已越來越得到世界的關注,中國是一個多麼需要良知的聲音通行大地,一個多麼需要用真實來拯救的國度!」

李長青還寫道:「這三年多來,由於沒有多少書可讀,我在獄中除了幹活就是觀察和冥想,像一個不得不放下槍的戰士。我在這個全然封閉的空間,看到了太多的虛假、腐敗和暴力。這是一個絕望之境。為什麼會有這樣的場所?為什麼我們原先對這些罪惡一無所知?包括獄外的廣大生活空間,還有多少真相被蓄意隱瞞?它們超乎善良的人們的經驗之外,從不為我們看到,從不為我們猜到⋯⋯這些已經發生或即將發生的罪惡,就在我們經驗之外真實地存在著、蟄伏著,撲向對它毫無防備能力的人們,於是,一個個心靈被扭曲,一幕幕悲劇在發生,一個個仇恨在不斷繁殖,惡性循環地敗壞著整個社會環境。這難道就是我們命定的命運?這難道就是我們必須接受的真實生存境地?我們為何喑啞無聲?這一切將如何結束?面對著這樣真實得足以灼傷你眼睛的慘像,我們記者何為?知識份子何為?」

李長青特別表達了對妻子的感謝:「我想向大家介紹一下我的愛妻鮑丁玲女士。她是一位出色的妻子、出色的母親。在我被逮

捕、判刑、坐監的三年多時間裡,她一方面要勇敢、智慧地四處周旋,尋機營救我、照顧我,還要以一個東方女性特有的溫柔和耐心,照料好我們的女兒;另一方面,她要勇敢地面對謊言和誹謗,我的一個同事為了撈取政治上的好處,居然在報刊上公開發表誹謗文章,侮辱我和她的人格,然而,她靠著心裡的耶穌基督饒恕了誹謗、侮辱她的人。至於我們的女兒,大家知道,我們今天所努力的一切,都是為了她們!」

李長青最後表示,他並不為自己當初揭露真相的舉動後悔:「如今,我雖然被徹底趕出了記者隊伍,然而我感謝命運曾經安排我成為一名記者,並為捍衛她純潔、神聖的名字和她的尊嚴付出代價。我從來沒有後悔過。我十分感謝世界報業協會,感謝你們對文明的堅守和承諾,再一次將目光投向中國,這必將大大鼓舞中國新聞工作者重拾職業尊嚴的信心,加快推動中國新聞自由、言論自由的進程!」

披露公共衛生危機真相,才能拯救民眾的生命,SARS時如此,登革熱時如此,武漢肺炎時也如此。中共當局從來不從歷史中汲取教訓,一而再、再而三地在同一個地方跌倒。對於中共來說,人的生命輕如鴻毛,維持一黨獨裁的權力才是首要考量。所以,中共才會悍然迫害像李長青這樣說真話的人。十多年後,中國武漢肺炎病毒來勢洶洶,**李文亮**[76]醫生因說真話而被警察打壓,最後在醫生的崗位上被病毒奪去了生命。

---

[76] 李文亮(1985-2020):滿族,遼寧北鎮人,武漢市中心醫院眼科醫生。2019年12月30日,李文亮醫生在微信上與同行交流,認為出現新型SARS,提醒同行注意保護,被稱為「疫情吹哨人」。2020年1月3日,轄區派出所因其「在網際網路上發布不實言論」提出警示和訓誡。他持續在第一線工作,於1月10日左右出現武漢肺炎症狀,因病情嚴重進入加護病房,2月7日病逝。

19 | 余文生：我的付出和努力，只為一個自由、民主、人權、法治的世界

余文生（1967 年 11 月 11 日—）：北京商務律師、人權律師。曾代理香港佔中支持者案、基督徒案、訪民案、法輪功學員案、709 被捕律師案等。2014 年，第一次被捕。2018 年 1 月，被中共當局註銷律師證，隨後因倡議修憲而被捕。兩年後，被以「煽動顛覆國家政權罪」判刑四年，在獄中遭受酷刑，右手致殘、牙齒脫落。2022 年 3 月 1 日，刑滿獲釋。2023 年 4 月 13 日，余文生和妻子許艷在前往參加歐盟代表團會議途中被抓捕，2024 年 8 月，兩人均被以「煽動顛覆國家政權罪」審判。余文生先後榮獲「法德人權及法治獎」(Franco-German Prize for Human Rights and the Rule of Law)（2018 年度）、擁有「人權諾貝爾獎」之譽的「馬丁・恩納爾斯人權捍衛者獎」(Martin Ennals Award for Human Rights Defenders)（2021 年度）、「安娜・達爾貝克獎」(2022 年度）等國際人權獎項。

余文生：北京人，前北京市隆聚律師事務所主任、前北京市律師協會青年委員會委員，原北京市道衡律師事務所律師。

余文生從小在機關大院長大，父親原是空軍技術軍官，後來在中國旅行社負責接待外賓。下班後，父親常常將境外的報紙雜誌帶回家。還在讀小學的余文生，晚上在被窩裡以手電筒微光閱讀一般中國人讀不到的香港報章、當局的「內參」資料，「所以我和北京很多人的思想很不一樣，我早已知道什麼叫民主」。1980年代初，上中學時，他就向父親預測蘇聯會解體。

余文生畢業於北京大學法學院。1999年，通過律師考試。2002年，開始執業，一直從事商業訴訟，在該領域頗有成就。2008年，他榮獲北京市律師協會頒發的「律師行業奧運工作突出貢獻獎」；2014年，被評為北京市石景山律協律師代表。

余文生進入人權案件領域相對較晚。他接受訪問時說，或許是因為出身於既得利益家庭，「不能說我是一個百分百的改良主義者，但我是改良思想非常嚴重的一個人，一直希望當局能做些改變」。他是被迫走上對抗之路的，原本「循規蹈矩」、「不願意和制度硬碰，不願意正面衝突」，只有在當局實在是違法時，他才與之對抗。「現在我的改良思想幾乎殆盡了，我不相信共產黨能改變。」

2014年9月17日，余文生前往黑龍江省牡丹江市看守所要求會見被關押的法輪功學員，卻被當地警方非法抓進看守所關押。9月30日，他前往監獄迎接因要求官員財產公示而獲刑的維權公民袁冬出獄，再次受到警方騷擾、恐嚇。正是在這段時間，他大量介入人權案件，如河北三河市法輪功學員案、律師王成訴全國律師協會和《法制日報》案、北京通州趙勇拆遷案、浙江朱瑛娣維權案、北京李華民維權案、吉林遼源王春梅拆遷案、湖北襄陽何

斌及徐彩虹上訪維權案、北京陳兆志智慧財產權案、江蘇啟東夏薇申訴案等。

余文生與中共極權體制決裂，始於2014年9月28日香港發生的佔中運動。當時，北京一批維權人士知道消息後，在翌日的「飯醉」（諧音犯罪，維權人士故意的調侃）中舉牌支持，然後將照片發到網上。隨後，舉牌人士陸續被抓捕，被捕者達上百人。

10月12日，余文生前往北京市豐臺看守所，預約會見因聲援香港佔中運動而被羈押的維權公民張宗鋼[77]。法律規定四十八小時之後一定要讓律師會見當事人，警方卻一直拒絕余文生會見當事人並讓他回去等通知。余文生不肯離去，滯留在看守所門前至凌晨，以示抗議。隨後，他將實情發到網上。警方因此惱羞成怒。

10月13日，警方以涉嫌「尋釁滋事」將余文生刑事拘留。11月20日，余文生被北京市大興區檢察院以同罪名批捕。其妻許艷先後委託八名律師近二十次要求會見余文生，均被大興警方以「需要向市局彙報、案件涉及國家秘密」為由拒絕。

余文生被關押了九十九天。他被長期戴上手銬，手腫得厲害。他被訊問二百多次，長時間審訊導致他患上了小腸疝氣。其中，他被關在死囚牢房六十一天，與死囚擦身而過，嗅過死亡的氣味。他後來回憶，「2014年12月30日，一個死囚就從我們監室裡走出去，就那麼一瞬間，有一種感覺好像我也應該去」。

余文生被迫簽下「不要律師辯護」等聲明，但拒絕「栽贓出

---

[77] 張宗鋼：北京訪民。2012年6月，其位於北京石榴莊的房子被強拆，之後開始維權。他參加了很多公益維權活動：僅2013年，就與姜流勇、李冬梅等人在豐臺法院提起行政訴訟案兩百多起，占該院行政案件的四分之一，他自己起訴的有六十多起。他是從訪民到公民的典型代表，幫助很多來京上訪的公民。2014年10月1日，因舉牌「風雨中抱緊自由」、「北京被拆戶支持香港」和發「組織大家到香港去打醬油」的微博，被以涉嫌「尋釁滋事罪」刑事拘留。

賣別人」。

2015年1月20日，余文生獲取保釋放。獲釋後，他多次遭警方騷擾，不能正常找工作。他感嘆說：「中國現在是依惡法治國。」

隨後，余文生不畏危險，加入「中國人權律師團」。他認為，應當沿著高智晟的方法，與草根群眾結合，成為「公民化的律師」。

在709大抓捕事件中，余文生沒有在當天被捕。他本來有機會離開中國，但他認為，到國外去只能做政治難民，增加國際負擔，還是選擇留在中國，在國內以律師身份盡一點微薄之力，促進中國步向法治之路。

7月30日，余文生控告公安部和公安部部長違法拘捕公民。他說：「我應該是就709向當局進行反擊的第一個律師，我不能同意這種小文革式的抓捕。」

8月6日晚，余文生聽到有警察敲門，他不開門，要求警察提供法律手續。警察用電鋸鋸門，幾十個人衝進屋子，在余文生的兒子面前，將其雙手背銬帶走。在傳喚的二十四小時中，頭十小時一直背銬，其餘十四小時正銬，他亦被限制去洗手間的時間。

獲釋後，余文生受被捕律師王全璋太太李文足委託，擔任王全璋的辯護律師。然而，整個過程中，余文生從未見過王全璋一面，通信也不允許。辯護律師不獲知會任何消息，完全違反法律程序。

當時，石景山區國保警察為阻止余文生去天津見王全璋，對其實施全天候嚴密監控和非法軟禁，樓下一層停的都是國保的車。余文生想辦法突破封鎖，連夜到了天津，要求會見王全璋，結果再遭當局打壓。

在風聲鶴唳、朝不保夕的氛圍中，余文生說：「這個年代能讓你做很多事情，能為民主的事業付出。……總要有人去犧牲，為後人鋪就道路，既然我已走到這一步，也就沒什麼退路了。我不願再退回去，那就一直往前走，直到中國社會實現真正的民主自由。就做革命軍中馬前卒吧。」

2017年10月18日，中共十九大開幕當天，余文生發布一封名為《建言中共十九大罷免習近平、全面推行政治體制改革》的公開信。他當夜就被抓捕，被約談四、五個小時後獲釋。

2018年1月11日，因在看守所受到獄警酷刑虐待及饑餓折磨，余文生向北京市大興區檢察院正式提出要求國家賠償申請。當局的回應是：四天之後，北京市司法局發出一份註銷其律師資格證的決定書。

1月19日，中共十九大二中全會時，余文生發表《關於修憲的公民建議書》。六條主要建議為：一、建議刪除憲法序言。憲法序言在憲法及法律上不具有實際約束力和實際憲法意義，在實際應用上會產生爭議和歧義。二、建議國家主席差額選舉產生。國家主席作為國家元首，等額選舉類似於任命，沒有任何選舉意義，對國家，對公民社會，對世界各國都不具有公信力。三、建議取消軍委主席，其部分職權併入國家主席職權範圍。建議最高法院院長，最高檢察院檢察長由國家主席提名，全國人大通過產生。四、建議取消軍事委員會，將其併入國防部，並受國務院領導。五、建議憲法設專章，規定政黨管理制度，任何政黨都應在國家行政機關登記，任何政黨都不能凌駕於最高權力機關（全國人民代表大會）之上。六、建議撤銷沒有憲法依據的政治協商會議。

1月20日，余文生被北京市石景山警方以涉嫌「妨害公務罪」

刑事拘留，關押於石景山看守所。1月27日，被江蘇省徐州市銅山區警方以涉嫌「煽動顛覆國家政權罪」實行「指定居所監視居住」。

「指定居所監視居住」之處的窗戶被都封死，余文生無法分辨白天黑夜。每天早上六至七點，警察就開始輪流審問。他後來回憶說：「每天坐在鐵椅子上被提審十七或十八個小時，手是被手銬在鐵椅子上的。當時整個房間的牆或馬桶，全都用海綿塑膠包住，後來我才知道是要防止指定囚犯自殺，因為所有受到這樣待遇的人都生不如死，我也一樣。睡覺時，有三個人看著我，而我上廁所時，裡面跟外面都有警察。」在此期間，他的牙齒發炎，遲遲未能獲得醫治，導致最後必須拔掉三顆牙。他後來告訴海外媒體：「我曾跟他們反映我牙齒的問題，但他們叫我忍受一下，實際上他們不想讓我看牙。一直到2020年8月我首次見到我的律師，我向律師提起牙齒的問題，律師才爭取到讓我去看牙，但當時我的牙齒已經不行了。」長達八十二天的「指定居所監視居住」宛如地獄生涯，用余文生自己的話來說就是：「那八十二天的經歷，我認為是生不如死，那時候我感覺死就是一種解脫。若我在那八十二天內被餵毒酒的話，我會毫不猶豫地喝，那種生存狀態是難以想像的。」

4月19日，余文生被徐州市警方以同罪名正式逮捕，被羈押於徐州市看守所，他反倒有一種逃出生天的感覺。

在余文生失去自由期間，余文生的妻子許艷為之四處奔波，因而也成為警方的眼中釘。4月1日，許艷在家門口被警方以涉嫌「煽動顛覆國家政權罪」帶走，數小時後獲釋。她透露，警方希望她不要為余文生案發聲。4月14日，許艷應約到江蘇徐州市公安分局，準備和被羈押的余文生視訊會面，警方卻突然改口拒絕。

維權律師**黃沙**[78] 表示，公安叫來家屬的目的之一，是讓家屬勸當事人認罪；可是公安評估許艷在外面的態度行為，認為她不會配合警方勸余文生認罪，因此就拒絕許艷會見余文生。

這段時間，在北京土生土長的余文生，一直被羈押在徐州，從北京到徐州來回有一千五百多公里。他的妻子許艷每二十天就到徐州一次，為丈夫維權，她跑很多部門，看守所、檢察院、法院、公安局、監察委，路途遙遠艱辛。

2019 年 5 月 9 日，余文生案在徐州市中級法院祕密開庭，但久拖不判。

2020 年 6 月 17 日，該法院一審以「煽動顛覆國家政權罪」祕密判處余文生有期徒刑四年，剝奪政治權利三年。余文生不服，立刻上訴。

12 月 13 日，江蘇省高級法院駁回余文生的上訴，維持原判。

2020 年初，余文生被轉至南京監獄，一到監獄便遭犯人圍毆。「這些犯人是協助警察管理其他犯人的，我剛進監獄第一天，他們就對我拳打腳踢，頭還磕在地上。」

此外，余文生在監獄也吃不飽，因為獄方將其關在老殘隊，不讓他出工。在中國監獄中，只有出工幹活，才能有績效獎金買食品，而余文生不幹活，就沒有績效獎金。他們這麼做看似照顧他，其實是在迫害他。老殘隊的飯菜比出工犯人的少約一半，余文生長期處於無法吃飽的狀態。「2020 年 11 月，我實在餓的受不了，決定絕食，後來才開始吃飽。」

---

[78] 黃沙：深圳維權和公益律師，曾代理董奇案、林生亮案等。2017 年，他不滿購票實名制侵犯公民權利，起訴深圳市客運公司，要求確認被告的行為違法，判令被告刪除其非法獲取、記錄的原告身份信息和差旅信息，並賠償精神損害金 709 元以及進行書面賠禮道歉。2018 年 1 月 30 日，被警方從家中帶走。

此外，老殘隊監區的環境骯髒，由於沒有自來水設備，當囚犯需要用水時，甚至需要從坐式馬桶的下水處取水。老殘隊中有些人得不到照顧，監室內會出現屎尿滿床的狀況，余文生整個夏天都患上了過敏性皮膚炎，抓了之後滿身都是血。

一審判決出爐後，余文生決定上訴後，卻受到多方威脅，要求他撤訴。「當我在一審判決出來決定上訴後，公安、法院、檢察院與看守所都在搞我。檢察院說，若我上訴，他們可能對我加刑。法院副院長跟我說，若我不撤訴，也許就對我採取嚴格措施。看守所曾在半夜十二點提審我，說上訴的事。」

據余文生所述，看守所為了懲罰他，曾在冬天氣溫低於零下時，讓他所屬的整個監區沒有熱水喝。他指：「剛開始我以為是整個監區燒熱水的設備壞了，後來才知道其他監區有熱水喝。他們為了懲罰我一人，停了整個監區的熱水。」

余文生在獄中身患嚴重慢性疾病，長期醫治無效；因其雙手顫抖愈加嚴重，生活難以自理。

2021 年 1 月，余文生父親病危。許艷哀求當局讓余文生探視彌留中的父親，卻不獲批准，以致余文生未能見父親最後一面。

2021 年 5 月 9 日，許艷帶兒子到南京監獄探望，這是余文生被捕後一家人首次見面。會面後，許艷對海外媒體表示，丈夫有多顆牙齒被拔除或脫落，至今仍未獲醫治；治療右手殘疾的藥物已服完，仍未獲補充。

2022 年 3 月 1 日，余文生刑滿獲釋。2023 年 3 月 1 日，刑滿獲釋一週年之際，他在推特上發佈影片，講述獄中的磨難和自由的可貴。他自述：「曾被噴辣椒水、坐老虎凳、關小黑屋，且長期處於無法吃飽的狀態。曾經遭受了酷刑、饑餓、酷暑、嚴寒、死囚牢，曾經強迫失蹤、指定居所監視居往等非人虐待，至今身體

尚存不可復原的傷痛。」

余文生形容，獲釋後並未得到真正的自由，「經歷了這一年，封控、軟禁、監視、跟蹤等等，我及家庭的生存空間被壓縮、生活來源基本被斷絕」。

2022年9月9日，余文生獲頒瑞典「安娜・達爾貝克獎」。該基金會表示，以此表彰余文生「為人權做出努力並付出巨大的公民勇氣」。

余文生未能親臨斯德哥爾摩頒獎現場。他透過推特發佈獲獎感言，感謝主辦方及國際社會對中國人權律師的關注，並認為該獎是給中國人權律師和人權捍衛者的集體榮譽。他說，面對中國近十年的人權法治倒退，自由民主遙遙無期，中國為自由民主人權法治而努力奮鬥的很多人權律師、人權捍衛者面對的是失去律師執照、被抓捕、酷刑、牢獄折磨。

余文生說，他本人因代理人權法律案件，行使憲法權利，倡導和踐行自由民主人權法治，先後三次被抓捕，前後四年多經歷失去自由，限制出境、強迫失蹤、酷刑、饑餓、對妻子和孩子的人身威脅等折磨。但人權律師的付出和努力，只為一個自由、民主、人權、法治的世界，希望能建設一個自由、民主、人權、法治的中國。

余文生在接受外媒訪問時說：「這個獎項對我、對整個人權律師和人權捍衛者是一種鼓勵和肯定，也促使我們更加努力地工作，促進中國向人權、法治方向發展。也希望通過這個獎讓國際社會知道中國人權律師、人權捍衛者的不容易，知道中國人權狀況相當不樂觀，十年法治倒退給中國的人權、法治極大的打擊。長路漫漫，希望國際社會對中國人權律師和人權捍衛者更多支持和關注，也希望在國際社會的關注下，讓中國在不久的將來真正

實現人權和法治。」

余文生坦言，他對自己遭受的迫害並不後悔，因為在任何一個時代，總得有「前行者」做出公民示範和付出代價：「在中國現在這種狀況下，必定有一些人要走在前面，也許要付出自由、甚至有的人付出生命的代價，比如說劉曉波，中國才會真正走向進步。如果人人都不往前走的話，社會無法進步，所以我做的一切還是非常有意義的，我的付出也是值得的。」

許艷對外媒表示：「余文生律師回家以後，右手顫抖殘疾，一直不可以寫字，掉的幾顆牙齒現在正在安裝過程當中。經過四年多的關押，身體受到的傷害很多，需要一個調養的過程。現在的困境就是余文生律師的律師證被吊銷，他沒法進行律師工作；他回來以後，中國政府的打壓並沒有改變，還是採取以前的打壓模式，這讓我們的處境長期比較艱難。」

2023年4月13日，余文生和許艷在前往參加歐盟代表團會議的途中被扣押。當時正在北京訪華的，有歐盟外交與安全政策高級代表博雷利和德國外長貝爾伯克。

10月15日，余文生和許艷一起被以涉嫌「尋釁滋事罪」刑事拘留。

2024年1月5日，余文生從北京跨省轉到江蘇蘇州市羈押。

2024年8月28、29日，余文生涉嫌「煽動顛覆國家政權」一案，在蘇州市中級法院一連兩天開庭審理。檢方提出的證據內容主要是余文生在X社媒平臺的言論。余文生花了兩個多小時自由發言，堅持無罪。30日，同一法院又開庭審理許艷案。

余文生的辯護律師葛文秀在辯護詞中指出，言論是不可能煽動顛覆國家政權的，「被告在推特上發表的有關時政的看法、對政治人物的臧否均屬於言論範疇，均未超過憲法與法律規定的邊

界。本案對被告人余文生的《修憲建議》及網上言論起訴、定罪，實際就是當代版的文字獄、是對被告人進行政治迫害、與暴政何異。」

在總結部分，葛文秀律師指出：「辯護人請求本案合議庭法官，秉持職業操守，吸取歷史教訓，一起抵禦人治專橫，共同捍衛法治文明，以法律人的理性抗擊當下以權代法、以言廢法、一手遮天、唯我獨尊、蔑視普世價值的反法治逆流，依法宣告被告人余文生先生無罪。」

余文生和許艷被捕後，多名警察前往其住處搜查，並向他們剛滿十八歲的兒子余鎮洋宣讀其父母的刑事拘留通知書。余鎮洋因父母常年被打壓，一直患有憂鬱症，一年前從高中輟學。在此晴天霹靂的打擊下，精神崩潰，被關進精神病院，多次企圖自殺。2023 年 11 月 18 日，余鎮洋在 19 歲生日這天嘗試自殺，被送入醫院急救。2024 年 3 月，余鎮洋被警方以襲警為由關進看守所，後取保候審。獲釋後，余鎮洋又一次試圖自殺，從 N95 口罩裡把鐵片拔出來割腕，再次被搶救回來。人權組織和海外人士呼籲中共當局基於人道理由立即釋放余文生夫婦，以便他們能夠照顧孩子並挽救他的生命。

2024 年 10 月 29 日，蘇州中級法院對余文生、許艷夫婦作出宣判：余文生獲刑三年，許艷女士獲刑一年九個月。

20 ｜ 布倫丹・卡瓦納：我必須反擊中國共產黨的跨國侵犯

布倫丹・卡瓦納（Brendan Kavanagh，1967年10月—）：英國愛爾蘭裔鋼琴家和鋼琴教師、英語語言文學博士，網名 Dr K。近年來常在火車站、機場和其他公共場所的公共鋼琴上即興演奏，與圍觀者互動，並透過網路社交平臺直播。2024年1月下旬，他在倫敦聖潘克拉斯車站演奏時，與多名持中國國旗的華人發生激烈爭執，引發舉世矚目的「鋼琴門」事件。此後，他不畏中國小粉紅的威脅、恐嚇，在油管直播時屢屢發表批判和諷刺中共政權的言論，他的 YouTube 頻道訂閱人數飆升到兩百五十萬，而他對抗中共小粉紅和間諜的影片更有超過一億人觀看。

布倫丹・卡瓦納：倫敦人。於密德薩斯大學（Middlesex University）畢業，以一等優異成績獲得英語專業學士學位。隨後，他在都柏林大學（University College Dublin）獲得盎格魯－愛爾蘭文學和戲劇碩士學位，並在科克大學（University College Cork）獲得英語語言文學博士學位。

卡瓦納從三、四歲開始學習鋼琴。1980年代後期，他跟隨內莉·本－奧（Nelly Ben-Or）教授學習古典鋼琴，還跟隨倫敦鋼琴家哈米·豪爾（Hammy Howell）學習三門音樂課。他擅長即興演奏，經常將古典、爵士、藍調、搖滾和愛爾蘭傳統音樂主題結合，他喜歡在露天場地的公共鋼琴上表演，有時會與有音樂愛好的路人或親朋好友進行二重奏。

2007年，卡瓦納成立Dr K Media有限公司，將工作重點轉移到網上教學、銷售、表演和推廣鋼琴音樂上。他經常穿著標誌性的深色連帽衫，戴著墨鏡，或有時穿著工人制服，在火車站、機場和其他開放式公共場所的鋼琴上演奏。他的即興表演被拍攝下來並上傳到臉書專頁和YouTube頻道，他的節目擁有數十萬粉絲。2023年12月，他接受Talk TV的「詹姆斯·威爾秀」（The James Whale Show）採訪，聲稱自己從串流媒體活動中賺取七位數收入。

然而，如果不是意外地成為「鋼琴門」事件主角，在世人眼中，卡瓦納只是一位專業音樂人，其知名度大致局限在音樂愛好者群體之中；「鋼琴門」事件卻讓他成為一名宛如漫威漫畫中對抗邪惡勢力的超級英雄，正如他自己所說：「我已經成為反抗的象徵，自由的象徵，表達中共是反人類組織的象徵。讓我們用藝術來反對獨裁。演奏你的音樂，跳你的舞，唱你的歌，忠於自己。這就是我所擁有的。上帝保佑你們。」

聖潘克拉斯車站（St. Pancras Station）是倫敦重要的交通樞紐，也是歐洲之星列車的終點站。該車站有一臺直立式公共鋼琴，由英國鋼琴家艾爾頓·強（Elton John）在2016年捐贈，並在上面寫上「享受這臺鋼琴。這是一份禮物。愛你，艾爾頓·強。」的字樣。自從捐贈以來，該鋼琴就對公眾開放，被業餘和專業的

音樂人演奏。

2024 年 1 月 19 日，卡瓦納在聖潘克拉斯車站的鋼琴上直播演奏。當時，他與一名日本電視臺的製作主任合作演奏，該電視臺正拍攝關於公共鋼琴的紀錄片。在此期間，一群戴著紅圍巾、手持中華人民共和國國旗的六人華人團隊站在卡瓦納身後。其中一名亞裔女性主動向鏡頭揮手，稱自己來自中國，叫做 Adelina。剛開始，彼此間的互動還算友好，卡瓦納甚至邀請一名成員參與演奏。

數分鐘後，隨著一位中年女性出現，整個氣氛突然改變了。此人上前詢問卡瓦納，她是否被錄入鏡頭，並表達了不願被拍攝的意願。卡瓦納表現出困惑，強調在公共場合拍攝是自己的權利，對方不能阻止拍攝。然而，該女性堅持不同意被拍。此時，卡瓦納感到非常驚訝，反駁說「在羅馬就要按羅馬人的方式行事」、「我們又不是在共產中國」。

確實，不同地區對公共場所拍攝的標準與觀念有所不同。在歐洲，有「全景自由」原則，規範了公共場所和私人場所的不同隱私權，以及拍攝素材的用途與目的。在英國，隱私與肖像權受法律保護，但不能延伸到公共場所。根據英國法律，任何人無權要求他人停止在公共場所拍照。

緊接著，另一位年輕的華裔女性參與進來，聲稱他們有肖像權。卡瓦納反駁說，在公共場合不存在這種權利。該女性聲稱自己是英國公民，希望卡瓦納尊重他們的權利。當卡瓦納指出該女性手中的五星紅旗時，一位中國男性突然大聲喝斥卡瓦納「不要碰她」，讓卡瓦納受到驚嚇。該男性大聲指責卡瓦納是種族主義者，歧視中國人。

卡瓦納後來接受媒體訪問時說，自己使用「共產黨中國」一

詞,並非種族歧視。「那面國旗是在 1949 年毛澤東革命時期推出的。那面旗幟上的紅色象徵共產主義革命,大金星象徵中國共產黨,小星象徵中國社會中受中國共產黨統治的各個群體。那面旗幟完全是共產主義的代名詞。當時,我只是想將那面旗幟舉到鏡頭前,讓大家看到它的象徵意義。有趣的是,他們不想我拍攝他們的旗幟,不想被稱為共產黨,因為他們知道這面旗幟和這個詞在西方含有貶義。」

一旁圍觀的英國民眾,對這群中國人的糾纏感到忍無可忍。有人直言說,這是公共場所,不喜歡的話可以選擇離開。但這群中國人仍繼續騷擾。

隨後,警察趕到現場。那名中國男性立即前去解釋他們是為了保護肖像權,並詢問這種做法是否正當。警察回應說:「你現在是在公共場合⋯⋯如果他們在公共場所進行拍攝,我們沒有權力干涉。」這些中國人轉而投訴,卡瓦納對他們有「種族歧視」的言行。於是,女警要求卡瓦納不要說「我們不是在中國」之類的話,也要求其不要繼續拍攝。卡瓦納回應:「你不是他們的私人保安人員。」他繼續直播,表示不會刪除影片,因為他有言論自由和表達自由。警察只好聽之任之。最後,華人團隊心有不甘地離開現場。

卡瓦納表示,在這起衝突中,他最不喜歡的是,那些中國人試圖將中國法律強加於倫敦。「這就是所謂的『跨國壓迫』、『長臂管轄』。他們試圖強制執行中國法律,在倫敦,在這個車站。中國人來到另一個國家,試圖在西方利用中國法律來欺凌另一國家的人民。在中國,他們確實有肖像權。但在倫敦、英國、西方,我們在公共場所沒有肖像權。他們在倫敦拿著在北京有效的法律試圖強加給英國公民,令人憤慨。這對我來說是最糟糕的事情。」

卡瓦納認為，這場衝突之所以產生，是因為那位身為中共高級間諜的女士的出現，對方不想讓自己在社交媒體上被認出來。後來，有媒體披露，那位女士是李貞駒（Christine Lee），英國華人律師，活躍於英國政商界和華人社會。2022 年 1 月，英國軍情 5 處（MI5）曾警告英國議會，指李貞駒是「影響力間諜」，從事「代表中國共產黨的政治干涉活動」。李貞駒在中共黨媒「人民網」開設專欄自稱「英國最大的華人律師行董事長，熱心為華人社區爭取權益，是中國駐英國大使館首席法律顧問、中國僑聯（中共中央統戰部管轄的組織）特聘海外法律顧問、英國議會跨黨派中國小組秘書長、英國華人參政計畫創辦人及會長。」2019 年 10 月，李貞駒作為海外僑胞代表，獲習近平接見。

與卡瓦納發生直接衝突的兩名女子，一名自稱 Adelina，中文名字為張寧，是《中國日報》記者，她在「領英」網站自稱曾是中國中央電視臺記者。她曾主持中國駐英國大使館主辦的春晚、中華人民共和國國慶晚會等活動，網友傳她來自官僚之家。

另一名後來發布視頻辯白的女子，名為劉夢穎，為職業諮詢公司董事和網紅，曾在油管及中國社交媒體小紅書分享英國求職資訊。有網友質疑，劉夢穎可能具有中國「海外警察」身分，因為她的帳號和其他「海外警察」一樣，採用報警的 110 號碼。

影片中對卡瓦納咆哮的男子（卡瓦納稱之為「咆哮男」），中文名字為冷雪年，前孔子學院教師，在英國教授中文。「雅虎新聞」報導指，其自稱《金融時報》顧問；《金融時報》則證實，冷雪年僅在該報擔任過兩天臨時工。網友傳聞，冷雪年是中國某地副市長之子。

隨後，那些當事人威脅要對卡瓦納提起誹謗或肖像權訴訟。卡瓦納表示：「他們在網路上發出了幾次威脅。但我已經在英國聽

取了法律建議,在我收到用掛號信寄給我的正式文件之前,他們的法律訴訟都是空話。我認為,很多是虛張聲勢,因為從法律上來說他們站不住腳。」若未來真被告,他推測中方律師會是當時讓那些中國人「一秒到北京」的李貞駒。如案子真的上了法庭,只會成為中共的一場政治宣傳災難,令中共在全世界成為笑柄。

卡瓦納還指出,那些與他發生爭執的中國人其實都是「小粉紅」——他們是來自特權家庭或富裕家庭的年輕的中國共產主義者。他們來到英國,過著西方的生活方式,享受民主的所有果實。Instagram 和臉書上到處都是他們去豪華餐廳的照片。他們開遊艇,享受奢華假期。但是,時機一到,他們就會拿出共產主義旗幟,儼然以共產主義良民自居。這些人是完全的雙重標準和虛偽。

遺憾的是,倫敦警方和市政府一度被中共牽著鼻子走。1月23日,車站管理方以「車站進行維修工作」為由,將該鋼琴暫時封鎖。小粉紅猖獗,鋼琴何其無辜。對此,卡瓦納予以尖銳批評,英國的主流民意亦強烈反彈。次日,車站管理部門又宣布,公共鋼琴演奏區域已恢復。同一天晚上,卡瓦納在接受英國電視臺 Talk TV 訪問時,批評英國警察在處理此事上「莫衷一是」。他說,華人團隊試圖阻止他直播,反而令該直播爆紅。他與倫敦的華人社群有很多交流,倫敦的華人朋友們都支持他反共,並不認為他是種族主義者,「我身上沒有一點種族主義的骨頭」。他還提到,他收到來自中共支持者的電子郵件死亡威脅。他在事件發生後兩天,因安全疑慮而隱居。但他並不後悔自己的行為,並認為這是一場關於言論自由的勝利,「該鋼琴演奏區已成為一個沒有中國共產黨、沒有小粉紅的小區域」。他已開始即興創作一首名為「CCP Blues」的布基烏基音樂(Boogie-woogie——一種非裔美國藍

調和搖滾樂風格的音樂,「本質是自由的靈魂」),他宣稱:「上帝保佑你們!願榮光歸香港!我完全支持臺灣。」

英國電視節目主持人皮爾斯・摩根(Piers Morgan)在「皮爾斯摩根不設限」節目中訪問卡瓦納。1月24日,卡瓦納將訪談片段上傳到其 YouTube 頻道。皮爾斯・摩根問到警察的處置方式時,卡瓦納批評說,一名女警「完全站在中國人那邊」,因為那群人提到「種族歧視」,女警態度就軟化了,「我說我們又不是在中國,她覺得這句話很無禮,因為圍在鋼琴旁的中國人心裡可能很受傷……我認為,警方在處理這類政治正確問題的時候很慌亂,因為他們覺得會冒犯別人」。卡瓦納說,那群人制止他拍攝,但他們同時也在拍攝他:「整件事就是一則關於言論自由價值的迷你寓言,那是一段自發性的直播,卻有人試圖阻止我們,但最後言論自由獲勝。我想這就是此事在全世界獲得這麼多關注的原因。」

1月26日,卡瓦納重返聖潘克拉斯車站公共鋼琴演奏區,他高舉象徵中共總書記習近平的小熊維尼玩偶和裱框照片說:「我聽說小熊維尼對中國共產黨來說就像大蒜之於吸血鬼,流行藝術、音樂、詩歌、舞蹈和歌唱對當權者構成了威脅,你知道,我真的在努力將搖滾叛逆精神帶回音樂中。」他還說:「共產主義對中國人民來說是一場災難。我認為我們需要解體中共。我認為中國需要自由,臺灣需要自由。我們需要看到繁榮昌盛。不要讓控制狂主宰你的生活。現在,倫敦的鋼琴已經成為反抗的象徵。」他還在臉書上宣布,鋼琴有了新貼紙,圖中小熊維尼躲在英國國旗後,正中央印著數字 8964,顯然在諷刺中國小粉紅及六四天安門事件。他在直播節目中寫道:「今天彈鋼琴時沒有中國共產黨。」(No CCP at the piano today)

同日,馬來西亞歌手黃明志發布龍年賀歲歌曲《龍的傳人》。

該歌曲辛辣諷刺中國的小粉紅和中國共產黨，並指小粉紅「心在祖國、人在倫敦」（明眼人一下就能明白，這是從「鋼琴門」事件中獲得的靈感）。隨後，卡瓦納在 YouTube 上評論，他喜歡黃明志諷刺小粉紅的歌曲《龍的傳人》，並邀請黃明志來英國拍攝。

　　2月5日，卡瓦納再次來到鋼琴演奏區，公開展示中華民國「青天白日滿地紅」國旗，表達對臺灣的支持。卡瓦納因而被網民封為「反共大將軍」。有媒體問他，青天白日滿地紅旗象徵什麼？他回應說，這面旗象徵自主、自由、獨立、對抗霸凌，以及不願臣服於獨裁政權。當這面旗遭遇壓迫，它就更加象徵「自由」和「反抗」，一如車站內的公共鋼琴、以及中共試圖壓制的自由布基烏基音樂。

　　卡瓦納為臺灣即興演奏時，鋼琴上特別擺了一隻臺灣黑熊玩偶。他開玩笑稱，他一手握著上面有「我愛臺灣」字樣的臺灣黑熊，另一手握維尼熊，若有人要把影片、照片傳到中國網路，「最好不要」，在中共眼中會是嚴重的罪狀。他說，他對中國人民沒有惡感，但反對企圖控制中國人民、控制臺灣的人。他說，自己從未到過中國，今後也不打算去，因為他發表的言論，去中國已不安全。有媒體問他，是否有興趣造訪臺灣，他欣然回答：「我會很高興訪臺。我從臺灣得到這麼多愛，我都覺得我是臺灣公民了。」他認為，對臺灣人來說，聖潘克拉斯車站事件象徵臺灣持續面臨的、來自中國的威脅，而這威脅如今也來到倫敦。

　　臺灣外交部長吳釗燮在外交部的 X 平臺上轉貼了卡瓦納的貼文並寫道：「很高興看到有朋友在英國表達對臺灣的支持，我們向熱愛和平的人民致意，K 博士為何不來拜訪一下臺灣呢？歡迎一起來慶祝對音樂、言論自由的熱愛，中國在這裡（跟在英國一樣）也沒有管轄權。」

2月9日,卡瓦納在其油管頻道上播出「臺灣女孩彈奏美麗民謠」的影片。在影片中,有一位女性主動上前向其表示,自己名叫維多利亞(Victoria),來自臺北,相當欣賞其表演。卡瓦納在得知對方是臺灣人後,難掩興奮之情,表示自己收到相當多來自臺灣人的關愛和支持。維多利亞表示,自己願意彈奏一首代表臺灣的曲子,卡瓦納相當樂見,她便坐上琴椅。在維多利亞彈奏《望春風》的過程中,一旁的卡瓦納沉浸其中,連連讚歎,稱頌「真是太美了」。而後,維多利亞解釋這首民謠的背景,補充它曾遭到查禁,但現在已經沒事了,「因為我們是自由的國家」。

　　後來,一位臺灣女留學生安安趕到現場感謝卡瓦納力挺臺灣,為臺灣發聲,還教他用臺語說「臺灣加油」,兩人親切互動。安安表示:「今天早上看到他在直播,我就趕快提早出門。我是身在海外的臺灣人,臺灣人的聲音時常沒有在國際上被聽見,臺灣人的價值時常沒有在國際上被看見,所以就跟他說謝謝他,讓我們臺灣可以跟民主自由的國家站在一起,跟中國有所區別。」

　　卡瓦納支持臺灣,也支持香港。他在與一位香港人交談時,曾說自己正在練習歌曲〈願榮光歸香港〉。23日,他公開彈奏這首歌曲並發佈影片。隨著他的彈奏,熟悉的旋律再次響起,這首歌曲曾凝聚數百萬港人力量,令中共深感恐懼。2019年,它的作曲者Thomas說,這首歌的給予聽歌者的訊息是「香港人民不會屈服」。

　　短短幾天之內,該影片獲得數萬次點讚,數千條留言。一位網友以英文留言說:「作為一個生活在海外的香港人,非常感謝您彈奏這首歌。這被真正的香港人視為香港的國歌,但不幸的是,在香港它被禁止了。有人因為在公共場合演奏或演唱這首歌而被捕或被起訴。」有人用正體中文寫到:「我是臺灣人,只要聽到這

首歌，眼淚就很想流下，臺灣人看著香港想到反送中，謝謝您為自由的小國發聲。」另一位也說：「我是臺灣人，可以在自由的國家再次聽到這首歌，真是百感交集。自由無價，民主萬歲。Thank you Dr K 讓大家還能再次聽到這首曲子。」許多香港人都留言說，K 博士的彈奏讓自己熱淚盈眶——「我的眼中滿含淚水，這麼多人被關進監獄，這麼多人噤若寒蟬。感謝 K 博士。」、「這首歌讓香港人熱淚盈眶，節奏和音樂是如此動人。謝謝 K 博士支持香港」、「我在香港長大。您演奏這首歌使我熱淚盈眶。非常感謝！」留言還來自世界各地，有人說：「我是美籍越南人，每次聽到香港兄弟姐妹們唱這首歌，我都會很激動。」也有人說：「被中共奴役的中國人感謝您的支援。謝謝您支持香港的自由和民主。」一位網友說：「作為一名英國中文口譯員，我想對您說聲謝謝，您太棒了！您甚至撞破了一個中共間諜組織，這在我看來是頭等大事。」

此後，鋼琴演奏地變成了反共人士打卡聖地。有人舉起寫著「釋放鋼琴、停止中共滲透」（Free the Piano End CCP Infiltration）、「中共下臺」（CCP steps down）的標語；另有港人到現場彈奏《孤星淚》的主題曲〈Do You Hear the People Sing?〉；還有人到現場高舉圖博的雪山獅子旗、東突厥斯坦的旗幟等，與卡瓦納合影留念。

卡瓦納是文學博士，是音樂家，是有良知和正義感的反共鬥士，也是一位精明的商業大師——他將反共運營成一項可持續發展、並讓自己名利雙收的商業項目。他一個人擊敗了中共耗資億萬的大外宣項目，實在是一位網路時代的天才。

卡瓦納 X 帳號：https://x.com/brenkav
卡瓦納臉書帳號：https://www.facebook.com/badassboogie/
卡瓦納 YouTube 帳號：https://www.youtube.com/@DrKBoogieWoogie

21 | 陳用林：我很榮幸成為反共的典型

陳用林（1968年4月—）：原中國駐雪梨總領事館一等秘書，近年來「叛逃」的最高級別的中國外交官。2005年5月26日，從中國領事館出走，並於6月2日雪梨六四天安門事件紀念活動中公開露面，發表聲明譴責中共暴政，揭露中國在澳洲有超過一千名間諜和線人。同年7月8日，澳大利亞移民局給予陳用林及其家人政治避難類別的永久居留權。他常常接受澳洲及西方媒體訪問，以過來人身份，直率而尖銳地批判中共。2007年，陳用林與中國國內的維權人士建立聯繫，協助創辦「中國人權論壇」網站和發佈「中國人權論壇宣言」。同年，參與創辦「悉尼（雪梨）支援中國民主化工作平臺」。2017年，為反對中共在雪梨和墨爾本兩市市政廳舉辦「紀念毛澤東逝世四十周年音樂會」，與澳洲華人中的有識之士一起創立「澳洲價值守護聯盟」，聯盟為澳洲率先通過《外國影響力透明度法案》（即「外國代理人登記法」）作出了貢獻。

> 陳用林曾加入民主中國陣線,現為「中共政權受害者澳紐聯盟」理事,也是「中國宗教及政治受難者後援會」成員。

陳用林:浙江人,出生於一個普通農家,母親曾是民辦教師,父親曾就讀於清華大學。1971年,他父親因練了一手好毛筆字,受託幫一位村民寫了一封訴狀,得罪了當地生產大隊革委會的當權派,遭到綁架、關押、酷刑,兩星期後被折磨致死。

父親的死對陳家家影響很大,家庭失去支柱和依靠。那時,陳用林只有三歲,家裡兄弟姐妹三人,由母親一手撫養大,生活的艱苦可想而知。母親很堅強,一直鼓勵陳用林要認真讀書。陳用林十二歲時,爺爺奶奶說,讓孩子去種地,到生產隊裡能拿幾個工分,家裡生活就能改善一些,起碼有一份口糧。但母親說,這孩子學習還不錯,家裡生活再苦,也要讓他學下去。

陳用林從小學習就很拚命,中學時在學校裡成績基本上都是第一名。1985年,他通過高考考入外交學院,這是他人生的一個轉折點。在外交學院期間,由於學習英語需要,學生們被允許聽美國之音、BBC和閱讀外刊雜誌。來自英國、美國和法國等西方國家的外教經講述西方政治哲學史和民主憲政理論,使他有機會接觸到很多新思想和哲學,讓他開始思考:父親在文革中被折磨死,這件事的根源在哪裡?

1989年天安門事件發生時,陳用林剛好面臨大學畢業,被外交部下屬的外交人員服務局派到美國廣播公司NBC的北京記者站當翻譯實習生,見證了天安門民主運動的全過程。他花很多時間

一九六〇年代

去天安門，去參加遊行。6月3日晚，他在天安門廣場見證天安門民主大學開學典禮，並與在場的許多人手挽手去前門地鐵站阻擋湧出的荷槍實彈的解放軍士兵，親眼目睹六四流血事件。次日凌晨，他有一個同學被槍擊中，子彈正好打在肺部附近，醫生確認是一種開花彈打的，傷得很重，好在被搶救過來，九死一生。另一同學被打穿腳板送醫。

六四鎮壓之後，中央出臺一系列「反對資產階級自由化」的洗腦運動，陳用林敢怒不敢言。學校要求所有人必須寫「悔過書」，只有寫了「悔過書」，學校才發給畢業證。當年，政府對大學生分配工作，大部分畢業後都被懲罰性地發配到農村和偏遠地區。陳用林選擇在外交學院繼續學習國際關係，這樣過了兩年，又經過約一年的下放政訓和軍訓「再教育」，就有資格進外交部了。

到外交部北美大洋洲司後，1994年到1998年，陳用林被派駐中國駐斐濟大使館。回國三年後，於2001年外派到雪梨總領事館。

在外交部工作的十四年中，陳用林作為中共體制內部的人，知道了中共體制的整個運作，見證了裡面「近親繁殖」的腐敗和中共是怎樣控制思想、控制人、控制宗教團體的，這是系統性的控制。在雪梨總領事館，陳用林在政研處主管政治調研，主要負責監視和打壓流亡海外的被中共稱作「海外敵對勢力」的中國異議人士團體。

表面上看，外交官的身份是人上人，陳用林卻倍感壓抑。他披露說：「我們在駐外使領事館生活，是沒有個人的生活的，出來就是為中共工作，不允許有自己的想法。如果有一天交了私人朋友，那就值得懷疑了。我們每次出來，去參加華人社團活動，都

至少要兩人一起參加。兩人可以互相監督。講什麼話,都是事先準備好的。」中共對外交人員的控制到了令人難以忍受的地步,護照通常都要收起來,平時都得謹言慎行。「我們在總領事館生活根本沒有個人的隱私。所有人的房間,他們都配有萬能鑰匙,領導和辦公室的頭目可以隨時隨地開門進來。所有信件放在一個盒子裡,由辦公室負責禮賓的秘書開拆。我的信件被拆了無數次。中共的這種體制內的生活是西方社會所不能理解的。」

之前在駐斐濟大使館工作時,因為對外主要工作是擠壓臺灣的外交空間,陳用林一度為自己能夠為祖國作貢獻感到自豪。但到了雪梨之後,他的主要工作變成對付「法輪功、民運、臺獨、西藏、東突」等「五毒」勢力,讓他對自己的外交生涯有了新的認識。他認為中共的外交重心是其內政鎮壓反對力量的延伸。這種工作既違背自己的良心,有如牽線木偶,沒有自由,也沒有前途。而且,外交部升遷主要靠的是裙帶人際關係。對於子孫後代,逃不了被洗腦的命運。從大面看,中國社會嚴重潰爛。金錢導向,普遍道德淪喪;人治,無法治;經濟掠奪性開發;環境污染不可逆轉。在美國的中國外交官幾年前都有不少成功出逃的先例,只是沒有公開。經過長時間的思考和準備後,他毅然作出決定。

5月26日上午,陳用林攜妻子金萍和女兒,離開中國駐雪梨總領事館。他後來回憶說:「我也是很膽小的,沒有這麼大的勇氣,不然在六四的時候我也應該衝鋒在前。我覺得作為人的本能,特別在生命受到威脅的時候,還有出於家庭的考慮,我做不到。在中國政府裡面,很多人是像我一樣,都是得過且過,能過則過。……對我來說,作出這麼一種決定,實際上是一個很長的思索,考慮了各種因素。我離開中國領事館,為的是尋求精神的

解放和良心的自由，希望有一個新的生活，也希望我的行為能喚醒中共體制下更多有良心的人，擺脫中共精神上的控制。」

隨後，陳用林來到位於悉尼中心火車站附近的澳洲移民部辦公室。他向移民部官員出示證件，要求會見移民部紐省負責人克拉根（Jim Collaghan），並請求移民部官員不要通報中國領事館，但被拒絕。與此同時，移民部其他官員給中國領事館打了電話，為確認陳用林的身份甚至連線到陳用林的新手機上。

陳用林只好帶著家人乘火車逃往雪梨郊區高斯福德（Gosford）藏匿起來。臨行前，他留下申請政治庇護的申請信和聯繫號碼。

當晚，陳用林接到一位叫林德賽（Louise Lindsay）的官員的電話。她告訴陳用林可安排第二天會面，但沒有答應找個安全地點的要求，只能在移民部帕拉馬塔（Parramatta）辦公室會面。「我真的很不安，」陳說，「我不想去那兒，但我似乎別無選擇。」他再次給林德賽女士打電話，「我問我能不能在其他安全的地方會面，像警察局」。但被拒絕。

當時的中國駐澳大利亞大使傅瑩警告訴澳洲政府：如果你們給陳用林簽證，就像打開洪水閘門，你澳大利亞要不要？其次，如果你們接受陳用林，那麼我們兩國關係將受到重大損害，自由貿易協定你還要不要？還要不要中國把澳大利亞作為資源和能源供應基地？於是，澳洲政府退縮了。陳用林接到林德賽打來的電話，告知他的政治庇護申請被拒，她還說，要想得到其他的保護簽證也極為困難。

5月29日，機靈的陳太太發現了一些可疑的蹤跡，確信是中共特工找到他們的住地了。但因不瞭解虛實，特工暫時按兵不動。陳用林一家在友人的幫助下突然進行了轉移，暫時甩掉了尾巴。

同一天，陳再次給林德賽打電話要求會面。林德賽說，他應該星期一（5月30日）去移民部在雪梨的主辦公室。等陳星期一打計程車到雪梨後，事情卻有了變化。陳說：「我在移民大樓後面的停車場給她打電話，她說她還沒有準備好，需要和坎培拉的上司聯繫。」對方勸他第二天再來。

31日下午，澳洲外交部主管禮賓的官員Anne Plunkett趕到雪梨，與兩位移民官一起在非常侷促的移民局小接待室與陳用林會面。大概由於他一個人的緣故，Plunkett女士表面上以禮相待，但言辭十分粗暴，甚至揚言「澳洲沒有國際義務」。在陳用林指責她「不是來幫助我」時，她的口氣緩和了許多。她表示，基於外交原因，政治庇護申請已被拒，唯一的選擇是申請難民資格，但成功的機會是「極端不可能的」。這位外交部官員建議說，陳用林應回中國領事館。而那位移民官建議他申請旅遊簽證。陳用林後來告訴媒體：「我感到她們是在大使館和中國政府的壓力下耍弄我。」

當晚，陳用林開始聯繫新聞媒體。

6月1日，陳用林聯繫澳洲的異議人士團體，請求幫忙安排一個記者會。他得知，各反共團體將聯合舉行大型紀念六四活動，或許可以安排在此活動上露面。

6月2日，陳用林在雪梨馬丁廣場（Martin Place）紀念六四大會上公開露面，並發表演講。他指出，中共政權嚴重腐敗，不會進行所謂的政治改革。他還揭露中共在澳洲部署了千人以上間諜。

澳洲及西方主流媒體將陳用林的出走視為一個爆炸性新聞，將此事與前蘇聯駐澳使館三秘派特洛夫於1954年出逃事件相提並論，一時間沸沸揚揚。

兩天後的6月6日，陳用林再次向澳大利亞政府提出政庇申請。這一次，他直接向澳大利亞外長唐納（Alexander Downer）提

出申請，其複印件也已轉送給總理霍華德（John Howard）。同時，他還向美國提出政庇申請，將澳洲政府置於尷尬的地位。

此後，陳用林在綠黨幫助下，聯繫上「難民建議和個案服務」組織（RACS）的律師，會見了綠黨參議員布朗（Bob Brown）和民主黨參議員德絲帕雅（Natasha Stott Despoja），又參加了難民日集會和聲援陳用林全家的熱心人士集會。在此期間，陳用林接受了無數媒體的單個採訪，主要集中在澳洲和美國的主流媒體。

後來，陳用林獲悉中國駐雪梨總領事館與澳洲移民局私下達成關於在輿論冷卻下來後悄悄遣返他們全家的協議。

6月22日，陳用林舉行了一次專門的新聞發佈會，進一步揭露澳中勾結以民主人權價值換取經濟利益的骯髒交易。發佈會上他透露了中共是如何以經濟手段拉攏澳洲，迫使澳洲在軍事、政治、人權等方面做出讓步。他舉例說，2002年，中國從澳洲搞到情報顯示，霍華德政府對中國很失望，決心與美國建立更加密切的政治經濟軍事關係。這是中國十分擔心的，為了扭轉這個局面，中共決定把廣州天然氣合同給澳洲。這一招果然很有效，立刻把澳洲疏遠中共的局面扭轉。談到自己當下艱難的處境，陳用林在會上幾度落淚，哽咽。他說，他的心情糟糕到極點，他不知道該怎麼辦，也不知道誰能幫他。他擔心由於中共和澳洲的關係太密切以至最終自己被澳洲政府出賣。表示他寧死不回中國。陳用林叛離中共政權時，澳洲政府與中共政權尚處於蜜月期，他因此受到澳洲政府的不公正對待，但他仍然發出預言——中澳關係存在一個繞不開的癥結，兩國在價值觀上迥異，中共是一個極權主義的政權。

中共在澳洲的特工亦蠢蠢欲動。有一次，天剛擦黑時，陳用林從律師辦公樓出來，發現遭人跟蹤。當時，幾個跟蹤者把手都

插在口袋中。陳用林事後仍心有餘悸。

迫於輿論和反對黨的猛烈抨擊和來自美國、加拿大和紐西蘭等民主國家和人權團體的壓力，澳大利亞政府加快了對陳用林難民資格審核手續。他們全家於7月8日拿到了澳洲的終身保護簽證。澳洲參議院專門就陳用林申請庇護案進行了聽證。

此後，陳用林參加了很多反共性質的訪問與集會活動，曾在澳洲參議院、美國國會、歐盟議會、英國國會、比利時弗拉芒議會等重要場所就中國人權問題作證。

陳用林在美國國會作證時稱，中國派駐在美國的間諜不會少於在澳洲的數量（一千名）。他提醒西方國家，在與中國打交道時，不要忘記中國是個極權國家。陳的證詞引起美國議員們的極大興趣。國會人權委員會共同主席史密斯（Chris Smith）稱讚說，陳用林的證詞是「爆炸性」的，應該引起政府的高度關切。

2005年11月，當中共總書記胡錦濤訪問英國時，陳用林恰好在英國議會就中國人權問題作證。

2006年2月10日，陳用林回到中國駐雪梨總領事館門前，參與大洋洲絕食抗議，回應中國人權律師高智晟於2月4日提出的全球維權接力絕食運動。3月6日，他為支持高智晟再次參加絕食活動。同年3月27日，陳用林與三十多名澳洲華人在中國總理溫家寶訪問墨爾本之際發表致澳洲總理公開信，敦促政府和議員向溫家寶提出人權與政治迫害問題。

2007年6月上旬，陳用林在加拿大的多倫多、渥太華、溫哥華、蒙特婁作旋風式巡迴演講訪問。他還會見了加拿大移民和公民部長肯尼（Jason Kenney）等官員。加拿大與澳大利亞一樣，都是被中共嚴重滲透的五眼聯盟國家，十年後才在美國的影響下逆轉長期對中國的綏靖主義外交政策。

在加拿大的一次公開演講中，陳用林表示：「在多倫多的時候，有一家當地電臺有名的節目主持人，問了我一些問題。她問我，現在網站上，一提到反共，人們就把陳用林抬出來，您已經成了反共的典型了，您覺不覺得尷尬？我回答她，共產黨在半個多世紀以來，靠暴力起家後，靠暴力和謊言維護它的統治，屠殺了八千多萬人。在西方社會，殺了一千人可是不得了的大罪。而共產黨殺了八千萬，屠殺了以後，還要人們去感激它。共產黨對中國人民犯下的罪行，那是罪惡滔天啊。共產黨作為一個邪惡的組織，是一個應該鏟除的犯罪集團。一提到反共，人們就想起我來，這不是一種尷尬和恥辱，這是我的榮幸，能成為反共的典型，我感到很榮幸。」

針對脫離中共後褒貶不一的說辭，陳用林吐露了心聲：「作為一個普通的中國人，保存自己的良知，盡自己的能力做事情，對得起自己，對得起歷史。如果憑我的努力，能發揮作用，我就憑良心去做，因為對中共的認識，很多人需要有一個過程，我做的一些事情，如果能得到更多人認同和理解，就能幫助更多人擺脫中共的精神控制，那麼全體中國人獲得自由的那一天就更加接近。」

陳用林還指出，自從蘇聯解體後，西方認為冷戰結束了，實際上，中共對西方國家的意識形態的戰爭，從來沒有停止過。這些年中共藉全球化獲得經濟發展後，又開始用金錢開道，對各國的政治制度進行破壞，擴大中共的影響。中共目前的現狀，跟德國希特勒政權有驚人相似之處，對外有很強的侵略性，軍事上四處擴張，花大錢搞大外宣；對內又大打種族牌，製造恐怖高壓，迫害異己，花大錢養武警來鎮壓民眾。

2024 年 6 月 11 日，美國國會研究服務處發表中共高層貪腐

報告,曝出習近平利用親屬隱匿財產超過七億美元,顯示其推行十多年的反腐敗是打壓異見的政治手段。該報告讓中國百姓看清習近平「竊國大盜」的真面目,將極大降低中共執政的合法性。陳用林評論說,習近平一邊用貪腐打壓異已,一邊又用貪腐結成利益集團籠絡人心:「習近平必須要『以腐養腐』,必須用金錢來籠絡才有人為他賣命。他的所謂反腐敗是選擇性反腐,為了鞏固自己的權力,打擊政治對手、對自己有意見的人,誰不聽話就弄誰。」陳用林也指出:「在中共系統性的腐敗中,普通官員都能貪到幾個億,習近平整個家族不可能只有幾個億,披露出來的那七個億美元只是冰山一角,他肯定是巨貪。」

因為陳用林披露中共在澳洲安排了一千名間諜,某些澳洲親共華人僑領曾在中共指示下宣揚「陳用林現象對華人傷害」的定調討論,放出「華人之中沒有間諜」的鬼話。陳用林反駁說:「可見,中共半個多世紀的精神控制和精緻的謊言宣傳沒有白做。因為有中共如影隨形的存在,華人永遠擺脫不了為共諜服務的形象。也因為有中共,華人在海外才會受西方主流社會的歧視。受中共的精神操控,華人自成一個小圈子,甚至不必會講所在國的通用語言就能在澳生存,永遠與主流社會格格不入,拒絕接受西方民主人權文化和先進的價值觀。」

中國異議作家楊天水寫了一篇題為〈恐懼和良心推動了陳用林先生〉的評論文章,文章指出:「陳用林見過專制主義太多的邪惡,他義憤;他知道很多普通國民無法知道的國家恐怖主義的行為,他不但義憤,而且恐懼,擔心有一天他也淪為這種恐怖的犧牲品;他因為參加監視和打壓澳洲法輪功和民運,良知受到感染,逐漸認清了追求自由民主的真理性,感受到這個群體和官方宣傳的恰恰相反,他就更加不能容忍舊的體制。因為恐懼,也

因為良知，更多的中共高級官員將會公開覺醒，像陳用林先生一樣，公開堅定地站到文明事業的陣營，拋棄過去只為少數人服務的錯誤甚至是罪惡的道路，效仿那個先前執行瘋狂迫害基督徒的掃羅，後來轉變為狂熱宣揚基督教的保羅，成為義人。」這篇文章成為楊天水被中共逮捕並判處重刑乃至被迫害致死的原因之一。

陳用林已經受洗成為基督徒。2006 年 5 月，陳用林在一篇詳細講述其心路歷程的文章〈踏上人性自由之路〉的最後部分寫道：「在雪梨中國領事館舊辦公樓斜對面就是一座教堂，但根據領事館的相關規定和慣例是禁止去的。信仰就是文明，沒有信仰的人是沒有靈魂的野蠻人。即使是民主信仰，如果沒有堅定的人性博愛理念作基礎，那也只是一種十分脆弱的信念。……我在大學時就接觸《聖經》，所以對基督教有著先入為主的偏愛。可惜當時只把《聖經》當作英文的教材，當作猶太人的史書來念，對耶穌的神跡將信將疑，用共產黨灌輸的唯物辯證法狡辯技術進行生吞活剝。去年出逃後在眾人的推薦下重讀《聖經》，感觸良多。回想我出逃以來的種種際遇，每次遇險似乎都有神的相助，讓我知道下一步該怎麼走，所以才走得既驚險又順利。我將在今年六四前後儘快正式成為基督家庭的成員，希望能夠在人性自由的道路上繼續前行，也可算是對中共的又一次背叛，滌盡我血液中的黨文化毒素。」

陳用林多次表示，作為基督徒，他將聽從良心和上帝的指引，在有生之年力所能及為推動中國民主化奉獻自己的綿薄之力，做一個普通人反共的典型。

22 | 許那：當恐怖侵入日常生活，講真相要付多大代價

許那（1968年11月8日—）：又名許娜，法輪功修煉者，北京獨立畫家、藝術家和詩人。其作品多次入選重要美術展並獲得國家級獎項。因修煉法輪功、參與維權活動、批評時政及揭露中國病毒和防控真相，先後三次被捕入獄，刑期加起來長達十六年。許那的丈夫、與她一同修煉法輪功的知名的音樂人于宙，被捕後僅八天，就在看守所中被虐待致死，至今仍無死亡真相。

許那：生於吉林長春。她成長於藝術家庭的薰陶之中，父親是畫家，母親是東北師範大學藝術系教授。在其自述中回憶，父親經常在家裡畫油畫，松節油與核桃油的氣味瀰漫在兒時的記憶裡，繪畫由此成為她再熟悉不過的表達方式。

1987年，許那考入北京廣播學院（中國傳媒大學）文藝編導專業。她並不喜歡這所很多年輕人羨慕的大學，她後來回憶說：「三十多年前，我因政審不合格，不是團員，儘管分數遠遠超過北大的錄取分數線，也被拒收，誤入傳媒大學。」在求學期間遇到八九學運，許那積極參與學運，上街遊行，與同學共同打出「新聞自由、言論自由」的標語，後來還參加了天安門廣場的靜坐絕食活動。那場被血腥鎮壓的民主運動，為她的生命奠定了自由的底色。

一九六〇年代　237

1991年大學畢業後，許那對現實失望，拒絕進入淪為中共喉舌的廣電系統工作，轉而進行詩詞創作。她曾以詩人自居，潛心創作出很多詩詞作品，並於1993年精選、編撰成詩集《隱蜜》，由灕江出版社出版。

1994年，許那將興趣與精力轉入繪畫創作。1997年，她的作品《靜物》入選中國油畫學會主辦的「走向新世紀——中國青年油畫展」，並榮獲優秀作品獎。繼而又入選「首屆中國青年百人油畫展」。隨後，許那被中央美術學院油畫系免試錄取為研究生，在繪畫創作上繼續深造。有評論人士指出：「其畫筆法純熟、色彩質樸，有著素人畫家天真爛漫的稚拙和樸素，從畫中能夠感受到藝術家心中的那份美好和平靜。因崇尚歐洲中古時期宗教畫，其作品重視精神性及永恆價值，其作品主題富有詩意。」那些年，許那對世事不聞不問，希望在文學藝術的天地裡像莊子那樣「逍遙遊」，以為可以躲進小樓、歲月靜好。

1990年代中期，許那與于宙相戀並結婚。于宙是北京大學法語系高材生，多才多藝，畢業後做了兩年翻譯，後下海經商，又轉而從事音樂創作和演出。1998年，于宙加入一支頗受歡迎的民謠樂隊「小娟＆山谷裡的居民」。他們的表演屢屢獲獎，後來被業界評為「2007年最受歡迎的民謠組合」。

1995年，于宙和許那一起修煉法輪功。他們在法輪功中找到了中國社會早已崩壞的群體認同。

文革之後，中國民眾對馬列主義和毛澤東思想的信仰破滅，陷入信仰危機，於是氣功熱應運而生。法輪功是氣功的一種，且是較晚才出現的流派。1992年，退伍軍人李洪志在東北創立法輪功，又稱法輪大法，是一種結合靜功與動功的健身氣功，同時又包含佛家與道家等傳統思想。1990年代中期，法輪功在中國迅

速傳播，吸引上千萬人練功。最初，中共沒有打壓法輪功，且有不少退休高官修煉法輪功，並將其當做強身健體的體育運動來推廣。後來，法輪功與某些批評者以及官方媒體發生衝突，法輪功修煉者到北京《光明日報》、天津《青少年博覽》雜誌等多個官方媒體門口抗議，引起中共當局的警惕，警察抓捕多名抗議者。

1999年4月25日早晨，超過一萬名法輪功學員聚集國家信訪局（距離中南海新華門約兩公里）附近上訪。他們在周圍的人行道上安靜坐著或看書，舉行了持續十六個小時的和平請願。這是自六四後十年來中國政府遭遇到最大規模的和平抗議活動。

時任中共總書記的江澤民對此表示震怒，要求對法輪功開展鐵腕鎮壓。江澤民在當日晚上給中央政治局常委及其他領導人寫信，表示：「難道我們共產黨人所具有的馬克思主義理論，所信奉的唯物論、無神論，還戰勝不了法輪功所宣揚的那一套東西嗎？」隨後，中共將法輪功定位為邪教，在全國範圍內對法輪功展開大鎮壓和大批判。

1999年7月20日，法輪功修煉者再次組織到國家信訪局上訪。許那和于宙也來到國家信訪局所在的北京府右街。然而，這一次中共當局早有充分準備，一到那裡，他們就被警察塞進大公共汽車，拉到豐臺體育館軟禁。在那裡，她頭一次看到那麼多年輕的學員，大家靜靜坐在那裡，來回走動的是警察和記者。她記得下過一陣小雨，有學員把自己的雨傘給了警察。

後來，被抓的法輪功學員被強制趕進大公共汽車，他們不知道要被押到哪裡去。于宙跑到車頭攔截，揮舞著手臂激動地大喊：「為什麼？不要這樣啊！我們想做好人難道有錯嗎？」但于宙被警察拉開，推進車，與許那一起押送到中關村派出所。在那裡，許那見到滿滿一院子的學員，多數是人民大學的師生。在警

察的包圍下，他們被強迫傾聽警方宣讀中共當局對法輪功的定性。

後來，許那在回憶文章〈當恐怖侵入日常生活，講真相要付多大代價〉中寫道：「當恐怖侵入生活的日常，在一個謊言鋪天蓋地，信息嚴密封鎖的國家，講出真相需要付出多大的代價？多年以後，想起 1999 年『720』這個日子，我才意識到，那一天改變了中國，也改變了世界，當然也改變了我們。」

隨後，許那和于宙再次前往天安門抗議。剛剛走出地下通道，他們就被便衣攔住：「你們是煉法輪功的嗎？」他倆異口同聲地回答：「煉！」一個「煉」字剛一出口，他們就被驅進等在旁邊的警車，之後關了一個月。

2007 年 7 月，許那為外地來京的法輪功學員提供住宿、散發法輪功相關資料，被北京警方逮捕，隨後被以「組織、利用邪教組織破壞法律實施罪」（《刑法》第 300 條）判刑五年。中共通常以《刑法》第 300 條來構陷和迫害法輪功及其他宗教人士。流亡美國的人權律師**吳紹平**[79]表示，中共用《刑法》第 300 條來迫害法輪功，是「口袋罪」，是錯用，違反憲法。而且，給法輪功貼邪教標籤，是「欲加之罪，何患無辭」。

許那被關押在北京女子監獄。在這所監獄，每天只讓囚犯睡四個小時，白天要幹重體力奴工活。許那進監獄的第一天，就被分配了普通犯人訓練一年才能完成的工作：一天做六百雙拖鞋的鞋拔子。許那出獄後在題為〈法輪功女學員獄中歷練〉的自述中

---

[79] 吳紹平：福建人，上海執業律師。2015 年，開始參與公民聚餐活動，聲援「709」事件中被抓捕律師，並捐款與支持律師家屬的抗爭。2016 年 10 月，經吳魁明律師介紹，加入人權律師團，代理、介入由中共定性的所謂「敏感案件」，如法輪功修煉者案、張昆案、朱承志案、王和英案等，屢屢受當局打壓。2019 年底，因與丁家喜等有聯繫而被調查，遂飛往香港，繼而流亡美國。

寫道:「我多麼希望自己被關押的是奧斯維辛集中營,而不是中國的監獄。因為在納粹的毒氣室,人可以迅速死亡,而在北京女子監獄,它讓你活著生不如死。反覆經歷漫長的酷刑,酷刑中她們配備懂醫的犯人看護,隨時檢測你的體徵。我在那多日不許睡覺,被發現心律不齊。於是警察命令說:『讓她睡一小時,休息一下。』」

許那還詳細描述了各種各樣隱蔽而精緻的酷刑,比如:劈叉,將雙腿拉開成一百八十度,命令三個犯人坐在雙腿及後背,反覆按壓。警察自豪於這個發明:「這個辦法好,因為疼痛難忍,但又不傷及骨頭。」在獄中,許那承受過十一種不同的酷刑折磨。

北京女子監獄常常給許那調換地方。監警頭子發現,許那有改變別人的能力,讓所有和她相處的人都與之友好相處。2002年底,監獄長看到不但不能轉化許那,反而許那影響了很多人,決定把許那關押進小號,加重迫害,使她無法接觸其他囚犯。

許那通過親身經歷指出,中共的邪惡超過了納粹:納粹反人類的目的是消滅猶太人的身體,而中共的目的是摧毀人的精神、良知。當她在酷刑與洗腦中更加挺直腰板時,一個警察認真的對她說:「應該申請對你進行開顱手術,把你的大腦摘掉。」

2003年,許那當年的大學同學、央視節目主持人徐滔來採訪北京女子監獄,許那被隔離在警察辦公室。當時的場景比卡夫卡的小說還要荒謬:四個犯人,以人肉銬子的形式鉗住許那,她清晰聽到不遠處採訪現場,曾對她施予酷刑的警察和犯人在宣講如何文明執法,而她不能發出一點聲音,她的嘴裡被堵上了毛巾。那次採訪後不久,一名法輪功修煉者董翠被活活虐死在女監。監獄當局稱董翠為病死。許那因檢舉、控告董翠被虐死的事實,再次被投入小號折磨。

出獄後，許那發現，她離開了小監獄，卻進入一處大監獄。她感歎說：「那些自以為自己在中國自由的人，他們不知道自己已經被摘除了精神，生活於一個無形的大監獄中，它之所以存在是因為你認同它存在，認同它應該繼續存在，獲罪於天，豈能長久？所以每一個被扭緊的螺絲釘都是有罪的。如果它加固了這個機器的邪惡運轉。」

許那和丈夫于宙沒有放棄法輪功信仰。他們積極參與法輪功的活動，傳播有關書籍，屢屢被警察傳喚和騷擾。2008年1月26日晚，許那、于宙夫婦開車回家路上被警方攔住搜查，警察在車中搜出法輪功書籍、「神韻」及六四的光碟。於是，警方將夫婦二人帶到通州拘留所審查。

八天後，體格健壯的于宙突然被宣告離奇死亡，時年四十二歲。這一天正是中國農曆的大年三十。警方聲稱，于宙死於絕食或糖尿病。他的遺體蒙著白單，在二十多個警察包圍下，家屬不被允許接近。家人強烈要求解剖遺體，但當局解剖後一直不公布結果。許那要求警方提供丈夫在監室內的監控錄影，警方卻告知：監控已損壞。許那與于宙的父母拒絕簽字火化遺體，于宙的遺體遂長期凍在冰櫃裡。

幾個月後，許那被北京市通州區法院以同樣的「組織、利用邪教組織破壞法律實施罪」判刑三年。她在獄中再次經歷了地獄般的折磨。三年後，她刑滿釋放前，被當局警告：「立即火化于宙的遺體，嚴禁再講此事。」

許那沒有放棄探尋丈夫死亡的真相。她常常想起跟丈夫的最後一次長談，他們細數若干死去的法輪功修煉者時，于宙沒有什麼感慨，只是說：「將來我們倆中，不管是誰，如果為講真相、維護大法而死，剩下的那個人，一定不要難受。我們為真理而來，

朝聞道、夕可死。」2012年，許那與王導演（她的大學同學）合作，祕密拍攝了一部講述丈夫生平經歷的影片《缺席的人》。

許那透露，有一位姓鮑的自稱是于宙所在監所的「牢頭」來找過她。此人告知：北京「十佳」警察董亞生指使他與另外三名犯人就于宙的死因給檢察院作了偽證。但于宙死亡的真相，他仍不肯全部說出來，理由是「我害怕被滅口」。

許那在一篇文章中如此描述她這次出獄的感受：「2011年出監後我發現，這個表面看起來很難改變的國家，因一張光盤、一張傳單、一個破網軟件，真的發生改變了。」她認識了很多年輕一代的、更加勇敢堅強的法輪功修煉者：「1999年『720』時，他們還都是五、六歲，如今，他們作為新中國人的一代弟子走進修煉並被迫害。當恐怖侵入生活日常，謬誤與偏見主導整個社會，人們很容易屈服於暴力與軟弱，只能以求個人幸福、罔顧他人苦難。他們卻有著堅持正義立場的勇氣，他們的故事就是與這個世界的冷漠、自私、功利抗衡的過程。他們所爭取的不過是正常國家人人都會有的權利。他們被迫害，讓世界看清了中共，也又一次提醒國人：我們到底生活在怎樣的國家？在這片土地上，一個動作、一個聚會、一本書、幾張照片，就會招致牢獄，而這一切已持續了二十多年。這一切不能再延續了，因為天理昭昭。我們並非生活於動物的叢林，人類社會不是它肆意橫行的樂園。」

許那也沒有停止藝術創作。2012年，她先後在北京西五畫廊舉辦個人作品展及參加北京市與臺北的藝術展，她的作品也在香港引起藝術收藏家的關注。

許那的一位後來流亡海外的朋友說，許那在丈夫去世後沒有消沉下去，「她說話很有條理，聲音透著一種篤定。儘管丈夫去世，她仍堅持該做的事情。她很勇敢，很堅韌。」她說，許那經

常默默地幫助別人:「她個人有一些積蓄,不太多,如果看到別人有困難,會伸出手去幫人。不太考慮個人的得失。她關心別人,非常細緻,很像一個媽媽。」

2020年7月19日,許那再次與另外十名法輪功信仰者一起被北京順義區空港派出所警方抓走,住家遭查抄,手機、電腦等電子設備被搜走——那時,他們正在拍攝中國病毒大流行期間北京的街景和日常生活,並提供給海外的《大紀元》等法輪功背景的媒體。

同年7月26日,許那被北京東城區警方以涉嫌「組織、利用邪教組織破壞法律實施罪」轉為刑事拘留。9月1日,被北京東城區檢察院以同罪名正式批捕。之後,許那等多人的案卷被北京東城區警方移交給東城區檢察院準備起訴,但因東城區檢察院核實後認為該案「證據不足」,兩次退回卷宗要求補偵。

2021年4月22日,許那的辯護律師梁小軍去看守所會見許那,隨後在推特披露:「以許那為『主犯』的十一人案件已經起訴到東城區法院。因他們特殊身分(法輪功學員)而起訴的罪名,無法掩蓋他們言論自由被限制的事實。」梁小軍對許那很讚賞和敬佩:「殘酷環境之下,她淡泊名利。她本應有的名氣與影響被民間社會所低估,卻為官方所不敢輕視。每次會見她,於我,都是一種聆聽與學習的過程。……這次去會見她,她已經收到了起訴書。她說:我第一次被抓的時候,這次和我同案的這些孩子(那時)才兩、三歲。如今,**李宗澤**[80] 等十位風華正茂的年輕人將遭遇

---

80 李宗澤(1993-):山東德州人,法輪功修煉者。2014年,李宗澤的父親李志強因修煉法輪功被判刑四年,李宗澤為營救父親而上訪,多次被警察綁架、關押,在德州拘留所遭受到虐待。後來,他到北京工作,因許那案被捕並被判刑五年。2023年9月,被從北京天河監獄轉到山東省第一監獄,遭獄方關小號迫害。此案中,除

判刑,不過僅僅因為他們拍攝了幾張疫情期間北京街頭最常見的真實照片。這是一個什麼樣的國家!」

2022 年 12 月 15 日,即將被吊銷律師執照的梁小軍在推特上表示,他趕往看守所會見了許那。這是一次為了告別的會見。梁小軍說,「她關心我,總在問我的情況。」、「感恩那些我曾經在看守所會見過、在法庭上為之辯護過的人權捍衛者、民主人士和宗教信仰者。」十一天之後,北京市司法局以「公開發表危害國家安全的言論」為由,吊銷了梁小軍的律師執照。

2022 年 1 月 14 至 16 日,許那案在北京東城區法院開庭審理。許那等十人已被超期拘押一年半左右。許那第三次被以「組織、利用邪教組織破壞法律實施罪」定罪,判刑八年,剝奪政治權利一年,並處罰金兩萬元。

許那不服一審判決,提起上訴。2023 年 5 月 18 日,北京市第二中級法院終審判決,駁回上訴、維持原刑。

2023 年 9 月下旬,許那被轉到北京女子監獄服刑。家屬多次要求探視,均遭獄方刁難,至今不讓會見。

美國國務院、歐洲聯盟駐華代表團多次呼籲中共當局釋放許那。美國國會及行政當局中國委員會(CECC)、美國國際宗教自由委員會(USCIRF)均將許那列入資料庫,予以特別關注。

許那曾在文章中表示,她不會向中共的極權暴政低頭:

了許那、李宗澤外,其他八名獲刑情況為:二十八歲鄭玉潔(女)、二十七歲李立鑫(男)、三十一歲鄭豔美(女)被判五年;二十九歲鄧靜靜(女)、二十七歲張任飛(女)、四十三歲劉強(男)、四十九歲孟慶霞(女)被判四年;二十八歲李佳軒(女)、三十一歲焦夢姣(女)被判兩年。

如果你想擁有它所允許給你的「獲得感」、「安全感」，你就要學會如何忘恩負義、指鹿為馬、助紂為虐，並為之塗脂抹粉，成為它的一部分，成為假惡暴的一部分。我終於看清它為什麼迫害真、善、忍，就因為它是假、惡、暴。作為一個從來不關心政治的人，我終於認識到：必須講出它謊言之下的真實歷史，讓人看清七十年來中國究竟發生了什麼？誰是一切災難的元凶？必須講出它如何滲透億萬中國人的頭腦，侵蝕國人的心靈，瘋狂其理智、扭曲之人性。

　　覺悟這些之後，我不再害怕被人說成是「反革命」、「反黨搞政治」，面對這種沒有人性的、踐踏天賦人權的政治，如果我沒有明確的態度，如果我不反對，我必是逆天的，我必是軟弱自私的，我必是與邪惡為伍！而反對它才是真正的愛國，真正的為國人的未來負責。

　　許那還在另一篇文章中寫道：

　　多年的親身經歷使我覺醒，這個國家的每一件不公義都離我很近，我不能裝作看不見，它最後真的發生在我的身上，這個世界每一件不公義，即使離你很遠，也與你息息相關，因為他時刻拷問著你的良知。有些事與我不僅是權利，也是責任，我無可逃避。

許那現被關押在北京市女子監獄
通信位址:北京市大興區天堂河慶豐路匯豐街潤荷巷3號
郵遞區號:102609
聯繫電話:010-53867036
接聽時間:工作日 8:30-16:30

23 帕爾哈提・吐爾遜：槍口下的舞者，依然翩翩起舞

帕爾哈提・吐爾遜（Perhat Tursun，1969年1月—）：維吾爾族詩人、小說家、翻譯家、學者，中央民族大學中國文獻學博士，新疆群眾藝術館研究員。著有中篇小說《彌賽亞的荒涼》，長篇小說《自殺的藝術》、《大城市》、《後街》及詩集《情詩一百首》。瑞典筆會「圖霍爾斯基獎」（The Tucholsky Prize）得主。美國記者貝書穎（Bethany Allen-Ebrahimian）稱帕爾哈提・吐爾遜是「中國的薩爾曼・魯西迪（Salman Rushdie）」。2018年1月30日被捕，後被祕密判刑十六年。

　　帕爾哈提・吐爾遜：出生於新疆阿圖什。他小時候聽父親講了很多笑話，在阿凡提故事集中找不到，父親說，「我就是阿凡提呀」。

　　帕爾哈提成長於思想解放運動的1980年代，得以閱讀大量西方現代文學著作。少年時代，他在家鄉的圖書館翻閱了一本名為《當代著名作家》的維吾爾文書籍，那是一本僅印有少數西方作家作品摘抄的小書，他卻驚覺叔本華和福克納的字句對自己有著超然的吸引力。

中學畢業後，帕爾哈提以優異的成績考入北京中央民族學院就讀，主修維吾爾文學。初入學的帕爾哈提，漢語程度僅能寫出自己的名字，當他發現大學圖書館藏有大批西方著作的漢語譯本，原本不傾向學漢語的他，毫不猶豫地開始苦練漢語。他回憶說：「我用中文讀叔本華的《作為意志和表象的世界》，這讓我感覺中文彷彿是叔本華的語言。」這個世界令他感興趣且持續書寫的主題，是各樣的人類經驗和思想，是各樣被「正常狀態」所劃歸為「反常」的人們，以及其中窩藏的精神隱疾，還有那些關於存在及自殺的辯證。他讀遍各大宗教信仰的經典，對伊斯蘭教、基督教和佛教都有所研究，關注人類生存的困境：「我喜歡寫那些在特定地點和時間下，被認為不正常的個體，好藉此指出主流社會有多麼地不正常」。

1989 年，帕爾哈提畢業於中央民族學院少數民族語言文學系維吾爾語專業。天安門學運及隨之而來的屠殺，給同一年畢業的他以巨大震撼。十五年後，他在一首詩歌中寫道：「二十歲那年突然衰老，因為面對血腥時／感到失戀，絕望，連自殺的衝動都甜蜜。／二十歲就進入了整個下半輩的面孔，／告別了漫長而又殘酷的花季。」

畢業後，帕爾哈提被分配到新疆群眾藝術館工作，從此定居烏魯木齊。工作較為輕鬆，他有很多閒暇時間用來寫作。1991 年，他用維吾爾文出版中篇小說《彌賽亞的荒涼》，其中深入探究了耶穌的教義。1999 年，他出版了備受爭議的長篇小說《自殺的藝術》，小說描述了一個維吾爾知識份子在失去意義的生活中，處心積慮消泯一切自己存在過的痕跡，然後自殺。書中運用西方現代派手法，穿插基督教和佛教典故，對於性的露骨描寫，關於自殺與抑鬱近乎敬虔的細述，無不衝擊著民族和宗教認同日趨強烈

的維吾爾社會。2011 年 6 月，維吾爾網站投票選出維吾爾當代文學中三十部最有影響的小說，《自殺的藝術》名列榜首。這令帕爾哈提多少感到欣慰，因為支持他的人畢竟是多數。日後回顧這段歷程，他在 2015 年淡然回應說：「我只是喜歡寫，沒人敢寫它，所以我只是為自己而寫。」

有批評者認為，《自殺的藝術》中充滿了對先知和伊斯蘭的暗中褻瀆。一時之間，帕爾哈提被推上紛爭的風頭浪尖，被質疑對於自身民族的忠誠，乃至被扣上「反伊斯蘭」和「民族的恥辱」的帽子。他被疑似伊斯蘭基本教義派人士跟蹤，接到匿名騷擾電話和死亡威脅。

當時，帕爾哈提住在烏魯木齊南門的一套四十平米的小房子裡，和父母孩子擠在一起。那個房子一邊是南門的清真寺，另一邊是和平南路的天主教堂，有謠言說，他的房子因《自殺的藝術》這部小說而「朝天主教堂那邊移動了一米」。儘管帕爾哈提自認既不反伊斯蘭，也不屬於任何一陣營，只是喜好思考諸般當時社會隱避不談的議題，且抱持著非主流看法而寫，但他無從辯解，因為再也沒有任何出版社、媒體願意刊登他的文章。

後來，帕爾哈提又赴北京繼續深造，2011 年獲得中央民族大學博士學位，博士論文為《察合台維吾爾文經典文獻〈萊麗與麥吉儂〉研究》。《萊麗與麥吉儂》是十五世紀的帖木爾帝國詩人阿里希爾·納瓦依（Alishir Nava'i）改寫自阿拉伯經典故事的察合台臺文長詩。他第一次把這部長詩從察合台維吾爾語翻譯成漢語。維吾爾文屬察合台文演變而成的後進語言，納瓦依以察合台語創作的作品因而被奉為維吾爾古典文學的必讀之作。納瓦依的思想深受中亞奈克什班迪（Naqshbandi）教團影響，帕爾哈提便以這首長達七千餘行的長詩為例，解析字句意境與中亞泛靈信仰、伊

斯蘭思想的交纏關係，並更進一步提出詩學與蘇菲派思想的相近性。如同他一貫的興趣，抑鬱氣質、癲狂皆為他的分析主題。

帕爾哈提同時還是詩人，創作了大量具有現代主義風格的詩歌。由普林斯頓大學東亞學系講師弗里曼（Joshua Freeman）翻譯，他的詩作曾獲刊於《哈佛呼聲》（The Harvard Advocate）及《Hayden's Ferry Review》等文學刊物。他在某些詩作中隱晦地批判了中國及東方文化（甚至包括伊斯蘭世界）的愚昧、黑暗、殘暴，有一些詩句顯然與他大學時代親眼目睹的六四屠殺有關。比如，他在〈木乃伊〉中寫道：「那些屍體幾千年來沒有腐爛／因為他們一直在吸著我的血⋯⋯先鋒的蝙蝠把我們引向黑暗／愚昧的燈蛾把我們引向火焰／我們沒有第三種選擇，在黑暗與火焰之間⋯⋯我是個流浪的蒲公英隨風而去／我遇到的詛咒，凌辱，威脅和暗殺／是我唯一的財富／從此無數個木乃伊像瘟疫一樣復活⋯⋯」

另一首名為〈伊拉克〉的詩歌中有這樣的句子：「巴格達已經沒落／哲學是老年失智症／藝術是手淫後的內疚／歷史是按年排列的殺人排行榜／宗教已經與神無緣／為綁架而綁架，為暗殺而暗殺，為歌唱而歌唱／誰把人民從自由中解放出來誰就是英雄／他們的話是一陣風，人們無法看見，／像火熱的受虐感一樣流傳／他們的話是無敵的洪水，給肉體帶來快感能使大地沉睡一萬年／人們來自血，歸於血／這就是東方⋯⋯／習慣於受到殘暴統治的人民，最大願望／是變成更殘暴的獨裁者／他們仇恨自由／他們仇恨民主／就像瘋狂的戀愛者刺殺自己得不到的美女／東方人總是以血腥的方式／仇恨的方式／摧毀自己的方式／表達渴望／這就是東方⋯⋯在家裡，在村裡，在鄉裡，在縣裡／每個人都在別人身上／演習自己的獨裁夢⋯⋯／不尊重殺人就等於排斥不同文明／人們深愛著那些屠夫／因為無數次活埋，毒氣和陪葬／因為把殺人的細節演示在世

人面前／滿足了他們殺人或看到自己死亡過程的慾望⋯⋯賣血成癮的人／若不輸出血就會難受萬分／這裡的人需要吸血惡魔。」看似在寫伊拉克，何嘗不是在描述中國及新疆正在發生的一切？

2011年8月1日的《南方週末》上，刊登了一篇記者朱又可撰寫的題為〈烏魯木齊的南城北城——一位維吾爾族作家的穿越生活〉的長篇報導，主人公正是帕爾哈提。文章寫道：「這些年來，帕爾哈提的內心孤獨，處境頗為尷尬：一方面他因為小說得罪了本民族的一些人，另一方面，在漢族知識份子那裡，他又被保持了距離。」文章形容，帕爾哈提是「住在二十六樓的維族詩人」——帕爾哈提剛搬進裝修一新的一百一十平方米的家，這棟位於新疆文化廳大院裡的新樓。如果沒有讀過《自殺的藝術》，就不知道這裡隱藏了一個典故：小說中自殺的主人公正是從二十六樓的居所跳樓自殺。文章也描述了作者到這個新家做客的場景：「來到他位於二十六樓的新居。他跑了很遠買了十幾瓶冰鎮啤酒。三個人在他的客廳慢慢地坐喝一個下午。他的兩個小孩在厚厚的地毯上玩耍。他的書架圍了兩面牆，書櫃中除了漢文書，還有很多是英文和維文書。他指了指書架上的英文原版的《尤利西斯》說，他曾想把它翻譯成維文，可是出版社卻說『太晦澀』。啤酒消磨著帕爾哈提的苦悶。他的獨立和超前的文學和社會觀念，引起他預見到的反彈。但他不能改變自己。」

這篇文章也寫道，帕爾哈提和一些漢族作家朋友們討論到維吾爾人與漢人之間的矛盾衝突，認為創傷需要撫平，「牆」需要打破，新疆不能糾纏於「民族」問題。帕爾哈提告訴漢族作家朋友，儘管他受到恐怖勢力的威脅，但他有過調查，真正的極端民族分裂分子是極少數，絕大多數的80後、90後的少數民族，渴望的是通過民主和法治的渠道表達各民族的訴求、權益甚至不滿，而不

是通過暴力。

然而，這篇報導成為帕爾哈提在中文世界最後的剪影，他對新疆局勢以及中共當局民族政策的善意建議被皮靴粗暴地踩在腳下，被踩在腳下的還有他的臉龐和身體。他並未參與任何政治活動，也絕非伊斯蘭教的狂熱信徒——恰恰相反，他有過與英國作家魯西迪相似的遭遇，因為在小說中對伊斯蘭教的歷史及教義的不同闡發，被視為應當除之而後快的「異端」。但是，這位特立獨行的作家卻在2018年1月30日被捕。兩年後，他被判處十六年重刑。帕爾哈提的友人們無從得知，也想不出他獲罪的可能理由。更具諷刺意味的是，十多年前嚴厲批判帕爾哈提叛經離道並在中共文化教育體系中青雲直上的維吾爾族文化官員也被逮捕並判處近似的重刑。

帕爾哈提的老朋友、流亡美國的維吾爾族作家、詩人、導演伊茲吉爾（Tahir Hamut Izgil）披露，他從一位記者朋友那裡得到更多資訊，帕爾哈提被關在家鄉阿圖什的監獄裡。記者還查到他的牢房號碼：0605。「這個號碼毫無意義，但我卻永遠不會忘記。帕爾哈提可以在任何事物中找到黑色幽默，但現在卻成為不公正的受害者，這種令人恐懼的不公正剛好符合他在小說字裡行間埋下的荒謬。」他強調：「帕爾哈提是自成一派的。他喜歡挑戰公認的觀念，他的文學作品將深度與黑色幽默融為一體。文學一直是他的一切。正如我們一位熱衷於政治的朋友所說，『帕爾哈提將一切都變成了文學』。不太需要尋找政治意義。他是一位獨特而無與倫比的作家。他用維吾爾語寫作。這已經足夠了。」

十六年漫長的刑期，對帕爾哈提的創作與人生絕對是一大打擊。帕爾哈提有著陰鬱的悲觀特質，又執於關乎精神疾患與自殺的思考，友人們一致對他在環境惡劣的監獄中的精神狀況以及是

否能熬過如此漫長的刑期表示擔慮。而這也將是維吾爾當代文學界的損失：帕爾哈提兩部小說的英譯本正籌備面世，但他曾向友人透露，自己正在進行更為重要的寫作計劃，因為「最好的作品還沒被寫出來。」事實上，光是帕爾哈提手邊正在撰寫的小說就達五部之多。

《紐約時報》在一篇由蒂凡尼‧梅（Tiffany May）撰寫的題為〈烏魯木齊一名維吾爾作家消失在新疆拘禁營，這部小說替他發聲〉的報導中指出：帕爾哈提非常渴望自己的小說《後街》（The Backstreets）能在美國出版。這將是他的第一部用英文出版的小說，他認為這個講述一個人在壓迫環境中掙扎的殘酷故事是他最重要的作品之一。

這本書的譯者、研究維吾爾文化和中國監控的知名學者雷風（Darren Byler）曾猶豫要不要這麼做。譯文在 2015 年就已完成，但對維吾爾人的鎮壓讓他為帕爾哈提和他的維吾爾合譯者擔憂。

2018 年，帕爾哈提和雷風的合譯者——一位要求匿名的維吾爾男子——都成了消失在拘禁營裡的人。雷風說，由於這兩人被拘禁，現在是時候出版這本書了：「他們的聲音和工作理應得到認可。」

由哥倫比亞大學出版社出版的《後街》講述了一個發生在霧霾瀰漫的首府城市的故事，一個無名敘述者試圖擺脫農村的貧困，到一個陰森的政府部門找到一份工作，在這個由中國最大民族漢族主導的地方，成為裝門面用的少數民族人士。他被疏遠，獨自在街上遊盪，慢慢地陷入精神疾病，在種種記憶、儀式和夢想裡尋求慰藉。小說中壓抑的氣氛超越了虛構的範疇。

在第一次與雷風就《後街》的翻譯工作見面時，帕爾哈提說，他有五個維吾爾同學在大學期間精神崩潰，促使他在寫作中把異

化和心理健康聯繫起來。雷風說，帕爾哈提還提到法國作家卡繆的《鼠疫》，這本小說中對霧的描述對他產生很大影響：《後街》中瀰漫著有毒的霧霾，漢人對主人公的冷漠態度，使得小說中荒涼的環境顯得更加惡劣。

「霧在小說中象徵著各種相關的東西：困惑、神秘、夢想、死亡，以及作為永恆懲罰的救贖失敗，」維吾爾哲學家買買提明・阿拉評論說，「這是對模糊和不確定的隱喻，抓住了維吾爾人現實的本質。」

《後街》中的主人公像念咒語一樣，自言自語地重複著一句話：「這座城市裡沒有人認識我，所以我不可能和任何人成為朋友甚至敵人。」

雷風說：「《後街》有所有這些後殖民、去殖民、反種族主義的主題，這本書將讓帕爾哈提得到比以往更多的關注。」

曾經將帕爾哈提的幾首詩翻譯成英文的臺灣中央研究院現代歷史研究所助理研究員喬舒亞（Joshua L. Freeman）說：「他們被監禁進一步證明了中國政府針對維吾爾人的行動與個人信仰、意識型態和行為無關。帕爾哈提的罪行是生來是維吾爾人。」

2022 年 11 月 15 日，在獄中的帕爾哈提・吐爾遜獲瑞典筆會頒發本年度「圖霍爾斯基獎」。該獎以納粹時代逃往瑞典的德國記者、作家庫爾特・圖霍爾斯基（Kurt Tucholsky）命名，於 1985 年設立，每年頒發給受到迫害、威脅或流亡的作家、出版人。

大會宣佈獲獎名單時，讚揚帕爾哈提・吐爾遜對自由文學的強烈呼聲，指他衝破文化禁忌或民族政治壓迫，以自然而深刻的方式從少數人的角度描繪人類經驗。瑞典文化大臣帕裡薩・利耶史特蘭德（Parisa Liljestrand）為放著帕爾哈提像的空椅頒獎時，強調言論自由對開放民主社會的重要性。

生活在瑞典的維吾爾詩人阿卜杜舒庫爾（Abdushukur Muhammet）用維吾爾語朗讀了帕爾哈提的幾首詩。瑞典知名演員安德雷（Lena Endre）則朗讀帕爾哈提小說《後街》的瑞典譯文片段。生活在瑞典的維吾爾音樂家穆赫塔爾（Muhtar Abdukerim）演奏兩首維吾爾傳統歌曲，其中一首是帕爾哈提的故鄉──阿圖什──的音樂。

瑞典筆會理事、哥德堡大學教授楊富雷（Fredrik Fällman）指出，帕爾哈提・土爾遜對維吾爾文學和文化非常重要。文學、文化、音樂等是一個民族的靈魂，是本民族的最根本的代表方式。中共當局最為害怕像帕爾哈提這樣的知識份子、文化精英，因為這些人是民族和文化領袖。他們並不是政治人物，但他們代表另外一種文化，不臣服於中共想要創造的社會。

日本「維吾爾協會」會長伊力哈木（Ilham Mahmut）向媒體表示，中共當局對維吾爾人的種族滅絕是由文化滅絕開始。一個民族沒有了自己的語言、沒有了自己的文學、沒有了自己的歷史，危機就在等著這個民族。中國政府是想用這種打壓，消滅維吾爾文化菁英，進而消滅維吾爾文化、維吾爾歷史、維吾爾文學，然後讓這個民族退出歷史舞臺。

2003 年，帕爾哈提在一首向卡夫卡致敬的詩歌中寫道：「曾經在塔里木河邊／坐下，／一追想到于都斤山就哭了。／最終挖掉自己的眼睛／把自己投進井子裡／若有人詢問：帕爾哈提・吐爾遜在哪裡？／請告訴他：在井裡／只有那些毒蛇和蠍子陪伴著他。」似乎他早已預見到了自己可怕的宿命。

24 | 楊紹政：一個正常的社會需要有無數堅守正義的人的努力和奮鬥

楊紹政（1969年10月12日—）：原貴州大學經濟學院教授，西南財經大學經濟學博士，中國農工黨黨員，學者，自由撰稿人。因撰文揭露中共兩千萬人吃財政飯，消耗稅金二十兆人民幣，及參與維權活動，被貴州大學停課、開除，常年受警方監控和騷擾。2021年5月18日，被警方帶走，指定居所監視居住；10月28日，被正式逮捕。2022年7月28日，出庭受審；3月31日，被以「煽動顛覆國家政權罪」判處有期徒刑四年六個月。

　　楊紹政：四川省巴中市人。從西南財經大學獲得經濟學博士學位後，曾任教於重慶工商大學。2006年，作為貴州大學經濟類學科首個被引進人才，開始在貴州大學經濟學院任教授、碩士生導師和貴州大學高等教育評估與研究專家。

　　楊紹政長期從事博弈論、高級微觀經濟學、優化理論和機制設計理論等領域的教學和研究工作。他在《經濟學動態》、《經濟學家》等專業學術刊物發表過二十多篇學術論文，包括：〈稅收公平與自由遷徙權——以美國為例進行的分析〉、〈論政治經濟學範式的轉變〉、〈政府管制的理論演進及我國經濟轉軌期政府管制

的理論假說〉、〈貴州J村農地轉非農地的調研報告〉、〈微觀經濟學中的哥白尼現象──對微觀經濟學的一個理論謬誤的批判和糾正〉、〈說實話、辦實事的制度環境〉、〈制度、制度效率和制度變遷〉等。2006年，他主持省級教育廳規劃課題《「高等教育按揭貸款」及其風險估算、運行機制設計研究》；2007年，主持貴州省長基金《貴州省高等教育普及化的資金缺口及籌資途徑研究》；2011年，主持該年度全國教育科學規劃課題《貴州省高校貧困生資助政策的效率評價》，該課題是2011年貴州省唯一被批准立項的教育科學國家社科基金項目。

作為一位關心國家命運和崇尚學術自由的學者，楊紹政在課堂上敢於說真話，還熱衷於在網路平臺上發聲。他明確主張憲政和法治，積極呼籲儘早施行官員財產公開，認為「沒有憲政，政黨就凌駕於憲法之上」。為此，他被學生和評論為「為人正直，充滿學識」，「可遇不可求的好老師」。

楊紹政原本可以在學術體制內青雲直上，但他目睹校內種種腐敗現象，忍不住予以揭發和批評：貴州大學經濟學院兩位領導的論文有八成以上是剽竊的、若干教授縱容學生作弊等。由此，他成為當權者的眼中釘。

2012年11月9日，備受打壓的楊紹政在網上發出一份給「貴州省委、省政府、貴州大學的各級領導、廣大師生員工、社會公眾和我的妻女」的「公開遺囑」，其中寫道：「如果我有什麼意外死亡，一定是貴州大學經濟學院個別人或者與經濟學院個別人有關的人害我致死的，我絕對不會自己主動自殺身亡。我深知一個人的生命是有道義和有尊嚴的。為了和一夥沒有公平正義之心，不依據規則和程式辦事、導致師生行為失範的惡勢力作鬥爭，我通過正常管道向學校校長信箱、黨委書記信箱、學校紀委、省教

育廳紀委書面反映經濟學院相關人員的問題後,不僅沒有使問題得到有效解決和阻止,反而是我在經濟學院的處境更加惡化——截至現在為止,兩個學期沒有給我安排研究生的上課,今年沒有給我分配指導研究生。作為貴州大學經濟類學科的第一個引進人才、博士、教授,這是難以想像的。如果我的妻女有何不測,也一定和貴州大學經濟學院個別人或者與經濟學院個別人相勾結的人有關。我的正義行為連累到我的妻女是我所不願意看到的。再次我要向我的妻女說一聲『對不起,楊紹政讓您們受累受苦了』。」

楊紹政強調說,「在一個正常的社會需要有無數堅守正義的人的努力和奮鬥」、「自古善惡不兩立,我堅守公平正義將與你們戰鬥到底,直到生命的終結」、「我堅信為正義獻身,將名垂青史,死而無憾;行邪惡而亡,將遺臭萬年,輕於鴻毛」。

為了預防當局的司法迫害,楊紹政提前聘請北京鋒銳律師事務所**周立新**[81]律師做為自己的代理律師。

隨後,楊紹政從揭露一個部門、一個領域的腐敗、專橫,進而思考中國當下政治經濟體制的根本問題,觸及到當代中國最敏感的中共一黨獨裁的核心議題。他在網上發表一篇題為〈我國經濟研究中政黨真的可以被忽略?〉的文章,提出若干比他名氣更大、地位更高的經濟學家不敢涉及的問題:「全體國民的稅款和國資收益每年供養所有政黨專職黨務人員和一些非政黨社團工作人員,分佈在政府、軍隊、社團、公有企業、事業單位、專職黨務

---

81 周立新:維權律師,承辦多個人權案件。當北京鋒銳律師事務所在「709」案中被取締後,周立新長期無法轉到其他律所執業,當局有意將他和劉曉原的律師執業資訊從網路上刪除,令他們無法完成轉所第一步所要求的「網路流程」。周立新三次給北京市司法局李富瑩局長發出公開信,據理力陳轉所過程中遇到流氓化手段及障礙。後來,他不得不轉到貴陽盈科律師事務所執業。2022 年,因為貴陽律師協會的一個警告處分,他又被盈科律師事務所開除。他到貴陽律師協會申訴,卻不被受理。

機關的每一個細胞,總數約兩千萬,給社會帶來的耗損估值約二十兆人民幣,這麼龐大的資源,真的可以忽略不計?」他認為,這才是中國民眾貧困化的根源所在:「其實道理很簡單。假如有兩個經濟體,同樣的十三點五億人口規模和同等的初始人均收入。一個社會全民公款供養的政權人員比另一個社會多四千萬。即使兩個社會生產效率相同,供養更多政權人員的社會將會越來越窮。只要不變革,更多供養政權人員的社會終究會崩潰。」他進而批評學術界對此問題採取「房間裡的大象」的態度:「對國家前途命運這麼重要的問題,為什麼成了學術研究的盲區,成了社會討論和公共輿論盲點?據說只要涉及這方面的研究成果或討論文章,刊物、出版社、報紙均不予以刊載。如果是真的,我國有知識有見識的人群均無承擔社會責任的勇氣和大義,群體性掩耳盜鈴,最終走向群體性毀滅就將是群體性自我選擇的結果。」

楊紹政還在臉書上發出一篇題為〈我國政黨控制體系不改革,不可能有真正的市場經濟體制〉的短文。他指出:「最近我思考的一些東西顛覆了我以前的學術思想,太令人震撼了。以前我的改革觀是把企業改革為在自由競爭環境下的獨立市場主體,企業在市場競爭中經受生死考驗和發展。政府提供公共服務,凡是非公共服務都要有市場提供。言外之意是企業和政府出了問題。現在我發現,我國真正控制企業和政府的是政黨。」他認為:「我國政黨控制體系不改革,不可能有真正的市場經濟體制,不可能有真正獨立自主、自負盈虧的經濟主體,這些微觀經濟主體也不可能在國際競爭中有競爭優勢。我國現在約十七萬家國有企業佔了全國多少資源?可是它們平均每家企業需要每年支出幾千萬供養黨團的費用,而國外企業卻不需要供養任何黨團機構。僅這一條,我國國有企業在競爭性領域內就有自身制度安排的天然大劣勢。」

換言之，中國政治問題的核心不在政府，而在政黨，政府只是一黨獨裁的共產黨的牽線木偶：「我國的真實情況是，提供公共服務的不只是政府，更重要的是執政黨在提供公共服務，執政黨不僅要用獨立的各級黨務系統來提供公共服務，還要通過控制各級政府來提供公共服務。執政黨還在通過干預市場和企業來提供非公共服務。執政黨通過每一個國有企業黨務機構來控制企業的各項重大決策、日常經營管理和人事掌控權等來提供非公共服務和產品。不僅如此，我們的執政黨還通過派出黨團機構控制和掌握了非營利性經濟組織和社團組織的重大決策、日常運轉管理等。現在的思考和研究真的嚇了我一大跳，自己以前的學術思想有重大缺陷。」

此前，楊紹政只是在校內受打壓，一旦邁出公開批判中共極權體制的這一步，他便成了當局維穩的對象。2017年9月19日和10月17日晚上到18日凌晨，貴州省公安廳韓建勤處長等人兩次約談楊紹政，要求他在中共十九大閉幕之前閉嘴，不要在網路上發言，不要在課堂上講時政。楊紹政認為，韓處長等人是在剝奪其言論自由的憲法權利，是在侵犯現行憲法的權威和尊嚴，他當即拒絕了讓其閉嘴的要求。

11月10日，貴州大學校方向楊紹政發出停課通知：「根據貴州大學校長專題會議精神，經濟學院教師楊紹政所承擔本科課程即日起停課，該教師不得繼續承擔本科教學任務。」

12月26日，貴州省公安廳國保總隊廖才智總隊長等人約談楊紹政，表示「黨培養一個教授不容易」，所以來「幫助」他。

在校內外巨大的壓力之下，楊紹政一度妥協，給校長兼黨委書記陳堅寫了一封檢討書。在檢討書中提出四點改正措施：讓過去那個有批判精神、獨立思考精神和質疑精神的楊紹政見鬼去，

今後的楊紹政一定要做一個「感恩黨、跟黨走、聽黨話」的新人；過去說過的話，寫的書稿已成事實，無法更改，如果黨需要當反面教員，願意當好反面教員，供人們通過批判其錯誤去進步；安心治病，養病，不消極，不悲觀。如果病治好了，黨讓其幹什麼就幹什麼，黨說啥就是啥。

然而，中共當局對試圖「浪子回頭」的異見者從來不會「既往不咎」，一旦被中共視為敵人，便終身都是中共的敵人。

2018 年 8 月 16 日，楊紹政被貴州大學以發表敏感言論為由正式開除，他的醫療保險等福利和權益全都被剝奪。楊紹政發表公開信抗議，並向法院起訴貴州大學校方，法院卻不予受理。

從此，楊紹政成了一名被體制放逐的異議人士，失去了穩定的收入，連支付房貸都相當困難。

2019 年「六四」期間，楊紹政在微信群披露，前三十八軍軍長徐勤先的司機說六四殺了三千至五千名學生。隨後，他被貴州省政法委、貴州省網信辦以「尋釁滋事」為由傳喚。傳喚中，他遭虐待式審訊長達八個多小時，雙手被戴手銬、腳鐐，和固定在老虎椅上，並被要求衣服脫光、抽血、採集十指指紋及尿檢等。此後，在「十一」期間，他又遭貴州省政法委非法軟禁多日。

2020 年 3 月 8 日晚間 9 點半，楊紹政在臉書上發文呼籲：「我一直秉持的理念是我們一定要做對的事情，彰顯正義，暴露荒謬，懲惡揚善。中國共產黨未經全民或者全民代表同意就將全民公款用於供養政黨和非政黨社團組織的做法違背基本政治學常識──全民公款用於提供全民的公共服務，而不是用於供養政黨和非政黨社團組織，否則就是在有組織竊取全民公款。未經全民同意，全民公款長期供養政黨和非政黨社團組織的做法不僅是荒謬的，更是有組織犯罪行為。對這些嚴重社會問題，每一個社會

成員必須關心和制止,否則,社會不可能形成講理講法的正常社會。」他還寫道:「全民公款供養的警察必須忠於人民。當政黨竊國,危害人民利益時,警察必須站在人民一邊,要努力制服不法政黨的竊國犯罪行為。如果警察不講條件去忠於政黨,而不是忠於人民,特別是當政黨背離人民利益,胡作非為時去死忠政黨,難道警察不是人民公敵?⋯⋯我希望現在九千萬中共黨員、幾百萬警察、幾百萬軍人要有基本良知,要與民為善,彰顯正義,制止荒謬,而不是打著為人民服務的口號與人民為敵,幹傷天害理的絕事!」

3月9日晚上9點,楊紹政在臉書上發出一篇報平安文稿:「今天一位媒體朋友問我現在的感受。我告訴他我現在的感受是恐懼。在生我養我的這塊土地上,作為一個教授,我因為說真話,求真務實,就被中國共產黨有組織地斷我生活來源和醫保。這無異於有組織謀殺我。我經常受到監視、跟蹤、威脅、被沒有法定程序地強制失去人身自由,被封群,封號,封嘴。」他還說:「曾經有媒體記者問我對習近平主席舉辦亞洲文明對話大會召開有什麼看法?我的回答是:對外文明要建立在對內文明的基礎上。在國內政黨及其政府有組織侵犯國民的各項憲法權利,是有組織犯罪行為。政黨及其政府的有組織犯罪行為得不到法律的制止和懲罰,請問有什麼文明可言?一個社會存在不服從國內法律的政黨及其政府,沒有文明可言。既然如此,哪裡有文明之間的對話?」

2021年5月18日,因楊紹政頻發政治敏感言論,雖遭警方警告也不停息,再次被貴州省貴陽市花溪區警方祕密帶走。6月10日,他被以涉嫌「煽動顛覆國家政權罪」指定居所監視居住,期間無任何具體信息傳出,被關押地點不詳。

2021年9月中旬,**蕭雲陽**[82]律師接受委託,擔任楊紹政的辯護人,遞交了要求會見的公函。警方告知,楊紹政現處於指定監視居住中,目前不可以會見。辦案部門是貴陽市公安局國保支隊。

10月18日,楊紹政被指定監視居住已五個月整。當地國保對楊夫人發話,楊紹政不配合就要重判。家屬質疑,這「煽顛罪」是不配合構成的嗎?

10月28日,在被指定居所監視居住五個月又十天後,楊紹政被檢察院批捕。

12月27日,公安局將楊紹政案偵查終結後,移送檢察院審查起訴。

2022年1月6、7日,蕭雲陽律師會見了楊紹政。楊紹政告訴律師,由於他一直堅持自己無罪,在指定居所監視居住期間,遭受嚴重毆打、身體和精神虐待,導致多次昏迷,身體健康受到傷害,體重下降約二十五公斤。律師在會面通報中指出,被關押在看守所的楊紹政精神堅定,堅稱自己無罪,他認為如果任由掌握公權的人不受制約的枉法濫權,每一個中國人都有可能受到自己所受到的可怕遭遇。他感謝外界朋友們的關心和聲援,希望大家繼續堅持正義,有堅守,有希望,正義就一定會到來。

蕭雲陽律師兩度向檢察院控告辦案人員刑訊逼供、虐待被監管人。但貴陽市檢察院答覆稱,控告不屬實。

2022年3月3日,貴陽市檢察院將楊紹政案起訴到貴陽市中級法院。

2022年7月29日,楊紹政被指控「煽動顛覆國家政權」一

---

[82] 蕭雲陽:貴陽宇泰律師事務所主任、高級合夥人、中國百強大律師。承辦過若干人權案件,如盧昱宇案、黔西縣大關鎮家庭教會案、蘇天富牧師案、王建兵案、雲南三一五教案、成都秋雨教案等。他也是中國保障人權律師團成員。

案，在貴陽市中級法院不公開開庭審理。此前，楊紹政的多位同道好友都被國保警察警告，不得去貴陽中院圍觀和聲援。開庭當天已有多位同道好友被警察上崗或強迫外出旅遊。

庭審從上午9點半持續到下午4點半（中間午休二十分鐘）。檢方出示的楊紹政的所謂犯罪事實，是他在臉書上的五段小視訊演講。

在法庭上，楊紹政和辯護律師從言論自由權利、言論無罪等方面進行了無罪辯護。

8月31日上午，貴州省貴陽市中級法院開庭宣判，楊紹政構成「煽動顛覆國家政權罪」，判刑四年六個月。

楊紹政當庭提出上訴，聲稱「這是對我的非法審判，所有應當迴避的共產黨員主持了對我的偵查、起訴、審判」。他強調：「言論無罪，將公民的言論判決入罪違反了憲法保護言論自由的精神和原則。如果任由掌握公權力的人不受制約地枉法濫權，每一個中國人都有可能受到我的可怕遭遇。」然而，貴州高院駁回上訴、維持原判。

2024年4月1日，楊紹政被轉監至貴州省興義監獄，刑期至2026年2月17日。黔西南州州府興義是離貴州省會貴陽最遠的貴州城市，目前不通高鐵，從貴陽開車去興義需要四小時，去一趟來回要八個小時，家屬探監極為不便。

楊紹政臉書：https://www.facebook.com/shaozheng.yang.9/?locale=fy_NL

25 ｜ 胡新成：大病免費醫療，你我每日一呼

> 胡新成（1969—）：人權捍衛者、媒體人、記者、原《湖北法制報》副總編輯。因堅持報導真相、揭露腐敗而被辭退。長期從事公益活動，「大病免費醫療，你我每日一呼」運動推廣人。2021年12月5日，被山西太原警方跨省抓捕。2002年1月9日，被以涉嫌「宣揚恐怖主義、極端主義、煽動實施恐怖活動」三個罪名正式逮捕。2022年6月5日，取保候審。其社交媒體X的自我簡介為：一個被「正能量」淘汰出局、卻永不後悔的前媒體人。其座右銘為：與真相同在，與正義同行！

　　胡新成：山西太原人，長期居住在湖北武漢。長期在媒體工作，曾任《湖北法制報》副總編輯。前湖北省法治經濟研究會理事、武漢作家協會會員。

　　在從事法制報導期間，胡新成走遍中國兩百多個城鄉，深入基層，瞭解基層民眾的苦難。他介入數百個大小案件，寫過近千篇曝光文章和舉報、投訴材料，他的報導使得很多貪官落馬、奸商歸案，並為很多受害者挽回損失。

　　胡新成多年來無償幫助無數訪民寫訴狀和材料，引導他們利

用法律知識維權。他說過：「從我參加工作之後直到今天，在自己的能力範圍之內，只要能幫一下別人，我都是盡力去幫。特別是從事媒體工作、有了網路之後，我更是力所能及的去幫助弱勢群體。」他公開表明：「我願意義務為各位網友代寫各種材料，並提供解決問題的最佳途徑和方案。」

在媒體工作時，胡新成遇到很多不能在其供職的報社發表的案子，就轉發到其他媒體，比如較為商業化、言論相對寬鬆的都市報，以及天涯、貓撲、網易等網路論壇上。後來，騰訊、新浪微博出現，他建立了五百多個QQ爆料群，憑藉著自學的法律知識、專業的新聞調查、證據確鑿的實名舉報、一針見血的評論，廣受網友好評。比如，他針對司機遭受的「公路三亂」（亂設卡、亂收費、亂罰款）現象發出公開抨擊，給司機們討要公道；某地稽查隊長非法承包國有煤礦，他予以實名爆料；他還公開舉報某地政法委書記，遭到騷擾和迫害。他的三個微博帳號──「記錄者胡新成」、「記錄者胡新成二○二一」、「公民記錄者胡新成」──先後都被關停。他先後被多個理事會、協會除名。他最終失去了工作，因不堪外部壓力，家人也紛紛棄他而去。

胡新成長期撰文揭黑反腐，身體健康亮起了紅燈。2017年，他到南京隱居、養病，遠離塵世，基本不上網、不社交、不發聲。2021年4月，他的父親突然去世，讓他醍醐灌頂、徹底醒悟：人生短暫，光陰易逝，必須有所作為。他打開多年不上的QQ，看到自己的一句簽名：「人生如白駒過隙，無憾在遊歷千里。」他由此發出自我追問：「人活著是為了什麼？」

於是，胡新成計畫「一人一車，走遍中國」，一來得償所願，二來尋師訪友。他說：「我積蓄無多，只能買一輛最便宜的麵包車來作為這次出行的交通工具兼流動廚房、旅館，不給大家添麻

煩。這次計畫用二年時間，搜集兩三百條素材，從江蘇南京出發，環繞整個中國大陸版圖一周。」

胡新成希望，一路上為自己的新書《中國訪民調查》搜集材料。這本書將收錄訪民維權事件，分析訪民產生的原因，為國家的司法改革作參考。

同時，胡新成開始致力於宣傳推廣「大病免費醫療，你我每日一呼」。他曾追問：「捫心自問，一場大病下來，我們有幾個家庭能負擔得起？」他更放言：「改革不能停滯，必須向『讓民眾看的起病、上的起學、買的起房、養的起老、擁有尊嚴和公平正義』而努力。」他還表示：「為推廣『大病免費醫療』本人繼續義務為廣大網友代寫舉報、投訴材料並提供多重解決方案！⋯⋯同時，我訂購了幾百條毛巾，準備贈與案件所在地和沿途經過的城市的朋友們。我曾經的座右銘：人人為我，我為人人，同舟共濟，攜手前行。」他希望一路徵集「大病免費醫療」萬人簽名，再送交全國人大。

所謂免費醫療，指通過政府財政買單或優惠性、普惠性醫療保險（醫保）等形式讓國民只需少量付費（百分之二十以下）或不付費就可獲得基本醫療和基本藥品。目前世界上絕大多數國家包括比中國人均收入低的印度、越南等國都實行免費醫療。而號稱實行社會主義制度的中國，偏偏沒有這種基本的國民福利。看病難、看病貴成為當代中國一個怨聲載道的民生議題。

中國政府的財政對醫療衛生的投入嚴重不足，財政對公立醫院撥款僅占醫院費用的百分之九左右。根據世界銀行的資料，近年來，中國醫療衛生總支出占 GDP 的比例僅為百分之六（只有軍費的三分之一），但其中含醫療衛生行政部門的人員工資福利、辦公經費等。在中國，個人醫療支出的比例（即個人自費）高達六

成,居民醫療負擔仍然沉重。相比之下,日本和歐洲國家,個人醫療支出的比例僅佔一成左右。

據國際戰略研究中心中國實力項目的一份報告指出,昂貴的醫療費用一直是中國貧富差距愈演愈烈的一大元兇。2005 年到 2015 年間,中國由家庭醫療支出而導致的貧困差距的比例高於泰國和南非。為了償付醫藥費,一些人還借起了醫療貸。相較之下,醫療體系一流的國家,比如臺灣,通常會為窮困人口提供慷慨的支援。在臺灣,低收入患者不用支付掛號費和共同承擔額,遭遇重大疾病的患者也可享受此待遇。習近平頻頻對臺灣發出戰爭威脅,卻不願在醫保等國民基本福利上與臺灣展開競爭。習近平隨心所欲地對非洲國家撒幣千億,卻不願照顧求醫無門、求醫無錢的國民。

習近平喪心病狂的清零抗疫政策,給本來已千瘡百孔的中國醫保以巨大打擊。現行的中國醫保制度從 2013 年開始,因中國龐大的人口數,成為世界上最大規模的醫療保健計畫。然而,疫後的 2023 年,面臨財政危機的各地政府修改了醫保制度、費用增高,從而引起中國民眾——尤其是老年——強烈不滿。醫療保障縮減,加之中國經濟惡化,許多中國家庭收入下降,結果是數千萬人選擇退出醫保。2022 年,已有一千九百萬人退出醫保。《金融時報》引述中國官員和分析師指出,2023 年的投保人數更會劇烈下降。

胡新成針對「大病免費醫療」這個中國人人關心的民生議題展開全國巡遊活動,在其經過的每個地方,都得到民眾熱烈響應。有網友將他稱為「人民的筆」。網友「秀才不止說」更敬佩地指出,胡新成是「一個我願意用身家性命去幫助的人,起碼近年來,他是唯一值得我不顧一切去幫助的人」。

胡新成的言行卻引起中共當局的嫉恨和打壓。2021年12月3日晚上10點1刻，他的「大病免費醫療，你我每日一呼」微博帳號被封。他的微信最後更新時間是次日早上9點26分。那時，他剛抵達廣西來賓市武宣縣。從此，他宛如人間蒸發，與所有家人朋友失去了聯繫。

　　胡新成失蹤後，引發網民關注。有網民表示，「胡新成長期呼籲的『大病免費醫療』和幫助弱者的行為，沒有一件與自己的個人利益有關，現在輪到我們為他呼籲了」。網民組織開展了「尋找胡新成」活動。

　　胡新成失聯三十六天後的2022年1月8日，「尋找胡新成」義工終於打聽到，胡新成是被山西省太原市警方跨省抓捕，現關押於太原市第一看守所。

　　據跟胡新成長期聯繫交往的朋友分析，雖然胡新成是山西太原人，但常年居住在湖北武漢，與家鄉聯繫並不多。此次山西太原警方萬里突襲，大概因為胡新成幾年前在微博報導太原警察王文軍擰斷討薪女子脖子致死事件而招致報復。

　　2014年12月13日，山西太原農民工王奎林等十餘人前往龍瑞苑工地討薪時，與保安發生口角。龍城派出所警察王文軍等接警到場後，對王奎林的母親周秀雲辱罵毆打，將其掀翻在地，並用腳踩住其頭髮長達二十三分鐘，導致其不治身亡。周秀雲的丈夫王友志也被打至肋骨骨折。事發之後，太原警方百般掩蓋事實真相。胡新成聞訊，拍案而起，撰文予以揭露。他還轉發了王文軍打死農婦並將她踩在腳下的圖片、影片，由此引起網民極大憤慨。

　　在全國輿論壓力之下，山西省委書記下令徹查此事。太原市公安局長承諾：害群之馬不除絕不收兵！

2014年12月30日，涉案的王文軍等人被以「涉嫌濫用職權罪」批捕。此案經五次延期審理，直到2016年11月10日下午才予以宣判，王文軍被以「過失致人死亡罪」判處有期徒刑四年，「濫用職權罪」判處有期徒刑二年二個月，兩罪並罰執行有期徒刑五年——警察殺人只是輕判五年，人命何其卑賤！

被胡新成和網民痛斥為「殺人惡警」的王文軍，刑滿釋放後毫無悔意，還四處喊冤，聲稱；「司法機關這樣做是不合理的，不能因為出現死傷就對民警定罪，這是很不公平的。……我不僅要為我自己伸冤，還要替我的同事們討一個公道，如果員警執法的後果就是這樣，那以後誰還敢管事兒？」

胡新成揭露此案，讓太原警方感到丟了面子，尋機報復，不無可能。

1月9日，胡新成被警方拘押達三十七天。依照中國現行法律，刑事拘留最長期限應該是三十七天。如果1月9日胡新成沒有獲釋，應該是被警方正式逮捕或轉換成指定居所監視居住。

結果，噩耗傳出：1月9日當天，胡新成被太原檢察院以涉嫌「宣揚恐怖主義、極端主義、煽動實施恐怖活動」三項罪正式批捕。為全民免費醫保這個民生議題而鼓與呼，卻被當局冠以三個駭人聽聞的罪名，刻意報復，昭然若揭。

2022年7月5日，胡新成在關押半年後被取保候審釋放。7月6日，半年多沒有音信的胡新成首次通過微信號「記錄者胡新成」發聲向朋友們問好。他表示，自己半年多沒跟大家聯繫，「其中原因，不言自明。在這半年裡，我經歷了一生中從來沒有經歷過的事，感受了一生中從來沒有感受過的情，謝謝各位！沒有你們的關心和努力，我不可能度過2021年那個漫長、寒冷的冬季！」隨後，他又在微博發帖稱，「滿懷感恩，繼續前行！」

7月7日晚，胡新成接受外媒電話採訪時表示，目前處於取保候審狀態，「法官不讓我對外說案情，否則後果自負」。他還說，現在暫時住在一位朋友家中，因為在獄中營養不良，目前牙齒都鬆動了。他表示，會繼續為「大病免費醫療」呼籲，但當局是否讓繼續做這件事，他也不知道。

　　8月，曾任廣東省惠東縣總工會女工部部長、被廣東省互聯網業聯合會聘任為「2021年廣東網路文明宣傳大使」的舒暢（網民「孤煙暮蟬」），在微博上看到「記錄者胡新成」呼籲全民免費醫療的博文後，用「腆著臉上來挨打」、「傻B文案」、「你美爹」等污穢詞語對其進行辱罵。胡新成向廣東省惠州市惠東縣總工會舉報了舒暢，舉報內容除了「孤煙暮蟬」作為「廣東網路文明宣傳大使」卻在公共網路平臺上進行辱罵之外，還包括：國家公職人員違法經商，上班期間開網店、開收費直播、開收費粉絲群，斂取違法暴利，嚴重影響全省公務員形象，以及每月違法收入巨大，是否存在偷稅漏稅。隨後，胡新成到惠州縣總工會詢問對舒暢舉報的調查結果時，該單位稱舒暢已離職。

　　2022年8月23日，湖北省鍾祥市異議作家周遠志因在網上發表文章向獄中的秦永敏七十歲的生日致賀，以及揭露河北水災真相，被鍾祥國保警察帶走，隨後予以行政拘留。剛獲自由不久的胡新成在網上發表文章〈屢撞南牆不回頭——記湖北鍾祥作家周遠志二三事〉予以聲援。

　　胡新成寫道：「2017年4月，應文友周遠志兄之邀到湖北鍾祥市一遊。周兄大名早有耳聞，之前在網路上拜讀了他的很多作品，他的作品大多以報告文學、時事評論、小說為載體，深入揭露了當今社會令人怵目驚心的腐敗。」

　　當時，胡新成與周遠志聊天，勸周說，「力微休負重，言輕

莫勸人」,並且指出這是「蚍蜉撼樹、螳臂當車、以卵擊石、飛蛾撲火」。周苦笑一聲:「這些父老鄉親好多不識字,請律師又請不起,我不幫他們誰幫他們?」

胡新成說,周遠志又「進去」了,別人是「不撞南牆不回頭」,他倒好,是「屢撞南牆不回頭」。其實,胡新成自己何嘗不是如此?他勸周,希望周不要再因言獲罪,但他也走在同樣一條不歸路上。

胡新成X:記錄者胡新成(@ARFo15h6XpZeY3W)

26 | 鍾沛權：為了新聞工作者不可逃避的責任，不惜失去一己自由

鍾沛權（1969—）：香港資深傳媒工作者、前網媒《立場新聞》總編輯。2021年12月29日，香港警務處國家安全處針對民主派網路媒體《立場新聞》展開拘捕行動，前總編輯鍾沛權等多人被捕。《立場新聞》案由起訴至判決，橫跨三十三個月。2024年9月26日，香港灣仔區域法院作出判決，鍾沛權以「煽動罪」被判刑二十一個月（在他第一次被捕後，一度獲得保釋，後來再度入獄，判刑前他已被關押將近一年）。該媒體前董事、大律師吳靄儀評論，（鍾沛權等人）「因為在乎社群裡眾人的自由和尊嚴，不惜付出失去一己自由的代價」。

鍾沛權：香港人。1991年，從香港中文大學政治及公共行政學系畢業後，到工會組織「職工盟」（已解散）擔任幹事。1995年，轉職傳媒，於《明報》及《經濟日報》擔任財經記者，此後二十六年一直從事新聞工作。

2012年，鍾沛權加入由蔡東豪所創立的《主場新聞》，出任總編輯直至2014年停運。

從2015年1月起，鍾沛權出任《立場新聞》總編輯及董事會成員。

《主場新聞》及《立場新聞》是支持民主派的獨立網路媒體，在香港的影響力和敢言程度僅次於《蘋果日報》。前香港立法會議員吳靄儀、前香港社會服務聯會行政總裁方敏生、文化界監察暴力行動組發起人何韻詩、《信報財經新聞》總編輯練乙錚、蔡東豪等八人擔任董事。《立場新聞》強調編採獨立自主，以非牟利原則營運新聞網站，接受公眾不附帶條件捐款，且不受財團、金主、權力機構或黨派左右。

在反送中運動期間，《立場新聞》在社群媒體換上支持頭像，報導大量示威者情況，其具個人風格的長時間現場直播，深受民主派陣營關注與肯定，人氣急升。最被熟知的記者是直播多宗重要事件的「立場姐姐」何桂藍，而最多人收看的是直播元朗站襲擊事件片段。

長期與鍾沛權一起工作的吳靄儀憶述，鍾沛權「瘦長個子，偏偏生就一股牛勁」。《立場》前員工林彥邦稱讚說，鍾沛權畢生捍衛新聞自由，是獲同事和行內尊重的傳統新聞人，即使《立場》是網媒，鍾仍嚴格要求報導持平、給適當回應機會予各被指控的一方、內容準確等。林彥邦說：「我在這行做了十八年，做了五至七間公司，跟過不同中高層、老行尊、大前輩，我不敢說鍾沛權是做新聞最好的人，但我肯定他是我所遇過的老闆當中，最硬淨、最有腰骨、最能在困難時刻堅持原則的人。」林彥邦指，鍾沛權幾乎將所有時間奉獻予新聞工作，幾乎以公司為家，「連社交平臺小編、寫文都甘願包辦，即使風浪湧之不絕、自己未審先押都處之泰然」。林彥邦說：「對他而言，維持多元、百花齊放的平臺，比其他東西包括自己的安危、經濟條件都更重要。在《蘋

果日報》結業後,全世界都知下一個輪到《立場》。他並非沒有機會提早結業,起碼有半年機會。《立場》經歷遣散再重新聘請、及將舊有的博客(部落格)文章下架,再審視後重新上架等過程。我猜他希望,即使風向有多惡劣,都想頂住新聞自由到最後一刻。」

2021年11月1日,鍾沛權因家庭原因辭任總編輯——他的妻子、《蘋果日報》副社長**陳沛敏**[83]早前被香港警方逮捕。12月1日,鍾沛權辭任董事兼秘書。

2021年12月29日清晨6時,香港警務處國家安全處展開《立場新聞》拘捕行動,獲得由法官羅德泉根據《港區國安法》發出的法庭搜查令,授權搜查及檢取新聞材料。

香港警務處國家安全處派出超過兩百軍裝及便衣人員,持法庭手令封鎖《立場新聞》位於九龍觀塘區開源道開源工業中心十四樓全層的辦公室。大批警察在《立場新聞》辦公室外戒備,不許記者進入和停留,出入員工要登記,並有至少四輛警車停泊。警方在《立場新聞》辦公室搜證長達四個多小時。

---

83 陳沛敏(1970-):香港記者及傳媒人。1992年,畢業於香港中文大學新亞書院工商管理系。其後從事媒體工作,擔任過《資本》雜誌月刊記者、《星島日報》港聞版記者以及《蘋果日報》港聞版高級記者、副採訪主任、總編輯、副社長。2021年6月17日,香港警方國安處以「串謀勾結外國或境外勢力危害國家安全罪」拘捕包括陳沛敏在內的多名《蘋果日報》高層,其後獲准保釋。6月25日,陳沛敏辭任《蘋果日報》副社長。12月29日,她於《立場新聞》高層大搜捕中再次逮捕。香港警方國安處予以的罪名為:對香港當局違反基本法實行「白色恐怖」表達不安和抗議,呼籲國際關注,被指控與同案人——壹傳媒集團創辦人黎智英、行政總裁兼《蘋果日報》社長張劍虹、《蘋果日報》總編輯羅偉光、執行總編輯林文宗、主筆馮偉光(筆名盧峰)和楊清奇(筆名李平)等,於2019年4月至2021年6月期間,在香港的三公司——蘋果日報有限公司、蘋果日報印刷有限公司、AD Internet Limited(蘋果日報互聯網有限公司)一同串謀,請求外國或者境外機構、組織、人員對中國或香港特別行政區實施制裁、封鎖或採取其他敵對行動。

當天，被捕人士包括《立場新聞》前總編輯鍾沛權、何韻詩、吳靄儀、**方敏生**[84]、**周達智**[85]等五名前董事，及署任總編輯**林紹桐**[86]。國安處人員隨即前往被捕人士處所搜查。警方還凍結了《立場新聞》母公司6,100萬港元資產。

國安處還因為曾在《立場新聞》撰寫涉案相關文章、同樣涉嫌串謀發布煽動性刊物，再次拘捕已被關押在大欖女懲教所的前《蘋果日報》副社長陳沛敏。

下午4時，國安處高級警司李桂華舉行記者會，指控《立場新聞》涉嫌串謀發布多篇「煽動性文章」，以部落格文章及新聞報導煽惑他人對香港特別行政區政府及香港法律制度產生憎恨。

在國安處舉行記者會後，《立場新聞》在臉書發佈公告：公司即日停止運作，即時遣散約六十名員工，並感謝所有讀者支持。晚上11時，《立場新聞》陸續移除網站及旗下社群媒體平臺的內容。網站刪除所有新聞內容，只有一則黑底白字的停止運作公告，表示其編採方針獨立自主，致力於守護民主、人權、自由、法治與公義等香港核心價值。

國安處大規模拘捕行動，讓《立場新聞》成為繼香港壹傳媒與《蘋果日報》之後，在2021年第二間被警方打壓而停止營運的香港傳媒。

---

84 方敏生（1958-）：香港社工出身，香港社會服務聯會前行政總裁，香港扶貧委員會籌備小組成員之一。抗日名將方振武的孫女，陳方安生的堂妹。
85 周達智（1958-）：學者，自我簡介為：主觀機率主義信徒，曾在長春藤及嬉皮故鄉接受洗腦。好一切人間美事，尤喜愛利惡德。神州惡土生還者，下流回港販賣創意。現已退休，繼續毅行，兼任立場新聞科學環保編輯。曾任中華廠商聯合會會董，《熱血時報》專欄作者，曾發起大浪西灣保衛戰，阻止富豪魯連城建設私人渡假設施。
86 林紹桐（1987-）：香港理工大學畢業，曾任《立場新聞》副主編及署理總編輯。

12月30日早上，國安處正式落案控告《立場新聞》前總編輯鍾沛權、前署理總編輯林紹桐及母公司 Best Pencil（Hong Kong）Limited。

同日下午，西九龍裁判法院正式提堂，由香港警務處國家安全處指控在 2020 年 7 月 7 日至 2021 年 12 月 29 日期間，鍾沛權等三名被告犯下一項「串謀發布及／或複製煽動刊物」罪。控罪指稱被告在香港一同串謀及與其他人串謀，發布或複製意圖引起對中華人民共和國政府或香港特別行政區政府憎恨、藐視或激起對其離叛，激起香港居民企圖不循合法途徑改變香港依法制定事項，引起對香港法律制度憎恨、藐視或激起對其離叛，煽惑他人使用暴力或不守法等意圖的煽動刊物。

對於鍾沛權、林紹桐申請保釋，法官羅德泉表示，未能信納不會作出危害國家安全的行為而拒絕，裁定收押候審。

2022 年 10 月，《立場新聞》案開始審理。歷時五十七日審訊（其中，鍾沛權在法庭上陳述三十六天），裁決時間經三度押後，案件由起訴至裁決已橫跨三十三個月。吳靄儀後來指出，鍾沛權曾被建議「不如認罪博取三分之一減刑」，但「這人不肯，因為他要為新聞工作的信念講清楚。於是硬生生承受了冗長的審判，為當今法律之下的新聞自由尺度留下了詳盡的公共紀錄」。

法庭的審訊過程足以編輯成一本厚厚的書，見證了香港新聞自由和言論自由的淪喪。比如，控方指《立場新聞》在美國總統喬・拜登、世界衛生組織及中國均聲言不再用「武漢肺炎」說法下，仍沿用此說法是污名化。鍾沛權回應，該字詞於 2020 年很普遍使用，並有合理性，該病毒確實是從武漢發源的。

控方就民主派初選候選人何桂藍及鄒家成的專訪內容進行盤問。控方指《立場》為何桂藍「鋪路」，以突出她為抗爭而參選。

鍾沛權表示，何桂藍是新晉和受注目的政治人物，也不認為專訪有問題，並一度哽咽，指若非無可奈何，都不願將歷史紀錄刪走，指傳媒期望留下歷史初稿。而就鄒家成的專訪內容，控方認為會煽動讀者憎恨中央，同時多次問及鄒家成的主張，是否屬顛覆國家政權。鍾沛權認為，僅能表達鄒家成對中央的不信任，又指審批文章時，著重有否如實紀錄，他亦認為民主派初選審訊未有結論下，不應由他評論。

控方提及《立場》部落格文章〈卡夫卡式香港〉，指作者將《國安法》下的香港與卡夫卡的名著《審判》類比，是煽動憎恨《國安法》。鍾不同意，指作者以文學作品借喻，表達對社會荒誕的憂心。

控方在庭上向鍾沛權展示九張由《立場》美術部所製成的設計圖片，當中包括把國家主席習近平的肖像印在病毒圖案上的諷刺式表達，並問及「刊登這些漫畫對國家有無益處？」鍾沛權回應，指「充分言論自由，對國家就有好處」，解釋一般政治漫畫較多以當權者作為象徵，若不能以當權者或領袖的肖像創作「限制都好大」。

在審訊中，鍾沛權除了就檢方所指十七篇具煽動性文章作抗辯外，還提到其處理新聞原則、個人政治立場、《立場新聞》結業前心路歷程。

鍾沛權指出，創辦《立場新聞》最希望能捍衛言論自由，沒有一間傳媒是中立，但應該是持平。《立場新聞》的三大原則是言論自由、監察權力，及為小眾與無權者和邊緣人士發聲，但同時要包容批評及異議，盡量引入不同聲音。他表示，傳媒是基於公眾利益、人權等基本核心價值設定議題，並非想與政府唱反調。

在法庭上，檢方提出《立場新聞》有十七篇文章具煽動性，

包括三名泛民主派初選案參選人的專訪,是介紹其非法理念,另外有關流亡海外港人的專訪,是美化他們成人權鬥士。鍾沛權指出,在揀選受訪者時,會視乎其言行、在社會上的角色是否關乎公眾利益、公眾有沒有需要知道其主張。涉案文章受訪者是年輕政治人物,不論他們的主張有多激烈,只要關乎公眾利益,受訪者真誠相信自己的政治主張,即使不一定正確,都要如實報導,不應被視為煽動。他強調,「言論自由對我來說是接近一種信仰」。

在法庭上,檢方又提出,十七篇具煽動性的文章中,包括資深媒體人區家麟等部落格文章,沒有事實基礎,無提改善建議,攻擊香港國安法,引起市民對警方等的憎恨。鍾沛權表示,只要不違反「引致即時暴力」、「損害公眾健康」及「誹謗」三大準則,都會盡量做到「來稿必登」,以體現言論自由。評論文章有不同風格,指出錯誤本身就是評論的重要目的,提出好問題已是重要起點,讓公眾社會尋求解決方案,並要相信香港公民有能力判斷。他還說,報導是同事努力而成,又指部落格等文章不一定正確,也不一定是真知灼見,但是反映了部分人的時代精神。在這樣的環境下做媒體,是希望留下「歷史的初稿」。這份初稿或許千瘡百孔、有錯誤,有值得批評的地方,「但留下來有參考、討論⋯⋯有基礎去做爭辯」。

檢方在法庭上多次提問鍾沛權的政治立場。鍾表示,自己是追求自由主義的香港公民,他認為,政治人物尋求外國制裁是不切實際,亦不贊成「港獨」主張,但傳媒有責任報導、記錄。鍾沛權又提到,傳媒如何去處理一些觀點、想法,並不代表其認同該觀點。若議題關乎公共利益等,就應該透過公眾辯論來決定對錯。他說:「不要以破除危險思想去禁制言論自由,而要透過言論自由破除危險思想」,相信充份的言論自由對社會有利。

鍾沛權提到其妻子、《蘋果日報》前副社長陳沛敏也被捕時，一度哽咽。他需要每天探望妻子，家人亦相當憂慮，他一度考慮結束《立場新聞》，但心有不甘。他說，「我跟我同事由始至終沒有做錯」。他決定辭職後，由案中另一被告林紹桐接任為署理總編輯。對於林也被捕，他說，「我好像最後無法保護所有同事」。

鍾沛權的書面陳情信提及妻子陳沛敏早年採訪日本大地震，是當年最後離開日本的一名香港記者。鐘稱，認識不少新聞工作者抱持相似信念，他相信新聞故事可反映時代，又指如實記錄和報導，「是新聞工作者不可逃避的責任」。

2024年8月29日中午12時，鍾沛權抵達灣仔區域法院聽取判決，同時多國派出領事到庭旁聽。下午4時，法官郭偉健頒下判詞，裁定《立場新聞》的政治理念是本土主義，路線是支持及促進香港本土自主，在反修例期間更成為抹黑和中傷中央及特區政府的工具，煽動憎恨中央或特區政府、激起香港居民企圖不循合法途徑促致改變依法制定的事項。法官認為控方提供的十七篇涉案文章中有十一篇具煽動意圖，包括何桂藍的專訪、以及陳沛敏、區家麟等人撰寫的博客文章。因此裁定案中全數被告罪名成立。

9月26日，《立場新聞》案於灣仔區域法院判刑。法官郭偉健判刑時指，《立場》意圖發布煽動言論，被告並非執行真正傳媒工作，而是「參與當時所謂的抗爭（即反修例運動），與政府抗衡」，認為判處監禁為唯一合適刑罰。法官以監禁二十三個月為鍾沛權的量刑起點，同時減刑兩個月，最終判監禁二十一個月，並即時收監。另一被告林紹桐判囚十一個月，因應健康理由進一步減刑，當庭釋放。

持續旁聽案件的香港記者協會前主席**岑倚蘭**[87]形容,審訊是磨人的過程,她不認同裁決理由,結果或令人失望,她也會心存盼望,「風雨總會有消除的一日」。

在判決後,香港記者協會發聲明形容,判刑「反映香港新聞自由的衰落」,及傳媒工作者履行職責時面對的實際危險。記協指,不論刑期為何,兩名新聞工作者及《立場新聞》因新聞工作被定罪、判刑,已對香港新聞業界造成不可逆轉的傷害。聲明提到,《立場》案未有為新聞業劃下清晰界線,審訊期間對新聞內容的種種盤問,亦加劇新聞業自我審查風氣。記協強調,維護國家安全無可厚非,但容讓新聞工作者敢言直諫、社會能暢所欲言,是維持香港繁榮穩定所必須,亦是維持其國際良好形象的重要一環。

無國界記者(RSF)回應指案件「定下危險案例」。無國界記者組織東亞辦事處執行長艾瑋昂(Cédric Alviani)表示,鍾沛權與林紹桐是為公共利益服務,不應該被拘留,呼籲國際社會加大對中國施壓,確保鍾沛權與其他被關押的記者獲釋。

國際特赦組織中國事務總監莎拉・布魯克斯(Sarah Brooks)指,兩名記者僅僅是因為他們盡了自己的職責就被判監,令香港新聞自由再迎來「悲慘的一天」。

美國眾議院外交事務委員會主席、眾議員麥考爾(Michael McCaul)批評,香港法院的裁決顯示出北京的「政治動機和對社

---

87 岑倚蘭:資深的新聞及傳媒工作者。香港中文大學崇基神學院基督教研究文學碩士。曾為《天天日報》前線記者,《亞洲週刊》香港特派員,曾協助《蘋果日報》、《壹蘋果網絡》、《現代日報》、《iMoney 智富雜誌》和《政經周刊》創刊,曾任《經濟日報》副總總輯,《iMoney 智富雜誌》副社長及《壹蘋果網絡》執行總編輯,擁有三十年傳媒及出版業經驗。2013-2017 年,任香港記者協會主席。

會的普遍控制」,「香港不再是昔日那個充滿活力、自由的城市;公民現在面臨著令人心寒的現實,即行使公民自由——包括言論自由——都可能會被根據中國法律起訴」。

鍾沛權在被定罪後給法官的一封信中寫道,他相信香港許多人仍然支持言論自由和新聞獨立。「他們當中更有人因為在乎社群裡眾人的自由和尊嚴,不惜付出失去一己自由的代價。如實記錄和報導他們的故事和思想,是新聞工作者不可逃避的責任。」

而吳靄儀在一篇專欄文章中寫道,即使面對財困和嚴峻時局,但鍾沛權寧自己不出糧,想盡方法為新聞「撐住直到最後一刻」,「他平靜面對二十一個月失去自由」乃是憑籍著一股強大的精神力量。

27 | 塔依爾‧哈穆特‧伊茲格爾：我額頭上的靶子，也無法讓我下跪

塔依爾‧哈木提‧伊茲格爾（Tahir Hamut Izgil，1969— ）：詩人、作家、導演，維吾爾最重要的知識分子之一。1980 年代末，就讀於北京中央民族大學。1996 年，從烏魯木齊前往土耳其留學時，受到不實指控，被監禁三年。2017 年，在中國政府對維吾爾人展開大規模逮捕與監控下，塔依爾和家人前往美國尋求庇護。現為自由亞洲電臺維吾爾人語組編輯。著有詩集《距離與其他》及回憶錄《等待在夜裡被捕》。

塔依爾‧哈穆特‧伊茲格爾：在文革最激烈的期間，生於新疆維吾爾自治區古城喀什市郊區的一個村子。他從小聰穎好學，1988 年，考入北京中央民族大學。1989 年春，他在大學的第二學期初，適逢天安門學運展開，大家紛紛翹課參與抗議。他積極投身民主運動，對民主和民族問題有了最初的思考。雖然民主運動遭到血腥鎮壓，卻在他的精神深處打上了民主自由的烙印。

大學畢業後，伊茲格爾獲得同學們夢寐以求的留在北京工作的機會──他因成績優異，被分配到培養未來官僚的中共中央黨校擔任維吾爾語教師。然而，黨校的工作讓他感到窒息，他很快就辭職離開那裡，回到烏魯木齊。

1996年,伊茲格爾準備從烏魯木齊前往土耳其留學,遠離中國越來越嚴格的文化審查制度。但即使在那時,想離開中國的維吾爾人也受到懷疑。他在出境時被拘留,被指控試圖將國家機密送交境外,被判處十八個月有期徒刑,再加上十八個月的勞教,一共被關押三年之久。那段經歷唯一的「正面影響」是:讓他對中共的邪惡本質有了深刻認識,當後來的大鎮壓到來時,他能對局勢的發展變化做出準確的評估和預見。伊茲格爾說,他的人生觀部分地受到他在超政治化環境中長大的影響。

1998年,伊茲格爾獲釋回到烏魯木齊,成為一位導演,經營一家廣告公司,與妻子和兩個女兒過著恬靜的生活。在崇尚詩歌的文化中,他的詩為他贏得了相當大的聲譽。

然而,在維吾爾人等族裔備受歧視的中國政權底下,伊茲格爾與族人的性命和自由,始終都操縱在別人手中。他發現,中國是一個沒有法治而且盛行強盜邏輯的社會。

崗哨突然出現了,警察在那裡搜查人們智慧型手機中的非法應用程序、歌曲或照片。過去可以接受的書籍被禁止,包括一些由國家出版社出版的書籍。來自其他城鎮的報導稱發生大規模逮捕,學校和政府辦公室被改造成「學習中心」,配有「鐵門、鐵窗和鐵絲網」。看上去顯得過於虔誠的維吾爾人被送進中心,理由是他們蓄鬚或每天祈禱幾次,或者不需要什麼原因。

從2017年春天大抓捕發生後,很多維吾爾人因為莫名其妙的理由被抓與判刑,他們被指控的罪名包含「分裂國家罪」、「包庇恐怖分子罪」或「策劃暴恐罪」,都沒經過舉證與公開審判。在一些極端情況下,執法人員甚至會把逮捕證發放給漢族地方行政官員,讓他們隨意逮捕人。伊茲格爾身邊的朋友一個接一個消失了。

2017年,伊茲格爾和妻子瑪爾哈巴接到電話,指示他們去派

出所報到。他們提供了指紋和血液樣本，並接受面部掃描。穿過地下室走廊，他們看到一間配備了腳鐐的牢房和一張中國臭名昭著的「老虎凳」，被拘捕者可能被迫以痛苦的姿勢坐在上面，長達幾天。

伊茲格爾意識到，中國運用精密的高科技技術，作為輔助恐怖統治的工具。政府開始監控普通老百姓，特別針對維吾爾人。這種數位監控，漸漸擴大到檢查個人手機與電腦，錄製指紋與聲音樣本，掃描面相、採集血液，以及取 DNA 樣本等等。維吾爾人的遭遇，讓伊茲格爾聯想到二戰時期，德國納粹對猶太人實施的種族滅絕。但當年納粹沒有如此先進的科技技術，只是物理性關押囚犯。現在，中共的高科技手段無處不在，除了能監禁肉身，還能監測人們的思想。它透過個人的行為軌跡，例如生活習俗、談話書信等紀錄，判定一個人的思想。

1996 年，當伊茲格爾被抓關進監獄時，當時的監獄沒有監控，他與囚犯們還有一些自由，能互相談話、收聽收音機。晚上警察睡覺時，他們甚至能透過收音機聽「美國之音」電臺。雖然每個月警察會把收音機收走，但他們能花錢從外面買進收音機。然而，現在的監獄只需要一個人面對很多螢幕，就能達到監控效果。高科技讓囚犯和普通民眾都沒有一絲自由，人們被無處不在的眼睛盯梢，甚至睡著時都被監視。更可怕的是，中共不只將這種手段用在維吾爾人，也開始運用在自己的人民身上，甚至會將這種統治慣例，出口給一些非洲、阿拉伯地區的國家，或獨裁體制的國家。這是非常危險的事。

伊茲格爾決定帶家人逃離宛如大監獄的新疆。在大多數維吾爾人出國旅行的可能性越來越小的時候，伊茲格爾在飽嘗了幾個月糟糕透頂的官僚程序，鑽了一個罕見的空子之後，設法為全家

人辦了護照。離開不是一個容易做出的決定,他和妻子瑪爾哈巴從來沒有講明,但他們心裡都知道,一旦離開家園,可能就再也回不來了。不安和惶恐盤旋在這些話題上。「我們也熱愛自己的土地與家鄉。那裡有很多我們喜歡的朋友與親人,我們不想拋下他們一走了之。」但他們不能坐以待斃,等待警察敲門抓人。

2017 年,伊茲格爾帶著家人逃到美國。新的生活遇到很多困難,「我們雖然獲得自由,卻不真正感覺自由」。他說,「自由」可能是一種精神上的東西,「假使你被關在監獄裡,如果你的思想自由、擁有強大內心,那麼監獄根本關不住你。但當你的思想被禁錮,那你就不是自由的人。我們雖然在美國獲得自由,但思緒情感經常無法專注在當下。我們會一直想到朋友親戚,每天做惡夢、活在恐懼不安中」。

伊茲格爾的妻子瑪爾哈巴曾說:「我們身體可能在這裡(美國),但靈魂還在家鄉。」剛抵達美國時,她一直在哭。伊茲格爾害怕妻子會病倒——因為妻子跟家人斷了聯繫,他跟妻子兩家在烏魯木齊的家人中,有六個人被抓去「學習」。後來,瑪爾哈巴在 2019 年時懷了小兒子,那年年底,她的弟弟也被放出來,她才開始冷靜下來。

伊茲格爾還需要和內疚作鬥爭。「我們生活在懦夫的恥辱中,它藏在『逃跑』這個詞裡,」家人和朋友被抓起來送進拘禁營的消息讓他充滿悲傷和內疚。這是一種倖存者的羞愧,認為自己能出來、獲得自由,親朋好友卻可能遭受懲罰。他曾經好幾個月無法擺脫被追捕的噩夢。「雖然我們在美國生活得很安全,但我不能說我們已經徹底逃脫,」他寫道。

伊茲格爾一開始以開優步車謀生,正如他的翻譯喬舒亞(Joshua L. Freeman)在他的回憶錄的簡介中所寫,「如果幾年前你

在華盛頓特區乘坐優步，你的司機有可能是當今最偉大的維吾爾詩人之一」。後來，他應聘到自由亞洲電臺當編輯，生活才慢慢得以改善。但那種負罪感一直都還沒消失。

伊茲格爾也需要戰勝寫作障礙與語言的隔膜。他後來受訪時說：「作為一名詩人，要我放棄主要讀者群，學習陌生的語言還有在陌生的土地上生活，我感到非常為難。離散海外的維吾爾社群相對小，離散作者寫的作品讀者群同樣也很少。中國政府很早就禁止引入海外出版的維吾爾語著作，現在管控只會更加嚴格。……出於必要我當然會學英文，但我都快五十歲了，還要把一門新語言學得好到能夠寫作，怎麼想都是天方夜譚。」

伊茲格爾漸漸重新找到了創作能力。他出版了詩集《距離與其他》，詩作亦收錄於《紐約書評》、《柏克萊詩評》、《漸進線》等文學刊物。

2023 年 8 月，伊茲格爾出版了英文回憶錄《等著在夜裡被逮捕》。一到美國，他就開始寫這本書，因為記憶仍然清晰，創傷尚未癒合，「我邊寫邊流淚，痛感仍劇烈」。

美國桂冠詩人崔西・K・史密斯（Tracy K. Smith）評論說，這本書是「對全體國家與人民的控訴，與對所有深信自由的人一記警醒」。

專欄作家 Barbara Demick 評論說：「維吾爾詩人塔希爾・哈木提・伊茲格爾的新回憶錄《等著在夜裡被逮捕》是人權書籍中的異類。沒有酷刑的場景，沒有暴力，也很少有關於種族滅絕的全面聲明。伊茲格爾在寫作時悉心保持克制。正如他書名所示，恐怖在於對它的期待。這如同一部心理驚悚小說，而敘事的展開就像一部經典的恐怖電影——相對正常的生活逐漸變成了噩夢。伊茲格爾是一位溫文爾雅的詩人，不是演說家或活動人士；這也許

就是他低調的敘述如此動人的原因之一。」

研究維吾爾文化和中國監控的主要學者、加拿大西門菲莎大學（Simon Fraser University）教授雷風（Darren Byler）指出：「學者和記者們已描述了針對維吾爾人的監控系統的詳細架構。其他流亡的維吾爾作家和知識分子也寫過回憶錄。但很少有人擁有像伊茲格爾那樣的親身體驗和分析敏銳度。這本書對生活在那個時刻是什麼樣子給出了界定性描述。十年或二十年後，如果人們想了解那一刻的話，他們會讀這本書。」他還指出：「在我認識的人中，他是最擅長搞清楚那個體制如何運作，如何從中獲得生存所必需的東西的人之一。」

該書的譯者、歷史學家喬舒亞說，伊茲格爾的敘事捕捉到了大量的細膩情感，這本回憶錄揭示了「被這個制度壓制的人和屬於這個制度的人都面臨著矛盾、幾乎不可能的選擇、不確定性，以及不同程度的憂鬱」。

可以說，伊茲格爾對執行中國政策的維吾爾族基層官員做了精雕細刻的性格研究，讓人想起納粹集中營倖存者普里莫・萊維（Primo Levi）和埃利・維塞爾（Elie Wiesel）的作品。

人類學家雷風是講述中國政府對維吾爾人進行監視和大規模拘禁的書《營中記事》（In the Camps）和《恐怖資本主義》（Terror Capitalism）的作者，他說，在認識關鍵因素，有效地應對一個高度不透明的體制方面，伊茲格爾有一種不可思議的能力。

2023年11月，臺灣衛城出版社出版了《等待在夜裡被捕》一書的中文版。伊茲格爾在接受中文版責任編輯宋繼昕訪談時指出：「當我寫這本書時，最大的希望就是用中文出版。我認為中文讀者需要了解東突厥斯坦人的情況，這對我意義重大。雖然最初我是用維吾爾語書寫回憶錄，再由喬舒亞・費里曼翻成英文，

目前這本書也翻成十四種語言。當一些西方國家找我們合作出版時，我們都很高興。但我跟喬舒亞一直希望這本書能在臺灣出版，後來喬舒亞主動聯絡衛城促成這件事，這也讓我很高興。」

伊茲格爾特別強調在臺灣出版回憶錄中文版的意義：「為什麼我希望中文讀者了解維吾爾人的情況？第一點是，壓迫統治與專制獨裁有一個傳染性特點，那就是壓迫一旦開始就無法收回。有些好事做到某個程度可以收回，但壞事一旦做了便無法停止，因為壞事會衍生很多惡的後果。無論是在臺灣或中國的讀者都必須明白，一個民族發生的悲劇，不會只限於單一民族或地區。當中國在新疆維吾爾自治區實施維穩政策後，人們開始在當地看見監控、集中營與大抓捕。後來內地也發生許多事，例如疫情期間的封城。中國很常用高科技手段禁錮人民，把對維吾爾人的做法套用到別人身上。之前，駐法的中國大使盧沙野曾說，解放臺灣後，也會在當地設置學習中心，把臺灣人送去教育。盧沙野是很認真說這句話，不是開玩笑的。這是中文讀者要了解維吾爾族人處境的原因。第二點是，我知道這本書在臺灣不久，盜版的書就會在中國流傳。以前臺灣很多出版品，都是透過盜版管道在內地發行。因為有很多中國人被洗腦，對維吾爾族人抱持很深成見，所以我希望他們也能讀這本書，了解一些真實情況，理解在那麼大的壓迫底下，作為一個人、一個普通的家庭，他們會發生什麼事、如何去感受這些。我希望能透過這本書讓讀者體會。」

伊茲格爾在回憶錄中收入多首詩歌。他特別指出，詩歌對維吾爾族來講是很重要的藝術形式，有著悠久的歷史。詩歌滲透到維吾爾族社會各個層面。「從小，我的父親非常喜歡聽民謠，我受到父親影響，開始培養對詩歌的興趣。詩歌具有押韻跟音樂感，很容易讓人記憶，也因為比較唯美，受到很多人喜愛。後來我成

為一名詩人，但我寫的詩跟維吾爾主流詩歌不太一樣。維吾爾人比較欣賞浪漫、抒情的詩，我的詩比較現代，沒有押韻，不像傳統的詩，但還是有它獨特的地方。對我來說，詩歌是我生命的一部分，是一種很重要的表達方式。做為一名詩人，撰寫回憶錄、記錄發生在我與身邊人身上的事物，當然少不了詩歌。在寫作過程，有些經驗也會跟我創作的詩產生聯繫。」

伊茲格爾說，他認識到為維吾爾人的困境提供證詞很重要，尤其是在他們的生活受到如此嚴密的監控、他們的文化和故事被系統地抹去的時候。隨著研究人員和記者試圖搞清楚中國鎮壓運動的各個方面，他的證詞有助於他們進行核實。但他說，一再講述創傷經歷的過程本身有嚴重後果。這樣做經常讓他感覺自己是個受害者。「我不想為了讓別人可憐我就談這些事情，」他說。「那些事情真的對我有傷害。但如果我因為這些原因不說話，那就沒人會知道這些故事。」

「這個世界很小，人類的命運越來越交織在一起，」伊茲格爾說。「我希望讀者不要忘記，不幸的事情能毫無預兆地降臨。」

一九七〇年代

28 藺其磊：不為公權唱讚歌，誓為蒼生扶正義[88]

藺其磊（1970年11月17日—）：人權律師。先後介入上百起維權案件，包括：強拆受害者維權案、殘障人士維權案、塵肺病患者維權案、愛滋病感染者維權案、B型肝炎病毒攜帶者維權案、基督教會維權案、法輪功修煉者案、華藏宗門案以及賈靈敏案、秦永敏案、黃琦案、郭飛雄案、謝陽案、王全璋案、李昱函案、余文生案、**郭子麟**[88]等「十二港人案」、藏民**扎西文色**[89]案、藏民**阿亞桑扎**[90]案等。2021年1月4日，其創辦的北京市瑞凱律師事務所被北京市司法局非法註銷。同年10月25日，其律師執業證書被北京市司法局非法註銷。

---

[88] 郭子麟（2002-）：香港大學機械工程學系學生，反送中運動參與者。2019年11月，示威者佔據理工大學，警方將大學包圍，另一批示威者於18日在油尖旺一帶聚集，與警方發生衝突，郭子麟等數百人被捕。2020年8月，他與其他十一名港人乘船偷渡臺灣，被中國警方截獲。其後，因「偷越邊境罪」在中國判監七個月，刑滿後移交返港繼續還押。一個月後加控「妨礙司法公正」，判囚十個月。2022年12月31日，香港西九龍法院又以「暴動罪」判囚二十九個月。

294　永不屈服

藺其磊：河南鶴壁市浚縣人。生於浚縣王莊鄉藺莊村農民家庭。童年及少年時代，先後在村小學、鄉重點初中、縣高中讀書，過著普通平淡的生活，按部就班地求學，假期在農田勞動。作為農家子弟，殘存的記憶是貧窮窘迫的生活。

在上初中時，藺其磊決定學文科。當時的想法是，以後入讀中文系，實現作家夢。高中時，受到影視劇影響，覺得當律師能幫人伸張正義，對法律產生興趣，後考入鄭州財經學院法律系。

1995年，藺其磊大學畢業，應聘到浚縣司法局，從事法律服務工作。1999年，他通過全國律師資格考試，獲得律師證，離開政府機關，開始律師生涯。他從事律師工作的最初十年，先後在河南勇為律師事務所、北京市浩東律師事務所任律師，做的都是普通案件。2009年9月，他創辦了北京市瑞凱律師事務所。

藺其磊第一次接觸敏感案件，是2009年9月24日。當時，他擔任上海訪民**段春芳**[91]的一審辯護人。當時，該案件在上海市是一個重要案件，開庭時法院外有眾多訪民聚集抗議。當局實施交通管制，整個法院停止辦公，嚴陣以待。藺其磊一人前往法院，

---

89 扎西文色（Tashi Wangchuk，1986-）：藏人，出生於青海省玉樹市。曾在青海和網路上經營販售當地土特產的商店。2015年，他接受《紐約時報》記者採訪時說，「消滅一個民族首先就是要消滅它的語言和文字……它是一種謀殺民族文化的方法」。他還在《紐約時報》紀錄短片《一名藏人的追求正義之路》中，對官方限制藏語文教學表達不滿。他堅持以真實身分受訪，為了讓外界相信藏語言文化削弱的真實情況。2016年1月，他遭中共當局拘捕，被控「煽動分裂國家」，隨後被判五年徒刑。

90 阿亞桑扎：西藏知名環境保護者和反腐敗活動家。中國安全人員在未經審判的情況下拘留他超過十四個月，期間遭受酷刑折磨。2019年12月6日，被青海省果洛州中級法院指控「聚眾擾亂公共秩序罪」和「尋釁滋事罪」判處七年有期徒刑。2020年6月17日，果洛州中級法院駁回其上訴，維持原判。

91 段春芳：上海訪民、《零八憲章》簽署人。其兄段惠民抗拒強拆，被拘留和勞教，後被毆打致死。段春芳為家人維權，多次上訪，參與組建冤民大同盟。2009年6月22日，與非法阻止她出門的便衣警察發生衝突，被以「妨礙公務罪」逮捕入獄，判刑一年半。出獄後，仍積極參與維權活動。

如同入虎穴，沒有絲毫畏懼之感。

此後十多年，藺其磊代理上百起維權案件，以辯護人權案件之多而論，堪稱維權律師中首屈一指的人物。他代理過的主要維權案件有：

2010年：11月28日，擔任天津訪民**毋秀玲**[92]起訴天津市勞動教養管理委員會一案的辯護人；12月2日，代理江蘇省徐州市訪民郝佩玉被非法拘禁一案；12月5日，擔任涉嫌「尋釁滋事罪」的天津「天安門自焚夫婦」中張培鑫的辯護人；12月10日，擔任「北京首例B肝病毒攜帶者申辦健康證案」當事人熊德超的辯護人。

2012年：代理河南農民工孟憲成在重慶市的工傷認定系列維權；4月6日，擔任被指控為「敲詐勒索」的河南臨潁縣愛滋病患者秦景歌的辯護人；5月8日，代理唐山B肝病毒攜帶者胡志超人格權訴訟案；8月15日，代理遼源市訪民王棟涉嫌「尋釁滋事」案；12月10日，代理北京房山被強拆的喻戀蓮「妨害公務」案。

2013年：5月19日，代理長沙同性戀活動人士彭成（小寒）行政處罰案；8月20日，擔任涉嫌「聚眾擾亂社會秩序罪」的楊茂東（郭飛雄）的辯護人；10月16日，擔任涉嫌「妨礙公務」一案的廣東獨立候選人**李碧雲**[93]的辯護人；10月30日，代理上海腦

---

92 毋秀玲：原是北京城鎮居民，文革期間因被株連九族，流放到天津原靜海縣農村只官屯村，1978年即開始上訪。2005年5月19日，毋秀玲大學畢業的女兒只升丹，被人誘騙到山東荷澤殺害，當地警方以交通事故草草結案。她屢屢上訪，為女兒討公道，多次被行政拘留，兩次被勞教，被地方公安用催淚彈射擊受傷。2018年11月28日，她被警方抓捕2019年5月20日，該案在天津市靜海區法院開庭審理，毋秀玲被以「尋釁滋事罪」判處有期徒刑一年六個月。

93 李碧雲（1968-）：廣東順德土地維權人士，曾獨立參選當地人大代表。2010年4月14日，被順德區法院以「妨害公務罪」判處有期徒刑十個月。2011年9月，積極參

性麻痺女孩周欣蓉申請教育部延長考試時間一案。

2014年：1月7日，代理遼寧訪民**姜家文**[94]「尋釁滋事」案；1月26日，擔任涉嫌「煽動顛覆國家罪」的山東淄博公民孫峰的一審、二審辯護人；2月1日，擔任「山東曲阜事件」中薛福順非正常死亡案件中薛明凱的辯護人；3月12日，擔任涉嫌「煽動顛覆國家罪」的**任自元**[95]的申訴辯護人；4月3日，擔任「黑龍江建三江事件」中被迫害律師張俊傑的辯護人，控告黑龍江省建三江農墾公安局；5月10日，擔任涉嫌「故意傷害罪」（刺死黑保安）鶴壁訪民鞏進軍的一、二審辯護人同日，另擔任「鄭州十君子事件」中涉嫌「聚眾擾亂社會秩序」一案中賈靈敏的辯護人；6月3日，擔任「鄭州十君子事件」中涉嫌「聚眾擾亂公共場所秩序」案件**方鴻維**[96]的辯護人；6月24日，代理涉嫌「故意傷害罪」的蘇州訪

選區級人大代表，被非法取消候選人資格，被警方以涉嫌「破壞選舉罪」刑事拘留、逮捕，次年9月9日，被法院一審判決「犯破壞選舉罪」，但「免予刑事處罰」2013年7月24日，因要求順德市公安局局長公開財產，被警方以涉嫌「妨害公務罪」刑事拘留，遭遇酷刑虐待，雙腿殘疾，成為「輪椅人」。2014年，再次被以涉嫌「妨礙公務罪」逮捕，隨後法院在看守所祕密宣判為「妨礙公務罪」，但免於刑事處罰。2019年，再度被捕，於次年1月被法院裁定「盜竊」和「妨害公務罪罪」成，判刑四年。2022年2月24日，因身體殘障，提前獲釋，但仍受嚴密監控。2024年6月9日，在順德區政府門前遞交上訪材料，遭暴力對待。

94 姜家文：遼寧省丹東市人，下崗失業人員。他在2001年被他人傷害身體，丹東市公檢法包庇涉案嫌犯。他多年上訪，問題仍未解決。他參與各類公民維權活動備受打壓，被勞動教養五次、判刑一次、刑事拘留六次、行政拘留近二十次、關黑監獄近二十次，時間總計近十年。在非法關押期間遭受各種酷刑。他在維權群體中被譽為「被勞教冠軍」。

95 任自元（1978-）：曾用名任志元，又名任傑，前鄒城市第十中學語文教師。他經常參與網上論壇的討論，其中不少談及中國民主發展，曾寫過一本名為《民主之路》的小冊子。曾參與討論成立「大陸民主陣線」。2005年5月10日，濟寧市公安局以「涉嫌顛覆國家政權」的罪名將其刑事拘留。2006年3月13日，他被當局以該罪名判刑十年。在法庭上，他陳述說：「我的動機是為實現民主，是為大義而非我個人私慾，我俯仰無愧天地！」

96 方鴻維（1971-）：網名方言。河南人，網路活躍人士，維權事件關注者和聲援者。

一九七〇年代　297

民陸早根案；7月10日，擔任涉嫌「非法經營罪」的異議人士**沈勇平**[97]的辯護人；8月1日，擔任廣東省珠海「華藏宗門」案件吳澤衡涉嫌「組織利用邪教組織破壞法律實施罪、詐騙罪、非法經營罪」等案件從偵查階段、審查起訴、一審、二審、申訴各階段的辯護人；10月8日，擔任因支持香港佔中運動而涉嫌「尋釁滋事罪」的藝術家**朱雁光**[98]的辯護人；同日，出任因支持香港佔中運動而涉嫌「尋釁滋事罪」的**韓穎**[99]的辯護人；11月，對珠海市看守所律師會見室設置玻璃擋板一事提出資訊公開、行政復議及行政訴訟系列維權，最終使律師會見室的擋板拆除；11月27日，代理洛陽老城226名被拆遷戶起訴洛陽市政府的二審；12月15日，出庭代理崑山市法院審理的崑山訪民王英芝行政處罰一案；12月22

2014年2月，她計畫參與異議人士在趙紫陽故鄉河南滑縣舉行的六四公祭活動（實際並未到場），隨後被鄭州市警方破門抓走，被以「涉嫌聚眾擾亂公共場所秩序罪」刑事拘留。2015年7月2日，又被警方更換罪名，以涉嫌「尋釁滋事罪」正式逮捕。2014年9月2日，被取保候審獲釋。

97 沈勇平（1981-）：北大法學學士，獨立電視製作人。2014年，他出版《容共與分共：還原國民革命》一書，另策劃《憲政》電子月刊以討論時政問題。他還通過網路籌款等方式拍攝紀錄片《百年憲政》，該紀錄片在中國遭到禁播，網上也遭封鎖。2014年4月28日，被北京市朝陽公安分局帶走並抄家。第二天，沈被以涉嫌「非法經營罪」刑事拘留。6月5日，被批准逮捕。12月30日，被北京市朝陽區法院判處有期徒刑一年。

98 朱雁光（1960-）：山西省大同市人，原大同市西花園子弟中學藝術教師，「W·R小組」行為團體發起人，北京宋莊行為藝術實踐者、藝術家。1989年，參加中國現代藝術展，並在中國美術館實施藝術行為「三個白衣人」。後進駐北京宋莊，推動行為藝術。2014年10月2日，因創作作品「祭奠」，以表達聲援支持香港佔中運動，被北京宋莊警方以涉嫌「尋釁滋事罪」刑事拘留。在超期拘押九個月後，2015年7月9日獲釋。

99 韓穎（1973-）：北京市人，拆遷維權人士，「微笑公益」發起人。因住宅遭北京市海淀區政府強拆而走向維權之路，後又關注兒童權利保護等問題。2011年，參選北京市人大代表。2012年，發起成立北京「微笑公益」。2013年，前往安徽合肥聲援安妮失學事件。2014年，在網上公開發表言論「支持香港」、「風雨中抱緊自由」，於10月1日被北京市豐臺區警方以「尋釁滋事罪」傳喚，隨後刑事拘留、逮捕。2015年5月29日，被取保候審釋放。後流亡美國。

日,擔任涉嫌「非法經營」案的「柳州教案」中的**黃秋銳**[100]的辯護人。

2015年:代理涉嫌「煽動顛覆國家政權罪」的武漢萬里案;1月8日,代理北京異議人士和畫家**郭蓋**[101]案;7月8日,擔任「濰坊事件」中涉嫌聚眾擾亂社會秩序罪的張衛紅的辯護人;11月3日,為涉嫌「尋釁滋事罪」的蘇州訪民王和英擔任辯護人。

2016年:為涉嫌「尋釁滋事罪」的安徽訪民趙紅艷辯護;6月,擔任涉嫌「煽動分裂國家罪」的藏族青年扎西文色的一審、二審的辯護人;6月27日,擔任涉嫌「敲詐勒索和詐騙罪」的「惠州區伯」的**李建新**[102]的辯護人;12月27日,擔任涉嫌「故意殺人罪」(刺死警察)的焦作訪民許有臣的二審辯護人。

---

100 黃秋銳:基督徒,廣州良人教會長老。1987年,因從香港運輸聖經到重慶而被抓捕,慘遭酷刑虐待,三根肋骨被打斷。1997年,在深圳和東莞建立農民工教會,被勒令關閉店鋪並立即遣回老家汕頭。2003年,在廣州參與大學城校園事工,建立多家庭教會。2008至2012年,赴四川汶川地震災區救災和傳福音,其經營的廣州尼西書屋被地方當局強行關閉。2014年6月23日,幫助教友將幼稚園教材發貨去柳州,被柳州警方跨省抓捕,被以涉嫌「非法經營」刑事拘留、逮捕。2019年2月9日,該案在柳州市柳南區法院開庭審理。7月30日,被柳州市中級法院判處有期徒刑兩年。

101 郭蓋:滿族,北京行為藝術家。他曾有感於藏民自焚,創作行為藝術作品「六十撲」,揭示藏人正在遭受的慘絕人寰的殘酷境遇。他還因為「敏感地帶行為藝術展」表演敏感及前衛作品,遭公安查封,並與黃香、追魂等行為藝術家一起被抓捕。刑事拘留滿月後獲釋。

102 李建新:廣東省惠州市人,人稱「惠州區伯」,實名舉報人,人權捍衛者。2013年7月8日,因舉報惠州市副市長黃錦輝,遭遇報復性砍傷並被潑硫酸,導致一隻眼睛失明、手腳被砍斷,留下終身殘疾。2016年2月22日,堅持網絡實名舉報,被惠州市惠城區警方以涉嫌「敲詐勒索罪」刑事拘留;同年3月30日,被惠陽區檢察院以涉嫌「敲詐勒索」和「非法佔用耕地」二罪名批捕。此案經惠陽區檢察院退回補充偵查二次、延長審查起訴期限二次,於2016年11月24日被起訴至惠陽區法院。此後又拖延到2018年2月1日,被惠州市惠東縣法院一審,以「敲詐勒索罪」判處有期徒刑十一年。

2017年：1月11日，擔任深圳市公安局辦理的涉嫌「煽動顛覆國家政權罪」的**蕭兵**[103]的辯護人；3月，為涉嫌「尋釁滋事罪」的承德訪民趙春紅擔任辯護人；4月，擔任廣東**劉堯**[104]律師被構陷一案的系列案件中李小燕的申訴辯護人；4月30日，擔任涉嫌「危害公共安全罪、尋釁滋事罪」的四川雅安訪民王淑榮的二審辯護人；7月30日，擔任王全璋律師涉嫌「顛覆國家政權案」一審、二審辯護人；9月18日，擔任涉嫌「煽動顛覆國家政權罪」的廣東江門公民甄江華的辯護人；9月18日，擔任涉嫌顛覆國家政權罪的武漢秦永敏一審、二審辯護人（武漢市中級法院一審、湖北省高院二審）；10月28日，擔任蘇州訪民輸血感染者陸曉忠的辯護人；11月10日，擔任涉嫌「煽動顛覆國家政權罪」的李昱函律師的偵查、審查起訴、一審階段的辯護人；11月15日，擔任學者徐琳涉嫌「尋釁滋事罪」的各階段辯護人；11月27日，代理出庭四川雅安訪民馮玉林行政處罰一案；12月17日，為涉嫌「誣告陷害罪」的山東滕州訪民蘇士芹充當辯護人；12月25日，為涉嫌

---

103 蕭兵（1970-）：湖南人，深圳同城聚會公民，民主憲政追求者。2016年11月14日，與深圳公民鄧洪成、馬志權、王威、李南海等多人在深圳市五和餐廳聚餐，席間與江西公民李海南被深圳國保祕密拍照。11月15日中午，蕭兵與鄧洪成、馬志權、李海南、王威等五人被警方帶走扣押。12月15日，被深圳市警方以涉嫌「顛覆國家政權罪」執行指定居所監視居住。2017年5月12日，被深圳市檢察院以同罪由正式批捕。2020年2月，被深圳市法院以同罪判處有期徒刑三年，同時准予獲釋回家。

104 劉堯（1962-）：廣東惠州市惠東縣人，原深圳市某律師事務所執業律師，職業舉報人。自2003年開始，在深圳執業，在多個徵地糾紛案中幫助農民維權。2007年12月，參與農村抗議活動，被廣東河源市東源縣警方刑事拘留、逮捕，並被判刑四年。李方平、浦志強等律師代理上訴，刑期減為十六個月。2015年11月，實名舉報河源市委書記何忠友、河源市公安局局長彭定邦，隨後被河源市源城分局警方刑事拘留。2017年4月24日，被河源市源城區法院以「敲詐勒索罪」、「詐騙罪」和「收買被拐賣的兒童罪」數罪並罰，判處有期徒刑二十年，罰金140萬人民幣。其上訴、申訴均遭駁回。

「尋釁滋事罪」的洛陽訪民解淑敏擔任辯護人；12月29日，擔任涉嫌「尋釁滋事罪」的山東招遠市**王江峰**[105]的二審辯護人。

2018年：2月26日，代理湖南婁底涉嫌「尋釁滋事罪」的周仁香案；3月，擔任涉嫌「尋釁滋事罪」的瀋陽公民**林明潔**[106]案件的辯護人（兩年後，再次擔任其再次涉嫌「尋釁滋事」案的二審辯護人）；4月8日，擔任涉嫌「尋釁滋事罪」的荊州市公民許光利擔任辯護人；7月20日，擔任涉嫌「顛覆國家政權罪」的李大偉申訴案件的辯護人；9月，代理涉嫌「尋釁滋事罪」、「聚眾擾亂社會秩序罪」的青海省果洛州藏民阿亞桑扎案；11月6日，擔任「廣州女律師強制脫衣檢查事件」中的周建斌涉嫌「擾亂國家機關工作秩序」案件的辯護人。

2019年：9月10日，向深圳市公安局就其下屬看守所設置安檢設備對律師進行歧視性安檢一事提出資訊公開、行政復議、行政訴訟；12月9日，**擔任郝勁松**[107]涉嫌「尋釁滋事罪」等三罪名

---

105 王江峰（1970-）：山東省招遠市人，網名轉蓮，維權公民。2013年，因赴位於北京的聯合國開發署上訪，被當局處以勞教一年。2016年，王江峰在網上轉發被視為侮辱和譏諷毛澤東（毛賊）和習近平（習包子）的網帖和圖片，9月9日被刑事拘留。2017年4月7日，山東省招遠市法院以「尋釁滋事罪」判處王江峰有期徒刑兩年。
106 林明潔（1964-）：遼寧瀋陽人。早年不服哥哥林明華家被強拆、上訪被行政拘留，走上維權上訪之路。長期在北京上訪，熱心為訪民維權發聲，多次遭到當局非法綁架、關押、拘留、暴力毆打。2016年，他曾狀告瀋陽市公安局局長等地方高官徇私枉法，其後被裁定「尋釁滋事罪」成判刑兩年半。2020年7月17日，被依「尋釁滋事罪」判處有期徒刑三年六個月、依「非法利用信息網路罪」判處有期徒刑兩年並罰款兩萬元，數罪併罰，執行有期徒刑五年。
107 郝勁松（1972-）：中國政法大學法律碩士畢業，自2004年開始先後七次將國家稅務總局、北京地鐵運營公司、北京鐵路局告上法庭，為民維權。因打破鐵路局的霸王條款，被提名為「2005中國法制新聞人物」、「2005年度十大法制人物」，並以「維權戰士」的身分寫入「2005中國法治藍皮書」。2008年，他介入陝西華南虎案件和楊佳案，被「南方人物週刊」評選為「中國魅力人物——公義之魅」。2009年，他介入上海「釣魚執法事件」，其後在家鄉山西定襄縣成立勁松法務諮詢中心。2017年，他向定襄縣環保局實名舉報當地的誠泰紡織印染公司涉嫌污染空氣和水

的辯護人。

2020年：擔任余文生涉嫌「煽動顛覆國家政權罪」的二審階段辯護人；6月15日，擔任青海省政協委員王瑞琴訴西寧市民族宗教局、西寧市城西區民族宗教局違法拆除基督教聚會點的行政糾紛案；同日也擔任雲南**王龍得**[108]訴三級律協和三級民政局資訊公開、行政訴訟系列案；9月，接受「十二港人案」中香港大學學生郭子麟的家屬委託擔任其辯護律師，但被法院拒絕。

在藺其磊代理的諸多人權案件中，他幾乎是屢戰屢敗，其中有幾個他終身難忘、雖敗猶榮的案件。

2009年，藺其磊等十二名律師到四川省資陽市去探訪名為「資陽市法制教育中心」的黑監獄，被當地警察毆打並關押二十四小時。後來，他們向法院起訴，卻沒有結果。

2013年8月20日，藺其磊和隋牧青律師作為郭飛雄出事前委託的辯護人，在郭飛雄被拘留後，多次前往廣州市天河區看守所要求會見，均被看守所違法拒絕、處處刁難。廣州市公安局放言：「你藺其磊絕對是會見不到郭飛雄的。」針對廣州市公安局的侵犯律師職業權益的行為，兩位律師向法院起訴廣州市公安局天河分局的違法行為。法院予以立案審理並作出裁定，但一系列維權最後都沒有效果。後來，他從廣州律師和廣州國保警察的談話中得知，從那時起，他到達廣東的每一次行程都被國保監控、掌握。

源。2019年12月17日被山西定襄縣晉昌鎮派出所抓捕，關押時間超過三年半，案件延至2021年10月才首次開庭。隨後，他被以「詐騙罪」被判刑八年，「尋釁滋事罪」一年九個月，合並執行九年。

108 王龍得（1988-）：生於甘肅隴南市，2008年就讀於昆明理工大學法學院，畢業後留在昆明，2013年取得律師執照，曾獲「中國傑出公益維權青年律師」稱號。2015年，前往寮國首都永珍發展。2017年，被吊銷律師執照，成為中國目前最年輕的被吊證律師。

2014年4月,藺其磊代理「建三江」案件。一審開庭時,建三江墾區法院故意把法庭設在一百公里開外的農場法庭審理。他與同仁們在天寒地凍的情況下,前去法庭途中,多次被警察以查車的名義攔截,造成耳朵凍傷。

2014年8月1日,藺其磊擔任廣東省珠海市「華藏宗門案件」吳澤衡涉嫌「組織利用邪教組織破壞法律實施罪,詐騙罪、非法經營罪」等案件的辯護人。案發後第二天,他就與吳澤衡會見,截止到二審結束,他會見吳澤衡近百次,深入了解這件司法機關直接認定為邪教組織的案件的來龍去脈。公檢法羅織罪名、創制罪狀、污名化當事人、大量抓捕被告又轉換為證人讓其指控吳澤衡就放人。長達一個月的庭審,完全置法律規定的辯護人、被告人的權利於不顧,強行推進庭審,當庭做出幾百頁民事判決書。後來,當事人被送到廣東省四會監獄服刑,在律師和家屬會見過一次以後,再去卻被告知沒有這個人。幾個月後,律師和家屬才被告知該當事人被跨省調監到新疆第三監獄關押,自此拒絕律師會見,家屬會見只有幾次還被威脅,致使沒有任何該案件資訊傳出。

2017年9月18日,藺其磊擔任中國民主黨人秦永敏的一審辯護人。一審開庭期間,他進法院時,法警要對律師進行安檢,經過幾番抗爭,才同意將其所帶的背包過安檢機。庭審一開始,秦永敏到達法庭,將審判臺上的聽筒踢翻並痛斥:「你們這些法官無權審判我,你們才是犯罪分子。」致使庭審無法進行。藺其磊在法院等候是否繼續開庭時,突然有二十多個法警湧進來包圍他,要強行再次安檢其背包,他斷然拒絕。後來,在北京市司法局工作人員勸說下,該院又把藺其磊的背包進行了幾次安檢,搜查後並沒有發現任何違禁品。

後來，藺其磊就代理該案的過程寫了一篇題為〈一系列沒想到——秦永敏先生案情記錄〉文章，他在文中記載了一系列的沒有想到：沒想到提交辯護手續用時之長；沒有想到從起訴到開庭拖延時間之長；沒有想到秦永敏給中國民主黨已故成員的唁電、悼詞都被列為犯罪證據；沒有想到秦永敏被關押在專門關押死緩和無期徒刑罪犯的武漢第二看守所；沒有想到會見時要隔著兩層鐵絲網；沒想到已經坐過二十年牢監的秦永敏，把坐牢當成了工作，沒有一點不安，沒有一點怨恨，他說自己在裡面讀書思考之餘堅持鍛煉身體，肩寬腰細，生活十分規律；沒想到秦永敏針對武漢市檢察院的起訴書，已寫好十四萬多字的自我陳詞辯護意見。

　　2018年9月，藺其磊擔任青海果洛州藏民阿亞桑扎涉嫌「尋釁滋事罪」、「聚眾擾亂社會秩序罪」並以惡勢力之名被起訴一案的辯護人。當時，他的律師證被北京市司法局拖延審核，已過期。但他堅持代理此案。一審開庭前夕，他被青海省司法廳副廳長找去談話，他們以他的律師證缺少年度考核章為由，要求他退出辯護，被他拒絕。他申明說，自己的律師證是合法有效的，有沒有年度考核章不影響律師執業證的效力。在其堅持下，當局只好讓他參與隔天在青海省果洛州中級法院一審的四天庭審和整個二審的辯護過程。

　　2021年3月19日上午，藺其磊和宋玉生律師作為黃琦涉嫌「洩露國家秘密、為境外非法提供國家祕密」案的申訴程序的辯護人，到成都市溫江區仁和春天社區去見該案委託人黃琦的母親蒲文清。在小區大門口，保安說需要裡面的住戶出來接才可以進。他們跟黃琦母親打電話約好社區大門一會見之後，在小區門口等待蒲阿姨到來。正在等待時，一輛警車突然開過來，下來兩名警察說，有人報警，要帶他們到派出所接受調查。他們急忙撥打蒲

阿姨電話，但對方手機號已被停機。警察不聽他們的解釋，強行把他們帶到成都市公安局溫江分局湧泉派出所。到派出所後，一個負責人模樣的警官，態度惡劣，不許他們拿手機拍照、錄音，又派人輪番看管他們。他們強烈要求說明為什麼把他們帶到派出所，卻沒人理睬。扣押近三個小時後，才來了一個自稱是社區物業負責人的「報案人」，對他們說：「你們的言語傷害了保安，造成保安罷工。」兩位律師對此莫明奇妙的誣陷之舉感到憤怒，予以反駁。在警察要對他們做筆錄時，他們要求警察出具傳喚手續，否則不會回答任何問題。警察說，他們是接受群眾求助，把雙方帶到派出所詢問，不需要出具手續。但隨後那個所謂的「報案人」過來表示：他們已給保安做了工作，保安不罷工了，他們申請撤回報案！警察說：「既然你們撤回報案，那就不用做筆錄了，這個事情是個誤會，你們雙方都可以走了。」至此，從被強制帶上警車到走出派出所大門，兩位律師在湧泉派出所被失去自由長達三個半小時！藺其磊感歎說：「公權力依法行使是應有之意，稍有瑕疵也尚可理解。然而，湧泉派出所如此肆意違法行使公權力的行為如果蔓延，將是整個社會的悲哀。」

從2018年6月1日開始，藺其磊創辦的北京市瑞凱律師事務所被北京市司法局違法拒絕年度考核，幾近停業。

2021年1月4日，北京市司法局非法註銷了瑞凱律師事務所。藺其磊再向北京通州區法院和市第三中級法院提控，卻不獲受理。其間，他曾獲北京一家律師事務所聘用，並把勞動合同寄給司法局，但當局不回應、不處理。在2021年10月25日，他的律師執業證書到期，北京市司法局立即予以註銷。這是中共當局打壓人權律師的老套路。藺其磊在推特上表示，他將從此留長髮，展開一場「護髮（法）運動」：「無恥的行為，連法律都沒法

阻擋它，而且法律還為其站臺護航，我輩又奈如何！長髮披肩法仍羞，平心不改續揭醜！」他還宣稱，自己要堅持做到「不為公權唱讚歌，誓為蒼生扶正義」。

隨後，藺其磊分別針對律所和律師證被非法註銷，提出行政複議和行政訴訟、以及相關的投訴控告、信息公開、國家賠償等五大系列維權活動，但均被各級法院和北京市監察委等部門置之不理。藺其磊形容，自己已「初步喪失對法律的信心」，「我們沒有違法，相反是公權力在違法」。

2024年1月3日，藺其磊在社交軟體X上表示：「留髮三載，護法唯願，終是失望，剃去三千煩惱絲，繼續前行。」此後，他只能以公民身份為冤屈者提供法律援助。他家門口，國保警察安裝了四個監視器，他一出門，就有國保警察跟蹤、監視。

藺其磊的X：https://twitter.com/lqllawyer

29 | 吳敏兒：放棄只需一秒，堅持卻需要一世

吳敏兒（1970年10月24日—）：香港民主派政治人物，前香港職工會聯盟主席，前工黨黨員。資深空服員，英航工會創建者之一，過去多年一直積極參與勞工運動。2021年1月6日，因早前參與立法會民主派初選案而被捕，2月底開始被還押至今。

吳敏兒：出生於香港警察家庭。1990年，她曾參加TVB舉辦的第九屆新秀歌唱比賽並入圍決賽，表演歌曲是林楚麒的《這就是愛》。

1992年，吳敏兒加入英國航空擔任空服員。頭十年，她一直安份守己工作，但逐漸發覺公司愈來愈多不合理的措施，卻投訴無門。與此同時，不少在英國英航的同事時時把「I will talk to my union」（我要去和工會談一談）掛在嘴邊，她與同事發現工會可以成為靠山。於是，她們請求加入英國同事的工會，不料對方斷然拒絕：「Girls，你要有自己的工會。」吳敏兒便開始思考：為甚麼我們不能有爭取自身權益的團體？

2003年，英航因SARS疫情影響業務，一再減少員工工作日數，更單方面把員工的第十三個月薪水扣減三分之一。員工跟公

司多次談判不果,最後公司拋下一句:「法庭見,你們有本事便去打官司。」同年,吳敏兒等成立英航香港機艙服務員工工會(British Airways Hong Kong Cabin Crews Union,BAHKICCA),與英航對簿公堂。

初接觸工運的吳敏兒,自知經驗不足,常向英國工會代表請教。最初電郵往來,後來直接到英航工會位於倫敦的辦公室「偷師」。她買一杯咖啡和一個麵包,一個人走進英航的工會辦公室,向英航工會代表自我介紹:「我是香港基地的吳敏兒,可不可以坐在這兒觀察你們如何運作工會?」這一坐便是兩年,她見證著英航工會處理無數大小案件,慢慢學會如何成為一名工會領袖。

組織工會做工運領袖,自然會遇到重重壓力。當初,吳敏兒遇到最大的反對聲音來自家庭。她的父親是警察,總認為搞工運就如「六七暴動」時放土製炸彈的暴徒。當她組織工會時,父親已是肺癌末期,氣弱游絲地對女兒說:「不要搞工會,不要罷工……會影響好多人的。」父親的不理解讓她心酸,但她始終覺得,不能對不公義忍氣吞聲,抱著「我不入地獄,誰入地獄」的精神,堅持成立工會及控告英航。

那幾個月,懷孕的吳敏兒同時承受喪父之痛,一邊處理喪事,一邊處理官司,壓力巨大。最後,員工終於討回被扣減的薪金,並獲得公司道歉,這成為首場成功戰役。她在勝出官司的二十一天後誕下幼子。

2004年,集體官司開審前,吳敏兒接受《蘋果日報》訪問,英航就此事對她發出警告信,禁止她接受媒體訪問,亦聲稱會監察她在機艙的工作表現。吳敏兒沒有屈服,以個人名義單人匹馬再次與公司對簿公堂,最後獲得勝訴。

英航有一條不成文規定,本地空中服務員年滿四十五歲必須

「退休」。吳敏兒及工會不滿此「約定俗成」，與公司談判不果，遂於2006年越洋以違反年齡歧視法及種族歧視法入稟英國勞資審裁法院，成民航史上首宗越洋訴訟案。資方指，案件涉及司法管轄權問題，香港僱員不受英國法例保障。法官裁決，英航香港空中服務員在飛機上工作，而飛機及其所屬公司業務均在英國註冊，英航香港僱員應受英國法例保障。英航不滿裁決，申請上訴。經過長達六年的訴訟，英航在終審上訴前與工會達成和解協議，將香港空中服務員的退休年齡延長至六十五歲，案中合共二十四名年過四十五歲的空中服務員得以復職。吳敏兒當時堅稱：「二十四個人，一個都不能少！」她也慨嘆，身為香港人，卻不被香港法例所保護，但經此一役，讓她和英航香港工會，贏得了尊重與肯定。她曾說：「強大的工會，來自堅強的會員！」

2016年3月27日傍晚，時任特首梁振英的幼女梁頌昕遺留手提行李在機場禁區外，及後獲機管局准許，行李毋須「同行同檢」，由航空公司職員帶入禁區。曾是法治社會的香港，淪落為「一人得道、雞犬升天」的中國特權社會。4月17日，身任香港空勤人員總工會總幹事的吳敏兒發起「佔領機場」靜坐行動，要求堅守「同行同檢」規則，約有2,500人參與。其後，空總屬會會員羅美美提出司法覆核，直到2018年8月23日，高等法院判決空總一方勝訴。吳敏兒在判決當日見記者時感動落淚，表示必須嚴厲執行「同行同檢」的規則，不可以讓任何人有例外，因為會破壞整個航空業的專業及公眾安全，她又感謝香港人對事件的關注和支持。

除了香港工會的事務外，吳敏兒亦常參與英國工會的會議和抗爭。2016年，英國英航員工發起罷工，她連續幾日到罷工現場，發表演說振奮軍心：「我是一個在香港基地的小小空姐，

能夠一次又一次推翻公司錯誤的行政決定。你們人數比我們多這麼多，力量一定比我們大。」她每次都會走到爭議最前線，因為她認為，唯有親身參與才能感受到工友困境，亦唯有這樣才可以讓他們知道，自己一直與他們同行。令她最開心的是，原本「Chicken」（膽小）、不夠膽抗爭的同事也對她說：「你的演說很鼓舞，我現在不怕了！」

當吳敏兒發現英航的英國工會憑藉聯合工會得到更大支持，培養了更深的自信與經驗，於是決定加入香港職工盟。她後來憶初訪職工盟時的情境，當時職工盟給她的印象是「爛仔」，示威時會有肢體碰撞，她心想：「他們是爛仔，我們斯斯文文，豈不是和爛仔做交易？」到了職工盟，接見他們的是時任總幹事的**鄧燕娥**[109]，對方溫文爾雅，讓她們安心不少。

由最初抗拒職工盟，到後來成為屬會代表，只是關注航空業權益，對吳敏兒來說還是不足夠。她本著一顆關懷的心，成為職工盟執委，再慢慢進入不同委員會：「我想了解其他行業的人，為什麼都在 fighting（抗爭）。」一路走來，一路學習，她積累了足夠的經驗，可以承擔更大責任，成為職工盟二十六年來的第一位女性主席。

吳敏兒慢慢成為香港人家喻戶曉的「逆權空姐」，英國同事則稱呼她為「fighting girl」（戰鬥的女孩），亦是無人不識的「famous

---

109 鄧燕娥（1958-）：香港工運活動家，香港民主派政治家李卓人的妻子，曾任香港職工盟總幹事、秘書長。港區國安法施行後，她早前已到外國探望女兒，丈夫李卓人在監獄中不小心跌傷手腕，輕微骨折，她返回香港，每日前往監獄探望丈夫。卻不料於2023年3月9日中午，在港島赤柱監獄外被國安處拘捕，指控其涉「勾結境外勢力危害國家安全」等罪名。11日，獲准以二十萬元保釋，並交出護照等旅遊證件。她接受媒體訪問說，對於被捕感到莫名其妙，自己一直從事勞工權益等工作，不明白為何會觸犯涉及國家安全的罪行。

girl」（著名的女孩）。許多共事的英國同事會特意走去與她認識。曾經在航班上，一位不認識她的英國同事與她談及：「我為你們那位女同事被遣散感到難過。」吳敏兒笑著說：「她現在就在你面前。」那位英國同事驀然驚覺原來眼前的就是「fighting girl」。

吳敏兒還有一個稱號「D-Carol」（Carol 為其英文名字），「D-Day」是二戰時盟軍諾曼第登陸日的代號。「D-Carol」寓意吳敏兒成功對抗資方。她笑言，這些稱號不知從何而來，但亦從此才知道自己在同事心中的份量。

2017 年 10 月，英航關閉香港基地，包括吳敏兒在內八十五名香港員工被遣散。吳敏兒在航空業工運上的一頁，也隨之結束，人生轉至下一階段。她表示，今後只是轉換跑道，不會放棄為一眾打工仔、打工女爭取權益，她的初心從未變：「我希望每一個打工的人，可以過得更好，更有尊嚴。」

2019 年 8 月 5 日，香港市民發動「三罷」抗議送中條例，有三十五萬人參與。身為職工盟主席的吳敏兒表示，旗下九十五個屬會都有發動罷工，參與罷工的行業包括運輸業中的航空業、巴士、零售、飲食、金融服務業及公務員等。她形容，這次罷工是為整場運動點起新形態抗爭方式，用「和理非優」方式持續運動，為運動帶來新的思考。

自「八五」的「三罷」後，香港越來越多市民自發組織及參與工會。吳敏兒表示，職工盟收到不少查詢，其中包括金融、新公務員、非合約公務員、醫療、建築等行業。職工盟提供協助，組織更多新工會，以捍衛香港打工仔、打工女的政治及勞工權利。她在受訪時指出，組織工會對香港的公民社會和民主進程具有重要影響。「對於公民社會而言，我認為這次組織工會浪潮，會改變大多數人對工會在社區和社會議題施加影響力的認知。以

前,大部分人認為工運只關注勞工權益,並不太關心其他社會議題;他們也抱持著『工會在搞什麼與我不太相關,也因此不用特別支持』的心態看待工運。經過反送中運動後,他們會以全新角度理解工會在公民社會和社會運動中的角色,開始思考工會、工運和每個人自身的連結是什麼;作為公民,可以支持工會、工運、罷工,可以表態。工會提供了公民一種全新的參與社會的方式,對於推動香港的公民社會和民主進程,帶來一個非常重要的改變。」

吳敏兒關注香港本地的工人權益及人權法治議題,也對中國本土日益惡化的人權狀況念茲在茲。2020 年 6 月 4 日,她撰寫短文〈不屈的堅持〉,支持六四燭光晚會:「三十一年來,無論面對幾多風風雨雨,香港的六四燭光晚會,從不間斷。今年六月四日,意義更是不同,經歷了逆權運動,國安法又威脅降臨,香港,跟從前已不一樣。我們,更沒有退縮的理由。2020 年的香港,與 1989 年的北京,時空交錯,在這裡相遇。今日香港人對五大訴求的呼號,迴響著當年北京學生為自由、爭民主的吶喊。只是當年民主之志未竟,今天的獨裁統治未除。1989 年我們看著冷血政權將坦克車驅進天安門,殺害手無寸鐵的青年學生,碾碎了整整一代人的民主夢想。今天,同一個滿手鮮血的政權,在背後指揮黑警肆虐,用同樣殘暴的手段,虐打、拘捕和檢控年輕人,殘害反抗暴政的示威者。三十一年過去,這個政權本質不變,是同一個吃孩子的政權。香港的家長,今天更能與天安門母親同仇敵愾,深深體會到那種被冷血政權奪去親人的揪心之痛。極權社會建築於謊言,以恐懼來維持統治,堅持真相,就是我們唯一可用的武器。不管限聚令、國安法,6 月 4 日,點起我們手上燭光,繼續堅守真相和良知。三十一年來,每年 6 月 4 日,全世界最美

麗的風景，就在香港。美的不是燭光，美的也不是維園，最美麗的，其實是香港人那份不屈的堅持。」

吳敏兒多年來以工運推動艱難改變，也希望推動女性從政，在政治路上越走越前。她由專業出發，遇到結構性問題，便以行動介入，推動社會改變。這是許多香港政治參與者的經典歷程。2020年7月，她代表工黨出戰民主派初選，並放棄英國公民身分，最終獲10,860票落敗。

家庭是吳敏兒心靈上最後的堡壘。她的丈夫經常取笑她哭成淚人的照片，她卻知道這是丈夫獨有的鼓勵方式。她是兩個孩子的媽媽，不管工作有多忙碌，仍將家庭放於首位，盡量抽空在晚上與家人吃晚餐，用心照顧及陪伴孩子，了解孩子們成長過程中的所需。她與子女如同朋友，閒時與女兒逛街購物，交流扮靚心得，在英求學的兒子暑假返港，她就和他一起享用自助餐。孩子是她心頭的一對活寶，她不求他們有成就，只求品行端正，女兒去學化妝，兒子想做機師，她統統沒意見。雖因工作及工會關係，她與子女聚少離多，但她深信相處時間貴精不貴多。

吳敏兒和許多人都沒想到，她選擇的尋求在香港現有政治框架之內推動社會變革的路，走到2021年，會撞上一個聞所未聞的罪名，叫做「顛覆國家政權」。2021年1月6日，她與數十名參與民主派初選的人士被香港警方國安處逮捕。隨後獲保釋。

一個多月後，吳敏兒在臉書上發佈消息稱：「收到國安通知，需於2月28日下午2點就『顛覆國家政權罪』一案，到秀茂坪警署提早報到。」她到警署報到後，被拘押，並被起訴。隨後，她辭去職工盟主席一職，而職工盟不久亦宣告解散。

2021年3月4日，吳敏兒坐在西九龍裁判法院被告欄後，聽著代表大狀黃瑞紅陳詞。這一次，她在法庭內痛哭。還押前，她

留給港人的話是:「放棄只需一秒,堅持卻需要一世。」

2021年3月6日,李卓人和另一位同仁,前往羅湖懲教所,終於在吳敏兒被捕後第一次與之見面。吳敏兒說,第一件事就是很掛念大家,並抱歉現在不能夠跟大家一起並肩作戰。李卓人說:「Carol,千萬不要這麼想,你已經犧牲很多,監獄隔阻不了我們,我們永遠跟你是一條心。你在裡面的日子,我們每人都會多走一步,承擔了你的那份責任!」

探監者透露,最令人掛心的是,吳敏兒腰疼舊患發作,晚上睡不好,吃了止痛藥也繼續作痛。

探視完之後,手足即時為吳敏兒張羅飯食、報紙等雜事,大家都在盡量努力。

2021年12月,吳敏兒向高等法院申請保釋,被拒。次年4月28日,吳杜麗冰法官頒布書面理由指,雖然吳敏兒沒有特意去煽動暴力,但其發言無疑會激起市民對當局的怨恨和憤怒,而且其主張有時是建基於謠言和謊言,而非事實基礎之上。吳作為工會成員亦有國際影響力,容易與海外成員聯繫,以加深對當局的敵意,故該法官認為沒有充足理由相信吳不會繼續作出危害國家安全的行為。該法官在判詞中指出,吳敏兒在2020年5月18日於《立場新聞》發表一篇名為〈制裁黑警,制裁埋黑警後路〉的文章,以表明她如當選立法會議員,打算制裁警方及曾維持立法會秩序的議員。她2020年6月19日在臉書宣布參選初選宣言,她預見黑暗及血腥的時期來臨,故民主派需團結成為抗爭派以抵抗政府,她亦簽署了初選〈墨落無悔〉聲明書。

《港區國安法》頒佈後,吳敏兒亦在臉書指:「最近港共一直散播恐懼,不論什麼戰線好都受盡國安法的迫害,面對惡法,無人可以置身事外,議會只是其中一條戰線,達至勝利,各路缺一

不可。」2020 年 7 月 5 日，她在選舉論壇上說：「其實工會運動並不局限於本地，我們現在發展結連結到國際的工會運動。」其競選單張亦顯示她堅決反對《港區國安法》及警察，並有意把抗爭推向國際舞臺。吳除了積極參與工會工作外，亦曾參與教育界集會，遊說民眾對抗政權和警察。

代表吳敏兒的李志喜資深大律師指，以上純粹是選舉修辭，吳批判警察的主要目的只是向被捕人士表示同情，吳亦從未煽動過任何暴力行為。

律政司高級檢控官羅天瑋則指，吳敏兒在初選落敗後接受傳媒採訪時，呼籲各界繼續對抗政權，可見此並非只是選舉修辭，而是顯示出吳堅決對抗當局的決心。

2022 年 7 月 6 日，吳敏兒等涉組織及參與民主派初選遭控「串謀顛覆國家政權罪」案，正式交付高院。被控的四十七人中，有二十九人擬認罪，十八人擬不認罪。吳敏兒擬認罪，惟表示只同意部分控方案情。

吳敏兒的臉書自其被捕後便停止更新。她的簽名仍是那句話：「這個社會所有的價值在一點一滴地消失，如果連自己的僅有的一份也不捍衛，我們還剩下什麼？」

2022 年 10 月 24 日，臨近吳敏兒的生日，有網民將她在 1990 年參加的 TVB 第九屆新秀歌唱大賽片段放上 YouTube。香港民眾以此表示，他們沒有忘記這位挺身反抗暴政的女士。

2022 年 12 月，前屯門區議員朱順雅[110]到羅湖懲教所，探望已被關押一年九個月的吳敏兒。朱順雅指，吳敏兒清瘦了少許，但

---

110 朱順雅（1974-）：香港民主派人士，前香港屯門區議會恆福選區區議員、屯門區發展及規劃工作小組成員，前民主黨黨員。

還是很精神,「一雙大眼睛很精靈」。吳敏兒表示,獄中寒冷,但已有禦寒方法,會將被鋪摺成睡袋,便三邊都不透風,再在被鋪上覆蓋數張報紙,可以一覺睡到天光。朱順雅問:「晚上洗澡的熱水溫度夠不夠?」吳敏兒稱目前勉強可以,但如氣溫在十度以下,便會不夠熱,又稱「也沒辦法,只好頂硬上!」

吳敏兒臉書:https://www.facebook.com/CarolNgMY/
被法官作為駁回吳敏兒的保釋申請證據的吳敏兒的短文〈制裁黑警,制裁埋黑警後路〉:
https://www.inmediahk.net/node/1073545

30 | 張海濤：我用鍵盤和鼠標發出了自己的聲音，我無悔於這個時代

張海濤（1971年3月10日—），基督徒，商人，維權人士，曾為維權網站「權利運動」義工。他在網上發表大量批判中共專制暴政、爭取民主自由人權的言論，也積極參與各地的維權抗爭活動。2015年6月26日，張海濤被烏魯木齊市中亞南路派出所以涉嫌「煽動民族仇恨、民族歧視罪」抄家、刑事拘留。2016年1月15日，被烏魯木齊中級法院以「煽動顛覆國家政權罪」重判有期徒刑十五年，以「為境外提供情報罪」判處有期徒刑五年，二罪合併執行十九年，剝奪政治權利五年，沒收個人財產人民幣十二萬。張海濤不服上訴，2016年11月28日，經新疆高院二審裁決，維持原判，刑期至2034年6月25日。

張海濤：出生於河南南陽市方城縣。早年在國企工作，失業下崗後於1995年到新疆發展，從事電信產品零售業。

2009年，張海濤回河南老家度假時，突遭無辜抓捕，並被新疆警方以涉嫌「詐騙罪」刑事拘留，關押在烏魯木齊市六道灣看

守所。關押近兩個月後，被無罪釋放。為了維護個人合法權益，他開始接觸司法公正問題，先是為自己維權，然後幫助比自己更弱勢的民眾維權，繼而積極關注新疆民族問題和民生事務，經常在網上發表對政府和時局的看法，並參與諸多維權活動，因而成為當局眼中的「敏感人物」。

張海濤的妻子李愛杰如此形容張海濤：「一個早起為妻子做早餐、無論下班多晚都親自為愛人蒸饃的丈夫；一個在風雪嚴寒夜中守候妻子下班、過馬路總牽著手的知心愛人；一個在生活中答疑解惑，時有批評的良朋兄長；一個得知自己要當父親後，歡呼雀躍如『孩童』的爸爸；一個服侍在父母病床上，日夜不離，成為醫院楷模的兒子；一個在公交車上總為別人讓座的愛心人士；一個關注社會、關注民生，熱愛民主、自由的義人志士；一個『人不能像豬一樣活著』的覺悟者。」李愛杰還寫道：「有時在想到底是什麼吸引著我呢？你的真誠實在、平和穩定，你的堅定執著、淡定從容，應該是『大氣』吧，應該是內心的富足吧。你沒有一件『像樣』的衣服，因為你不在乎外表的浮華，你那麼節約，而你對別人卻從不吝嗇，因為你不計較個人的得與失。」

2010年8月，張海濤參與《要求立即撤銷國務院〈關於勞動教養問題的決定〉等勞教行政法規的公民權力主張書》的簽名活動，受到當局打壓。2011年，烏魯木齊舉辦亞博會，張海濤一出小區即被管區警員艾塔洪綁架回家，此後一個多星期裡，警車停在其家樓下，維穩人員用舊沙發堵住其家門，二十四小時守候著不讓其出門。在一段時間聽不到屋內動靜後，還砸掉防盜門上的貓眼向裡面觀察。2014年6月4日，張海濤因參與紀念六四屠殺二十五週年而遭警方拘押。

張海濤後來在上訴書中描述常年被警察騷擾的生活狀況：「在

一些所謂敏感節點的日子裡，出門被便衣人員跟蹤騷擾，要麼走在後面不斷踩我鞋後跟，要麼走在我前面，緩慢如蟻行，靈活如蛇行般地擋我走路。雖然路邊維穩人員、車輛、崗哨很多，雖然我也多次向他們求助，但他們對發生在眼前的這些行為，不是置之不理，就是表示他們只能處理一些突發性、聚集性事件。還有一些莫名其妙的時候，突然受到維穩人員的關照，了解一下我在不在家，在做什麼。事後才知道，這些時候，往往是剛剛發生了暴力事件。」

另據一化名為「哎烏」的維權人士在〈憶念張海濤兄，和一些時光碎片〉一文中回憶，大部分情況下，「張海濤是溫和、寬厚、寡言的，他從來不善表達」。有一次，哎烏發起並執行一次聲援胡佳、**劉沙沙**[111]、劉萍、葉海燕的愛滋公寓的捐款，匯款當天請張海濤當見證人之一兼保鏢。「海濤的鎮定、溫和，猶如安慰劑，使我特別踏實。結束後，海濤分享了反偵察經驗。因為他斷後，所以他是乘公車走的。他在月臺觀察了幾分鐘，在車門要關時，突然跳上車，並向車外扔了一枚硬幣。跟蹤者眼睜睜看著他跑了。」

2014年7月4日，哎烏決定舉牌聲援郭飛雄。他約了張海濤一起參與，並在張海濤家寫好抗議標語。兩人上了天橋，哎烏舉牌、張海濤拍照。拍第二張時，張海濤說：「他們（武警）來了，快跑！」兩人立即奪命狂奔。張海濤將拍了照片的手機給了哎烏，

---

111 劉沙沙：原名劉琳娜，河南南陽人，南陽油田工人。積極參與維權活動，聲援趙連海、倪玉蘭、劉霞、陳光誠，屢屢被抓捕、毆打、關進黑監獄。2013年，與丈夫、香港人楊匡共同發起「自由政治犯」公民行動，前往中國各地探望被監禁或軟禁的異議人士。因轉發自由亞洲關於新疆鎮壓的消息，被刑事拘留。2014年，流亡加拿大。

說：「萬一不行，你就先跑，我引開他們。」結果兩人都被追上，面對持槍武警的包圍，張海濤安靜溫和，猶如鐵塔一般。「海濤的臉上，滿是憤怒的光采，但又異常溫和、美好。⋯⋯海濤的強大氣場，震得武警們愣愣的，一句話也沒有說過。」後來，武警的隊長戲劇性地打破沉默，向派出所報案、報告經緯度、說抓住兩個反動分子。聯繫好後，武警將兩人扭送派出所。在派出所，一個維族公安特別兇，罵罵咧咧，甚至要衝過來打人。張海濤溫和、沉穩地應對。後來一名公安說：「這位同志有信仰，我尤其尊重。」兩人在次日凌晨獲釋。

張海濤說過：「清醒的人被關進監獄和精神病院，一群精神病人統治這個國家。」他早已預言了自己的宿命。2015 年 6 月 26 日，七名國保人員闖入張海濤家中，將其帶走，並在其家中抄家數小時，抄走大量私人物品。張海濤新婚不久的妻子李愛杰也被帶到派出所問話，直到凌晨才獲釋。7 月 31 日，張海濤被變更罪名為「尋釁滋事罪」正式逮捕。11 月 18 日，再次被變更罪名為「煽動顛覆國家政權罪」繼續超期關押。

2016 年 1 月 15 日，張海濤被重判十九年。一審審判長為鄧穎。判決書指出，2010 年起至 2015 年期間，被告人張海濤頻繁使用翻牆軟體，通過互聯網流覽境外網站、媒體，訂閱、下載大量煽動顛覆國家政權、詆毀黨和國家政權的郵件、文章、音視頻。受此影響，2010 年 7 月起至案發，張海濤以顛覆國家政權、推翻社會主義制度為目的，借社會敏感熱點問題，利用推特微博、微信向不特定網路受眾發表、轉發大量詆毀、攻擊、侮辱、誹謗黨和國家政策、社會主義制度等煽動內容的推特微博 205 條、微信 69 條。有網友計算，平均一條言論獲刑二十天。以推特言論為主被定煽顛罪的中國政治犯，張海濤若不是第一個，也肯定是判刑

最重的一個。

判決書中引用的張海濤的言論包括：「血債累累的中共法西斯集團罪證如山⋯⋯我相信白宮，一定會抓住有利時機，一舉粉碎反人類的中共獨裁團伙，給中華民族帶來自由和解放。」、「共匪的殘暴，只有你想不到，沒有它們做不到。」、「一小撮獨裁分子能代表一個民族嗎？」、「政府把所有能斂財的行業，幾乎全部控制起來：石油、電力、通訊、醫療、教育、養老、住房、計畫生育等。」、「百分之九十九的中國人不知道，什麼是法西斯主義，法西斯主義強調國家優先，以愛國主義和集體主義壓制個人自由。」、「在中共一黨獨裁體制下，各級政府的權力不是來源於公民選票，而是自上而下的逐級授權，社會上每筆血債，習特勒都是幕後黑手，而這個惡貫滿盈的傢伙，正忽悠你。」、「當小販被打死，當公民被警察擊斃，⋯⋯當幼女被官員強姦，廣大的人民，你們為什麼不生氣？你們為什麼不憤怒？你們為什麼無動於衷？覆巢之下，安有完卵！專制之下，誰能安全！你們真的能肯定，下一個被逼迫、被擊斃的絕對不會是你？」、「在當下中國，反對它們是做人的底線，埋葬它們是做人的起點，唾棄它們才談得上尊嚴，鄙夷它們才對得起雙眼。」這些言論說得都是常識，都是真相，中共當局敢讓中國民眾都閱讀到這樣的言論並憑藉良心做出判斷嗎？

張海濤被捕前，張海濤家裡人反對他與李愛杰結婚。張海濤被捕後，李愛杰已有身孕，國保多次暗示乃至唆使李愛杰與之離婚、做人工流產。張海濤被判刑十九年後，李愛杰娘家人受到國保的壓力，將怒氣發洩到李愛杰身上。但李愛杰對丈夫不離不棄，生下孩子，並遵照張海濤囑咐，給孩子取小名為「小曼德拉」。

經唐吉田律師的推薦，劉正清律師挺身而出擔任張海濤的二審辯護律師。後來，劉正清律師將辯護經過寫成〈佔領軍下的張海濤〉一文。他將新疆的恐怖、緊張氣氛形容為「到新疆仿彿置身於佔領軍所轄的氣氛」。2016 年 2 月 17 日，劉律師飛往烏魯木齊市，抵達時已是凌晨，李愛杰雖有嗷嗷待哺的嬰兒，仍冒著零下幾十度的嚴寒到機場來接。當天上午，劉律師即到看守所會見張海濤。「大概是久未曬太陽的原故吧，其白皙的臉色，看上去總覺得是一種不健康的白，頭上也夾雜著與其年齡極不相符的白髮。他的平靜與鎮定讓我驚歎！繼而欽佩！此時一審判決結果已經出來了，他竟然對十九年的刑期無所畏懼，仍然堅守自己的理念。憑我二十多年的律師執業生涯，及閱人無數的經驗判斷：此君必是一個有信仰的人！便問其有無信仰？其告：是一個基督徒，信仰上帝。」

第二次到新疆，劉正清律師是和**陳進學**[112]律師同去的。在新疆高院，他們透過層層安檢終於見到了二審經辦法官馮向民。該法官希望兩名律師做做張海濤的工作，說：「只要他認罪就可以從輕處罰，就可以開庭，否則就不會開庭，只作書面審理。」下午，兩位律師到看守所會見張海濤，將與二審經辦法官交流的情況告訴了張海濤。張告：在此之前，看守所所長找過他，勸他認罪，說只要他肯認罪就可在兩個罪名中由他任選一個；經辦法官也來找他談過，說只要他認罪就從輕處罰，二審才會開庭審理，否則

---

112 陳進學：人權律師，代理過江天勇案、王默案、楊崇案、馮崇義案。因幫助張海濤辯護和申訴，被新疆高院投訴，在辯護詞中有不當言論。2017 年，陳進學在律師年檢中被評定為「不稱職」。他憤而抗議，並表示他爸在老家把房子建好了，如做不成律師，就回家種地，地方很美。江天勇評論說：「陳進學律師被『不稱職』，只因為接手敏感維權案件、說真話和助人，他努力想讓這國好起來。」

就不開庭，作維持原判處理。張海濤非常平靜地跟兩位律師說：「共產黨的話你能信嗎？已判十九年，十年也是從輕，一年也是從輕，牠還有十年的命嗎？我何必要去爭取這個從輕呢？」

2017年1月，張海濤在其手寫的上訴書中，從三個方面駁斥判決書。首先，偽證、非法證據、不合常理證據應予排除；其次，邏輯荒謬，法律適用對象錯誤；第三，充滿鬥爭思維，文革大字報式的政治批判。他認為，反對共產黨與顛覆國家政權，把兩者等同起來，屬於黨國不分。黨是社會團體，無論執政與否均無特權。反對是公民權利，禁止反對是法西斯性質的政黨。他還強調：「本人發表的只是個人經歷見聞、個人思想評論、觀點與見解。與他人不同的思想觀點不是造謠歪曲！對事物事件表面現象與本質的認識問題，存在不一致是科學的，是基本常識，不能強迫我接受事物、事件都是表裡如一的單方宣傳。……我不能一生只接受一種主張觀點，任何人不能剝奪我接觸其他主張觀點的自由。」判決書說張海濤經常接受美國之音等境外敵對勢力的訪問，張海濤反駁說：「既然是敵對的，美國之音在北京掛牌的記者站卻長期運作。」

在上訴書的最後部分，張海濤義正詞嚴地指出，自己的所言所行毫無違法犯罪之處：「我不是危害到任何人的刑事犯罪，也不是涉及到一分錢利益的經濟犯罪。在這個信息時代，我是公民記者，是獨立評論人，在網上記錄自己生活中的經歷見聞，發表自己內心真實的思想感受，與廣大網友共同交流分享，不為任何經濟利益，也不為任何組織服務。你們把反對黨等同於顛覆國家，是黨國主義。把這片土地上洋人都享有的基本自由，從國人身上剝奪，是賣國主義。把批評黨和政府政策視為危害國家安全和利益，以危害國家安全和利益為由，剝奪公民自由，是典型的法西

斯主義。你們是國家的恥辱，時代的逆流。通往朝鮮的道路，沉默鑄就。我用鍵盤和鼠標發出了自己的聲音，我無悔於這個時代。對自由的追求中，有挫折，但絕不會失敗。」他的宣誓，擲地有聲。

2016 年 11 月 14 日上午，陳進學律師從廣東飛赴新疆，探望了被關押在看守所的張海濤。陳律師給張海濤帶去了安慰、溫暖，同時也帶出令人震驚的消息。張海濤在看守所遭遇嚴重虐待，從一審判決至今，腳鐐從未去掉。張海濤透露：「在監室裡只有我必須按看守所指定位置坐，位置不對喇叭就響起，坐的姿勢不對都要被管教指正；平時不讓活動，每天只能坐在一塊瓷磚大的地方上，有時起立、蹲下活動，緊急鈴就響起。坐在那裡，可以看書，但家人送的聖經沒有給我。」張海濤屢屢生病，2016 年 9 月至今，每十幾天肚子就疼一次，每次疼幾個小時，疼得直冒汗，九月底去醫院檢查了 CT、心電圖、尿檢、血檢、超音波，沒有告訴體驗結果。管教說是因為吃多了。每次肚子疼，同房的馬上報告，管教讓他在地下活動，說活動下肚子就不疼了，而他要求上床休息，管教卻不讓。

張海濤還揭露，他受到嚴重的刑訊逼供。比如，連續二十天，日夜不讓睡覺，有醉漢盯著不讓閉眼。如果睏了，他們用打火機在其腦袋前、後、左、右點著燒。不給食物和水，辱罵、威脅、恐嚇、欺騙，拉到沒有監控的地方用手拷反吊著打，拳打、腳踢、用空心膠管、蒼蠅拍毆打頭部、胳膊、腿等部位，他們是夜裡打，白天審問，是蒙著頭帶到地下室打。打人的是市國保支隊王副隊長，六中隊馬伊耿隊長，辦案人員楊濤，還有一個年輕的警察隋飛飛。

2016 年 11 月 23 日，新疆高院在二審判決書中指出：「本

院認為，上訴人張海濤以顛覆國家政權、推翻社會主義制度為目的，故意歪曲事實真相、製造謠言，通過互聯網向不特定網路受眾散佈大量誹謗、謗毀、誣衊黨和國家政策及社會主義制度的文章、圖片，並與境外機構、組織和人員相互勾結，以發文投稿、接受採訪等方式，攻擊共產黨領導的人民民主專政的政權和國家政策，煽動顛覆國家政權和社會主義制度，嚴重危害國家安全，其行為已構成『煽動顛覆國家政權罪』，且罪行重大；同時，張海濤將搜集的新疆維穩資訊情報非法向境外機構、組織、網站和媒體提供，危害國家安全，其行為已構成『為境外刺探、非法提供情報罪』，均應依法懲處，實行數罪併罰。原判根據張海濤的犯罪事實、對社會的危害程度、認罪悔罪態度等情節，對其依法量刑正確，故對其提出量刑過重的上訴理由，不予採納。……原判認定事實清楚，證據確實、充分，定性準確，量刑適當。審判程序合法。依照《中華人民共和國刑事訴訟法》第二百二十五條第一款第（一）項之規定，裁定如下：駁回上訴，維持原判。本裁定為終審裁定。」

同年12月5日，張海濤的姐姐張紅霞收到「新疆沙雅監獄罪犯入獄通知書」。通知書顯示，張海濤已於12月2日被送至沙雅監獄第九監區服刑改造。

李愛杰懷抱幼子，屢屢到新疆高院等機構為丈夫的冤案申訴，因此受到國保打壓。他們家的銀行帳戶被凍結，母子倆連基本生存都非常困難。

2017年12月23日，李愛杰及兒子在對華援助協會及傅希秋牧師的營救下抵達美國，繼續在國際社會為丈夫奔走呼號。她表示：「如果每個人包容黑暗，這個世界就會陷入絕望。我不會坐視不管」。

一九七〇年代　325

2018 年 4 月，張海濤的姐姐張清珍到獄中探視了弟弟。此後將近五年時間，中共當局以疫情以及張海濤不願見家人為由，剝奪了張海濤的探視權。一直到 2023 年 3 月 1 日，居住在美國加州的李愛杰在社交媒體 X 上發出一則消息：「漫漫探視路，歷時四年十個月，姐姐終於見到了日夜牽掛的弟弟張海濤。」李愛杰表示：「我很感激姐姐，她這次是下了很大的決心。姐姐在新疆烏魯木齊市住了一個月，她非常努力的跟各個部門交涉，姐姐對司法部門的工作人員說，如果這次不讓她會見弟弟，她不會離開新疆，她會一直住在那裡，直到見到弟弟。她終於獲准以視訊形式會見到張海濤。」李愛杰讓張清珍轉達對丈夫的問候：「海濤，保重身體，心中保持希望，我和兒子一切都好，你不用擔心。我會盡力培養孩子，請放心。仰望上帝，多多祈禱，每月給家人寫信，向大家報平安。」兒子「小曼德拉」也通過姑姑向父親喊話：「我愛你爸爸，我已經七歲了。當你出來時，我教你英語，你老了，我會照顧你。等我長大了，我有本事，我會開飛機把你載過來（美國）。」

31 昝愛宗：我要自由而行，不再被奴僕的軛轄制

昝愛宗（1971年9月4日—）：基督徒、公民記者、獨立作家、出版策劃人。曾在北京當北漂多年，後定居杭州。因倡導言論自由、新聞出版自由、宗教信仰自由，點名批評中共各級官員，被供職的媒體開除，常年受到國保警察等部門監控、騷擾，多次被喝茶、行政拘留、刑事拘留。2024年7月，因與友人等一起悼念劉曉波被杭州警方刑事拘留。

昝愛宗：安徽太和縣人。出生於貧寒的農家，從小追求正義、嫉惡如仇。大學畢業後，到北京闖蕩，任職於《購物導報》、《北京市場報》等1990年代初出現的較為市場化、有一定的言論空間的媒體。

在此期間，經由《大學生》雜誌編輯駱爽介紹，我結識了昝愛宗，那時我們都給《大學生》雜誌撰稿，也常常去編輯部聊天。記得剛見面時，我問他說，昝這個姓氏很少見，不知有何典故？他說，說不定我是你的四川老鄉——昝是來自蜀地姓氏，漢時巴蜀之賨人（土家族先民）七大姓之一有䢼氏，亦作督氏，實為昝氏之訛。

昝愛宗個子瘦小，說話有安徽口音，臉上永遠帶著淺淺的微

笑。那時我們常常在一起玩的幾位朋友中，只有昝愛宗有工作和薪水，所以他常常慷慨請客餐敘。我們有時去他租賃的小屋吃火鍋，屋裡滿坑滿谷都是他搜集的報紙、雜誌和書籍。

因為秉持良知、堅持說出真相，昝愛宗不得不從一個報紙換到另一個報紙，又從最基層的職位做起。擁有像昝愛宗這樣資歷的新聞界人士，若是善於經營者，升遷為部門主管乃至總編助理級別並不難，只有他這樣的理想主義者，多年摸爬滾打後仍是不起眼的「小記者」。

我那時開始整理自己的文章，編印成小冊子在朋友之間傳播，這些文章後來精選為《火與冰》一書。編印小冊子也需要錢，我這個大學生沒有那麼多經費。有一次，昝愛宗聽我聊到這個問題，立即慷慨解囊，資助我一千元用於印刷。1990年代中期，一千元不是一筆小數目，幾乎是他一個月的工資。我在小冊子的扉頁上，專門寫了一句話向昝愛宗致敬：「在風沙撲面的北京，有昝愛宗這樣同為異鄉人的朋友，我便不再孤單。」

1998年，我的處女作《火與冰》出版後，昝愛宗也對出版業有了興趣，於次年策劃出版《第四種權力：從輿論監督到新聞法治》一書。書出版後，市場反應良好，但很快受到中宣部打壓。多年後的2012年，曾任中宣部部長的丁關根死掉了，昝愛宗寫了一篇文章〈親歷丁關根治下的「文字獄」〉，回顧那場不堪回首的文字獄：

那是1997年年底，我在北京做記者，經常到北大與朋友談天，交往的好友有當時在北大讀書的青年才俊余杰和許知遠等人，我們商量策劃一本書，內容大致是近年來新聞界的輿論監督難現象，以及新聞傳媒對官場腐敗和社會矛盾的大量曝光和受民

眾歡迎的程度,想把新聞輿論監督提升到「立法」、「行政」、「司法」之後的「第四種權力」的高度,書名就定為《第四種權力:從輿論監督到新聞法治》。《中國青年報》知名記者盧躍剛還為新書寫序。

1998年年底,我們全力完成書稿後,就四處尋找出版社公開出版。……結果書名太刺激,一時出版不順。我們曾經聯繫到近三十多家出版社(中國的出版社只有五百多家,北京佔了約五分之一),但多數都以中宣部禁令太多或話題敏感為由拒絕了出版。其中,一些知名出版社明確表示不能出,它們有:中國社會科學出版社、改革出版社、時事出版社、中國社會出版社、群眾出版社、中央民族大學出版社、當代中國出版社、中國城市出版社、中國電影出版社、經濟日報出版社、中國林業出版社、濟南出版社、中國人事出版社、中華工商聯合出版社、文化藝術出版社、印刷工業出版社等,後來還找了一些不知名的出版社,但都是一一碰壁。這些「國字頭」或專業出版社都受中宣部控制,一旦出版了他們認為的「壞書」,輕則撤銷編輯和社長、總編輯的職務,重則關門。比如丁關根時代就有兩家知名出版社被關,一家是出版了何清漣的《現代化陷阱》的今日中國出版社被關,一家是出版了令江澤民不能容忍的《新官場秘經》的改革出版社,這兩部書都是丁關根時代中宣部的禁書。

單單找出版社就找了一年多,直到1999年11月,幾乎快要放棄的時候,北京有一位出版經紀人倪熙忠老先生出主意,他四處尋找,終於找到一家以出版少數民族圖書為主的民族出版社藏文編輯室。藏文編輯室也可以編輯漢文圖書,該室有一位編輯是青海人,大學畢業後分配到民族出版社擔任藏文和漢文的編輯,他和編輯室主任以及出版社的總編輯認為這本書可以出版,內容

的引文也都是出自公開發表的報刊,無任何「反黨反社會主義」的內容,很快決定印刷並出版發行。

新書出版後,《中國青年報》、《檢察日報》、香港《明報月刊》及人民網、正義網等紛紛報導,一週內還進入新華書店北京發行所的暢銷書銷售榜前十名。但好景不長,很快就被丁關根所在的中宣部盯上。2000 年 4 月 19 日,《中國商報》刊登了北大研究生余杰撰寫的《第四種權力》一書的推薦文章,提到「在現代社會,新聞輿論被當作除了立法、行政、司法三大權力之外的」「第四種權力」。「一個社會的『第四種權力』是否能健康、自由地發展,直接維繫著這個社會是否具有自我完善、自我淨化、自我更新的功能。處於轉型期的中國社會,新聞對於維護社會正義更是作用突出。」正是這一段話,惹怒了中宣部,中宣部閱評小組要求《中國商報》編輯說明為什麼發表這篇書評,編輯與該書的作者是怎麼認識的,有什麼背景等等,讓編輯嚇了一跳。此外,中宣部還發動輿論反擊:2000 年 5 月 19 日,中國記者協會所屬的《中華新聞報》批評「輿論監督是第四種權力的觀點是錯誤的」:「西方在實行立法、行政、司法三權分立基礎上提出,輿淪監督是獨立於此三權之外的『第四種權力』。這是資產階級的一種新聞觀點。這是一種具有極大欺騙性的觀點。」接著《人民日報》旗下的媒體也站了出來:2000 年第七期該報《新聞戰線》雜誌發表署名景曉旭的文章說,「我國媒體是黨和人民的喉舌,傳媒的輿論監督是在黨的領導下進行的」,他批評《第四種權力》一書「如此照搬西方第四種權力的提法是錯誤的」。最後,中央級媒體也親自站了出來,2001 年 1 月出版的第一期《黨建》雜誌發表文章,再次指責輿論監督不是「第四種權力」,從此《第四種權力》一書再無出頭之日。

中宣部做事,都是兩手抓,兩手都要狠。一方面禁止輿論提及「第四種權力」這個西化的詞語,一方面查處出版社為什麼出版一本壞書,結果該書緊急從書店下架,北京西單新華書店售書中心不再銷售,北京甜水園圖書批發中心的發行也終止,印刷廠也被騷擾,收回菲林膠片,不得重印和再版。被強制收回的圖書約有近千本,結果都被封存在民族出版社的倉庫裡,可能不久就被拉到造紙廠被打成紙漿了。民族出版社的總編輯因為一本書被免職,提前退休,編輯室主任被撤職,責任編輯被停職,其正在申報的高級編輯職稱被中止,扣發獎金,兩年內不得申報高級職稱。正是中宣部的禁令,讓出版社和作者都損失慘重,這就是黨國「文字獄」壓制出版自由的惡果。

後來,北京的生存環境越來越惡劣,加上新婚妻子不喜歡居之不易的帝都生活,重情重義的昝愛宗便移居杭州,在一家名不見經傳的行業報紙《中國海洋報》任記者。這份工作自然是委屈了他的才華,但他仍幹得有聲有色——他成為這家報紙唯一具有全國知名度的記者。

2002年,昝愛宗因在網上發表〈「嚴打」是一種國家恐怖主義〉一文,被杭州警方罰款五千元。為此,他先後啟動行政復議和司法訴訟程序,均遭失敗。我在長篇評論〈表達的自由與憲法的保障〉一文中評論說:「此案為我國大眾傳播學領域的司法保障制度的進步以及在相關學術領域,提供具有典型本土特徵的,極具歷史性價值的讀本。⋯⋯在這一案件尚未成為歷史、依舊還是活生生的現實的今天,我們必須直面一種相當危險的處境:一個公民說了一點受憲法保護的真話,卻受到某些法律法規的嚴厲懲罰。如果一個公民行使表達的自由和權利卻最終遭受懲罰的現象

成為社會的『正常』情況,那麼我們就只能生活在一個『萬馬齊瘖』的、『沉默的大多數』的社會之中。」

2004 年,我南下旅行,到杭州與昝愛宗相聚,他邀我一同去浙江玉環縣,採訪當地漁民被非法侵佔土地事件。我們坐著公交車,花了四個多小時才到達當地。昝愛宗已多次來此,一聽說昝記者又來了,十多位民選村長都聚集過來,向他反映漁民的冤屈。這些村長都是皮膚黝黑、兩鬢風霜的漁民。他們傾訴說,這裡沿海的大片土地灘塗,是漁民們發展近海養殖的生命線,卻被當局強行徵用,劃給開發商開發房地產,村民僅得到很少補償。另一方面,這樣的開發項目也破壞了國家的海洋資源和生態環境。我們調研了一天,在第二天將要離開時,一位當地維權領袖提出要給昝愛宗和我往返的路費,卻被昝愛宗拒絕。昝愛宗前去幫助漁民維權,連路費都是自己掏的,比起某些人利用維權活動向村民漫天要價來,有著天壤之別。

昝愛宗透露,迫害上訪漁民的玉環縣前任縣委書記,現在正是浙江省海洋局負責人,也正是他們這個小小記者站的「頂頭上司」。但他還是寫出一篇對此事件的長篇報導,雖未能在《中國海洋報》發表,卻將其發表在海外網站上。許多記者都遵循此一職業的「潛規則」:地方報紙不能批評本地黑幕,行業報紙不能批評本行業黑幕;只有批評發生在遠方的事件,才能保證飯碗及安全。昝愛宗卻敢於突破此一「潛規則」。

2006 年 7 月 9 日,昝愛宗在杭州一個家庭教會受洗成為基督徒,此後他常常帶妻子和女兒到教會聚會。

昝愛宗逐漸將對自由的求索擴展到宗教信仰自由層面,他先後為多起教案撰寫過呼籲文章。2006 年 7 月 29 日下午,浙江省杭州市蕭山區黨山鎮發生強拆基督教堂事件。此次杭州當局使用

暴力手段強行拆毀的,是蕭山教會自行興建的一座規模較大的教堂。當地的家庭教會事先已多次向有關部門申請興建教堂,其申請卻被長期束之高閣。面對政府的不作為,教會決定自動實踐憲法所賦予公民的宗教信仰自由——包括興建教堂的自由。當教堂即將完工時,當局出動大批人馬強行拆毀。為了捍衛教堂,當地數千名教友與警方對峙良久。最後,警方使用暴力手段,數十人被打傷,數十人被羈押。

事件發生後,昝愛宗通過電話、網路、訪問等多種管道與多名教徒和相關人士進行聯絡和採訪,瞭解到若干真實情況。8月1日,他公開發表〈請浙江省調查蕭山暴力拆除基督教堂「729事件」並公佈真相〉一文。當晚,被有關部門約談。8月3日,他又發表〈關網站禁信仰打壓言論自由——抗議蕭山暴力拆遷基督教堂〉一文。

8月4日下午,昝愛宗原計畫去蕭山黨山鎮現場瞭解情況,突然被杭州市公安局網路監察分局傳喚,辦公室電腦和常用包被搜查,並被扣押電腦主機,筆錄至晚間10點多結束。傳喚證上明確寫著「因涉嫌散佈謠言,擾亂公共秩序」,警官警告並要求他最近不能離開杭州,等候處理結果。

8月9日中午,昝愛宗與杭州市公安局局長吳鵬飛通電話,向其反映問題,並到該局送致吳鵬飛的公開信〈蕭山「729事件」致杭州市公安局局長一封緊急呼籲公開信〉。

然而,當局並未以善意來回應之。8月11日晚上,昝愛宗再次被傳喚;晚間7點,他被宣佈予以行政拘留七天。此次事件最重要的意義在於,它堪稱中國公民爭取和捍衛新聞自由、言論自由與宗教信仰自由之「交集」,顯示出公民的各種自由密不可分。

獲釋後,昝愛宗沒有認命,向法院起訴杭州市公安局網路監

察分局。2007年2月14日下午,杭州市上城區法院宣判昝愛宗敗訴。異議作家呂耿松在〈一紙是非顛倒的判決書:評杭州市上城區法院對昝愛宗的行政判決〉一文中評論說:「昝愛宗明知會『敗訴』,但他仍把網監告上法庭,那是因為他要履行公民的義務,捍衛憲法賦於公民的神聖權利。因此,他還會繼續上訴、申訴,盡一個中國公民捍衛憲法權利的義務和責任。」呂耿松指出:「昝愛宗在上述兩篇文章中沒有『散佈謠言,故意擾亂公共秩序』,倒是政府官員和官方媒體在製造謠言混淆視聽。作為一個記者,昝愛宗出於職業良心,撰文駁斥這些謠言,也是他份內之事,何來『散佈謠言,故意擾亂公共秩序』?所以,(2006)上行初字第112號《杭州市上城區人民法院行政判決書》,是一份是非顛倒的判決書。」

　　最近十多年來,昝愛宗成為杭州乃至浙江受到嚴密監控的異議人士。看看他在海外網站發表的文章的題目,就知道中共當局為何害怕這個文弱書生了:〈中國形形色色的「柏林牆」〉、〈沒有新聞自由的記者節是偽記者節〉、〈北京維權律師群體抗壓記〉、〈反華國鋒李九蓮被辱屍、鍾海源被活摘器官〉、〈抗議上海非法查抄翟明磊家裡的私有物權《民間》〉、〈鳳凰大橋坍塌:湖南書記張春賢及省長周強沒有責任?〉、〈律師被打和律師被法官驅逐出法庭的悲哀〉、〈共產黨合法性遭遇「司法非法」新危機〉、〈中國還有一億多線民等待「因言論而拘留」〉、〈距離中南海對外開放還有多長時間〉、〈為「釘子戶」致重慶市委書記汪洋先生一封公開呼籲書〉、〈出版自由之敵的龍新民和鄔書林〉、〈刑訊逼供:另一種「恐怖主義」〉、〈真正危害國家安全的是製造腐敗的制度和沒有執政能力的官員〉、〈《江選》出版──還有多少人相信江澤民?〉、〈什麼是合法的土匪?〉、〈來抓吧,我們每一個人都是陳光誠〉、

〈向中央政府建議政治改革十二條〉、〈「六四」是全國人民的高等學校〉、〈公民團結起來,依憲法批評和罷免不合格的政府〉、〈愛國不是愛皇帝〉⋯⋯。

2024年2月27日,昝愛宗發表一篇抗議因兩會召開而被限制人身自由的聲明。他指出,近兩個月來,無論是在家,還是禮拜天參加教會禮拜聚會,經常被拱墅區國保警察張銘、詹明等人以及東新派出所社區民警毛軍頻頻敲門,頻頻找談話,給他的生活帶來很大的壓力和困擾。他說:「『兩會』與我有什麼關係?我非人大代表,也非政協委員,也不是拆遷戶、上訪戶,我只是一名寫作者,一個非知名網友,為什麼杭州市公安政保卻不肯放鬆對我的維穩監控?」

昝愛宗表示,自己只是一名中文寫作者,無權無勢無錢,卻被杭州公安國保內部控制為「重點人員」,「享受」很多特別的「待遇」,其中包括:2022年中共二十大期間被杭州拱墅區公安政保安排到台州旅遊,由東新派出所警察出入跟隨。2023年杭州第十九屆亞運會開幕式期間離開杭州到廈門旅遊,一路都有人跟隨,報告其行蹤。他質疑說:「『六四』紀念日期間,這天只能和警察在一起嗎?還有微信朋友圈,『六四』這天發個帶有6月4日日期和天氣預報的《杭州日報》報紙圖片,就要求自刪帖,有這樣的規定嗎?」、「我的『待遇』到底是屬於『人民內部矛盾』,還是『敵我矛盾』,還是一般矛盾和沒有矛盾?何時取消類似的維穩措施?如此維穩,是真的維穩嗎?」他最後表示:「我遵守法律,希望有法律保障的基本自由、基本權利,包括言論表達自由、出版自由、信仰自由、集會自由、結社自由等等,以及對這些自由的尊重。這些自由和權利都有邊界,我希望在邊界內行動。」

然而，中共的迫害沒有邊界。2024 年 7 月 13 日，是諾貝爾和平獎得主劉曉波逝世七週年紀念日。昝愛宗、**莊道鶴**[113]、**鄒巍**[114]、毛慶祥、汪雪娥（呂耿松夫人）、程雲惠（王東海遺孀）、**嚴忠良**[115]等共七人，在浙江海寧錢塘江入海口舉行海祭劉曉波的活動。活動的部分照片在網上發佈。

　　不久警方抓捕了參加活動的六個人。其餘人員被訓誡、做筆錄後陸續釋放回家，只有昝愛宗、鄒巍沒有被釋放。

　　7 月 20 日，昝愛宗及鄒巍的家屬分別收到杭州市公安局拱墅區分局的「拘留通知書」，告知二人分別以涉嫌尋釁滋事罪名被刑事拘留，現羈押在杭州市拱墅區看守所。

---

113 莊道鶴（1964-）：浙江台州人，獨立學者，維權律師，曾任浙江大學教師與《浙江大學學報》編輯，浙江省華夏律師事務所兼職律師，中國高教學會期刊研究會理事。因參與維權活動被浙江大學解聘。2019 年 12 月中旬，莊道鶴到廈門與一些維權律師見面，12 月 31 日準備到濟州島元旦旅遊，出境時被邊境控制抓回杭州。2020 年 1 月 2 日，被杭州市公安局國保支隊傳喚。

114 鄒巍（1971-）：杭州異議人士。因多次維權被公安傳喚，包括 2008 年北京奧運會期間及 2010 年中共建政六十週年期間。2011 年 2 月 20 日，第一次茉莉花行動開始，鄒巍等浙江多位異議及維權人士先後被公安傳喚和拘留。南京異議人士子木（孫林）的冤死後，鄒巍為其舉牌抗議再度被抓，其母親所住的朝暉小區家裡被抄家。

115 嚴忠良：維權人士，杭州市餘杭區五常街道永福社區沈家橋北居民。2015 年 9 月 7 日，余杭區五常街道領導突然組織大隊人馬前來暴力強拆嚴忠良等三家人的房屋，雙方發生衝突，嚴母服毒自殺抗議，後來獲救。嚴忠良等進京上訪，被杭州當地截回，被杭州市公安局餘杭分局以涉嫌「尋釁滋事罪」刑事拘留並抄家。

32 | 富察：專掌圖書無過地，遍尋山水自由身

富察（1971年—）：滿族，原名李延賀，又名富察延賀。文學博士，資深出版人，臺灣八旗文化出版社總編輯。2009年，移居臺灣，成立八旗文化出版社。十多年來，在其悉心經營下，八旗文化成為享譽華文世界的人文社科出版品牌。2019年，富察獲頒「年度出版風雲人物」殊榮，臺灣資深媒體人胡忠信稱讚其為「臺灣出版界的一哥」。2023年3月，富察赴中國探親，被上海國安部門拘捕。4月，中國國臺辦發言人朱鳳蓮指出，富察涉嫌「從事危害國家安全的活動」，正接受國安機關調查。隨後，臺灣及全球數百名文化學術界人士聯名發表公開信，呼籲中共當局釋放富察。

富察：生於遼寧岫巖滿族自治縣一個滿族家庭。他長期使用漢族名字李延賀，到臺灣後才改用滿族名字富察，也意味著其滿族身份認同的覺醒。富察是家族姓氏，他的滿族名字是木通古（智慧之意）。他使用的e-mail帳號Xiu Yanke（岫巖客）也保留老家的地名。對他來說，滿族並非狹隘的種族、血緣或基因，而代表著

一種迥異於漢族、儒家的東北亞遊牧文化和政治秩序。他以八旗作為出版社的名字，八旗是滿清兵民合一的社會組織，既有為滿清的憲政秩序正名之意，又為臺灣引入新的歷史觀的雄心壯志。

在芳姿所寫的名為〈當代知識分子富察〉的訪談稿中披露，富察的父母是下鄉知青，他由爺爺奶奶帶大，滿族大家庭非常強調長幼尊卑，家中男性族長最有威望，爺爺過世後由伯父主掌家族事務。早年，他跟父母關係疏離，大學畢業，過了青春叛逆期，才重新體會父母的辛苦。

富察初中即離家住校，早早逃脫繁文縟節的大家族，獨自在瀋陽就學。1990年代，他到上海華東師範大學攻讀文學博士學位。有一次，指導老師吩咐他接待從臺灣來訪學的碩士班學妹，從接機、住宿到採訪行程，都由他安排。接機時，他看這牌子上的名字好像瓊瑤小說的名字，他初次見到太太，清新、溫柔而甜美，臺灣的文化養成發散出一種特別的味道，深深吸引了他。兩人從2001年開始交往，戀愛了四年才走入婚姻。

富察博士畢業後，進入上海文藝出版集團。他對出版有一種瘋狂的熱愛，短短幾年間，由一名普通編輯升任副社長。中國所有出版社都是國企，出版事關意識形態，大小官員必須是中共黨員——正是此背景下，他三心二意地被吸納為中共黨員。後來，他遷居臺灣，再也沒有參加中共的黨組織活動，形同脫黨。但這一段「黨員」的經歷，使得後來他在中國被捕後，有心懷叵測的臺灣媒體人污衊他是「中國特務」。

2005年，富察與太太結婚。最初，富察希望太太到上海生活，因為他喜歡上海的文化，在上海的事業也小有成就。但太太到上海生活了一段時間後，不適應上海的生活，回了臺灣。於是，富察毅然放棄在上海已有的一切，於2009年遷居臺灣。

富察到臺灣後，繼續從事出版業。臺灣的出版業與中國大不相同，根本差異在於臺灣有出版自由，中國沒有出版自由。在沒有出版自由的中國，無論市場有多大、職位和收入有多高，出版人戴著鐐銬行走於雷區的恐懼與痛苦，刻骨銘心。學者趙越勝有一篇文章寫三聯出版社總編輯和《讀書》雜誌創辦人沈昌文：「沈公他們這一代人，在出版界幹事兒不容易啊。國朝的出版界就是一座沒有圍牆的大監獄，裡面只有兩種人，獄卒和囚徒。而且他們的身份依需要隨時變換，鮮有人不一身而兩兼，今日做獄卒，明日當囚徒。沈昌文自己說，他『用不寬容的辦法做出版』，『不寬容作者多說話，尤其是不讓外國作者說不得體的話』。你能想像得出沈公枕戈待旦的樣子。他之盡獄卒之責，實在因為他也是個囚徒，頭上、身邊、背後都有獄卒在看著他。他委曲求全、低眉順首數十載，自認『一輩子做牛式出版，聽話，恭順』，仍是『跋前躓後、動輒得咎』。但他其實也有反骨，既不願當獄卒，也不甘做囚徒，落得個『獄卒囚徒兩彷徨』。」富察不願成為新一代的沈昌文──他沒有沈昌文的耐性和韌性，中國的新皇帝也比老皇帝更獨是獨非、揎拳裸臂，出版人輾轉騰挪的空間日漸逼仄。到臺灣之後，富察終於可以享受哈金所說的「自由生活」，讓自己做出版的天賦淋漓盡致地發揮。

剛開始創業的半年，由於對臺灣的讀者和市場相對隔膜，富察策劃的幾本書都失敗了。他一邊觸摸臺灣的脈動，一邊跌跌撞撞地往前走。他後來說：「我一直認為，兩千三百萬人口支持的小型市場，是可以透過在地化創新而變得有聲有色、充滿生機、有獨特性。我一直謹記出版是在地產業。當八旗出版社在 2009 年底開張時，我還沒想得那麼清楚，我也嘗試且犯錯。……我們要做的，就只是要堅信自己的兩千三百萬讀者，並不輸給北京和上海

的兩千三百萬。我們要放棄圖書業的代工思維,考慮打造自己的牌子。我們不必陷在無謂的『對等』思維(政治場域裡,這套思維更可怕),而應強調合理的平衡。我們不是中心,而是必要的節點。」漸漸地,八旗出版社出版的人文社科書籍,數量和質量皆可跟臺灣的老牌大社分庭抗禮乃至有過之而無不及,如富察所說:「如果說讀者對我們有興趣,那不是聽到了我們的吆喝,而是聽到了某種神祕神學般的、藉著每一本書而發出的召喚。如果讀者聽到了我們的召喚,而前來和我們一道參與,形塑這個社會所需要的知識、觀點、情緒和態度,就夠了。我們一定要弊帚自珍。」

在臺灣,富察是一名好丈夫、好父親,以及好編輯,在他看來,「編輯不是忙碌、而無主體性的生產線女工男工,而是知識、觀念、想法、態度的快樂分享者」。一名滿洲武士,在臺灣找到了自己的事業和人生,他的朋友們如此形容說:「敦南誠品、信義金石堂、無數的獨立書店,都有他閃著光芒口若懸河分享新書的身影,與被他感染而愛上閱讀的讀者。飄香四溢的咖啡館常可聽見他爽朗的笑聲,或他與文壇好友尖銳而真誠的激辯。陽明山上的草原、木柵河濱、貓空上的茶館,外木山的海灘,都是他的最愛。大臺北的好山好水是他無窮無盡的精力的泉源,也溫柔地承接了他的疲憊與挫折。他選擇了臺北,從臺北獲得養分,也貢獻給臺北。」

如唐代詩人白居易對理想生活狀態的描述,「專掌圖書無過地,遍尋山水自由身」,富察通過八旗出版的近千本書籍,帶給臺灣新的知識、新的視角和新的觀念秩序,實現了其人生價值,其貢獻不亞於一所大學或者中央研究院的一個研究所。

富察出版了若干「中國觀察」的書籍,如王飛凌的《中華秩

序》三部曲、何偉的《江城》三部曲、陳光誠的回憶錄等。他認為，這類書不是給中國讀者看的，也不是中國某種出版需求在臺灣的代工，而是紮紮實實針對臺灣浮泛而兩極化的中國觀（一個是赫胥黎的美麗新世界之想像，一個是喬治歐維爾的極權想像）而設定，認識真正的中國，臺灣才能知己知彼百戰百勝。

富察還出版了「另眼看歷史」書系以及若干顛覆傳統史觀的歷史著作。他認為，臺灣的史觀充滿了大中華中心的謬誤，也堆疊了黨國體制下的歷史論述，這些都需要清除，然後再建構新的臺灣史觀。在臺灣史方面，這些著作突破了「亞細亞孤兒」式的悲情敘事，走向宏大酣暢的海洋臺灣論述，比如《穿越福爾摩沙——法國人眼中的臺灣印象》、《我們的海——一部人類共有的太平洋大歷史》、《臺灣為什麼重要？》等。

在中國史方面，富察引入美國和日本的新清史、內亞史觀的代表作，突破中國的天下中心主義傳統史觀及國共主導書寫的近代史（特別是民國史）敘事。他也是劉仲敬及其「姨學」在臺灣的關鍵推手——支持諸夏獨立，反大一統；反對中國將自身作為近代西方殖民主義的受害者的論述；反對國家主義、集體主義以及原子化個人，提倡自組織及海耶克所謂的自發秩序；中國必將崩潰，迎來「大洪水」災難。

作為滿人，富察嘗試通過出版，為被漢族民族主義敘事妖魔化的清帝國正名。他認為，清帝國具有與眾不同的滿洲元素及其獨特性質，是一個有意識的多民族帝國。而且，晚清原本在1908年時參考日本，立了憲法、成立內閣，雖被譏諷為「皇族內閣」，但清帝國已艱難地嘗試改革。轉型開始不久就遇到三場革命——一1911年辛亥革命、1927年國民革命、1949年共產革命，經歷袁世凱憲政體制、中國國民黨黨國系統、中國共產黨統治，越來

越專制,徹底毀棄君主立憲的可能。如果沒有這三場革命,清帝國真的按照 1908 年憲法完成轉型,各方政治勢力能夠互相平衡、慢慢演化,五族共和的理想有可能會實現,各民族成立國家,共同奉大清皇帝為元首,走向英聯邦的體制。但是末代皇帝溥儀沒有變成伊麗莎白女王,而是變成了中華人民共和國被改造過的公民。

富察在一次演講中指出,東亞的歷史不是像中國詮釋的「不同中華朝代更迭」,而是不同政權互相征服,但是中華史觀一定要確認正統「祖先」,詮釋歷史的方式是「你征服我,我就是你祖先;你征服不了我,我就醜化你一輩子」。他希望透過向臺灣人重新解釋東亞的歷史觀念,讓臺灣人在思考臺灣歷史的時候,對東亞的理解不要再只有中國,而是能跳出大中華概念的迷思,了解東南亞、內亞對臺灣的意義和連結,並重新思考臺灣自己的歷史文化,建立起自己的文化自信,從內心去除掉威權、專制的思想。

富察用出版實現了臺灣讀書界、學術思想界與美國、日本、歐洲同行的互動和碰撞,推倒了中國對亞洲歷史唯一壟斷者的地位。

富察另一個重大貢獻,是出版了一批保守主義(古典自由主義)著作。他在〈當我談保守主義時,我確實很保守〉一文中說:「在中文世界裡,『保守』一詞至今都充滿負面意義的詞彙,頑固而落後,而『自由』一詞則意味著啟蒙和進步。當我談保守主義時,我確實很『保守』,一點都不進步。……保守主義者『保守』的是自由,而自由主義者追求的是平等。因為舊漢語世界的知識體系裡並無『自由』這種東西,所以天然排斥保守主義,更無法理解何謂英美保守主義。……保守主義者反對大政府,認為一個愈來愈大的政府必然會壓迫到人民的『自由』。保守主義者也反對

福利國家,因為福利國家最後會使人民喪失『自由』而導向社會主義,通往海耶克提出的通向奴役之路。所以,保守主義者眼中最危險的對手,是像法國大革命那樣的革命家或像王安石那樣的變法者。『變法』這個中文概念被用得如此氾濫,只是因為中文世界裡的『法』(憲法)既不神聖,也不重要,所以可以拿來隨意去變。」

富察發現,既然舊漢語世界知識體系「天然排斥保守主義」,那麼在臺灣這個高度自由和繁榮的中文出版市場裡,保守主義主題的出版品似乎一直處於無人問津狀態,「我想這某種程度上是臺灣知識界和文化界集體無意識的某種折射」。所以,他「期待臺灣本土的保守主義者在出版市場崛起」,「事實上在臺灣知識界或學術界裡,當一名保守主義研究者都屬於異類。在臺灣的時代精神愈來愈追求進步價值和政治正確時,我感覺到出版保守主義思想或各種觀念的重要性。當然談論保守主義是困難的,因為中文世界很容易理解祖先,但很難理解上帝。自由主義如果是在空中搖曳的甜美果實,保守主義則是深邃扎入土地的根系」。

由此,富察出版了一批保守主義立場的著作。如美國非裔保守主義經濟學家索維爾的《謬誤與真相》,以及我的《用常識治國:右派商人川普的當國智慧》、《美國左禍與自由危機》、《大光》三部曲等。他還特別介紹了我的思想脈絡的變遷,其實在某種程度上也是他的夫子自道:「在臺灣從事寫作和出版的余杰,出版了《我是右派、我是獨派》和《用常識治國:右派商人川普的當國智慧》等從保守主義立場來看待臺灣政治和美國政治的書籍。說來有些弔詭,他並不是從臺灣知識體系的內在脈絡裡生長出來的,而是作為移居並歸化美國的前中國異議人士,嫁接到以漢字書寫為主的臺灣而結出的奇異果實。臺灣目前的漢語寫作既是冷戰的

一九七〇年代 343

產物,也有後冷戰的饋贈。它在 1949 年接納了中國流亡分子的寫作和在 1989 年之後接納的中國流亡分子的寫作,形成了某種內在的呼應和對照。余杰屬於後者,他一開始以自由主義的姿態批評中國政治,後來轉為以保守主義的立場批評中國政治。」

對於富察在臺灣的成功及八旗出版社越來越大的影響力,中共及其文化打手看在眼裡、恨在心頭。經濟學大師米塞斯說過,政治鬥爭背後都是思想觀念之爭,中共深知富察通過出版在臺灣傳播的思想觀念是其官方意識形態的剋星,儘管這些書籍不能在中國銷售,但中共很害怕「星星之火可以燎原」,對富察恨不得除之而後快。

2016 年,由「文化基督徒」墮落為御用文人的劉小楓發表了長文〈新史學、帝國興衰與古典教育〉,《環球時報》予以轉載。該文以姚文元批判吳晗《海瑞罷官》的誅心筆法點名批評八旗出版的書籍:「日本講談社世界史的寫作主旨是⋯⋯重新思考世界史的興衰,為日本的出路尋找歷史的內在動能。引進這套世界史的臺灣八旗文化出版公司則不諱言,其目的是要讓所謂『臺灣史』成為一個『全球史』概念,培植『新一代臺灣人』產生『渴望融入世界』的願望──『全球史』成了『臺獨』政治行動的工具。」

2018 年,中國極端民族主義(法西斯主義)網站「崑崙策網」發表了一篇自稱在臺灣的陸生林橡於 2018 年 5 月 12 日寫於「中國臺灣」的文章〈兩岸三地反中勢力:現況、思維路徑與政策建議──兼論在臺陸生群體社會處境與建議〉,該文特別點出八旗出版的《她們的征途:直擊、迂迴與衝撞,中國女性的公民覺醒之路》一書,認為作者「趙思樂在這本書中實現了兩岸三地反華勢力的大集結,並且與法國、德國等境外反華媒體謀求串聯」。該文向中共當局告密說:「作為該書的出版社『八旗文化』為臺灣

右翼出版社，長期出版反華反共書籍，從未見八旗文化出版中國大陸、臺海兩岸的相對正面書籍。蔡當局上臺後，八旗文化更有恃無恐，大範圍出版日本右翼史觀書籍，其書籍大多美化日本殖民，將日本殖民認為是：文明進步，將國民黨光復臺灣視為新的殖民，為日本右翼政府站臺，其主編富察在臉書（公開）貼文中多次提及：中國人都是跪著的、為小利益而磕頭，臺灣不屬於中國，臺灣是獨立主權國家。蔡英文當局雖然統治臺灣，卻不顧臺灣現行法律制度，縱容其反中、親日書籍出版，並對其臺獨言行保持表面忽視、暗中縱容的態度。」

這些大批判文章，不是理性、嚴肅的學術討論，而是中共特有的「扣帽子」和「打棍子」，它們已然釋放出不祥之兆。但富察在臺灣生活久了，放鬆了對極權中國的警惕。

2023 年 3 月，已經取得中華民國國民身份的富察，前往中國上海註銷中國戶籍與探親（其父親在疫情期間病逝，其母親年邁多病），卻遭上海國安警察祕密拘捕。直到同年 4 月 26 日，中國官方才表示，以「涉嫌從事危害國家安全活動理由」限制富察之人身自由。

2024 年 8 月 30 日（國際強迫失蹤日），聲援富察連署工作小組、國際特赦組織臺灣分會、臺灣人權促進會、民間司法改革基金會與人權捍衛者李明哲等在臺灣立法院舉辦記者會，呼籲中國政府應依照國際人權標準確保富察及其他在中國被強迫失蹤的臺灣人之人權，亦呼籲中國政府立即釋放所有因行使表達自由而遭強迫失蹤或任意逮捕的臺灣人。

在記者會上，有三個關鍵數字引人矚目：富察已經「被消失」超過 527 日，中國政府至今沒有正式起訴，沒有公開透明審判，不放人，至今沒有關於富察的任何明確資訊。根據國際特赦組織

透過民間各種管道的統計，過去十年至少有 857 位臺灣人在中國被強迫失蹤或任意逮補，這個數字很可能被嚴重低估，因為中國司法不透明，有太多的案例外界無法知道。最後一個數字是 126，有 126 位來自學術、新聞、出版界對富察的關懷，明知公民社會的力量或許難以撼動冰冷的威權政府國家機器，明知一旦參與連署可能也淪為中國《懲治臺獨二十二條意見》整肅的對象，還是二話不說的加入對富察的聲援。公民社會團體從 2023 年發起的連署，更有超過上千人支持。

在這份給臺北市長蔣萬安的公開信中，富察的支持者們指出：「去年三月，富察這位臺北市民無端地在上海消失了。國臺辦說，他涉嫌煽動分裂國家。但是至今我們不知道中國政府是否提出起訴，更沒有任何判決的消息。中國逮捕富察，無限期關押、不起訴、不審判，卻也不放人，不公布關押地點。……我們很擔心富察目前正陷於中國的『指定居所監視居住』，而這是國際公認涉及酷刑與嚴重侵害人權的限制人身自由的處遇。我們期待，作為臺北市長，作為能代表臺灣與對岸平等交流的民選官員，您能在雙城論壇上向對岸表達我們的關切，把熱愛臺北，也為臺北所愛的富察，盡快帶回我們的身邊。」

在富察的支持者們創辦的「出版自由，富察回臺灣」臉書專頁上，八旗的作者和讀者們紛紛留言表達支持，如：

「極權者始終恐懼知識的自由，你被囚禁多久，就代表他們的恐懼有多深。感謝你對知識自由的貢獻與熱情，願這一切賦予我們深度，即便苦痛伴隨。」

「在言論自由的世界裡，一個人都不能少。希望他很快能平安回家，回到他喜歡的出版事業上。」

「即使沒有見過富察本人，他已經在無形之中，帶我看見了他

試著在華語市場裡拓出那謙卑而寬廣的世界觀。謝謝富察帶領的八旗，願意耕耘相對冷門艱澀的議題，願意相信市場不能完全定義一本書是否值得在繁體中文界存在的價值，也願意給予在中國出不了書的作者，足夠完整的支持，鼓勵他們繼續創作，繼續寫下必須說出的故事。臺灣出版社能有八旗，是臺灣的幸運。」

「我和富察沒有過太多直接的接觸。但我能夠意識在那些八旗出版的書籍當中，他如何影響過、影響著、而且還會繼續影響我的生命。不知道富察還得忍受被拘禁的日子多久，不知道富察還能承受多久。關心富察的朋友們，只能透過個人的力量表達對富察的關切，並透過集體的力量，呈現粗暴地對待一位出版人在臺灣社會所能激起的憤怒與反感。」

2025 年 3 月 17 日，中國國台辦針對富察案指出：上海市第一中級人民法院已於今年 2 月 17 日一審公開宣判富察案，但未提到具體求刑的判決結果。

直到 3 月 26 日，中國國台辦被日本廣播協會記者詢問此案後，才對外證實刑期：上海市第一中級人民法院於 2025 年 2 月 17 日一審公開宣判，以煽動分裂國家罪判處李延賀有期徒刑三年，剝奪政治權利一年，並處沒收個人財產人民幣五萬元。

33 | 謝陽：勇敢是中國律師最重要也最稀缺的品質

謝陽（1972年2月4日—）：法學碩士、維權律師，曾任職於天地人律師事務所、長沙京盈科律師事務所、湖南綱維律師事務所。曾代理多起公權力濫權和公民維權案，並積極投身民主人權活動，屢遭中共當局及其唆使的黑幫阻擾和打壓。2015年7月11日，在「709」案中被抓，受盡酷刑折磨。關押近兩年半後才獲釋。2022年1月11日，再次被抓捕。曾入圍國際律師協會2017年度「人權獎」。

謝陽：湖南省長沙市人。自2011年正式從事律師職業以來，承辦過中國民主黨案、宗教自由案、土地權案、黑監獄受害公民案等多起維權案，成為中共當局及黑惡勢力的眼中釘。

謝陽親身參與維權運動，聲援受迫害的公民。2011年11月15日，他隻身前往山東沂南東師古村探望盲人律師陳光誠，被地方黑惡勢力毆打搶劫、傷痕累累。

2014年2月13日，謝陽受理「山東薛家命案」，被湖南省司法廳約談喝茶。2014年2月20日，他代理瀏陽市土地維權者**張開華**[116]

---

116 張開華：湖南瀏陽市集里鄉平水村張家組農民，有一幢三層樓，開有農家餐館，有

案，出庭時遭法院野蠻阻擾。2015年5月17日，因代理廣西南寧北部灣建材市場當事人維權案件，遭多名不明身份人員持械群毆，身受重傷，右腿骨折。

2015年7月9日，中共當局在全國範圍內抓捕維權律師和維權人士，被捕和被約談者多達數百人。兩天後，謝陽在懷化市洪江市托口鎮黔洲大酒店被長沙警方抓走。警方十多人衝入他的房間，他的手機、電腦、身份證、律師證、錢包、銀行卡、公事包等都被搶走。隨即，被以涉嫌「擾亂法庭秩序」、「煽動顛覆國家政權」兩個罪名指定地點監視居住，代理律師要求會見遭拒。2016年1月9日，他被以涉嫌「煽動顛覆國家政權罪」正式逮捕。

謝陽被抓後，長達十六個月不讓律師會見、不讓律師閱卷，辯護律師藺其磊始終無法獲得會見權和閱卷權。2016年11月21日，**張重實**[117]律師去長沙市第二看守所，終於見到謝陽。張律師親耳聽到謝陽響徹樓道的求救聲、哭喊聲，與謝陽會見時，謝陽告訴張律師自己被毆打的情況。

隨後，謝陽被迫解聘藺其磊和張重實律師，重新聘劉正清和陳建剛律師。劉、陳兩位律師得以會見到謝陽。

2017年1月18日，陳建剛律師在網上公佈他和劉正清律師會見謝陽的筆錄。這份逾17,000字的筆錄，詳細披露了謝陽在被拘押期間遭受酷刑的經過，包括被長時間剝奪睡眠、搧耳光、毆打、禁止喝水、坐吊椅致傷腿幾近致殘等，揭露了湖南省和長沙

漁塘菜地二畝，地鄰國道高速公路。當地與開發商勾結地方政府強行徵地，當地村民維權被報復。張開華被陌生人圍攻時，奮起自衛，致前來強拆者三輕傷一重傷。張開華被捕入獄。

117 張重實：維權律師，湖南湘劍律師事務所主任，謝陽首次委託的辯護律師之一。在709大抓捕中也被波及，被約談後獲釋。

市兩級國保、長沙第二看守所警察、長沙市檢察院檢察官等辦案人員以違法手段辦案的罪行。

謝陽披露，被抓走後，長沙市國保支隊第六大隊大隊長王鐵鉈告知：「這個地方是個指定監視居住地方，我們會保證你合理的休息時間，但是什麼叫做合理法律沒有規定，這個由我們來把握，我們認為你一天有兩個小時休息就可以了，那麼你就休息兩個小時，我們認為一個小時可以就是一小時，我們認為半小時就是半小時，我們認為五分鐘可以那就是五分鐘。」審訊人員在二十四小時中分五班來審訊謝陽，他記得姓名的有周浪、屈可、尹卓、李陽、周毅、莊曉亮等人。

審訊時，警察讓謝陽坐在塑膠凳子上。他們弄了大約四五個凳子套在一起，比較高，謝陽坐在上面腳搆不著地，雙腿只能吊著。他們要求他挺直腰板坐著，雙手放到膝蓋上，抬頭挺胸，一動都不能動。警察周毅威脅說：「如果你一動，我們就認為你是襲警，我們可採取任何方式來處理。我們對於襲警，出手不會客氣。」

警察尹卓每天晚上十一點至凌晨三點審訊謝陽，每次都故意要把時間拖延到凌晨四點鐘以後，並說：「我白天休息的很好，每到晚上這個時候我就很興奮，我就是要故意折磨你，你看著，我要把你折磨成一個瘋子，你別以為你以後出去還可以做律師，你以後就是一個廢人……」他還說：「謝陽，你來了這麼長時間，你聽到外面有一點聲音嗎？我們這個牆都是經過特殊處理的，任何一點聲音都傳不到外面去。在這裡面不是你想說什麼就說什麼，應該是我們讓你說什麼你就說什麼。你別以為出去以後可以告狀，我告訴你，你告狀也沒有用，你這個案子是北京的案子，我們代表的是黨中央來處理這個案子。我們即使把你弄死了，也找

不到任何證據證明是我們弄死你的。」

第三天，謝陽的精神崩潰了。警察強迫謝陽寫自污材料，規定其只能寫為名、為利、為反黨反社會主義才參與維權案件。如果沒有讓警察滿意，周浪、尹卓、莊曉亮等人就一起毆打謝陽。「他們幾個人過來拉我起來，他們有分工，有人抓著我胳膊，有人用拳頭猛擊我腹部，用膝蓋頂我腹部，還用腳猛踹我。」

警察還用菸熏方式折磨謝陽。有幾個人坐在他左右兩邊，每人一次點燃好幾支香菸，放到一塊，兩個人抽了後都噴菸到謝陽面前。謝陽被迫坐著，這樣能呼吸的範圍內全是菸。他們說：「我們抽菸你管得著嗎？我們就願意這樣做。」他們還說：「謝陽，我們整死你像整死一隻螞蟻。」

警察反覆拿謝陽的家人和孩子來威脅他：「你老婆在湖南大學當教授，她經濟上難道就沒有一點問題？你如果不配合，不要逼我們把事情擴大化。還有你哥哥，也是個國家公職人員，還是個小小的頭目，難道他沒有一點問題？你有一個有出息的侄子，在湖南信訪局，難道他那麼乾淨？你女兒謝雅娟在長沙博才中學讀書，如果她老師和同學都知道她的父親是個反革命分子，她能抬起頭來嗎？」他們還說：「你老婆孩子開車的時候要注意交通安全，現在這個社會交通事故比較多。」

有時，他們故意不給謝陽水喝。審訊時，他們把水放在謝陽面前，就是不給他喝，以此來折磨他。有一次，謝陽實在渴得難受，拿了放在面前的礦泉水瓶喝水，周毅搶過去，接著毆打他，還說他襲警。

10月24日，謝陽全身發抖、冒冷汗，要求去醫院檢查。長沙國保六大隊指導員葉雲接到報告後，說不能讓謝陽去醫院，如果有病可安排人來看病。葉雲用手機撥打救護車電話，救護車還未

來,先來一個沒穿制服的人,很魁梧,一只手頂住謝陽胸口把他推在牆上,另一只手左右打他的耳光,打了很多下。謝陽被打得半昏迷過去。後來,救護車來了,但只是做了簡單的檢查,沒給做任何救治,就走了。

2016年1月9日,謝陽被轉到看守所。管教名叫做袁進,國保官員向其承諾,若能讓謝陽認罪,就能得到升遷。於是,袁進對謝陽做了許多惡毒的事情:首先,讓同監室人員孤立謝陽,禁止任何人與之有任何交往,不能和他說話,不能借東西給他,不能讓他參與打牌、下棋等娛樂活動。其次,從經濟上斷絕謝陽花錢的權利。本來每個人都可用自己的錢買一些食物,不然就吃不飽。袁進卻禁止謝陽花錢,禁止他購買任何日用品,包括牙膏、手紙等,讓謝陽陷入極度窘迫的地步,甚至上廁所都沒有手紙。

謝陽案是政治案,他料到他們會把該案的期限拉到法律規定的最長期限——偵查階段從指定監視居住六個月到逮捕後兩個月,再延長一個月,然後再延長兩個月。這樣,最後期限是2016年8月9日。

2016年7月21日,湖南國保總隊李峰和長沙公安局國保支隊第六大隊副大隊長朱恒和張重實律師一塊來。李峰說他代表省公安廳,希望謝陽認罪。謝陽說,這是不是律師會見。他們說是。謝陽說,如果是律師會見,請你們迴避。李峰和朱恒都不出去。結果,謝陽和張律師沒能談幾句話。

8月初,湖南省公安廳國保總隊工作人員、長沙公安局國保支隊支隊長李克偉、長沙公安局國保第六大隊大隊長王鐵鉈等一起來了五、六個人,看守所領導們安排他們在看守所辦公室和謝陽見面。他們進一步威逼他認罪。

此後,上場的就是檢察官。來見謝陽的共計有八個檢察官,

包括段小龍、姜彬、李治明、王志勇、方惠、胡勇超、李維寧及一位金副處長。整整一週時間，他們天天來提審。李維寧檢察官是長沙市檢察院公訴二處處長，他不是本案的承辦人，他來的目的只有一個，就是讓謝陽認罪。他暗示，公安局刑訊的事情不能說。檢察官段小龍說得更露骨：「你要認罪。有些話你不能亂說，有些事情你不能向檢察官說。」他說的不能說的事情，就是刑訊逼供。可見，公安局和檢察院聯合起來整人，製造政治冤案。他們沒有權力的制衡，有的是合作。

謝陽告訴律師：「我是無罪的，完全無罪。我雖然在被折磨得生不如死的時候做過一些自汙的簽字，這都不是事實，也不能說明我犯罪。我享有言論自由，在微博和微信上發言是我的自由，這怎麼可能是煽動顛覆國家政權罪呢？……讓我認罪是一件比較荒唐的事情，如果我認罪就能證明我有罪了嗎？這不是文化大革命的方式嗎？我認罪就不需要看法律看證據了嗎？但是有一點我需要向你說清楚，我今天沒有認罪，我的精神是自由的。但是，如果日後，出現我任何認罪的書面材料或者錄音錄影，那都不是事實，不是我內心真實的想法。……我知道我家人迫切想見到我，我父母都年邁了，非常思念我。如果我認罪，是我用來保命的一種交易。」

這份筆錄在海外網站發佈後，震驚世界。2017年2月，加拿大、澳洲、日本、瑞士及英國等七個歐盟成員的駐華使館，聯署致信中國公安部，關注謝陽受虐事件，要求進行調查。

2017年3月2日，中國中央電視臺播出謝陽、江天勇認罪影片。謝陽在鏡頭前否認曾受虐待，江天勇則表示謝陽受酷刑「是我編造的」。

4月，陳建剛及劉正清兩位律師被「解聘」，換上律師賀小

電,家屬斥賀為官方指派的律師。

5月8日,謝陽案在湖南長沙中級法院開庭審理。果然,謝陽被迫當庭認罪並表示悔恨,並否認曾受酷刑,於當日獲取保候審。

8月,江天勇被控「顛覆國家政權」案開審,指控包括指使陳桂秋編造「謝陽遭受酷刑」炒作。江天勇於11月被判入獄兩年。

12月26日,謝陽案被長沙市中級法院正式宣判:謝陽犯「煽動顛覆國家政權罪」,但法院指他「歸案後認罪悔罪」,免予刑事處罰。

謝陽獲得部分的自由,被獲准擔任湖南和而不同法律諮詢有限公司法人代表,但不得承辦所謂「敏感案件」。他曾試圖承辦王全璋案,被國保警察攔阻。

謝陽在沉寂一段時間後,有一次突破封鎖,接受海外媒體訪問說:「律師不是研究法學的研究員,具備基本的技能、理念,把案子弄好,並不需要很深的法學理念,只需要你的良知與勇氣。律師幫助老百姓用法律去保護人性的善良,同時也抑制它的惡。」在談到當局用審核律師證來控制律師時,他表示:「有律師證我過得很逍遙,沒有律師證,我粗茶淡飯也是可以的。你要我跪下來跟你要,跪下來乞討?我不會!你讓我出賣我的良知和人格,怎麼可能呢?」

謝陽談及家人與親情時說:「我兩個女兒和夫人都在美國,每天我們都通話。我肯定是想去美國見親人。我反覆跟他們講,別逼我,把我逼得走投無路了,百分之百我會逃。基層國保也總稱,他們正在努力讓我跟美國的家人團聚。我說:如果你這個政治不保護親情,你這個政治本身就是邪惡的。我想這個事情最壞的結果,可能是一輩子都不讓我出去。做人權律師是要付出代價的,這沒有虛的,你願意幹這些事,必須學會承擔。既然是你自

己的選擇，你就自己承擔後果。」

2022年1月11日，謝陽因此前到湖南永順縣聲援被強制關進精神病院的懷孕女教師李田田，並在網上發表嘲諷習近平的言論，被長沙市警方帶走。2月17日，謝陽被以涉嫌「煽動顛覆國家政權罪」、「尋釁滋事罪」刑事拘留。其住處遭查抄，許多個人物品被損毀，兩臺電腦及一個保險櫃被搜走。隨後，傳出他在獄中再次遭酷刑虐待。

2022年8月28日，長沙市檢察院將對謝陽的起訴書送達長沙市法院。起訴書指出，謝陽通過其註冊使用的國內外社交媒體帳號或者借境外媒體採訪之機，公開發佈攻擊、詆毀國家政權、社會主義制度、中國共產黨領導的言論，煽動顛覆國家政權、推翻社會主義制度。具體事實包括：2018年以來，通過自己的推特、微信帳號以造謠、誹謗等方式，發佈或轉發多條攻擊國家政權、社會主義制度、中國共產黨領導的推文；2020年以來，借大紀元時報、德國之聲、美國之音等境外媒體採訪之機，以製造謠言、歪曲事實等方式，發表攻擊國家政權、社會主義制度、中國共產黨領導的言論，被上述媒體刊發，造成惡劣影響。故而，以「煽動顛覆國家政權罪」追究其刑事責任。然而，法院一直沒有開庭審理此案。

2023年5月，謝陽的一封寫給其父母的家書被披露在網上：

爸、媽：

信到後不知你們是否還有能力閱讀！

我最艱難的時候已經過去，現在一切都好。每天的主要工作就是鍛煉身體，監內體檢時顯示，我的身體狀態非常棒，血壓、心率等生理指標值比一般的年輕人更好！

想當初，父母送兒上學，不就是讓兒終有一日能報效祖國。現在我就是用我的方式來報效我的國家，服務於全體中國人。不知你們是否能理解這種方式？戰爭年代，送兒上戰場，創造和平社會。和平年代，送兒進監獄，創造法治社會，二者同樣重要。沒有法治，和平就會失去。為了國家，我不能盡孝，盼父母理解。古云：忠孝難兩全，現在我算是真正理解了。

雅娟、語晨在美國，她們的媽媽會照顧好她們，你們應當放心。況且，在美國，我還有一班朋友們。如果她們有什麼困難，朋友們會提供幫助，她們會好好的。

我這次刑期大概是五年，我已經做好充分的思想準備。希望父母也要有這個心理準備。兒明知，有夢想，必有疼痛。兒無悔，家裡有哥嫂及姐妹們的照顧，我很放心。為了盡快與你們見面，我將放棄上訴。早日進監獄，這樣我就能早日見到你們，上訴本來也沒有什麼實際意義。

案件近期就會開庭，為了封鎖我的訊息，選擇不公開開庭審理。這樣，家屬就不能旁聽。但請你們相信，我將在法理上戰勝他們。正義不在當下，我們努力去創造！

相信未來，你會為你的兒子而驕傲。

兒

2023 年 5 月 18 日

2023 年 6 月 7 日，謝陽的父親謝惠誠染疫病危，高燒不退，肺部嚴重感染。謝陽的全體家人向長沙中級法院提出申請，要求視訊會見謝陽，但該院以刑庭全體法官封閉學習為由拒絕回覆。

2024年4月5日,謝陽第二次被非法羈押的第813天,律師會見了謝陽。身在美國的陳桂秋發佈會見情況如下:一、濃密的長髮,與霍元甲、陳真髮型相似。二、精神狀態不錯,意志堅定。三、對律師不被允許複製案卷材料不可接受。四、案件由最高法院延期幾次了。長沙市公檢法司從未放棄對謝陽的打擊、對謝陽曾經美好家庭的摧毀。

目前謝陽律師被羈押於長沙市第一看守所。
地址:湖南省長沙市長沙縣泉塘街道遠大二1736號,郵政編碼:410131

34 | 郝志娓：惟願荊棘蒺藜與我交戰，我就勇往直前

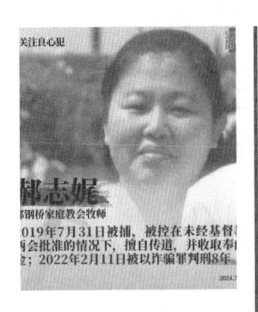

郝志娓（1972年—）：基督徒、家庭教會牧師。2001年，神學院畢業後，應邀到湖北省鄂州市屬於「三自」系統的官方教會擔任傳道人。後帶領會眾脫離「三自」，成為獨立的家庭教會。2019年7月31日，郝志娓被鄂州警方抓捕，超期羈押兩年半後，被以莫須有的「欺詐罪」判刑八年，是第一位以該罪入獄的家庭教會牧師。

郝志娓：山西人。早年就讀於湖北武漢的中南神學院（由豫、鄂、湘、粵、桂、瓊等省市「三自」愛國運動委員會和基督教協會合辦）。

畢業後，郝志娓受邀到湖北鄂州市位於武鋼集團鄂鋼公司能源動力廠旁邊的鄂鋼橋教會講道並被聘為傳道人。她畢業於「三自」系統的神學院，牧養屬於「三自」系統的堂會，似乎理所當然。在「三自」系統的堂會，牧師和傳道享有半個政府公務員的地位，從政府領取薪水，享受住房、醫療等各種福利，也是「鐵飯碗」。

然而，郝志娓逐漸意識到，「三自」不是教會，若寄生「三自」系統，則純正的基督信仰蕩然無存。於是，她帶領會眾脫離「三自」系統，將教會從「三自」轉型為「非三自」，教會改名為

「鄂州市鄂鋼橋家庭教會」。由此，郝志娓引起「三自」系統和中共當局的嫉恨，中共當局及其宗教管理機構宣佈取締該教會。但郝志娓與會眾仍堅持在教會原址聚會。

2003 年，按照家庭教會的傳統慣例，郝志娓由三名家庭教會的牧師按立成為牧師。她不再從政府領取薪水，其薪資來自會眾奉獻。教會的奉獻款由幾個主要同工管理和支出（含教會日常支出、奉養牧師和支持別的傳道人等）。鄂州市宗教局拒絕承認其牧師身份，當局屢屢派出警察騷擾教會，還設置鐵絲網將教會包圍起來。很多信徒持守信仰，在禮拜日時穿越鐵絲網到教會聚會。

2018 年 1 月，當地政府對已經存在了十八年的鄂鋼橋教會提出拆遷要求，被郝志娓和信徒拒絕。隨後，鄂州市民宗局發出〈告知書〉，要求教會配合政府拆遷。

在此期間，郝志娓一邊帶領會眾抵禦來自政府的打壓，一邊處理其丈夫患肝癌去世的後事及一系列家庭瑣事。在內憂外患中，她如聖經所說：「壓傷的蘆葦，祂不折斷；將殘的燈火，祂不吹滅。」

2019 年 7 月 31 日，郝志娓與兩位教會同工洪英和萬元香突然被鄂州市鄂城區警方抓捕。郝志娓被以涉嫌「詐騙罪」刑事拘留，洪英和萬元香分別被以「詐騙罪」和「阻礙公務罪」刑事拘留，三人被關押在鄂州市第一看守所。

同年 9 月 6 日，三人都被鄂城區檢察院以同罪名予以批捕。檢方指控三人因在未經「基督教兩會」（中國基督教三自愛國運動委員會、中國基督教協會）批准的情況下，擅自傳道和收取奉獻金等，已涉嫌「詐騙罪」，應予逮捕、判刑。

2019 年底，代理此案的斯偉江律師會見了郝志娓後表示，教會是真實存在的，奉養牧師等支出，符合家庭教會的傳統。他認

為，對非官方的教會，所有奉獻全是牧師傳道「詐騙所得」這樣的指控，完全沒有依據。郝牧師被捕後，該教會多名同工曾被警方誘導性提問，希望他們為郝牧師涉嫌的「詐騙罪」提供證據，警方的做法本身就違法。

2020年7月29日，郝志妮被羈押一年之際，斯偉江律師第二次赴看守所與之會見。郝牧師告訴斯律師，因為有上帝同在，她在看守所經常在夢中笑醒。她的平靜打動了斯律師。然而，斯律師也指出，郝牧師身體狀況遠不如一年前。

在會見時，郝志妮口述、斯律師整理了一封她給兒子的信。她在信中祝福大兒子保羅帶領弟弟摩西信靠上帝：「人生在上帝手中，祂在親自牧養祂的百姓，也必親自牧養你們，因為憐恤他們的必親自引導他們……上帝會把祂對你的計畫放在你心裡，你要學會與上帝建立關係，為志願的事情禱告，感動強的那個就是神給你的……在特殊的患難中，你沒有倒下，沒有自暴自棄，這就是上帝愛你，與你同在的明證。聽到你考了500多分，媽開心，這是上帝在敵人面前為你擺設筵席。你高考那兩天，媽為你禁食禱告了兩天，我每天都為你們倆禱告無數次，上帝與你們同在，媽的心也與你們同在。所以，不要怕，得勝很快就要來到。復活是真實的，得勝也是真實的。」

2021年7月，在被超期關押兩年之後，洪英和萬元香終獲取保釋放，但郝志妮仍被續押不放。

2021年11月23日，斯偉江律師再次在湖北鄂州看守所會見郝志妮牧師。郝牧師告知，看守所條件極其惡劣，她先後四次得了急性胰腺炎，險些喪命。她的體重從九十公斤，降到六十五公斤。她原來烏黑的頭髮有近一半白了。

會見後，斯偉江律師透露，郝牧師還在上初中的小兒子摩西

已出現嚴重抑鬱症症狀。郝牧師的丈夫已於 2018 年去世，她剛被抓時，大兒子保羅可照顧弟弟，但 2020 年保羅已考上大學離開了家。母親長時間被關押，摩西被迫獨自生活。上個學期，他已輟學，整天把自己關在房間裡，每天只吃一頓飯（由教會裡的姐妹幫著做飯），不願意和人交流。郝牧師說，聽到這個消息，她的心很痛很痛。

斯律師表示，郝志妮案是中國首例家庭教會牧師（傳道）被認定為「詐騙罪」案。郝志妮牧師之後，相繼有不同城市的家庭教會牧師被以「詐騙罪」抓捕，如貴陽仁愛教會的**張春雷**[118] 長老，德陽青草地教會的**郝鳴**[119] 長老和**武見男**[120] 長老，山西臨汾金燈堂教會**王曉光**[121] 牧師、**楊榮麗**[122] 傳道等十二位基督徒，山西臨汾聖約

---

118 張春雷（1964-）：貴州人，基督徒，貴陽市仁愛歸正家庭教會主要組建人、長老。2018 年 9 月 30 日，其教會被貴陽市南明區民族宗教事務局突然取締。2021 年 3 月 16 日，被以「非法經營社團」為由處行政拘留十一天。拘留期滿時，又被貴陽市雲岩區警方以涉嫌「詐騙罪」刑事拘留。5 月 1 日，轉為逮捕。被超期拘押三年後，2024 年 7 月 24 日，被貴陽市中級法院以「煽動顛覆國家政權罪」和「詐騙罪」判處五年有期徒刑。

119 郝鳴（1957-）：四川人，基督徒，四川省德陽市秋雨青草地歸正教會退休長老，成都市秋雨聖約教會傳道人。2021 年 11 月 17 日，與教會多名同工一起被德陽市旌陽區警方抓走。11 月 19 日，被以涉嫌「詐騙罪」刑事拘留。12 月 24 日，被德陽市旌陽區檢察院以同罪由轉正式批捕。2024 年 3 月 15 日，取保獲釋。4 月 9 日，德陽市旌陽區法院宣判：郝鳴判刑三年，緩刑五年，罰款三萬元。

120 武見男：四川人，基督徒，華西改革宗區會成員，四川省德陽市秋雨青草地歸正教會長老。2021 年 11 月 17 日，與教會多名同工一起被德陽市旌陽區警方抓走。11 月 19 日，被以涉嫌「詐騙罪」刑事拘留。12 月 24 日，被德陽市旌陽區檢察院以同罪由轉正式批捕。2024 年 3 月 15 日，取保獲釋。4 月 9 日，德陽市旌陽區法院宣判：武見男判刑三年，緩刑五年，罰款三萬元，並要求退還教會發給其家庭敬奉 100,130 元。

121 王曉光：山西省臨汾市人，基督徒，山西臨汾市浮山縣金燈堂家庭教會牧師。早期曾在山西師範大學任職，1998 年起，離職開始全職在教會做服侍工作，著有《十架神學》等十幾部神學著作。2009 年 9 月，「913」山西臨汾教案發生。10 月 13 日，他與妻子楊榮麗等教會九名成員被臨汾市警方刑事拘留。同年 11 月 25 日，被以「非法佔用農用地罪」和「聚眾擾亂交通秩序罪」判刑三年，罰金一萬元。2012 年

家園教會的**李潔**傳道 [123]、**韓曉棟** [124] 傳道、同工**王強** [125] 等。

2021 年 11 月，郝志娓案在湖北省鄂州市鄂城區法院一審正式開庭審理。

2022 年 2 月 11 日，鄂州市鄂城區法院以「詐騙罪」重判郝志娓有期徒刑八年，刑期至 2027 年 7 月 30 日。

宣判之後，斯偉江律師會見了郝志娓牧師。據斯律師透露，郝志娓態度溫和，決定上訴。

判決當天，郝志娓牧師的大兒子保羅得知母親的刑期後，給母親寫信表達問候。保羅在信中說，在媽媽剛進去那段時間，自己不知道怎麼面對現實，但想到有個需要照顧的弟弟，就在心裡告訴自己，一定要堅強，不能頹廢。後來，在上帝的幫助下，逐漸

---

　　10 月 10 日，刑滿出獄。2018 年 1 月 9 日，金燈堂教會被浮山縣政府以強行爆破方式夷為平地。2021 年 8 月 7 日，與教會九名同工一起被捕。被超期羈押三年多後，該案於 2024 年 10 月 22 日在臨汾市堯都區法院開庭審理。

122　楊榮麗（1958-）：山西霍州市人，自幼信主的第五代基督徒，前山西師範大學老幹部處公職人員，山西省臨汾金燈堂教會傳道人，王曉光牧師的妻子。與丈夫一起兩度被捕，至今仍然在押。

123　李潔（1988-）：山西臨汾市人，基督徒，臨汾市基督教聖約家園教會傳道人。2022 年 8 月 19 日晚，聖約家園教會在戶外舉辦「親子營」活動時被衝擊，他與多名同工被警方連夜帶走。8 月 23 日，臨汾市公安局直屬分局向李潔及其妻子李珊珊下達「指定居所監視居住通知書」，罪名是「涉嫌詐騙罪」。9 月 2 日，被以涉嫌「詐騙罪」刑事拘留。9 月 30 日，被正式批捕，關押在臨汾市堯都區看守所。

124　韓曉棟（1989-）：山西臨汾市人，基督徒，臨汾市基督教聖約家園教會傳道人。2022 年 8 月 19 日晚，教會在戶外舉辦「親子營」活動時被衝擊，他與多名同工被警方連夜帶走。8 月 23 日，臨汾市公安局直屬分局向韓曉棟家屬下達「指定居所監視居住通知書」，罪名是「涉嫌詐騙罪」。9 月 2 日，被以涉嫌「詐騙罪」刑事拘留。9 月 30 日，被正式批捕，關押在臨汾市堯都區看守所。

125　王強（1993-）：山西臨汾市堯都區人，基督徒，臨汾市基督教聖約家園教會同工。2022 年 11 月 1 日，被臨汾市警方攔截、抓捕，次日被以涉嫌「詐騙罪」指定居所監視居住。11 月 9 日，被臨汾市警方以同罪由轉為刑事拘留。2022 年 12 月 14 日，被臨汾市堯都區檢察院以涉嫌「詐騙罪」正式批捕。目前被羈押於臨汾市堯都區看守所。

走出來了，有在好好生活，懂得照顧自己了：「這段時間裡我成長了不少，也懂得了很多的道理，現在已經不再是以前那個害羞膽小的男孩了，現在的我可以獨自處理很多事情，在上帝的幫助下我克服了數不清的困難，通過了高考，上了大學，並且在大學裡都充滿了神的恩典，，與同學都相處融洽，真的很感謝神。」

保羅在信中說，現在最不放心的是弟弟摩西，得知摩西好長時間沒去上學，心裡很難受，但卻沒有辦法，唯一的辦法就是禱告，交給神。近期寒假，他回家勸導弟弟，現在摩西已答應去上學。

得知母親被判八年，保羅說不知道怎麼去表達自己現在複雜的感受，他暫時沒把這個消息告訴摩西，想先讓摩西安心上學。他說：「不管什麼結果，我都相信這是神的意思，要借著這件事來磨練我們的心。」

郝志妮牧師則回信鼓勵兩個孩子多讀聖經，多背聖經。尤其希望他們背熟《羅馬書》第八章，熟讀《以賽亞書》第二十六至六十六章以及《耶利米哀歌》第二至三章，說自己回家後要「檢查作業」。

斯偉江律師感慨道：「看這郝牧師母子家信，不能不流淚！」

2022 年 12 月 12 日，湖北省鄂州市中級法院對郝志妮的上訴做出終審裁決：駁回上訴，維持原判。

裁決內容如下：「本院認為，上訴人郝志妮、原審被告人洪英、萬元香以非法佔有為目的，採取虛構事實、隱瞞真相的手段騙取他人錢財，數額巨大，其行為已構成詐騙罪。違法所得應予追繳。洪英、萬元香在共同犯罪中起次要作用，是從犯，依法應當減輕處罰；如實供述自己的罪行，是坦白，依法可以從輕處罰。郝志妮退繳大部分贓款，可以酌情從輕處罰。關於郝志妮及

其辯護人提出其不構成詐騙罪的上訴理由及辯護意見。經查,在案證據證實,郝志娓明知自己未取得宗教教職人員資格,為了聚斂錢財,虛構宗教教職人員身份,使被害人基於錯誤認識處分財產,其主觀上具有詐騙的故意。該項上訴理由及辯護意見不能成立,本院不予採納。關於辦護人提出,郝志娓的家屬代為退贓,請求從輕處罰的辦護意見。經審查,原審判決根據郝志娓的犯罪事實、犯罪性質、犯罪情節,綜合其具有的法定、酌定情節,對其量刑並無不當。故該項辯護意見不能成立,本院不予採納。原審判決認定事實清楚,證據確實充分,量刑適當。審判程式合法。經合議庭評議,審判委員會討論決定,依照《中華人民共和國刑事訴訟法》第二百三十六條第一款第（一）項之規定,裁定如下:駁回上訴,維持原判。本裁定為終審裁定。」

判決書顯示,審判長為柯冰,審判員為明延發、洪玉顏,法官助理為胡莉,書記員為梁丹。這些人就是「中國的艾希曼」,他們終將接受公義和歷史的審判。

很多西方人士和西方教會,對中國「三自」系統缺乏認識,有學者居然將「三自」視為基督新教中的一個宗派。實際上,中共建政之初就發起所謂「三自革新」運動,整肅和收編教會,中共的內部文件明確表示:「三自愛國會是共產黨對基督教會的限制、利用、改造,以達到消滅宗教的目的。」郝志娓案或許可以擦亮他們的眼睛。

大半生都在「三自」系統工作、曾任北京缸瓦市教堂牧師、北京基督教「三自」副總幹事的李克,晚年脫離「三自」,投身家庭教會的服事,並撰寫了許多有關「三自」內幕的文章。他早年積極參與「三自革新運動」,後來在歷次政治運動中重新認識「三自」、完成自我否定。他在〈三自愛國運動六十年的思考〉一文中

指出,中國政府發起「三自愛國運動」,號召基督教「自立、自養、自傳」,其實是要達成消滅基督教的重要目的。他特別引用一段歷史事實:1950年5月,周恩來三次召集以吳耀宗為首十九位基督教代表人物,開始攤牌。周恩來以「基督教與帝國主義侵略相聯繫」為基督教在政治上定下了基調,命令「教會必須獨立自主,割斷與帝國主義的聯繫,建立三自的教會」。周恩來的講話迄今為止,仍然是基督教三自會的基調,也是官方對教會政策的理論基礎。周恩來重申「二十年代曾有過一次規模很大的非基督教運動,對帝國主義利用基督教所做的壞事……清算一下」。他進一步推出兩個兇狠的威脅:要除掉教會中的害群之馬,教會內部要展開自我批評清理內部。三自運動就是二十年代「非基運動」的延續。其結論是:「三自運動將近六十年的歷史證明,它是滅教的工具。一提『三自教會』,信徒深惡痛絕,堅決不進三自會之門。」

因爭取宗教信仰自由而入獄的成都秋雨之福教會牧師王怡也在一篇文章中指出:「要麼妥協,走背主賣友的路;要麼像曠野中的耶穌拒絕撒旦那樣,拒絕共產黨的權勢,走一條殉道和護教的路。在這兩條路上,就分別產生出今天的『三自會』和『家庭教會』。」北美宣教委員會(North American Mission Board)研究和資源開發部的副總裁、錫達維爾大學(Cedarville University)客席教授特雷文·瓦克斯(Trevin Wax)在一篇為王怡著作《信仰上的抗命》(Faithful Disobedience)所寫的書評中指出:「王怡清晰地刻畫出家庭教會與三自的不同,痛斥三自基於民族主義的『自治』大大否定了教會的大公性。除此之外,三自還組織唱紅歌、聽那些宣傳愛國主義的演講,這些行為都否定了基督是高於國家的主。一旦教會成為民族主義的溫床,它就中了撒旦的計,真教會就成了假教會。」

郝志妮被以「詐騙罪」重判,是中共當局宗教迫害的又一惡劣手段。郝志妮之所以獲罪,就是因為她決絕地帶領會眾脫離「三自」系統。該案反倒讓世人認清了「三自」的本質——它不是教會,而是中共的隨附組織。

郝志妮被關於湖北黃州監獄。
地址:湖北省黃岡市黃州區路口鎮建設路
郵編:438021
電話:0713-8452620/8452608

35 ｜王利波：我只是想通過我的影片，盡量接近真相

王利波（1973年9月23日—）：獨立紀錄片導演，舞臺劇創作者及導演。主要作品有：《掩埋》、《三峽啊》、《熵》、《治療》等，在國際電影節上榮獲多個重要獎項。其作品揭示了在中國的極權體制下，天災之所以成為天災，往往因為有「人禍」。他堅信「接受政治審查是自取其辱」，故其作品從未在中國國內院線上映。2019年，移居美國紐約，高耀潔女士去世前，他為之拍攝了很多素材，計畫製作成一部紀錄片。

王利波：出生於黑龍江哈爾濱普通工薪家庭。他人生的第一個轉折點是六四事件，當時他只有十六歲，還在上中學，常常去哈爾濱廣場觀看學生的遊行示威。他覺得學生的反腐敗訴求沒有錯，共產黨的鎮壓才是錯的，從此他不再相信教科書上的謊言。

王利波年輕時熱愛搖滾，曾組建樂隊，擔任樂隊鼓手。他也是哈爾濱首屆、第二屆搖滾音樂節策劃組成員。他說自己在三十歲之前，沒有過什麼正兒八經的工作，但他並不後悔那段「混日子」的時光，當同齡人按部就班地畢業工作、結婚生子時，這段自由隨性的經歷卻賦予他特立獨行地去思考和審視中國社會的潛力。

2003年，王利波來到北京闖蕩，成為一名「北漂」，迎來人生的第二個轉折點。他接觸到很多當代藝術，尤其是影像藝術。他看了法國導演朗茲曼（Claude Lanzmann）的《浩劫》（Shoah），還有邁克爾·摩爾（Michael Moore）、懷斯曼（Frederick Wiseman）等人的作品。他發現自己喜歡這種藝術形式，就開始嘗試自己拍片。他沒有受過專業訓練，一切都是邊拍邊學：「最開始的時候，我從朋友、『二手玫瑰』樂隊的梁龍那裡借了部DV，嘗試著去創作一些東西。但往往是拍一點，停下來，拍一點，停下來，前幾年拍的一些素材都沒能成片。2008年，開始拍《掩埋》，我才決心一定要完成它。後來才發現，這一行的艱難是我始料不及的。」

　　2008年5月12日，四川發生大地震，王利波在電視上看到災區慘不忍睹的畫面，特別是那些死於豆腐渣校舍的孩子，深受震動。當時，據說全國有一半的紀錄片導演都跑到災區去拍片了。隨後，最早問世的作品有潘建林[126]的《誰殺死了我們的孩子》，該片向世人呈現了青川縣木魚中學校難的情景。還有杜海濱[127]的《1428》以及范儉[128]的《活著》都是其中的佼佼者。

　　王利波先在網上查有關地震的資料，網上跳出來的卻是唐山大地震的資訊。於是，他轉而去研究三十年前的唐山大地震，逐

---

126 潘建林：獨立紀錄片導演，甘肅人，原來是學法律的，後來經商，然後拍紀錄片。作品有《早安北京》、《誰殺死了我們的孩子》等，後者在韓國釜山電影節首映，引起轟動。後來，當他重返青川拍攝時被公安局拘留，錄影帶也被沒收。
127 杜海濱（1972-）：生於陝西寶雞。獨立紀錄片導演，畢業於北京電影學院。作品包括：《竇豆》、《鐵路沿線》、《人面桃花》、《傘》、《1428》、《真情來電》、《少年小趙》等，多次入選國際電影節並獲獎。
128 范儉（1977-）：生於寧夏，成長於重慶，中國紀錄片導演。先後就讀於武漢大學和北京電影學院。作品包括：《活著》、《的哥》、《尋愛》、《吾土》、《搖搖晃晃的人間》等，多次入選國內外重要影展。《搖搖晃晃的人間》獲得阿姆斯特丹長片競賽單元的評委會大獎。

漸發現有一個被正史掩埋的唐山大地震。他最早採訪到的人物是揭露唐山地震真相的吹哨人、報告文學作家張慶洲[129]。張慶洲親身接受訪問，還為他指引了很多重要線索。由此，他順藤摸瓜，一步步迫近歷史真相。

王利波最初的計畫是，以唐山和汶川分別做上下兩部，一部說唐山地震，一部說汶川地震。他在拍攝過程中發現了兩次大地震之間具有某種神秘聯繫——是天災，更是人禍。他想通過對照，闡明中國歷史沒有任何變化，悲劇不斷重演。但後來，由於汶川地震的信息和資料不足，所以就把兩次地震做成了一部紀錄片。不過，在結尾處，他特別選用了「512」四川地震默哀日降半旗的畫面，作為歷史與現實的呼應。

王利波用大半年時間完成前期拍攝。2009年春節，他在北京沒有回老家，集中時間和精力做剪輯，從大年三十剪到初七，整個就剪完了，將二十多小時的資料剪成兩小時的初剪版本。開場長達三分半鍾不同景別的紀念碑和廢墟影像——高聳的紀念碑，在殘陽下閃耀；一個又一個名字，沉默著的二十四萬遇難者的名字，銘刻在紀念牆上。黑白影調，伴隨嗚咽的配樂，將觀眾帶入一座被掩埋的城市……

《掩埋》以地震倒計時的方式去剪接，回顧了唐山大地震發生前，防震工作者所從事的工作，以及圍繞是否公開預報地震而展開的糾纏，它是第一部探尋地震預報問題的作品。艾曉明這樣評

---

129 張慶洲（1957-2018）：報告文學作家，著有《震城》、《草民》、《鳥的》、《折籬》、《今夜無雨》等。2006年，出版報告文學《唐山警示錄》，該書記錄了當年參與地震預測預報各個層面知情人的回憶，呈現了地震界有關預報的爭議，解開了唐山預報真相被隱瞞的謎團。隨後，國家地震局局長陳建民與唐山市等政府要求查禁此書，未發貨之一萬冊被封存。同時，作者被北京鐵路局從豐潤工務段集經辦事處副主任的職位上解雇。

價《掩埋》的重要性：它進入了被主流敘事遮蔽的歷史，讓攝影機的鏡頭照見了一批被排斥、邊緣化、甚至被妖魔化的關鍵證人。

影片中採用的視聽史料還包括錄音，其中有作家張慶洲留存的，它彌補了採訪的不足。觀眾因此聽到了其他關鍵人物的講述：當年唐山市地震辦公室負責人楊友宸，在大震來臨之前的5月，他被派去五七幹校勞動。對此，地震專家黃相寧憤怒地說，當年的唐山市委書記犯了「過失殺人罪」！還有，當年青龍縣縣委書記的冉廣岐，儘管縣裡沒有權力發地震預報，但他毅然拍板，決定從縣到鄉傳達臨震資訊。他的話擲地有聲：「別人拿烏紗帽當烏紗帽，我拿烏紗帽當尿憋子，我考慮的是全縣四十七萬人！」

《掩埋》揭示出，如果國人不知道災難在臨近，如果那些可能的報信人被扼住喉嚨，那麼，人人都會因為不知情而被掩埋，而推卸責任的人，註定還要把這樣的真相再次掩蓋掉。唐山大地震的教訓，何嘗不是當代中國很多浩劫的縮影？抗震防震，不僅是地震學界的工作，它牽涉到社會治理、公共利益，並有賴於國民地震記憶的重生。

王利波接受媒體訪問時指出：「1976年的唐山大地震留給世人的疑問太多，地震前唐山的地震工作者和北京的地震專家都曾發出過臨震警告！但最終卻以超過二十四萬人的生命被掩埋為代價，造成了震驚中外的大悲劇。這到底是為什麼？2008年汶川大地震約十萬生命被掩埋。面對慘絕人寰的大地震，人類一次又一次的重複著悲劇的發生。人們僅僅是把金錢和無謂的淚水獻給不幸者，這是人類的悲哀。一個民族必須有勇氣正視本民族的弱點，這個民族才能有希望。」

十年磨一劍，王利波長達整整十年的積澱和堅守，換來同行、媒體和觀眾的肯定。《掩埋》先後獲得2009年中國紀錄片交

流週優秀紀錄片、2010年香港華語紀錄片節長片組冠軍和2011年陽光華語紀錄片獎環保組金獎。2011年，王利波被澳洲「齊氏文化基金會」授予「推動中國進步獎」。該獎項創建者齊家貞指出：「中國需要的就是誠實和正直，對於歷史來說，要求的就是真實和公正，這是人們需要去努力的方向。在中國的現實中，很多歷史都被篡改了。但歷史的脈絡就像人的指紋一樣，是無法篡改的。中國近六十幾年的歷史中，人們的生活狀況，他們遭遇了什麼，他們在想什麼，他們在追求什麼？這些都需要靠獨立製片人，去撈取和搶救。一個人、一個國家，應該有真實的歷史。獨立製片人的意義就在此，我們願意給予他們鼓勵。」王利波在獲獎感言中表示：「公民社會由每一個公民組成，一個國家進步的動力來源於這個國家的每一個公民的努力和擔當。不要讓我們因為愛自己的祖國而感到可恥。」

王利波的第二部紀錄片是《三峽啊》。一開始，有人建議他拍水資源的問題，他在查資料過程中發現，三峽才是一個更可聚焦體制的議題。自從孫文在《建國方略》中提出建立三峽大壩的設想，江山雖幾番易主，但修建三峽工程的政治夢想卻一直在延續，從孫文到蔣介石，從毛澤東到江澤民。中共政權建立後，每次三峽大壩的決策過程都體現出中國政治體制的某個拐點。一個大壩，就能將整個中國從1949年以來的政治脈絡梳理出來。

王利波進而發現，三峽絕不僅僅是一個能源工程和經濟項目，更是一個政治問題。三峽工程之所以上馬，跟八九六四有必然聯繫。八九六四之後，反對的聲音全都沒有了。表面上看，從1999年該議案以破天荒低的得票率在全國人大通過之日，三峽工程才啟動。但實際上，在此之前，人員、設備等就已上馬。這是李鵬的面子工程，是他因為在六四中積極的表現而得到的鼓勵。

因為老人幫意外地挑選江澤民做總書記，李鵬未能更上層樓，所以就將三峽工程作為對他的補償。江澤民對此心知肚明，上任後的第一件事便是視察三峽。

有了拍三峽工程的想法後，王利波就去請教長期研究該問題的學者戴晴。戴晴問，你們團隊有幾個人？王利波說，就我一個。戴晴又問，你有多少資金？王利波說，現在手頭還沒有錢呢。戴晴就說：「利波，不是我不想幫你，但這個事是國家級別的團隊和資金才能完成的，你說你現在一個人，又沒有錢，怎麼完成？」後來，戴晴還是幫助王利波，向他提供資料，幫他聯繫訪問李銳等人。再後來，王利波得到陽光衛視的少許資助，得以繼續拍攝。

與以往有關三峽工程的紀錄片不同的是，《三峽啊》聚焦於三峽工程背後那些被掩埋的故事。王利波花了三年時間，輾轉北京、重慶、成都和廣西等地，採訪了多位當年曾正式或非正式參與三峽工程論證的專家學者，特別是持反對態度的人。他還重點採訪了大批三峽移民及其後人。他說，如果用一個詞來形容三峽移民的生活困境，那就是「迷茫」。這首先體現在經濟上的窘迫，在三峽工程修建期間，中國經濟的整體發展情況是上升的，但庫區移民的收入卻在下降，土地沒有了，工廠倒閉了，無論大人小孩都只能外出打工謀生，這種流離感、沒有根的生活伴隨著每一個人。另外，他還發現大批三峽移民獲得了不公平的搬遷安置賠償，而且這種情況是普遍存在的。

王利波用論證的方式表達了他對三峽工程的批判。他表示：「據有關統計，平均每個中國納稅人大約花費了一百多元在這個工程上，換句話講，每個中國人都理應是三峽工程的老闆和股東，但三峽工程為什麼建、建成什麼樣子、抗洪能力如何等等問題卻

一直不明不白,每個公民都有權利知道這些事情。我希望通過憲法賦予的知情權和話語權,以一位公民的身份走進三峽工程,去探究一個個體的責任和權利是什麼,一個國家政府的責任和權力又是什麼,我想我有權利去發問。」後來,香港國際電影節的官方網站上,如此介紹這部影片:「向一群曾經守著學術良心的三峽好人等致敬,更透視可怖的未來畫面:利益集團早已形成,他們動物兇猛撲出長江,淩駕政府以水利之名,向國內外盲目輸出大壩建設。」

王利波在影片中有兩處使用音樂,一處是老朋友「二手玫瑰」樂團梁龍的《跳大神》,結尾則是崔健的《最後一槍》。從裝神弄鬼的《跳大神》到慘烈血腥的《最後一槍》,就是中國從1949年到1989年的一個縮影。王利波說:「我覺得中國的政治就是在裝神弄鬼以及殺人如草。」

王利波的第三部紀錄片是《熵》。這是一個物理學概念,意思是面對毀滅不可逃避。他最初是想拍攝一部比較宏大的關於文革的影片,為此採訪了不少當年北大、清華的紅衛兵,以及重慶參加武鬥的學生和工人,還偷偷跑到被關閉的重慶紅衛兵墓園中拍攝。突然有一天,他接觸到一名清華的老紅衛兵,此人有十多本日記,詳細記載了文革期間他本人的經歷、觀察和思考。於是,王利波靈機一動:關於文革的紀錄片已經有很多了,自己不妨就拍這個老人的故事,讓這位老人讀自己的日記,表現一個個體生命在那個特殊年代怎麼做選擇。由此,探討文革為何是不可避免的──在中共體制的運作下,文革是必然發生的,它積累到一定程度,就像熵一樣,必然走向毀滅。

王利波受漢娜‧鄂蘭的《極權主義的起源》一書影響很深。他認為,雖然這位老人不主張武鬥,沒有幹過大的壞事,只是寫寫大字報,但包括這位老人內的紅衛兵及當時大部分的普通民

眾,既是受害者,也是共謀者,都屬於鄂蘭所說的「平庸之惡」的代表。他讓主人公將自己的日記讀出來,交代年代和環境,交代大學生那時的心理狀態,他們怎麼想的,怎麼做的。老人讀日記的過程,本身就形成一個封閉的時空。影片基本使用黑白色彩,只有筆記本保持本身的紅色——也對應做毛時代的紅色。如果觀眾進入這個封閉的時空,就能產生某種共鳴,就會思考:我如果處在那個年代,我會怎麼做?也許跟他一樣,也許比他更壞。其實,活在現在的中國,人們也要面對同樣的選擇,底線在哪裡?現在守住底線也是一件很難的事情。

王利波認為,中國紀錄片產業可以分為體制內和體制外兩個體系。對於前者來說,必須接受官方的審查和規訓,必須配合官方的宣傳政策。而對於體制外的獨立電影人來說,迎接他們的不是春天,而更像是嚴冬。從 2012 年開始,民間的多個獨立影展都被官方強制關停。獨立電影人在工作和生活中還面臨著許多困難,很難拿到資金,很多電影人費盡心機自籌資金,卻往往不得不面臨著無任何經濟回報的後果。另外,在成片後的推廣和發行階段,因獨立紀錄片無法進院線,能夠展映的國內獨立影展接連被關停,影片沒有任何機會能與觀眾見面。但要進入院線,就必須接受審查。在這個問題上,他絕不妥協:「接受審查就是自取其辱,如果接受審查就不要抱怨,不要怪他們把你的東西進行刪減,如果你的影片不想被刪減,那就別接受審查。」王利波對堅持同樣理念的紀錄片導演張贊波[130]、叢豐[131]等人予以很高評價。

---

130 張贊波(1973-):湖南邵陽人,獨立紀錄片導演,2005 年畢業於北京電影學院導演系碩士班。拍攝有紀錄長片:《天降》、《戀曲》、《有一種靜叫莊嚴》、《大路朝天》,及記錄短篇:《紅白藍》、《有名的火焰》、《消失於青草、荒草與浮萍之上》等。其拍攝手記《大路》曾獲臺北書展大獎。其影片在中國因涉及敏感題材,全面被禁。

在海外電影節獲獎，讓王利波開始進入國安部門的視野。2010 年，他的《三峽啊》在香港國際電影節獲獎後，一回到北京，國安就來找他。國安對他還算客氣，只是說，上面有領導想看這部片子，在市場上和網上都找不到——這個細節頗有黑色幽默的味道，封殺這部片子的，不正是中共當局嗎？所以，他們直接找到導演本人，向他要一張光碟。於是，王利波就給了他們《三峽啊》的光碟，順便還將《掩埋》也給了他們，說這是自己新拍的另一部影片。國安斷斷續續找了王利波半年多，定期約時間見面喝咖啡，還問他最近在拍什麼，準備去哪個電影節等等。後來發現從他身上榨不出什麼油水來，也就不理他了。

2019 年初，王利波還製作了一部低成本的劇情片《治療》，這部只有一位女演員的電影，用王利波的話來說：為了讓自己與自己和解，安排了一場兩個自己的對話，但這一切都無意義。

2019 年，王利波與妻子移居美國紐約。移民之初，他一度陷入沮喪和無能為力感，不知道該拍什麼。後來，他結識了住在紐約的高耀潔老人，一開始提出拍攝的想法，老人當時因生病住院沒有同意拍攝，然後疫情爆發。疫情過後，他又與老人取得聯繫，這次老人同意了他的拍攝計畫。他每次去老人家，不單單是拍攝，更像是親人去探望。他原本希望做一部高耀潔一生經歷的紀錄片，但老人突然去世，他只好調整思路，準備將已有的資料整理成高耀潔晚年在紐約生活的紀錄片。

王利波說，紀錄片之於他來說是一種自我表達的方式，無關

---

131 叢峰：獨立紀錄片導演。畢業於南京大學大氣科學系，先後在中國氣象局和《國際先驅導報》工作。印有詩集《那裡有一列我看不見的火車》、《一部雅俗共賞的文學作品謝謝我也這麼認為》。2005 年，回到甘肅古浪縣黃羊川，拍攝系列紀錄片「甘肅的意大利」，即《信仰》、《馬大夫的診所》和《未完成的生活史》。

道德高尚或偉大,「我們或許永遠都到達不了真相,我們永遠行進在抵達真相的路上。我只是想通過我的片子,盡量接近真相,並將我的所見所想呈現給觀眾」。他還說:「每個人來到這個世界,都有自己的角色,也都有自己的使命。我會繼續拍電影,忠於自己內心真實的想法往前走。能認清自己或許比什麼都更重要。」

36 | 果‧喜饒嘉措：外來的紅風無法摧毀雪域的文化和信仰

果‧喜饒嘉措（Go Sherab Gyatso，1976年9月9日—）：藏人，格爾登寺僧侶，作家、學者和公共教育家，人權和宗教自由捍衛者。出版有多部藏文著作，深受藏人讀者尊重和愛戴。因批評中共政權對藏人基本人權的侵犯、對藏人歷史文化和宗教傳統的打壓，多次被捕入獄。2020年4月26日，被西藏國家安全局拘捕。次年12月，被以煽動分裂國家罪判刑十年。在獄中飽受酷刑虐待，患有慢性肺病，健康狀況嚴重惡化。

果‧喜饒嘉措：四川省阿壩藏族羌族自治州阿壩縣人。他的爺爺輩是近代阿壩地區遠赴尼泊爾等地經商的商人。

喜饒嘉措的父輩中，很多人參與過阿壩地區文革時期所謂「再叛」的「紅成事件」。「紅成」是「紅衛兵成都部隊」的簡稱，這是運動初期成都市十多所大學中紅衛兵的少數派組織。在成都「紅衛兵成都部隊」熱火朝天地進行革命時，安多阿壩藏人桑傑扎西（又叫阿壩臣甘）到成都與「紅成」聯繫，並獲得鼓勵，遂在阿壩成立「紅成」分支，集聚了很多人。後來在卡協古宗、宗嘎仁波切和晉美桑丹等人領導下，其性質發生根本的變化，變為反抗

一九七〇年代 377

中共入侵、驅逐漢人、護衛藏傳佛教、恢復舊制度的藏人反抗運動，參加「紅成」的藏人分佈在青海、四川、甘肅十多縣的藏區，達十萬之眾。1968 年 10 月 17 日，成都軍區向中共中央報告，認定為西藏「紅成」事件是藏人的「新叛」活動，並將該組織確定為「進行新叛活動的反動組織」。中共中央軍委、中央文革 10 月 27 日電報批准同意後，11 月初開始所謂的「平叛」鎮壓，數百名藏人被殺害，數萬藏人被逮捕判刑。那時，喜饒嘉措雖未出生，但他少年時代必定聽父輩講述過那段悲慘歷史。

喜饒嘉措的父親果運尊珠（Go-ngün Tsöndru）一直被中共政權視為異類，於 1990 年逃往尼泊爾。這個家庭更是陷入困頓之中。

十歲那年，喜饒嘉措在格爾登寺（該地區規模最大的藏傳佛教格魯派寺院）出家為僧，很快就因表現優異而獲得師長關注，被送到拉薩的哲蚌寺學習佛法。1992 年，他為朝聖而短暫訪問印度與尼泊爾。1998 年，他再次赴尼泊爾送別亡父。

1997 年底，在一次宗教儀典中，喜饒嘉措拒絕將格爾登寺內的達賴喇嘛畫像取下，受到警方訊問。

1998 年 3 月 20 日，喜饒嘉措從尼泊爾歸來後不久，在格爾登寺被捕，被判處三年八個月徒刑，隨後被送四川省綿陽監獄服刑。他是因參加反抗中共當局對阿壩地區僧侶強制實施「愛國愛教」教育活動而獲刑。當時，「愛國愛教」運動最為明顯的動作，是要求西藏各寺院樹立中共五星紅旗，開展系列會議批判達賴喇嘛及向中共表達忠心。這一運動引起眾多寺院和僧尼的反對，中共的處理手段是將反對的僧尼驅逐出寺院，無數僧尼被拘押毒打、判刑入獄。

在獄中，喜饒嘉措受到虐待，且感染慢性肺病，此病症一直

未能痊愈。儘管環境惡劣，他仍努力向獄友學習漢語，並研讀西方哲學。2001 年 11 月 11 日出獄後，他繼續從事宗教、文化研究與寫作，並於翌年赴拉薩色拉寺學習佛法。

2007 年，喜饒嘉措出版首部專著《我們該醒悟》。該書由官方的甘肅出版社印行，內容論述保存、促進西藏宗教與文化傳統的重要性。他也因本書而崛起為一名重要的藏族公共知識分子。

2008 年 4 月，西藏全境爆發反對中共統治的抗爭風潮之後，當局以戶口不在西藏自治區為由，將喜饒嘉措及其他近千名學僧逐出色拉寺及其他寺院，並假借「法制教育」之名義，將這些學僧任意拘留在青海格爾木市長達四個月。此後，喜饒嘉措再度被捕，被判刑一年。刑滿獲釋後，他回到格爾登寺繼續學業。

2011 年 4 月，喜饒嘉措因發文批評中共政府鎮壓藏人和實施高壓強權殘暴政策等，以及在青海省西寧市出版書籍，再次被四川省國安廳跨省拘捕，並被羈押於成都市某看守所。數月後，無罪獲釋。

2013 年，喜饒嘉措公開譴責格爾登寺領導人支持對僧侶著作進行言論審查，隨即離開該寺。此後，他繼續致力於對藏傳佛教文化進行研究和著書立說，並展開遊學和講學之旅，拜訪藏區多家寺院。

2016 至 2017 年，喜饒嘉措到廣州中山大學學習三個學期的西方哲學史，還完成了兩本關於西方哲學和科學史的書稿。一篇 2019 年在中國發表的學術論文稱他為「（在西藏僧侶群體中）兼具傳統寺院教育系統下積累的紮實的佛教文化根基，同時吸收和掌握中西文化精髓及現代科學知識」的「最為出眾和典型人物之一」。

喜饒嘉措素以倡導現代化、崇尚自由的西藏宗教教育與信仰

而聞名。他已出版包括《常識與路》、《取捨觀》、《自己的路自己尋找》、《探索與觀點》、《聖者之路》、《喜馬拉雅山的兩側》、《思索的心聲》在內的至少九本專著，最新著作收錄他在各種宗教研習活動中有關教義與修行問題的講稿。在其著作與演講當中，時有論及社會議題，例如批評藏區寺院內外的言論審查。在 2013 年一篇針對格爾登寺領導人的文章中，他寫道：「任何不容批評的權威就是專制」、「任何不敢接受批評，利用逮捕或暴力阻止反對派發聲的國家或組織，都是人民的眼中刺」。唯一直接批評中國政府的地方，是附帶提到「外來的紅風如此強勁，命令如此嚴格，我們幾乎連吸氣和吐氣的空間都沒有了」。

喜饒嘉措在 2011 年出版的《常識與道路》一書中，部分表露了其政治觀點。其中，他以藏文翻譯了研究憲政和古典自由主義的政治學者劉軍寧的三篇文章，其內容主張在中國實踐民主與人權原則。有人推測說，這是喜饒嘉措再次惹禍上身的原因。

2020 年 10 月 26 日，當喜饒嘉措到成都為以前獄中所患慢性肺病定期就醫時，被西藏自治區國安廳以涉嫌「煽動分裂國家罪」。此後，其家人和律師長期不被允許與之會面。

針對此案，設在達蘭薩拉的人權組織西藏人權與民主促進中心向聯合國強迫或非自願失蹤問題工作組（WGEID）、任意拘留問題工作組（WGAD）、宗教問題或信仰自由及少數民族問題特別報告員發出緊急呼籲。以上聯合國組織和報告員於 2021 年 7 月 16 日致函中國政府要求提供有關喜饒嘉措和另一位被捕藏人僧侶**仁青持真**[132]的資訊。同年 8 月，中國政府回應：2021 年 2 月 3 日，

---

132 仁青持真（Rinchen Tsultrim，1991-）：四川省阿壩藏族羌族自治州阿壩縣人，藏族僧侶，網路活躍人士，博客撰稿人。因一直呼籲藏人保護自身語言文化，並在博客上撰寫大量文章，被阿壩藏族羌族自治州阿壩縣當局打壓，其博客被關閉。2019 年

喜饒嘉措被檢察院起訴；3月，該案在拉薩市中級法院開庭審判，喜饒嘉措被以「煽動分裂國家罪」判處有期徒刑十年，目前在拉薩市西南方二十公里的曲水監獄服刑。

西藏人權與民主促進中心對喜饒嘉措案提出嚴厲譴責：「作為一名學者和教育家，喜饒嘉措為維護西藏文化、歷史、宗教和語言做出重大貢獻，因此招致中國政府的憤怒，導致他第四次被捕入獄。」

國際人權組織「人權觀察」發表聲明指出，中國當局至今尚未提出喜饒嘉措的罪證。該罪名通常指涉支持西藏獨立，但在喜饒嘉措本人的著述或親友同儕的介紹中從未發現他有支持藏獨的言行。

「人權觀察」要求中共當局善待在押政治犯，立即無條件將喜饒嘉措釋放，讓其獲得盡快有效治療。中國部主任索菲‧理查森（Sophie Richardson）指出：「中國政府對藏人的非法監禁，可能再次變成死刑。喜饒嘉措應被立即釋放，並給予全面醫療照護。」理查森還指出：「中國當局處心積慮阻止藏族學者發聲，足證其目標在毀滅西藏文化、語言和宗教。喜饒嘉措的偉大著作不該使他淪為性命難保的囚犯。」

西藏人權與民主促進中心在一份報告中，列出喜饒嘉措等多名被捕的藏人知識分子名單，並引述一位匿名藏族流亡學者的評論：「這些被捕人士有一個共同點，就是他們對於西藏的語言、文化以及風靡藏族新生代的文學作品具有深厚學養。而這似乎也是

7月27日，當天是失蹤的班禪喇嘛更敦確吉尼瑪的生日，他用微信與在印度生活的妹妹貢桑卓瑪通話，聊天內容被網路監控者錄音，成為罪證。8月1日，被阿壩縣警方以涉嫌「煽動分裂國家罪」，後又被阿壩縣檢察院以同罪名正式批捕。2021年3月23日，被阿壩縣法院以「煽動分裂國家罪」祕密判處有期徒刑四年六個月。

他們被捕的唯一原因,因為他們從未違反任何中國法律。」

藏人學者和評論人士**桑傑嘉**[133]在〈激進漢化政策與清除西藏文化精英〉一文中指出:「中國政府已經開始公開、全方位對西藏實施激進漢化政策,其中最卑鄙的手段之一是清除西藏文化精英。」

中國政府的激進漢化政策引起國際專家、學者的高度關注。加拿大西門菲莎大學國際研究學院的助理教授雷風指出:「中國的做法超出了語言的範疇。還涉及誰能夠講述他們自己的歷史,自己民族的故事,能夠慶祝哪些節日,以及這個群體的文化價值。所有這些東西都在被改變,轉向以漢族為中心的社會生活。」

美國羅斯-豪曼理工學院(Rose-Hulman Institute of Technology)的中國研究副教授葛羅斯(Timothy Grose)在接受媒體採訪時指出:「在習近平的領導下,我們看到了一種全新的、激進的國家建設形式,它尋求使中國多樣化的人口同質化,不僅僅是通過建設和加強民族團結,而是抹掉非漢族文化中有意義的標誌,用漢族主流文化中更常見的做法和習俗取代這些文化元素。北京的高層官員已經對以前的國家建設方法失去耐心,對非漢族群體採取漸進變化的過程失去了耐心。相反,他們將執行政策,並將繼續執行政策,要求非漢族群體進行快速和巨大的改變。」

英國索塞克斯大學(University of Sussex)的社會人類學講師麥克默里(James McMurray)表示:中國政府已經成功地建立和推進了民族同化政策,出於國際社會的壓力,接下來的做法可能更加

---

133 桑傑嘉(Sangjey Kep):流亡藏人作家、評論家,現居西班牙。1998 年畢業於西北民族大學,1999 年流亡印度。2000 年至 2014 年在藏人行政中央外交於新聞部中文組工作,2015 年擔任西藏人權與民主促進中心研究員。出版有作品:《天葬臺》,他曾多次在不同國家參加或組織大型藏漢對話會議、研討會和支持西藏組織大會,以及參與流亡藏人作家桑傑嘉與他的個人文集《天葬臺》、《翻身亂世》等。曾榮獲澳洲墨爾本漢藏民間交流促進會頒發的第九屆「促進漢藏民間交流獎」。

隱蔽和更有針對性。

喜饒嘉措在江澤民時代、胡錦濤時代和習近平時代都遭到殘酷迫害。他的遭遇顯示,中共的本質從未改變,中共領導人都是獨裁者。西藏政策研究中心的學者**丹增潘多**[134]在〈從愛國愛教到中國化,中共正在加速同化西藏〉一文中指出:「當前的中國漢人社會諷刺習近平是『總加速師』,批評其政策倒退,同時將『胡溫』時代視為較開明的社會,去懷念胡溫執政的那十年。但是在西藏從江澤民時代的『拉薩戒嚴』開始,中共在西藏的政策不斷倒退,對西藏的管控不斷強化。這就是中共政策在漢人社會和在所謂『少數民族』藏人社會實質性的區別對待。」

茨仁卓嘎[135]在〈聽出弦外之音,中共對民族區域知識份子倒查三代殘酷迫害〉一文中分析說,喜饒嘉措案不同於早前通過藏區地下印刷廠出版涉嫌「煽動分裂國家」的地下藏語出版物而遭到逮捕判刑的案件,喜饒嘉措的出版物都是被批准出版的(對中國境內民族作家狀況有了解的國際漢學藏學專家都知道,涉藏出版物在中國境內從審查到出版很不容易),在境內藏區任何書店都能買到。既然從未被禁,通過審查公開出版,為何被重判呢?作者的答案是:這和當局近年來對少數族裔知識份子祕密開展的「溯源」計劃有關——即倒查幾十年檔案,看看祖上有無黑歷史。喜饒嘉措的遭遇,正是阿壩人民「三代人的傷痕」(印度格爾登寺曾出版一本藏文書,名為《三代人的傷痕》,至今沒有中文翻譯,是

---

134 丹增潘多(Tenzin Phenthok):藏人學者,西藏政策研究中心研究員,目前駐於印度達蘭薩拉,長期分析中國共產黨對西藏的人權迫害與社會控制政策。
135 茨仁卓嘎:在印度藏人學校學習,現旅居瑞士的藏人青年女學者。工作之餘,以精通第二外語華語的優勢,分析研究中共對藏政策和西藏局勢,以客觀真實的聲音,書寫藏人的歷史,戳破中共數十年的可恥謊言。

當代阿壩遭遇劫難的歷史縮影）的真實見證。

中共的「溯源工程」，包括反對「文化獨立」、「聽出弦外之音」。中共對「文化獨立」的定義是：達賴集團無法在軍事上經濟上與我較量，於是把手伸向文化，宗教領域。因此，要把「文化」作為反分裂的意識形態重點工作領域（中國國家安全部有一個部門是負責「維護文化安全」的）。對於藏文書刊和藏人知識份子的思想分析和研究上，則指令道，要「聽出弦外之音」。因此，拿文章書籍流露的所謂「弦外之音」進行莫須有的、文革式的迫害，成為中共當局整肅民族知識份子的一個新跡象。

茨仁卓嘎評論說：「反對文化獨立，聽出弦外之音，多麼嚇人的冠冕堂皇的民族政策。藏文化裡面沒有一桿槍一把刀子，而且宣導慈悲，非暴力，利他主義精神。如果用藏文化都能開展『獨立』了，那中國太脆弱了吧。」

2023 年 11 月 15 日，國際筆會於「獄中作家日」發文，對喜饒嘉措在獄中狀況表達高度關注。

2024 年 5 月 3 日，西藏人權與民主促進中心發佈〈世界新聞自由日聲明〉，指出中共當局在西藏嚴格控制新聞自由並打壓藏人的言論自由。該聲明呼籲中共當局對境內藏人給予基本的言論自由，並立即無條件釋放包括藏人作家喜饒嘉措在內的所有藏人知識分子，同時呼籲中共停止打壓和恐嚇西藏人權捍衛者、記者、作家、學者和活動人士。

收入果・喜饒嘉措多篇演講的網站：https://gosherabgyatso.com/videos/

37 | 古麗尼莎・依敏：我們以眼睛交談，以免黑暗發現我們

古麗尼莎・依敏（Gulnisa Imin，1976年11月—）：維吾爾人，筆名古麗罕（Gulhan），詩人，新疆和田地區策勒縣第二中學教師，和田地區作家協會和策勒縣作家協會會員。其作品曾入選漢文詩集《燃燒的麥穗：維吾爾青年先鋒詩人詩選》，也曾入選被翻譯成日文的維吾爾人詩選。2018年3月，古麗尼莎突然失蹤。2019年12月，外界才知道，她被當地法院以「分裂國家罪」判處有期徒刑十七年六個月。

古麗尼莎・依敏：出生於新疆維吾爾自治區和田地區策勒縣。1997年，自和田廣播電視大學文秘系畢業，曾在策勒縣法院當秘書，後來在策勒縣第二中學當教師，育有一女。

古麗尼莎在任教之餘從事詩歌創作，其作品很快受到讀者欣賞。2015年，她的詩作〈兩點的雲〉漢譯選入《中國當代詩人代表作名錄》第五輯《歌詠西北》，次年又有詩作〈面對而坐〉選入漢文詩集《燃燒的麥穗：維吾爾青年先鋒詩人詩選》和《紅月亮詩刊》。

據美國《大西洋月刊》報導，古麗尼莎的作品並沒有太明顯的政治性，但依然見證了自從北京當局在新疆大規模建立拘留營

以來維吾爾人的悲慘遭遇。她在詩中寫道:「在話語被禁言的地方／花朵不被允許綻放／鳥兒也不能自由歌唱。」

古麗尼莎在被選入多種詩選的成名作、愛情詩〈面對而坐〉中,已隱晦地透露自己及當代維吾爾人的悲劇性命運,以及與不期而至的厄運的抗爭。她寫道:「我們的激情似火,而我們猶如詞語的祕密／在衣服之外的赤裸的樹林中／面對而坐,／直到我們融入彼此。／那樹林中／一定記錄著／我們不曾相遇而度過的時光。／為了不迷路,樹林中必須點燃一把火／而我們卻因燃燒的火而迷路。／我們以眼睛交談／以免黑暗發現我們。／嶄新的創傷／呼喚我們／而我緊閉雙眼／以免看到這一切。／那創傷炫耀自己／以至於我們慢慢靠近過來／想像彼此的眼淚／捂住彼此的眼睛／以怕敲醒一扇門。／我們像他人一樣／面對而坐。／我們中間的書頁／正在等待我們／猶如死亡在等待我們。」

古麗尼莎以一系列題為「一千零一夜」的詩歌而聞名。2015年,她開始以筆名古麗罕在網上發表這些詩歌。她是受到阿拉伯語民間故事集《一千零一夜》啟發,希望以詩歌探求自由。流亡維吾爾人學者**阿尤普**[136]評論說:「古麗尼莎在書寫自己的《一千零一夜》。童話中的女主角(山魯佐德)通過講故事拯救了自己。可以想像,古麗尼莎也是面臨同樣情況,她在講述自己的故事以拯救自己。」

2018年3月,在發表了第345首詩後的一天晚上,古麗尼莎突然斷網,從此渺無音訊。

2019年5月,在海外舉行的一次抗議中共在新疆的種族滅絕

---

[136] 阿尤普(Abduweli Ayup):流亡挪威的維吾爾人權活動家及語言學家,古麗尼莎的朋友,長期致力於記錄新疆失蹤和被監禁維吾爾人的資料。

政策的活動中,阿尤普看到有抗議者使用筆名為古麗罕的女詩人的照片和文字,簡直不敢相信自己的眼睛。他與拿著古麗尼莎照片的抗議者交談,這才得知古麗尼莎已被捕入獄。

一名來自策勒縣、流亡在外並了解當地情況的維吾爾人透露,古麗尼莎在2019年12月被當地法院判處十七年半重刑,中國當局稱她的詩歌散佈「分裂主義」思想。這位消息人士稱,從2014年中國當局在新疆開始所謂的「反恐運動」以來,一直到2018年最後一次被捕,古麗尼莎曾多次遭到任意拘留和審訊。在被拘留期間,她目睹了中國當局以「執法」為幌子使用的種種野蠻政策。

當自由亞洲電臺聯繫古麗尼莎工作過的策勒縣法院和策勒縣第二中學的工作人員並詢問古麗尼莎的情況時,大多數人表示無法對此事發表評論。但一位法院官員表示,古麗尼莎是當地近年來被捕和被判刑的近三打數目的教師之一。當被問及古麗尼莎的刑期時,他說,「十七年六個月」。據策勒縣的一名政府官員透露,古麗尼莎曾於2017年被拘留一次,2018年被關押在再教育營一年,並於2019年被判刑入獄。這位官員無法說出古麗尼莎的哪一首詩讓她被捕、古麗尼莎被控犯了什麼罪、或她是否受到公開審判,但他明確證實古麗尼莎正在喀什地區疏勒縣木什鄉的喀什女子監獄服刑。

喀什女子監獄是一所羈押「重囚」的女子監獄。一位曾到過該監獄做裝修工作的漢人張先生,曾向自由亞洲電臺爆料說,該監獄羈押了約五百名囚犯,幾乎都是維吾爾族婦女,她們被當局定性為「暴恐分子」。該女子監獄壁壘森嚴,進入大門有兩道門禁,第一道外大門是全副武裝的維族獄警把守,所有外來人員車輛必須停在大門前的馬路對面,人員下車後須接受全身檢查,

一九七〇年代　387

未發現異常才可進入監獄大門。監獄的第二道內大門由漢族武警駐守，即使獄警進出大門，均要「刷卡」識別身分。張先生說，2018年9月28日，他見到八名維吾爾族女子被囚車送到女子監獄，她們被戴著黑頭套、手銬及重腳鐐，每三、四名武警押送一人，其中兩名女警架住女囚的一個手臂，一根警電棍架在女囚的頸部。「把人從監獄大院警車裡一直架到圍牆內的監室中，說是女恐怖分子！」女囚犯每天在室外空地從事挖掘等體力勞動，有些重犯的腳鐐被固定在水泥地上。勞動範圍由警戒線限制，如果囚犯超越「黃線」，值班武警會發出警告，如果超於「紅線」就會立即開槍射擊。極具諷刺意味的是，2021年8月，喀什女子監獄一監區被命名為「第二十屆全國青年文明號」。而在一個只能用中國境內IP地址訪問的介紹新疆企業的網站上，可查到多個設置於該監獄的企業的名稱，亦可針對它們生產的多種「價廉物美」的生活日用品下單訂貨。

2020年4月，阿尤普通過微信收到了與古麗尼莎關係密切的友人發來的消息，其中包含幾首詩的照片。他從字跡和風格上認出，這是古麗尼莎在獄中創作的新作。其中一首名為〈無題〉的詩寫道：「生活中有些事情是我們無法企及的／不要因為我而心懷憤怒／不要向你遇到的人打聽我的消息／你對我的思念不應該壓垮你的靈魂／／把我想像成一個正在旅行的人／如果我還活著，總有一天我會回來／我不會輕易放棄幸福／我對生活還有很多要求／／我的兩顆星星現在都留在你們中間了／我不在的時候請為我珍惜它們／帶著從小養育我長大的善良／讓他們生活在你庇護的懷抱裡。」讀到這樣的詩句，阿尤普感嘆說：「即使被剝奪了自由，古麗尼莎也沒有停止創作詩歌。」

古麗尼莎還有一首題為〈阿依別凱〉（阿依別凱，突厥女性常

用名,意為如月亮般美麗聰慧)的詩歌:「在你黑夜的天空無月無明/如你聽不到我的熟悉聲音/在你看來悲傷的那些日子/你到哪裡尋找我的那顆星//我為了你會願意付出一切/留下我的身體在遙遠荒野/希望已凍結但你仍然保存/一滴露珠雖然花都已凋謝//當我已去時誰撫摸你的頭/我的同伴們現遺憾又擔憂/沒你的每天我的喉都上火/別無選擇而我只剩些傷口。」雖然是寫愛情,卻並無情詩的甜蜜和浪漫,而充滿了悲傷與愁苦。

古麗尼莎何其不幸,生活在新疆,又身為維吾爾人,即便她不是政治抗議者,不是政論寫作者,只是一名抒情詩人,亦無從躲避厄運的降臨。對於新疆的維吾爾人來說,寫詩本身就是一種犯罪。這位僅僅寫詩的女詩人,因為詩歌而獲刑,其獲刑之重,超過寫下上千篇批判共產黨的尖銳文字的諾貝爾和平獎得主劉曉波。這就是身在北京和身在新疆的差別,也是身為漢人和身為維吾爾人的差別。承認這種差異,是正視維吾爾人苦難的開端。

在網上,有一張古麗尼莎的全家福,她與英俊的丈夫和甜美的女兒一起綻放出花朵般的笑容,這是何其幸福的一家。然而,這家人的幸福卻被中共的暴政瞬間化為齏粉。

古麗尼莎的厄運並非罕見的個案。據「維吾爾人權項目」網站披露,近年來,中國當局逮捕了眾多維吾爾商人、知識份子以及文化和宗教人士,作為監視、控制和同化少數民族成員的運動的一部分,據稱是為了防止宗教極端主義和恐怖活動。自2017年以來,有180萬維吾爾人和其他突厥少數民族被關押在新疆的再教育營中。根據該機構搜集的數據和研究揭示,這是一場懲罰知識份子和文化菁英的針對性運動。中國通過摧殘知識份子和文化生產力來破壞維吾爾文化身份認同,來實現此一多面向、野蠻殘暴的社會再造工程。

該報告引用學者肖恩・羅伯茨（Sean R. Roberts）的觀點指出，針對維吾爾知識份子和文化製作者的迫害運動，目的是摧毀維吾爾文化之獨特性，以便將其同化融入同質的中國版本的「現代化」。羅伯茨認為，迫害運動和移民殖民計畫相互補充，「試圖摧殘意志和摧毀原生社區，隔離並破壞當地人之社群，邊緣化剩餘部分並執行強制同化」。

美國喬治城大學（Georgetown University）教授米華健（James Millward）指出，目前中共在東突厥斯坦的措施是，實施對非物質維吾爾文化遺產的控制，如音樂、舞蹈、文學和歷史。中國政府試圖將維吾爾文化和知識積累描述為是中國遺產的一小部分，給予其狹小的官方劃定形式存在。他認為：「文化清洗是北京政府找到最終解決新疆問題的方式。」

古麗尼莎正是中共政權此一政策的受害者之一：中共政權將目標對準維吾爾和其他少數族裔知識份子和文化創作者，因為他們是民族身份和文化存在的重要載體。作為文化遺產的保護人，文化菁英一直是群體意識記憶、共同價值觀和規則的形塑者。因此，對維吾爾及其他少數族裔菁英知識分子的迫害，突顯中共黨國政府試圖清洗維吾爾、哈薩克、吉爾吉斯及其他群體的任何自我身份保存可能。

英國倫敦大學亞非學院（School of Oriental and African Studies）研究員雷切爾・哈里斯（Rachel Harris）評論說，很多維吾爾詩人將對家園的思念、對擺脫中共的控制和獲得自由的渴望，寫入其作品中。這是他們遭受迫害的重要原因。在新疆，作家們被殘酷抓捕，藝術表達遭到無情壓制。2014 年以來，迫害日益嚴重，數百名維吾爾學者、作家和藝術家相繼失蹤。2017 年後，新疆再沒發行過一本維吾爾語書籍。每天都有作家及其著作出現在禁書名

單上,而持有他們著作的人則整夜整夜地把書一本一本撕毀,惟恐自己被送進再教育營。

流亡美國的維吾爾人權活動家伊力夏提多次在社交媒體上為古麗尼莎呼籲。他在一篇文章中講述了當代維吾爾文化面臨的劫難:據2022年死裡逃生跑出來的一對與古麗尼莎一樣曾是教師的中年維吾爾夫婦說,很多維吾爾人,尤其是知識分子、教師,在恐懼中不得不主動上交家中的藏書。上交的維吾爾語書籍,堆滿大學的幾間教室,後來被用車拉走,不知道是被燒了、還是搗碎了。再後來,很多上交書的維吾爾老師,一個個被抓捕失蹤。幾乎所有的維吾爾知識分子都生活在極度的恐懼中,每家都在家門口放著一個收拾好的小包和一兩件厚衣服,以便突然上門被帶走時有所準備。今天在新疆維吾爾人社群發生的一切,就如同德國詩人海涅在兩個世紀前所警示的那樣——「焚書的地方,最終也會燒人。」

古麗尼沙‧依敏目前被關押在喀什女子監獄
地址:新疆維吾爾自治區喀什地區疏勒縣木什鄉博斯坦村

38 | 薩拉古・薩吾提拜：我要堅強，我要為集中營裡的無辜者發聲

薩拉古・薩吾提拜（Sayragul Sauytbay, 1977—）：哈薩克族，當過醫生、幼稚園老師、小學校長。2017年底，身為中共黨員的薩吾提拜被安排到一所關押大量哈薩克人的「再教育營」當中文老師，由此親歷了「再教育營」中慘絕人寰的狀況。2018年3月，她逃出新疆、抵達哈薩克，向全世界揭露新疆「再教育營」就是納粹集中營。隨後，在中共壓力下，哈薩克拒絕給予她難民身份，她與家人前往瑞典，並得到政治庇護。她在瑞典從事醫療和教育工作，並積極出席公開活動，披露「再教育營」真相。2020年，薩拉古・薩吾提拜榮獲美國國務院頒發的「國際婦女勇氣獎」。

薩拉古・薩吾提拜：出生於新疆伊犁哈薩克自治州。她的丈夫為哈薩克公民，按照哈薩克法律，他們的兩個孩子也都是哈薩克公民。

2016年，因中共當局不斷打壓新疆的各少數族裔，薩吾提拜的丈夫和兩名孩子移居哈薩克。但薩吾提拜因身為共產黨員和學校

教師，得不到護照等旅行證件，無法與丈夫和孩子一起離開中國。

2017 年冬，薩吾提拜被政府調職到一個關押 2,500 名哈薩克人的「再教育營」教中文。對擁有哈薩克語和中文雙語能力的薩吾提拜而言，教中文似乎是一個理想的工作。然而，當薩吾提拜抵達集中營後，很快地發現這並非職業培訓機構。

在這裡，薩吾提拜的任務不只是教中文。「他們告訴我，政府正在實施一項漢化政策，還說要『把最好的人變成漢人，把最壞的人徹底摧毀』。不僅如此，他們還命令我告訴拘留者們：『你們之所以活著，必須感謝共產黨的恩情。』並教導他們認同『中國人』的身份、對共產黨效忠。」上級指示她向「學生」說明：「你們是因為不懂中文而犯了錯誤，不懂中文就是對國家的背叛。所以必須學習中文。」如果「學生」無法達成每天的「學習進度」，在中文課程落後，或是無法記住中國傳統節慶的中文名詞，就會遭到懲罰。「無法跟上學習進度的人會被強制禁食和剝奪睡眠。但他們的食物條件糟透了，三餐都是一勺稀飯跟一塊麵包。」

至於那些「無法被教化」或反抗洗腦教育的人，則會面臨極為苛刻的對待。薩吾提拜在集中營中擔任醫護室職員的朋友告訴她，他們會向抵抗者注射和投餵藥物。有時拘留者會被帶離牢房，然後雙眼迷茫、安靜順服地被帶回來。

集中營的生活環境惡劣到令人難以想像。被拘留者們睡在過於擁擠又骯髒的牢房中，床和便桶就放置在同一個空間裡，拘留者無權向警衛要求在具有隱私的空間上廁所。「一個有蓋子的水桶就是他們的馬桶。水桶滿了就滿了。」

同時，薩吾提拜發現，集中營中有性暴力和性侵案件存在。「警衛會把某些女性拘留者帶離牢房，一陣子後再把她們帶回來，有時候在半夜發生。她們被帶回來後感覺都變了一個人，只要是

正常人都看得出來她們慘遭虐待。」而大部分被帶走的女性都是大約二十幾歲的未婚女性。

有一次，薩吾提拜親自聽到一位性暴力受害者的哭訴：「她差不多才二十一歲，在那麼多人面前，她哭訴自己的遭遇——集中營的警察輪流強姦她。但是，我們卻像死人一樣、像屍體一樣，沒有援助她，沒有幫助她，無能為力的站在那個地方。世界上哪有這樣的事情！我們很難接受這個悲劇。我從那一刻開始，就得了失眠症，晚上睡不著覺，總想起這件事。我很快就瘦了八公斤⋯⋯」薩吾提拜指出：「我知道這些人是完全無辜的，他們什麼都沒做。我沒有辦法幫助他們逃離折磨，我只能在心裡發誓，總有一天我會公開揭發再教育營中的實際情況。」

2018 年 3 月，在這個「再教育營」當了四個月的中文老師之後，薩吾提拜被調離。顯然，這不是她獲得自由的標誌，而意味著她雖然有中共黨員的身份，卻不再被黨信任。有在政府部門工作的朋友悄悄告訴她，她上了將要被抓捕的人員名單。於是，她有了出逃計畫，最大的動力是來自身為母親的愛與勇氣。

後來，薩吾提拜接受媒體訪問時表示：「作為一個母親來講，最重要的是家人和孩子，家庭是非常、非常重要的。所以，為了家庭、為了孩子，我抓緊最後時刻，冒死出逃。反正前面也是死路、後面也是死路，沒有其他的路。我想，如果能成功，我就能見上兩年半沒有見到的孩子和家人，值得冒這個巨大的風險。」

2018 年 4 月 5 日，薩吾提拜用偽造的文件從中國與哈薩克的邊境出關，然後進入哈薩克境內。入境哈薩克後，她遭到哈薩克警方逮捕。即便非法入境在哈薩克並不是嚴重的罪行，但因為她擁有中國國籍，一度面臨了被遣返回中國的危機。

儘管前途曖昧不明，薩吾提拜覺得應當實踐自己當初的諾

言,她聯繫了駐哈薩克的西方媒體,召開記者會,公開講述自己在新疆集中營的所見所聞。她痛斥這根本是一種二十一世紀折磨人的法西斯方式。

隨後,薩吾提拜向哈薩克政府申請政治庇護。她和律師都表示,若被遣返回中國,一定會面臨死刑威脅。「我是親眼目睹集中營真相的人,中國會無所不用其極地把我抓回去處死。中國只會放過已經死去的人。」

很快從中國傳來消息說,薩吾提拜在新疆的幾位家人已被捕。中共當局每每在流亡者在別國的難民案件被外媒公布後都會採取這種報復行為。薩吾提拜在接受《外交政策》雜誌採訪時透露,「在庭審後,一小群她不認識的人到她家,叫她保持沉默。這幾名講哈薩克語的男子含糊其辭地談到中國政府的新疆政策,並且說,如果她再對媒體發聲,她和家人將會承擔後果。」

7月,薩吾提拜在法庭作證時披露:「在中國,他們稱之為『再教育營』,實際上是山區的監獄。中國官媒讚揚他們在那裡進行『糾正極端主義思想』的教育,但我發現被關押的人盡是普通的男男女女,與極端主義思想毫不相干。我在公開的法庭上討論這個營地,意味著我已經揭露了中國的國家機密。」

在眾多揭穿新疆集中營內部情況的指控中,只有非常少數是來自集中營工作人員的敘述。薩吾提拜的指控因此相當重要。她告訴CNN:「中國用謊言騙了整個國際社會。他們說這些不是集中營、不是監獄,他們只是在教導穆斯林必要的職業技能。這跟我親眼目睹的狀況完全不一樣。」

薩吾提拜的案件使哈薩克當局處於一個尷尬的境地。中國是哈薩克最大的貿易夥伴之一,公眾對新疆越來越多的哈薩克族被無辜拘留感到憤怒,揚言如果哈國政府不為在新疆的哈薩克人挺

身而出,他們將組織龐大的集會活動,以示抗議。

隨即,薩吾提拜的律師開始「缺席」,估計是受到了威嚇。儘管薩吾提拜的丈夫和兩個孩子均為哈薩克公民,但她的庇護申請被哈薩克法庭駁回數次,她極力上訴到最高法院。她對《外交政策》記者說,或許她的庇護申請永遠不會得到批准,並暗示是由於來自中國的壓力。

的確,中國在中亞組織了一場前所未有的假新聞運動,並配以經濟施壓,以否認「再教育營」的存在。結果,吉爾吉斯外交部長不顧有吉爾吉斯族人被關押在「再教育營」的事實,公開表示新疆「再教育營」的存在「尚未確定」。

8月1日,薩吾提拜案再次開庭審理。案情出現逆轉,檢察官撤回了原先的指控,認為其非法入境屬「非嚴重罪責」,其違法行為「情有可原」,且認罪態度良好,念及家中尚有幼子,建議法庭將其當庭釋放。法官阻止了薩吾提拜的引渡程序,判她六個月暫緩監禁,讓她短時間內不會被遣返回中國。儘管這判決結果不太完美,但她被當庭釋放即可回家與親友團聚,這結果為當事人及公眾所接受。

在宣佈判決後,法庭上薩吾提拜的支持者爆出掌聲並歡呼。被釋放後,薩吾提拜對法院外的人群說:「當我來到哈薩克時,我感覺自己是孤獨的。現在我有相信這不是真的……我有我的人民,我的國家,我的祖國可以代表我。」

一直呼籲法庭釋放薩吾提拜的哈薩克民間人權活動人士 Serikzhan Bilash 說:「我認為這是一個非常好的判決。這是哈薩克的首例。今晚我們將慶祝。」

國際人權組織「人權觀察」的中國問題高級研究員 Maya Wang 表示:「案件顯示哈薩克當局可以對抗中國,即使兩國經濟

關係密切。我們希望其他政府能夠找到勇氣，在新疆不斷升級的鎮壓中與中國政府對抗。」

在審理此案之前一週，哈薩克外交部部長海拉特・阿布德拉赫曼諾夫（Kairat Abdrakhmanov）出席由美國國務卿邁克・龐培歐（Mike Pompeo）主持召開的首屆「促進宗教自由」部長級會議。顯然，龐培歐和川普政府在此案中發揮了相當的影響力。當然，薩吾提拜被釋放，符合哈薩克共和國憲法第一條：確立國家的世俗與民主，尊重個人的生命、權利與自由。

2020年3月4日，美國國務卿龐培歐將美國國務院一年一度的「國際婦女勇氣獎」（International Women of Courage awards）頒給薩吾提拜等十二位獲獎者，以表彰她向全世界揭露中國「再教育營」中的恐怖內幕，讓世人關注到新疆的人權問題。龐培歐在致辭中指出：「薩吾提拜遭審判關押與虐待，和家人分離，只因為她說出新疆再教育營的實際情況。她是眾多勇敢向公眾說出中國共產黨是如何壓迫穆斯林少數民族的其中一人，她鼓舞許多其他有同樣遭遇的穆斯林，勇敢說出真相。」

在掌聲與鎂光燈閃爍下，薩吾提拜從美國第一夫人梅蘭妮雅手中接下「國際婦女勇氣獎」的獎牌，然後與梅蘭妮雅、龐培歐三人合影留念。

薩吾提拜在接受媒體訪問時說，比起仍受關押或失蹤的族人，自己所做的不算什麼，但想起未能援救當時在再教育營裏遭輪暴的女孩，她自責地潸然淚下。她也再次解釋了自己為何要開口說話：「我必須堅強，因為，我是他們的聲音，我是那些集中營裡面無辜的人唯一的聲音。我一定要堅強，不停的奮鬥，為他們不停的奮鬥。我一想起那些無助的、失去希望的那些無辜眼睛看著我，好像是尋求我幫助的眼神，我永遠忘不了的。我一想起他

們那些沒有希望的眼神時,我就會振作起來,鼓勵自己,我要堅強,因為,我要為他們發聲。」

中共當局在國際輿論的壓力下,就新疆的人權議題掀起了一場宣傳戰。2021年6月24日,新疆維吾爾自治區在北京召開第十一場涉疆問題新聞發佈會,其中專門找來多名所謂的「證人」否定薩吾提拜的證詞、並將其妖魔化。其中,薩吾提拜一案的辦案民警、新疆伊犁州昭蘇縣公安局經偵大隊大隊長閻斐斐發言說,薩吾提拜從未在教培中心任教,也從未在教培中心學習過。2018年4月5日,她非法出境,其行為已涉嫌偷越國(邊)境罪。另外,中共當局還安排新疆伊犁州昭蘇縣農商銀行合規部經理田士林作證,聲稱薩吾提拜犯下「貸款詐騙罪」,先後兩次騙取47萬貸款,至今還有39.8萬未償還。

薩吾提拜駁斥了中共當局的誹謗,並告訴媒體,儘管自己和丈夫及一雙兒女現在居住在瑞典,中國伸長手臂的騷擾仍未停止。她表示,自己不害怕,最後還要正告中國政府一句話:「你們什麼時候停止這個法西斯政策,我就什麼時候閉嘴不說。」

薩吾提拜還在回憶錄中和在接受半島電視臺訪問時披露,雖然已離開集中營數年,至今仍備受惡夢折磨。在集中營,包括教師和囚徒,每週五這天都要被迫吃豬肉。如果拒絕,就會遭受嚴厲的懲罰,這種作法旨在讓穆斯林被拘留者感到羞恥和內疚。她說,「難以用言語形容」自己每次吃下豬肉時的情緒,「我感覺自己是一個不同的人,周圍一片漆黑」。

英國紐卡斯爾大學(Newcastle University)學者芬利(Joanne Smith Finley)指出,中共正在新疆對多個少數族裔進行一種慢性「大屠殺」:「這不是那種發生在當下,令人震驚的大規模種族屠殺,卻是一種緩慢、痛苦、令人毛骨悚然的屠殺行動。」

39 | 陸輝煌：掃除個人崇拜陰霾，促進憲政民主轉型

陸輝煌（1978年2月7日—）：壯族，農民工，網路寫手。因在網路和海外媒體發表〈致中共中央公開信——關於政治體制改革的思考和建議〉等文章，2018年8月2日被深圳市公安局龍華分局以涉嫌「尋釁滋事罪」刑事拘留，同年9月7日被正式逮捕。2020年4月26日，被深圳市龍華區法院以同罪判處有期徒刑二年六個月。獲釋後，他繼續在網上發聲，因呼籲當局徹查徐州「鐵鏈女」事件，於2022年2月18日再次被刑事拘留。2022年11月24日，被廣西壯族自治區貴港市法院以「煽動顛覆國家政權罪」判刑四年六個月。

陸輝煌：生於廣西貴港市桂平市垌心鄉上瑤村。自幼家境貧寒，高中畢業後即到珠江三角洲打工。

陸輝煌先後輾轉於多個行業的不同工廠，後來在深圳富士康鴻觀廠區當工人。工作之餘關心國家、民生狀況，寫作評論文章並在網路上傳播。

陸輝煌身為農民工，首先為農民工維權。他指出，兩億八千

萬在城市打拚的農民工絕大部分都是幹著髒、累、差工作的「低端人口」，起得比雞早、睡得比狗晚，每天工作十個小時以上，有的長達十三、四小時。他以在富士康的經歷為例，揭露數億農民工的悲慘遭遇：「富士康在中國知名度很高，但這卻是因為它的『臭名遠揚』。多年以來，富士康多次被國內國際著名權威媒體曝光工人非法加班很多，工作累，稱之為『血汗工廠』。因為富士康的工作累、壓力大，短短半年迫使十二位工人跳樓死亡，又被媒體稱為『死亡工廠』。」

陸輝煌提及，2017年11月22日，英國《金融時報》中文網報導，鄭州富士康園區非法利用三千名學生實習工每天工作十一個小時趕產蘋果手機。媒體一報導後，富士康各地園區風聲鶴唳，馬上整改，學生實習工不加班了。但這只是暫時的，多則一、兩個月，少則一、兩個禮拜，風聲過後，馬上又恢復原樣。「事實上，加班在富士康是普遍、正常現象，不加班在工人看來則是不正常現象。因為工人的底薪很低，只稍微比當地政府定的最低工資標準高一點點，工人只能通過大量的加班賺取多點工資。」

陸輝煌如此描述富士康工人的惡劣待遇：「富士康財大氣粗，對工人的管理缺乏人情、人性，簡單粗暴，隨便謾罵工人，重複試用期，同工不同酬，非法用工、非法罰款都是司空見慣的事情。富士康深圳園區和過了試用期的工人簽訂勞動合同，把承諾給工人的底薪2,550元硬是按試用期的2,220元寫在合同上，明目張膽藐視法律。」富士康工人都顛倒黑白、違背天理的兩班倒地上班，每天十多個小時、每週六天、沒日沒夜地辛辛苦苦上班，「一個月下來，只能領到四、五千工資──這個工資還要繳納個人所得稅，這是『劫貧濟富』、『吸血』啊。再扣除個人基本的吃、住一千元左右，只剩下三、四千。在沒有班加的淡季，工人們只

能領到一、兩千的工資」。在其他地區，工人領的工資更低。

陸輝煌指出，富士康工人是中國億萬農民工的縮影，歐美日本外企工人待遇好一些，中國本土企業農民工待遇比富士康還差。他譴責說：「富士康百萬工人顛倒黑白的付出，百萬工人的血與淚，成就了郭台銘的臺灣首富地位與蘋果公司最高市值、最有價值商標、最賺錢公司地位。郭台銘總裁，蘋果 CEO 庫克先生，午夜縈迴之時，問問你們的良心，你們的財富來得真的心安理得嗎？」當然，他並不寄望於中共當局和國際資本家、權貴資本家良心覺醒，而是在文章最後提出呼籲：「富士康的百萬同仁們，如果不想再過顛倒黑白、累得像條狗的日子，只有團結起來勇於抗爭。」

2013 年 10 月，陸輝煌撰寫了〈致中共中央公開信——關於政治體制改革的思考和建議〉一文，分析國家的政治體制並建議中共中央進行憲政改革。

2016 年 3 月，陸輝煌寫了〈「妄議」國事〉一文，對習近平政權不准民眾「妄議」其政策做出反駁。他引用中共黨史的典故來批評說：「習近平說：共產黨要容得下尖銳批評。接著又搞『不准妄議中央』。這明顯是毛澤東反右運動『引蛇出洞』、『陽謀』的翻版。任大炮（任志強）質疑批評了一下『黨媒姓黨』，就因為『妄議中央』被留黨察看一年。弱弱的問一句習近平先生，毛澤東、王稼祥等人在遵義會議前議論中央的決策是不是『妄議中央』？鄧小平 1992 年發表『南方談話』是不是『妄議中央』？不但妄議了，還威脅『誰不改革誰下臺』，這是要搞政變嗎？」

2016 年 6 月，陸輝煌寫下〈致習近平總書記的公開信〉，呼籲習近平關注農民工的生存狀況。

2018 年 1 月，陸輝煌寫了〈對當前政局的分析與呼籲〉一

文,反對習近平修憲和個人崇拜。此文除了像往常那樣通過 QQ、微信、郵箱傳播外,還向海外民運雜誌《北京之春》投稿。《北京之春》網站於 2 月 25 日和 28 日,分上下篇刊登了該文(後來,在陸輝煌的起訴書中,將這篇文章按兩篇計算)。

這篇文章是陸輝煌水準最高的政論文章之一。他只有高中學歷,身為社會底層的農民工,但這篇文章的深度和廣度不亞於擁有教授、博士頭銜的民主派知識分子,在膽識和勇氣上有過之而無不及——他直接點名習近平及其馬屁精群體,對中共的極權主義本質提出嚴厲批判:

十九大之前及期間,天津市委書記李鴻忠、遼寧省委書記李希、江蘇省委書記李強、軍委副主席許其亮、國防部長常萬全、武警司令員王寧、國務委員楊潔篪、外交部長王毅等軍政要員爭先恐後般對習近平進行十分肉麻的吹捧。這些行徑很自然使人想起大躍進時柯慶施、李井泉、王任重、陶鑄、陶魯笳、吳芝圃、張仲良、曾希聖等「八大金剛」,在他們的推波助瀾下大躍進運動轟轟烈烈開展下去。北京市委書記蔡奇和武漢市委書記陳一新,這倆個習近平的忠實馬仔,更是一唱一和,一個高呼「英明領袖」,一個高喊「偉大領袖」,配合的十分默契,馬屁功夫絲毫不亞於文革時的康生、林彪。隨後,這些人都順利晉升高位,進入十九屆中央委員會或者政治局。「習近平新時代中國特色社會主義思想」也被寫進黨章成為全黨的指導思想,同時也宣告了中國進入了習近平時代,習近平擁有絕對的權威和至高無上的權力。

……如果這股個人崇拜之風煞不住,不久的將來,「人民大救星」、「萬歲!萬歲!萬萬歲!」、「萬壽無疆」的聲音將再一次響徹中華大地。所謂的「中國夢」就會成為習近平的「皇帝夢」,

中華民族就不是走向復興,而是走向復辟帝制。習近平這個「領路人」就會把中國領向被開除「球籍」的死亡之路。

⋯⋯習近平好大喜功,居功自傲,利用反腐獨攬大權,大搞個人崇拜,倒行逆施,開歷史倒車。有人說,習近平集權是為了改革與反腐,為了國家與人民。這麼好的主席,即使終身制、做皇帝,也會是個好皇帝。這是國人根深蒂固的「明君清官」情結。歷史已經證明,皇帝是靠不住的,哪一個皇帝不是建立在人民的血淚之上的?皇帝如果靠得住,就沒必要推翻帝制了。

⋯⋯習近平的反腐只是為了維護與挽救共產黨利益集團的江山,與清算「四人幫」一樣,不會清算「四人幫」的後臺毛澤東。清算江澤民與毛澤東,就會危及到共產黨執政的「合法性」。其實共產黨的執政合法性早就蕩然無存。眾所周知,封建皇權的合法性來自於「神授」,所謂「君權神授」。現代民主政權的合法性來自於民賦、民選。共產黨既不是「神授」,也不是民選,只能弄一個所謂的「歷史與人民的選擇」來忽悠人民,要求人民「相信政府相信黨」。

⋯⋯習近平曾說,要把權力關進籠子,自己卻獨攬大權,不受制約。習近平忽悠國人做「中國夢」,自己的家人卻早就跑到加拿大、澳洲、美國做「逃離中國夢」。習近平自吹為「人民的勤務員」,喜歡逢年過節到貧困地區秀一番,卻對包括天子腳下的億萬農民工、「低端人口」的困難不聞不顧。

在文章的最後,陸輝煌對工人兄弟提出期望:「權利是靠自己爭取來的,不是靠別人施捨的。我呼籲,全國工人同胞們,為了拿回屬於我們的權利,為了我們的工作更輕鬆,有更多的時間陪家人,生活更幸福,讓我們團結起來,在每年的五一國際遊行示

威日,勇敢走上街頭,進行遊行示威抗議。」他自己做出宣誓:「為了我們的下一代,我將義無反顧,正如**蔡定劍**[137] 教授遺訓:憲政民主是我們這一代人的使命。在真理標準大討論、思想解放運動四十週年即將到來之際,我呼籲,全國民主同仁,全國有志之士,積極行動起來,為掀起新一輪思想解放運動,掃除個人崇拜陰霾,促進憲政民主轉型而努力奮鬥!」

2018 年 7 月,陸輝煌又寫了〈「艱時克共」的建議〉一文,呼籲早日促進《零八憲章》的目標實現。他認為,劉曉波被中共害死後,秦永敏就成為中國民主運動的代表性人物。

同月,陸輝煌另有〈致「中國勞工觀察」組織的信〉一文,在文中描述了中國勞工特別是農民工的真實情況,並請求「中國勞工觀察」組織幫助農民工維權。

隨著陸輝煌的文章影響力日益擴大,中共當局的黑手伸向了他。2018 年 8 月 1 日,陸輝煌在深圳富士康鴻觀廠區被深圳市龍華區公安分局福民派出所傳喚。

在派出所,警察在還未立案之前,就利用威脅(不說就打)手段獲取了陸輝煌的手機、QQ、微信、郵箱等密碼,並利用密碼非法登錄其 QQ、微信、郵箱,搜集所謂犯罪證據。公安機關在其手機便簽、QQ、微信、郵箱搜集到六篇文章。

次日,公安機關以六篇文章為證據立案,將陸輝煌轉為刑事拘留。陸輝煌在簽刑事拘留通知書時,發現並沒有人報案,警

---

[137] 蔡定劍(1956-2010):憲法學家,北京大學法學博士。2004 年初,身為全國人大秘書局副局長的蔡定劍掛冠而去,到中國政法大學法學院任教。他主要從事憲法、選舉制度、中國法制建設、人民代表大會與議會制度的研究,以「憲政民主是我們這一代人的使命」一句話知名。著有《憲法精解》、《國家監督制度》、《黑白圓方——法治、民主、權利、正義論集》、《民主是一種現代生活》等。2010 年 11 月 22 日因肝癌晚期在北京去世。

方是根據上層業務監控發現深圳有人傳播所謂政治不當言論的線索，並依據文章的線索將其傳喚。

9月7日，陸輝煌被正式逮捕。之後，經過兩次退回補充偵查，三次延長審查起訴。

2019年4月15日，深圳市龍華檢察院以散佈虛假資訊，辱罵國家領導人，造謠污蔑國家的政治體制、法律制度、基本國策、指導思想、戰略佈局、反腐鬥爭、發展路線、勞工制度與現狀、民族復興目標等，以「尋釁滋事罪」起訴陸輝煌，罪證就是六篇文章。

由於陸輝煌堅持不認罪，並在獄中堅持抗爭，遭遇惡警楊偉東施加的電擊、禁食、戴鐐銬等酷刑，並且不准他與家人通信。

2019年7月15日，深圳市龍華法院舉行開庭前會議。由於家人沒有給陸輝煌請律師，律師為官派，沒有就證據的合法性為其辯護。陸輝煌本人就檢方的證據提出三個疑點：一、其寫的文章屬於言論自由的範疇。二、檢方的證據是利用非法手段（威脅手段）取得的。三、檢方指控其在《北京之春》刊發文章，也是通過翻牆手段獲得的，根據《憲法》人人平等的原則，公檢法等機關並沒有特權，他們能用的，平民百姓也能用；他們能翻牆，平民百姓也能翻牆，那就沒有必要浪費大量納稅人的錢去建「防火牆」了。

2019年12月24日，陸輝煌案在深圳市龍華法院正式開庭。陸輝煌寫的辯護詞不被允許帶到法庭。在上車去法庭時，法警給他戴上頭套，只露出眼睛，到了法院才摘下來。在庭審時，審判長江濤以不准辱罵國家領導人為由阻止他為自己辯護。庭審只用了一個小時就草草結束。

2020年4月30日，陸輝煌接到判決書，他被判刑兩年半。此

時,由於在看守所長期睡地板,他已患上風濕、腰椎疾病。同年 6 月 22 日,他被調往廣東省從化監獄服刑。2021 年 1 月 31 日,刑滿釋放。

獲釋後,陸輝煌多次提出申訴。2021 年 4 月 12 日,他在申訴書中提出,他對刑事判決不服,認為該判決認定事實和適用法律均存在錯誤。他請求深圳中院對申請人涉嫌「尋釁滋事」一案進行再審,宣告申請人無罪。他認為,自己所發表的七篇文章,都直接與國家事務有關。他通過各種法律不禁止的方式發表對管理國家事務的看法,並公開發表或者點到點發送,以期影響管理國家事務的人,此行為屬於行使「人民當家做主權」、「公民參政議政權」,不是「尋釁滋事」,原審法院的認定屬於定性錯誤。

陸輝煌還引用多條憲法條文說明,一切國家機關及其工作人員、公務員必須接受人民監督,傾聽人民意見和建議,人民對其有批評建議的權利。他發表的七篇文章,儘管有不少觀點值得商榷、有不少說法也許並不確實、行文也不乏偏激之處和激憤之語,但其總的論調大體上並沒有脫離對公職人員「批評建議」的範疇。原審判決書所指涉案文章〈對當前政局的分析與呼籲〉(上下),基本上是對當前時政的描述,比附一些歷史上的人與事,再夾雜著申請人對人、對事的看法,中間使用了不少的貶義詞,有一點譏諷的意味,還算不上尖酸刻薄,夠不上造謠與污蔑。

但陸輝煌的申訴如石沉大海。

2022 年 1 月,徐州鐵鏈女事件震驚中外。臺灣社會學家劉紹華評論說:「鐵鏈女事件,就是一個因民眾堅持追尋真相,才迫使高層總算有所回應的網路運動。網路是國家統治社會的接軌平臺,也可能是斷鏈之處,獨立思考的網民在被視為道德危機的中國裡,打造想像的良知共同體。」然而,中共當局不容許「想像

的良知共同體」打造成形，數以百計前往徐州聲援鐵鏈女的記者、網友及人權捍衛者被打壓，多人被抓捕。其中，尤以陸輝煌付出的代價最為沉重。

陸輝煌沒有因為此前入獄而保持沉默，他為鐵鏈女事件拍案而起，參與〈徹查徐州鐵鏈女事件，保障公民免於恐懼的自由〉聯署信簽名。該信指出，徐州鐵鏈女事件的真相和處置，事關每一位中國公民的權利保障，事關社會整體的正義與進步，因此提出三點強烈呼籲：一、由中央政府部門組成聯合調查組，作出公正、公開、具有社會信服力的真相調查。二、依法追究徐州鐵鏈女事件中瀆職的各級公職人員，依法懲治販賣、殘害婦女的刑事犯罪人員。三、全國範圍內開展人口販賣犯罪活動的普查、打擊，對被拐賣、受害的婦女兒童進行解救和社會救助。

2022年2月18日，陸輝煌在南寧市大嶺新村的居住地被廣西貴港市警方帶走、刑事拘留，從此渺無音訊。

有網友想籌資為陸輝煌聘請律師。4月11日，網友蘇少涼[138]等人帶著委託書到陸家探視。剛開始，陸家父母不敢承認是陸輝煌的家人，經過深入交流才承認，但堅決不簽委託書。網友發現陸家裡面有多個監視鏡頭。十分鐘後，警察和村委會人員馬上趕過來，以疫情管控為由把蘇少涼等人帶到村委會，然後以疫情管控為由將他們驅逐出村。

廣東異見人士林生亮透過微信聯繫上看守所黃管教，黃管教說：「陸輝煌請你幫他，他的委託書已經交到律師手上，你聯繫律師就可以了。」林問：「是公安指定的律師嗎？把他簽的委託書拿

---

138 蘇少涼：廣西貴港維權人士，曾在709大抓捕中被傳喚到派出所問話。參與過深圳727維權工人被捕事件的聲援書簽名，以及抗議騰訊封號的簽名。

給我們就可以，最起碼他要有自由選擇律師的權利。凡是指派的都涉有強迫的嫌疑。」黃管教回答：「是他自己找這個律師的。委託書已經拿出去（給律師）了。」隨後給林生亮發來一張律師名片，名片上寫著廣西萬益律師事務所書燕媚律師。林生亮按上面電話聯繫書燕媚律師，對方卻回答：「沒有。」林生亮質疑說：「黃管教說陸輝煌委託書燕媚律師，但這個律師又說沒有收到委託書。是不是有貓膩？」

2022年11月20日，陸輝煌被廣西壯族自治區貴港市法院一審以「煽動顛覆國家政權罪」判處有期徒刑四年六個月。陸輝煌不服判決，發起上訴。但隨後上訴被駁回。

陸輝煌目前被關押於廣西欽州監獄第五監區二中隊
地址：欽州市北營路1號
郵編：535099
獄政管理科電話：0777-2221603
獄務電話：0777-2221600

一九八〇年代

40 蕭育輝：穿越怒海，奔向自由

蕭育輝（1980年7月10日—）：維權人士、南方街頭運動踐行者之一，曾以公民代理的方式幫助各類弱勢群體維權。2012年以來，先後四次被傳喚、拘留、逮捕及判刑入獄。2023年1月11日，依靠SUP槳板，從廈門游水四小時抵達金門。2024年7月，獲得加拿大政治庇護。

蕭育輝：廣東惠州人。其父早年被下放農村，他在農村出生，在鎮上讀小學，與爺爺一起生活。爺爺是第二代基督徒，他從小就跟隨爺爺信仰基督。

1989年，只有九歲的蕭育輝在家中觀看香港的電視節目，香港各大電視臺一天二十四小時播放天安門屠殺的血腥畫面，他深受震撼。香港的電視節目為他打開啟蒙的窗口，也埋下他成年後支持香港民主運動的種子。

因生活困難，及對中國官方洗腦教育反感，蕭育輝高中尚未畢業就去深圳打工。1999年，他到廣州的一家化妝品公司當送貨員。他勤勞肯幹，很快轉做業務，三年後就帶領一個十二人的業務團隊。他讀到《窮爸爸，富爸爸》一書後，深受啟發，轉去房地產公司工作。那是中國房地產業的黃金時代，一年後，他掙錢

買了第一套房子，之後第四年買了四套房子。

蕭育輝將多餘的房子出租，當起包租公。他遇到租戶拖欠房租且拒絕搬家，只好走上法庭。他打贏了官司，在執行環節又受阻，有判決卻無法執行。司法系統相當腐敗，需要賄賂才能完成執行程序。他意識到，在中國不僅存在著官與民的不平等，還存在著民與民的不平等。他上網查資料，聯繫律師，也開始關注社會的公平正義問題。

2012年，蕭育輝帶著懷孕的女友到香港生產，正遇到黃之鋒等發起反國教運動。他驚訝地發現，一群十四、五歲的中學生可組織公民運動，通過遊行示威迫使政府傾聽民意、調整政策。他轉而思考：為什麼在香港可以做的事情，在中國卻不能做？

回到廣州後，蕭育輝與人權律師唐荊陵、**吳魁明**[139]等取得聯繫，發現他們手頭有很多來不及處理的維權案件，就主動表示可幫忙處理一些小案件。因為房產官司，他有過上庭經驗，法律知識豐富，可幫到訪民。他辭去工作，全身心投入，以公民代理的身份，幫助受到公安部門不當處罰的訪民狀告公安局。由於公安人員在執法時知法犯法，漏洞甚多，有時他們能在法庭上勝訴。比如，有一位名叫馬勝芳的貴州訪民，被中山和廣州的公安局驅逐，蕭育輝幫她打贏了官司。

蕭育輝善於總結經驗，起草維權培訓教材，向更多訪民傳授。不久，公安局約談他，警告他說，公安機關是國家暴力機器，不能搞反對公安機關的培訓，「不過，你可以起訴其他政府部門」。

---

139 吳魁明：廣州維權律師，中國保障人權律師服務團成員。曾介入多起異議維權人士的案件代理，如海南民運人士鄭酋午案、湖北赤壁五勇士舉牌案、蘇昌蘭案、梁勤輝案、劉少明案、李紅花案等。2014年，他遭到邊境控管。

於是，蕭育輝轉向關注計畫生育政策，協助二胎家長處理二胎兒童入戶、二胎罰款等問題。他參與此類行政訴訟案累計近三百起。

南都事件是蕭育輝在中國參加的第一次線下的抗議活動。當時，他戴著Ｖ怪客面具去參加抗議活動，並用報紙包裹全身，抗議中共對媒體的打壓。一連幾天，他都出現在現場，直到當局開始抓人才離開，他親眼目睹警察連人帶輪椅將殘障的抗議人士**蕭青山**[140]抬上警車。

2013年9月4日，蕭育輝因對廣州海珠區執行局久拖多年不執行的判決不滿，爬上美國駐廣州總領事館樓頂，拉橫幅撒傳單表示抗議，在下來時摔成右腳跟骨折。隨後，他被大使館保安扭送派出所。派出所按刑事案件做了兩次筆錄，他拒絕簽名。將近二十四小時後，他被改為治安拘留十天。警察將他送到天河拘留所，因他有骨折，又轉送武警醫院。在武警醫院，警察明知他有骨折，仍給他戴上腳鐐，只提供上衣，不提供褲子、被子、床單等必需品，導致他此後兩天都在光著屁股、戴著腳鐐的情況下生活，直到第三天晚上才給褲子，腳鐐一直到他獲釋時才解開。

同年12月12日，廣東訪民李小玲案在廣州番禺區法院開庭。荒謬的是，李小玲本人被阻止進入法院。法官王菲隨即宣佈，該案因李小玲遲到而撤訴。李小玲在法院外抗議，蕭育輝等十多名維權人士前往聲援，舉起「狗法官王菲說，習近平無恥」

---

140 蕭青山（1967-）：本名蕭高升，江西省吉安市青原區富田鎮下廳村人。勞工維權法律援助者，「蕭氏訴訟法」發明者，實名舉報人，資深維權人士。早年在廣東打工時，因工傷致殘。後自學法律，在廣東成立幫助農民工維權的律師事務所，受廣東當局打壓，到北京上訪，並參與呼籲官員公佈財產等抗議活動。2022年10月被抓捕，2023年底被以「虛假訴訟，尋釁滋事罪」判處有期徒刑四年六個月。

的牌子,抗議司法不公。隨後,蕭育輝等人被警察抓捕。蕭育輝被處以行政拘留五天。

2014年,香港爆發大規模的占領中環運動。當蕭育輝看到香港警察對示威者發射催淚彈之後,他第二天就去了香港。他在香港留了七天,跟抗議者一起睡在馬路上,睡在香港政府總部外。早上有市民送來麥當勞早餐,還有老奶奶送來一大鍋滷水雞翅,中午和晚上也有商家或市民送來便當。那幾天,他就跟大家一起吃這些食物。集會中,他聽大家的發言,也有兩次上去大臺分享他為什麼要到來支援香港民主運動。其他時間,他都在負責收集現場的垃圾。

2016年10月3日,蕭育輝被惠州市城區公安分局國保大隊便衣和經濟偵查人員帶走,隨後住家被抄。警方以他拖欠浦發銀行信用卡10,500元為由,對其實施刑事拘留。10月12日,轉為逮捕。負責此案的警官對他說:「你的事情不構成犯罪,是上級部門讓我們辦的。我們去學校探訪過你女兒,小女孩的狀況很不好,為了孩子,你就早點認罪吧。」在此壓力下,蕭育輝不得不表示認罪。

隨後,七百多名二胎家長發起為蕭育輝向公眾借款行動,很快幫助蕭育輝還上欠款。10月25日,浦發銀行出具款項還清確認書。11月16日,中國各地四百多名網友參與連署要求釋放蕭育輝。當局置之不理,仍將其超期羈押。

2017年6月9日下午,惠州市惠城區法院以「信用卡詐騙罪」將蕭育輝判刑九個月、緩刑一年,並罰款兩萬元。這時,他已被關押了八個月又六天。

2020年6月,蕭育輝因為支持香港反送中示威,反對香港國安法,轉發《蘋果日報》的「一人一信救香港」活動,遭到廣東

省惠州警察傳喚及拘留。他被關押十六天，其中有三天三夜被鎖在老虎凳上，只有上廁所時才解開。隨後，他被取保候審。

2021年2月上旬，蕭育輝因在微信發起譴責緬甸軍方政變的簽名活動，與多名網友遭到廣州及惠州警方傳喚。

2023年1月10日下午3點，蕭育輝接到惠州國保陳支隊長的電話，讓他到水門橋派出所接受傳喚。一個小時後，他到了派出所。警察對他的審訊一直持續到晚上10點半。警察審訊的內容讓他哭笑不得：他在前一年的12月20日轉發了一則外交部發言人趙立堅說「外國人不能對中國的防疫政策說三道四」的圖文，國保反覆追問這則圖文是哪裡來的，要他承認是他製作的。他說，是在網上看到的，記不清原來的出處了。後來，國保查到這則圖文在蕭育輝轉發前幾天就出現在網路上了。警方無法給他定更重的罪，對他作出行政處罰，罰款兩百元，還說以後有關政治的所有內容都不能發。

蕭育輝意識到，這是一個重要的警告信號。過去，他可以起訴各地包括公安在內的政府部門，公開批評他們違法行為，甚至可以在法庭上要求將「習近平無恥」寫入庭審筆錄。如今，連轉發外交部發言人說過的話都會被處罰。中國的言論空間和維權空間消失殆盡，自己的處境非常危險。他決定逃離中國。但當時從東南亞陸路離開通道統統關閉，他決定從廈門游水到金門。

11日，蕭育輝約了兒子和女兒到大伯家吃飯，離開前給姐弟二人做了一頓飯。12日，他再給大嫂做了頓晚飯。飯後，8點左右，他離家出發。9點，來到火車站，為避免被監控，沒有買高鐵票，乘坐普通火車，買的車票是到梅州。然後，他將手機關機，趴在桌上休息。凌晨1點半，到梅州後，他沒有下車，補票到廈門。整夜，他都在座位上閉目養神，不斷更換車廂，注意乘務員

動向。一路相安無事。

13日早上7點40分，蕭育輝到達廈門。出站後，找了一家青年旅舍休息。9點半，監控他的陳支隊長打來電話，他沒有接。他趕緊帶上行李前往海灘考察地形。10點，他到了第一站——會展中心。他先將大件行李放在公交站的廁所旁，步行到海邊，卻發現有警戒線，還有人巡邏，白天不可能下水。碼頭有遊船，但需要登記身份，他不敢嘗試。他只好離開，找有公共網絡的地方上網。

11點半，蕭育輝到了萬達廣場，在星巴克咖啡館放下大件行李，連上網路，安排接下來的路線，尋找可以下水的地方——有小嶼島、鍾宅、生態公園、觀音山公園等處可選擇。確定後，他才吃午飯，飯後在電影院的按摩椅上休息，以恢復體力。

下午3點，蕭育輝到了第二站，小嶼島。又換了兩次公交到達大嶼島。在與小嶼島連結的橋頭，他發現有管制，帶著裝備無法通過，只能離開這裡，去往下一站。

下午4點，蕭育輝經過公交轉地鐵，到達鍾宅。他將大件行李放在地鐵服務臺，出地鐵後，觀察周邊情況。他發現，整個沿江的公園被圍閉起來，無法靠近江邊。第三站的生態公園也一樣。最後，他只能把希望放到觀音山公園。

下午5點，蕭育輝從地鐵觀音山公園站出來，雨下得很大，無法冒雨前進。他在廈門的臺北路的便利店坐下，點了熱咖啡和食物，避雨休息。過了四十分鐘，天色暗下來，雨不見小，他買了一把雨傘，冒雨出發。路上，他找了個人少的地方，把大件行李放到路邊綠化帶藏起來，輕裝上陣。

下午6點左右，蕭育輝穿過濱海大道地下通道，到達觀音山公園，用了一個小時來回兩次尋找適合的下水點，都沒有發現適

合的地方。靠近海面的地方，有人值守，開闊的沙灘有無數監視器和照射燈。

下午 7 點，天色已完全進入黑夜。蕭育輝在一個便利店坐下，休息，補充體力和飲用水。他相信，「最危險的地方就是最安全的地方」，決定從此處下海。作出決定後，他返回馬路對面，取回大件行李，裡面裝著 3.2 米長的立槳 SUP。他在廣場旁邊找了個小樹林換裝備，借著雨聲的掩護，換上潛水衣救生衣，攜帶其他裝備出發。這時是 7 點半。沙灘上的一對母子看著他滑入水中，划出海面，或許以為他是運動員。

蕭育輝一路划水，不敢回頭，直到燈光照不到他的身影。大概過了三十分鐘或四十分鐘，右前方出現兩盞警報燈，一盞藍色，一盞橙黃色。為繞開警報燈，他改變方向，往左前方划去，直到足夠遠才重新調整方向。此時，廈門與他之間拉開了一段距離。

大概又過了三十分鐘，蕭育輝的前方又出現警報燈。這次，他沒有刻意繞開，而是輕輕從旁邊穿過。即使他很小心，還是觸發了警報。聽到警報響起，他用最快的速度往左前方划去，直到警報聲被他甩到身後遠遠的地方。

途中，有小船從蕭育輝右前方往左後方行駛。蕭育輝停下來躲開小船的路線，靜止在海面上，等船過去後，再往船來的方向行駛。

沒過多久，從蕭育輝左前方大概小嶼島的方向傳來引擎聲，是往剛才警報的方向行駛的船。他打起十二分精神，拼命遠離航線和警報點。海警的船到了警報點，在附近打開照明燈搜查海面。蕭育輝用手划水，不敢發出一點聲音，想盡辦法遠離海警的船。

警報點附近,海警的船沒有任何發現。隨後,船掉頭向蕭育輝這邊駛來。蕭育輝做了最壞的打算。

　　就在這時,下起大雨,整個海面朦朧一片,就連廈門的燈光都無法看清。海警的船在回程時果然經過蕭育輝的位置附近。船開得很慢,蕭育輝能聽到船上的人說話的聲音。他趴在槳板上,盡可能讓自己貼近海面,呼吸都要停下來。終於,他們沒有發現他就離開了。雨也停了。是這場雨救了他。

　　大嶼島的燈已熄了,廈門方向只剩幾個大廈的廣告燈還亮著。蕭育輝打開手機中的谷歌地圖,重新確認前進方向。沒過久,廈門方向的燈也熄滅了。這時,大概剛過9點半。

　　海面上一片漆黑,沒有任何參照物。蕭育輝只能不斷打開地圖確認方向,卻又擔心螢幕的亮光會暴露自己的位置。剛才輕鬆的心情再次被擔憂取代。也許是心理作用,地圖的位置總是有偏差。他沒有停留,繼續出發。

　　沒多久,蕭育輝右前方的海面上出現一盞白色燈光,在確定不是船上的燈光之後,它成了最有利的參照物。蕭育輝不再憂慮,加快速度,直到聽見海浪的聲音,他知道目的地就在前面不遠處。他有救了。

　　蕭育輝拿出手機,從離線地圖上確認位置後,打開相機想給海中的自己拍一張照片。他不記得有沒有按下快門,即使按下也拍不出什麼,因為太暗。這時是晚上10點左右。

　　根據地圖顯示,蕭育輝已接近了金門岸邊。首先進入他視線的是木樁,越來越多的木樁出現在海面上。森林一樣的木樁林給他陰森森的感覺。為了儘快靠岸,他硬著頭皮划進去。只是,他很快就發現前面是泥灘,根本無法上岸。只能重新划出海面,沿著泥灘往右前方划去。在多次嘗試失敗後,他離開泥灘,直到海

水下面是沙灘。不過，此時又出現新的難題——海浪。沿著沙灘滑行事，不斷有海浪拍打槳板，他很難控制槳板，有幾次他掉到水裡。他嘗試下水推行，很吃力。腳下的海浪發出淡淡的藍光，他沒有力氣和心情去欣賞這難得的自然景觀。他又嘗試拆掉槳板尾巴，減少重量，可惜這種方式讓他無法控制方向，最後只能放棄。

蕭育輝拉著槳板，在一處突出的沙丘上休息，吃了一點糖果補充水分和恢復體力。即使如此，體力也沒有恢復多少，而沙丘很快被漲潮淹沒。

這時，有船經過，蕭育輝打開手電筒調到救援信號，船卻沒有停下來。他只能繼續往前滑，在掌握海浪的節奏後，滑行相對省力。漸漸地，他看到了堤壩長長的黑影。

蕭育輝往堤岸的影子划去，在確定是堤岸時，他第一時間上岸，踩在踏實的石塊上，他終於鬆了一口氣：上岸了！

蕭育輝拿出手機，關閉飛行模式，發訊息告訴朋友：「我安全到了。」然後，他沿著岸邊往鎮上走去。他又冷又餓，背包裡的衣服全濕了，補充體力的糖果無法消除飢餓感。在堤壩上看到燈時，已過去了四十分鐘左右。他再次打開手機，撥打110準備報警自首，電話接到了中國的110。他掛了電話，在地圖上找到派出所和教會的位置，準備到警察局自首或者到教堂求助。

又走了二十分鐘，他精疲力盡，無法前行。他決定向路人求助。當看到有車經過時，他伸出手示意司機停車。幸運的是，第一輛車停了下來。他向司機說明情況後，請司機幫他報警。司機是一位好心人，報警後陪他等警察前來，跟他有簡短的交流。警察到場後，司機給了他幾句祝福後才離開。這時大概是14日凌晨12點30分。

警察了解情況後，通知海巡署岸巡隊，將蕭育輝移交給岸巡隊。離開前，警官給了他祝福。

之後，蕭育輝被送往隔離點隔離。

1月21日，蕭育輝被帶到地檢署出庭。法官告訴他，可以找臺灣朋友來保釋他。

2月13日，蕭育輝給臺灣的人權活動人士、華人民主書院秘書長**王興中**[141] 寫信尋求幫助。王興中幫忙聯繫的律師來處理他的案子。

2月20日，律師到看守所探視，開始啟動保釋流程。

經過隔離、地檢署、看守所、法院、收容中心，直到5月18日，律師到高雄收容中心將蕭育輝接出來。他的三個月拘留期已滿。

此後，蕭育輝在臺北生活，一邊等待前往第三國，一邊幫助友人做揭露中國真相的自媒體。

2024年7月，蕭育輝獲得加拿大政府的政治庇護，前往加拿大展開新一階段的人生。

---

141 王興中：臺灣東吳大學政治系助理教授。長期致力於參與國際人權及臺灣本土的民主運動、社會運動，在就讀博士班期間，為完成博士論文，曾親自前往中國訪問維權律師，獲得許多第一手中國人權研究資料，也是中國人權運動的積極支持者。

41 | 呂智恆：每一次抗爭，我都在挑戰我的極限

呂智恆（1982 年—）：基督徒，香港社會工作者，「北區連線」成員，「落地基督徒」主席。他多次參與選舉，曾在初選論壇如此介紹自己：「我是一名還沒有放棄香港的基督徒社工。」劉曉波頭七紀念日，他曾赴羅浮口岸朗讀劉曉波文章，被警察扣押並遣送回香港。他還赴臺北、東京等地舉牌抗議，呼籲關注香港人權議題。2021 年 1 月 6 日，因民主派初選案被捕，隨後獲保釋。他主張實行聯邦制，並修改《基本法》。

呂智恆：出生於香港底層家庭。一歲多時，父母離異，他跟隨父親。後因父親外出工作，被託管在別人家。自小寄人籬下，幾乎住遍全港九、新界，甚至露宿街頭，冷天時只能拾報紙蓋著身體保暖，三更半夜被警察問到為何會流落街頭，年少的他不懂得如何回答。

呂智恆曾因父親沒有交學費而不能上學，只好自學。有些託管家庭對他體罰，要他跪在地上，再虐打、夾耳朵，他哭得愈大聲，他們打得愈大力。他自小學會一件事──忍著痛，不要哭，不要叫，會快點捱過。

幸運的是，呂智恆十二歲時，被虔誠的基督徒高太太（Elsa）領養。當時，Elsa打算接這個孩子回家收養，她的朋友勸阻說，這個孩子很「惡教」（不聽管教、性格頑劣）。Elsa想到這個孩子身世坎坷，認為「不能見死不救」，上帝愛她，她就要愛人如己。幸好得到丈夫支持，Elsa堅持收養了呂智恆。在收養初期，呂智恆很有主見，母子間不時辯論，Elsa從中觀察到這個孩子其實心地善良。被收養後，呂智恆終於脫離坎坷生活，有個安穩和溫暖的家庭。

正是童年有過「惡人谷」的生活經歷，呂智恆對弱勢群體特別憐憫，他上大學選擇社工系，希望以後可以服務弱勢群體。2008年，他大學畢業，開始深宵外展社工的工作。他常常探訪露宿者、拾荒者等基層社群。他也常常跟養母一起到教會做義工，希望「做得多少算多少」。他說，是基督教信仰教他「行公義、好憐憫，存謙卑的心，與你的神同行」。他一直認為，對的事一定要做，基督徒背負十字架的重擔，奉獻生命，並不計較得失。這是他認為的「良心」。Elsa說，她一直很安慰，能夠幫助這位小朋友，教育他成才：「他小時候很可憐，無論身體上或精神上，都受到很多虐待，成長很坎坷。後來，他做社工，把愛及公義帶給他人。我很支持他，也以他為榮。」

2015年，呂智恆目睹香港社會一步步崩壞，覺得僅僅做社工無法更多幫到香港，決定投身政治，辭職參選。他前後四度參與選舉（兩次區議會選舉、一次立法會選舉、一次民主派初選），四次均落敗。2020年，他決定參加民主派新界東初選。初選論壇上，他穿著一件「守護真理，拒絕謊言」的黑色衣服，拿著一張寫著「我雖勢弱言輕，絕不虛作無聲」的小紙條。「我們不能夠埋沒良知，」他在初選論壇發言，「雞蛋與高牆，懇請大家永遠站在

雞蛋的那邊。」最終，他以 9,813 票在新界東排名第八，沒有出線。

呂智恆從未氣餒，四度為公義絕食、為丁權案和一地兩檢作司法覆核、為於反送中期間逝世的人舉辦悼念活動⋯⋯他卻謙虛地說，自己此前只是一名「上班族宅男」。他又引用反送中運動期間一句被廣泛流傳的句子：「世上沒有從天而降的英雄，只有挺身而出的凡人。」他憶述曾有一名家庭主婦告訴他，看見一個女生在街頭被警察打，便衝上前說那女生是她的女兒，並為女生擋下警棍。他又記得街頭上曾有司機對他說：「等一下有什麼事你們先走，這裡我頂住。」呂智恆說，他們都只是平凡人，有很多平凡的香港人為這場運動付上很多代價，自己只是其中一分子。很多時候都打算是最後一次參與，但每次都還有下一次，因為「真愛香港這片土地」。此外，也是出於憤怒，「你可以理解為不忍心，有些東西雖然未必很有用，但我覺得自己可以去做的時候，我就盡力去嘗試或者堅持一下。如果有朝一日要為社運犧牲自己，例如被送中，沒有關係了。我覺得只要有香港人，就會有香港民主運動」。

2017 年 7 月 19 日晚間 7 點，即諾貝爾和平獎得主劉曉波逝世後的頭七，呂智恆在羅湖口岸過關以後，於羅湖橋宣讀劉曉波著作〈我沒有敵人〉和〈零八憲章〉，並為香港四位被取消當選資格的議員、中港的民主和人權禱告。約十五分鐘後，先有港警制止，後有公安將其帶走，拘留在深圳公安局，直到次日凌晨才將其釋放回港。

由構思「劉曉波民主精神帶回家──禱告」到付諸行動，前後只是兩至三天。呂智恆希望在劉曉波「頭七」晚上，把劉曉波的民主精神帶回家，踏出一小步。7 月 13 與 14 日晚，他與十多名基督徒在港鐵沿線發起禱告行動，希望香港人不要以「冷漠為榮，

無知為樂」，喚起港人關注中港民主和人權。7月17日，當留意到兩天後便是劉曉波「頭七」，他希望可以做更多，因為香港人實在太善忘——今日的劉曉波會否成為另一個近乎被遺忘的李旺陽？期間，他回想起劉曉波的一封信「一個殉難者的出現會改變民族的靈魂」，就決定採取更有衝擊力的行動。

一開始，呂智恆問了幾位熱心政治行動的基督徒，但他們都不願參與。這反倒讓他內心平靜，甚至有點鬆口氣，因為他不想更多人「有事」，萬一作了無謂犧牲，也只是傷了自己一個，不會全軍覆沒。

在羅湖過關後，呂智恆踏上羅湖橋上警崗的盲點，當他宣讀〈零八憲章〉和〈我沒有敵人〉時，內心開始激動。前有公安，後有港警，他做好了被捕、被毆打、無限期被拘留等最壞打算。這時，有市民走上前，與他握手，為他打氣；也有人走過來告訴他，認同劉曉波的民主信念。

呂智恆沒有被警方發現，他原本有機會逃走，但他想，能多留一刻便多留一刻。稍後，一名較年輕的港警出現在他面前，幾句問話後，這位警察便去請示上級。呂智恆就低頭禱告，禱告完抬頭一看，已有三至四名港警出現在眼前。隨後，港警將他轉交給橋頭的公安。

公安將呂智恆困了兩小時才押去深圳公安局。到達深圳公安局後，一位公安問他為何沒有證件，他答：「因為你們取了我的證件，仍沒有還給我。」

當晚，先後有約七名不同職級的公安審問呂智恆。他後來記錄下印象比較深的一些對話：

高級公安：你來到這邊後有甚麼計畫？

一九八〇年代 423

呂智恆：其實我沒有計畫，真的沒有想太多。

高級公安：沒有可能！

呂智恆：因為我估計九成九在羅湖橋上已被捕。

高級公安：你認識劉曉波？何時開始留意他？

呂智恆：看新聞，他取得諾貝爾和平獎才正式開始留意他。（心想中國果然全面封鎖劉曉波消息）

高級公安試探問：劉曉波何時開始參與民主運動？〈我沒有敵人〉是劉曉波得獎宣言？

呂智恆：八九六四。〈我沒有敵人〉不是他的得獎宣言，是入獄前的自述。

高級公安：你要接納我們的建議，以後不要過來惹事。

呂智恆：那麼為什麼你們不能接受劉曉波意見？

期間，公安發現呂智恆個人臉書專頁上曾直播「雨傘運動」，態度變得非常嚴厲。公安還發現發他曾參選，更視此次行動只為了出名。剛開始，他們以為他很有錢，當得知他連選舉廣告也沒錢製作，才相信他真的很窮，就問他：「你沒有錢，為什麼還要參選？」呂智恆答：「為了理想。」公安當然不明白什麼是理想，為什麼有人願意為看不見的理想付出巨大代價。

當公安發現呂智恆在七一時，在香港警察總部附近天橋掛上橫幅，頓時十分憤怒。

公安問：港人自主、雜種過主，是甚麼意思！

呂智恆：便是你看到的意思！

公安：雜種是誰？

呂智恆：是權貴！

公安狠狠重複了聲「權貴！」

高級公安又問：為什麼要有這個行動？

呂智恆：希望中國和香港都有民主和人權。

高級公安：其實你一早就有被捕的準備。

呂智恆：是！縱使機會再少也想努力一試，因有好多人十分冷漠。

高級公安：日後有何打算？

呂智恆：需要由社區關心居民開始，否則沒有可能說服他們。

在確認口供記錄時，公安為了確認認真看過呂智恆的政綱，把他所主張的聯邦制也記錄下來。

公安一早已知道呂智恆沒有吃飯，叫他快點寫完悔過書後回家，公安自己也好想下班睡覺。呂智恆只好假裝合作，在悔過書中「加料」，先後寫了四封諷刺中共的信，例如：「我錯了！中國是沒有言論自由，我不會違反良知做人。」

公安暴怒說：你搞什麼啊！中國有言論自由。

呂智恆：如果中國有言論自由，我便不會坐在這裡，我只想說真話。

公安：這些你返回香港再說啦！

呂智恆：我知道你只是打份工而已，但中國人太多謊話，所以我更要說真話。

隨後，公安強行向呂智恆套取十隻指模和抽血。當他追問時才告知，是要抽取他的DNA！

然後，五名公安與呂智恆一起乘車去皇崗口岸。途中，高級

公安問:「既然沒有錢參選,為何不加入泛民的大黨?」

呂智恆:「他們大部分都好腐敗。」

極具諷刺的是,車內隨機正播歌曲〈光輝歲月〉:「今天只有殘留的軀殼……風雨中抱緊自由。」

呂智恆宣揚民主自由理念,足跡遍佈中港臺各地。2018年1月9日下午,呂智恆飛抵臺灣桃園國際機場,準備到立法院聲援勞工團體反對《勞動基準法》修訂,並呼籲臺灣人不要相信一國兩制、步上香港後塵。

在機場入關時,呂智恆被臺灣海關以他是「受管制人士」為由拒絕入境,遭扣留逾六小時後才獲發簽證入境。原來,前一年他曾為聲援被中國法庭以「顛覆國家政權罪」判刑入獄的臺灣人權工作者李明哲,於臺灣立法院外絕食168小時,當時成為新聞事件。他也因而被臺灣政府認為在臺灣的活動與簽證上「觀光」的目的不同,因而留下「前科」。

直至有臺灣媒體報導,呂智恆因聲援《勞基法》抗爭被拒絕入境,引起輿論關注,內政部移民署詢問陸委會等相關單位後,終於決定發給呂智恆入境簽證。呂智恆事後指出,是次來臺是對港共政府的不服從,因為近幾年,香港政府拒絕不少臺灣抗爭者及學者入境,目的是孤立香港和臺灣,阻止兩地的連結。因此,他特意來臺和當地的勞工團體溝通和表示支持,臺灣政府沒有理由不讓他入境。

2019年7月,二十國峰會在日本大阪召開,呂智恆飛往大阪,在會場附近的海邊,舉著標語「反送中 NO CHINA EXTRADITION」跳入海中示威。

在反修例運動期間,在多個衝突現場,呂智恆彈吉他,唱聖詩,安慰動盪的人心。

街頭抗爭漸漸銷聲匿跡之後,呂智恆為在運動期間逝世的陳彥霖、周梓樂、**盧曉欣**[142]舉辦祈禱會,擺街站收集街坊寫給在囚人士的明信片。

　　2019年11月23日下午2點,香港食環署人員到粉嶺站外一座行人天橋「連儂橋」清理文宣,呂智恆到場稱該文宣並非商業性宣傳品,不能即時清理。警方懷疑呂智恆用揚聲器廣播,以及阻礙相關部門職員執行職務,遂以涉嫌「妨礙公職人員執行職務」將其拘捕。呂智恆在上水警署被扣查近四十小時後,翌日晚上10點半,終獲准以三萬元保釋。有一班支持呂智恆的街坊,一知道他可以保釋,就馬上為他籌保釋金。向來不喜歡麻煩別人的呂智恆,覺得非常不好意思,同時亦感激街坊的愛護。

　　這次拘捕後,呂智恆徹底戒掉打電玩的習慣,覺得再沒有時間可以浪費,想花更多時間和家人相處。他笑說自己過往就是個「廢青」,經常沉迷打電玩和看動漫。

　　2020年3月22日,呂智恆與黃嘉浩[143]及女助手在粉嶺擺街站,呼籲市民登記成為選民及加入工會。在此期間,突然被親建制派人士暴力襲擊。呂智恆和黃嘉浩身體多處受傷,送醫院治療,其手機被對方摔爛、螢幕粉碎。

　　2020年11月21日,是元朗721事件十六個月紀念日。下午7時許,呂智恆在元朗西鐵站連儂牆擺設器材播放《鏗鏘集:721

---

142 盧曉欣(1998-2019):香港教育大學音樂系學生。2019年6月29日下午近4時,盧曉欣從粉嶺嘉福邨福泰樓高處墮下身亡,終年二十一歲。盧跳樓前在二十四樓後樓梯牆壁,用紅筆寫上遺言,並拍照上載Instagram:「致香港人:雖然抗爭時間久了,但絕對不能忘記,我們一直以來的理念,一定要堅持下去。強烈要求全面撤回條例、收回暴動論、釋放學生示威者、林鄭下臺、嚴懲警方。本人但願可以小命,成功換取二百萬人的心願,請你們堅持下去!」唯翌日便被人用油漆掩蓋。
143 黃嘉浩:平面設計師,政治活動人士。2015年,首次參選當屆的區議會選舉。2017年,因曾參與反釋法遊行而被拘捕。

誰主真相》，以及網上整合當晚事發經過的片段。播放不久後，有約二十多名軍裝警察及傳媒聯絡隊到場，稱有人投訴他阻街，命令他收拾行裝離開。呂智恆遂轉到鳳攸北街休憩處舉行放映會，有警察在周圍巡邏，但未有上前干涉，活動舉行約一個多小時後結束。有零星街坊路過駐足觀看，並在旁貼上衝突當晚的照片。有與母親一同觀看的女士表示，再次收看節目仍感到憤怒，更指「每年7月21號元朗人都記得這些事情。」呂智恆在放映會尾聲時稱，再次親臨當晚建制派何君堯和白衣人握手的地方，依然感到氣憤，呼籲街坊保持憤怒，促港人「記住每一位為我們流血的香港兒女」。

2021年1月6日清晨6點15分，四名新界南重案組警察拍打呂智恆家門，指他涉違反《港區國安法》中的「顛覆國家政權罪」，搜查其住所近半小時後將他拘捕。呂智恆深知政權遲早有天會找上他。此刻，他意識到，「這一天終於到來了」。面對警方突然上門拘捕，家人的反應出乎意料地冷靜，搜查期間，他們各自在自己房間內。呂智恆內心最強烈的感受是，因連累到家人，心中滿是抱歉和愧疚，「應該早點搬家、離開家。其實我參加初選的時候就已經有想過，擔心騷擾到家人。」

被捕前一小時，呂智恆正在家中餵兩歲的黑貓阿吉。被捕後，他在想：「如果這次是我最後一次在家，可能是最後一次做貓奴服侍主子……」

在獨自一人的拘留室內，呂智恆坐在石床上，預想最壞的情況是不准保釋、直接提堂、甚至送中。「想到自己還有很多心願未了，來不及跟家裡人話別就要分開……想念家裡人，好害怕沒有再見的機會。」他不禁流淚，但又要忍住哭泣聲，生怕被室外的警察聽到。

拘留期間，呂智恆腦海中浮現出這一、兩年來經歷過的許多畫面：即使街站被防暴警察包圍，但仍有許多街坊堅持留下；2019年區議會選舉的票站外滿滿的人龍，還有不同的手足……身為基督徒，他選擇讀聖經，其餘時間就在拘留室小睡一下。後來，他獲得保釋。

2023年2月3日，民主派初選案即將開審，呂智恆在粉嶺火車站天橋自彈自唱〈願你公義降臨〉、〈你在我在〉等多首詩歌，稱希望藉詩歌為大家帶來安慰。他表示，自己在這兩年聽了差不多三百首詩歌，並已背了二十首詩歌的歌詞。他說，不清楚哪一天會失去自由，現時只希望能珍惜時間陪伴貓和家人。抗爭方面，他會繼續做「旁聽師」，也會開街站收集信件給在囚手足。對他而言，這些行動雖微小，卻是用來減少無力感和恐懼的方法。他還想再和初選的戰友聚聚，和劉穎匡[144]玩遊戲，和鄒家成下棋，和唱歌很好聽的「立場姐姐」何桂藍一起唱 Beyond 的〈十八〉。2月底，他赴警署報到，被拘押。

3月4日，經過持續四天的馬拉松式聆訊後，《國安法》指定法官、總裁判官蘇惠德批准包括呂智恆等十五人保釋。但律政司即時就保釋決定提出覆核，十五人須續還押。呂智恆的養母 Elsa 聞訊，衝出法院，尖叫跪地嚎哭，哀號聲經網上直播，傳到每個關心事件的港人心中。

---

[144] 劉穎匡（1993-）：香港本土民主派人士，畢業於香港中文大學中文系。在校期間曾任香港中文大學善衡書院學生會代表會主席，創立本土派學生組織中大本土學社。參選立法會議員時，因主張港獨被取消參選資格。2021年1月6日，因參與立法會民主派初選被捕。2024年3月17日，在闖入立法會案中，被判入獄五十四個月又二十天。

Elsa 接受媒體訪問時十分激動，指希望與呂智恆說「撐住呀，神與你同在」。她說，呂智恆「是一個良好青年，追求愛與公義，我以他為榮！」她又怒斥，「告訴共產黨知道，如果共產黨不悔改，下到地獄會被活火燒，上帝的時間一定會來」。

　　次日，律政司決定撤回其中四人的覆核申請，包括呂智恆、楊雪盈[145]、林景楠[146]和劉偉聰[147]。當晚在西九龍法院處理撤回程序，四人均准保釋。呂智恆以現金擔保十萬元、養母人事擔保十萬元保釋，可暫時回家。獲得有限的自由後，他做第一件事是跟 Elsa 說：「很想念你。」母子兩人見面都哭了起來。

　　2023 年 3 月 23 日，呂智恆在臉書上轉發「細葉榕人道支援基金」（Bonham Tree Aid）的募款資訊──「基金尚欠三十二萬港元捐款，才得以應付本月在囚支援金額。歷來受助家庭數目已突破二百四十戶，請各地港人繼續鼎力相助，與我們一起安渡難關。……每月一餐飯的價錢，便可以幫助在囚手足，讓他們和家人得到支援，請踴躍加入月捐行列。我們將一如以往，全力守護

---

145 楊雪盈（1986-）：前香港灣仔區議會主席兼前大坑選區議員，2021 年 9 月 15 日，被香港政府宣告其宣誓為無效宣誓而失去議員資格。現任香港文化監察主席。曾任大專兼任講師，專職文化藝術與政策研究。

146 林景楠（1988-）：曾任海關員，因接受媒體訪問支持「光復沙田」的抗議活動而被解僱，後經商，創辦阿布泰國生活百貨。2020 年，參加香港立法會選舉民主派初選。2021 年 1 月 6 日，因參加民主派初選，涉嫌違反《港區國安法》中「顛覆國家政權罪」被警方國安處人員拘捕。保釋後，投靠香港執政當局，發表聲明「香港不能亂，也亂不起」，「阿布泰與黃色經濟圈不再有任何關係，會繼續服務香港，說好香港故事，為香港、為國家出一分力」。

147 劉偉聰（1968-）：香港民主派政治人物，大律師，前區域法院暫委裁判官，前香港深水埗區議會又一村選區議員。2019 年，出戰區議會並獲勝，後來因參與民主派立法會初選，被政府控告「串謀顛覆國家政權罪」，成為案中第十六名被告。在他一生信奉的法庭上，他莊重地反問：「為什麼我一生奉公守法，會變成階下囚？」保釋後，他接受媒體訪問說，相信香港這艘船雖然破爛，卻未到沉舟的時候：「我們要在海裡面修補它。」

為民主人權奮鬥的人。」他還發文披露心聲：「這兩年，我一直保持沉默，不是一個好見證。如果我因為這個遲來的呼喊，而失去自由。希望受惠家屬，不要因此感到歉疚。我雖然行過死蔭幽谷，也不怕遭害，因為你與我同在，你的杖、你的竿都安慰我。（詩篇廿三4）」

呂智恆臉書：https://www.facebook.com/luichihang2016/

42 ｜黃明志：我要讓站著的人看到希望，讓跪著的人難看

黃明志（1983 年 5 月 6 日—）：馬來西亞華裔歌手、導演、網路紅人、YouTuber 及主持人。黃明志曾多次公開批評馬來西亞的社會現象，遭馬來西亞警方屢次調查、通緝和抓捕入獄。近年來，他先後發表〈玻璃心〉和〈龍的傳人〉等尖銳批判中共及習近平極權統治的歌曲，獲得上億點擊率，也引發巨大爭議。至今他已發行過 155 首個人單曲，拍過 7 部電影，YT 總計影片數 1,145 支。他曲風多變，跨越多種語言，與亞洲各國音樂人合作，被譽為音樂界的「大馬鬼才」。

　　黃明志：出生於馬來西亞南部一個叫麻坡的古鎮。爺爺奶奶來自中國海南，是早年下南洋打拼的一代，生前經營一間賓客盈門的茶室。

　　黃明志的爸媽都愛唱歌，他從小耳濡目染，國中時為了追女生，開始學吉他，自己寫了一首歌，全班風靡跟著哼唱。學校放長假時，他跑到盜版店打工，「當時我聽到西方的 RAP，一些很兇悍的音樂，一些題材很大膽、很裸露的東西」。

　　2002 年，十九歲的黃明志來到臺灣，一邊就讀銘傳大學國

際學院傳播課程，一邊追求音樂夢。他沒有拿爸媽的錢，靠自己努力賺取生活費，打過各種工——安過鐵窗，炸過雞排，發過傳單，參與過綜藝節目製作。他在夜裡埋頭創作，騎著摩托車穿行在臺北街頭，把歌曲 demo 送到各家唱片公司，但每次都如石沉大海。大四那年，YouTube 上線，喊出「Broadcast Yourself」，他很快註冊帳號，上傳自己的音樂、影像作品，是元老級 YouTube 音樂創作人。

2007 年，在臺北火車站旁一棟危樓加蓋的狹小鐵皮屋裡，黃明志寫下第一首在網路上引發關注的歌曲〈麻坡的華語〉。2013 年 2 月，透過華納唱片代理，他首次於臺灣發布個人專輯〈亞洲通緝〉。2015 年 7 月，他宣布以〈亞洲通殺〉專輯正式進入臺灣華語流行音樂市場。

對黃明志來說，臺灣是他有特殊情感的「第二個家」，這塊土地的自由與包容，讓他得以盡情地創作。「來臺灣，我就發現，你想講什麼就講，只要不要去傷害到人。言論自由、創作自由，對我的影響蠻大。我在哪裡都能創作，都能發揮很大膽的想法。可是臺灣最可貴的是，我可以自由發表作品，不會被禁，不會被關，不會被封殺，不會被下架。」

2019 年 6 月 1 日，黃明志發表一首寫臺灣的歌曲〈鬼島〉。他在臉書形容，「鬼島」臺灣住了許多妖魔鬼怪，經常發生很多光怪陸離的事情，臺灣人能透過媒體、網路批評領袖不會被逮捕，不會做事的領袖被民眾臭罵，有時還要出來跟鬼民道歉甚至下臺負責，「重要他們可以透過投票的方式選出自己的領袖，不開心的話過幾年還能把領袖換掉」。但有些臺灣人卻開始媚外，「崇拜那些充滿歧視及霸權的國家，對島上生活越來越不滿意，抱怨這個鬼島上的一切」。所以，他寫出了這首歌，表面上看是嘲諷，實際

上是讚美。他說，即便他寫出〈鬼島〉這樣對臺灣有很多「諷刺、反話、戲謔、狂轟濫炸」的歌，也沒有被禁播，甚至讓他入圍金曲獎最佳年度歌曲。他對臺灣非常認同：「臺灣的包容度是很可貴的，大家要保護華人地區最民主自由的一個寶地——臺灣。」

2021 年 11 月，黃明志發表中文新歌〈牆外〉，幫金門推銷觀光業。此前，他已被臺北觀光局聘請為觀光大使。〈牆外〉的畫面展示了金門的各種美景，其歌詞講述男女兩名小孩互相認識、互相欣賞，但他們中間卻隔著一道無法跨越的高牆的故事。特別是女孩的歌詞「家門被鎖緊……縱然任性，卻也無能為力」，折射出中國人嚮往牆外的自由卻聽天由命的心境。影片中，男孩在數學課本上描繪坦克與火焰的圖畫，顯然是隱喻六四屠殺。這首歌曲掀起中國的翻牆浪潮，中國網友留言道出心聲：「牆內的我聽了很感動，也很難過，是命運安排我們出生在這個封閉的國度。」

早年在臺灣的闖蕩未能成功，再加上失戀的打擊，黃明志回到馬來西亞發展。當時的馬來西亞政治腐敗、社會封閉，勇於挑戰禁忌的黃明志一路走來跌跌撞撞。

在馬來西亞，多達七成是馬來人，華人僅占二成。黃明志透過創作為華人發聲，也為其他少數族裔打抱不平，引來馬來西亞政府的不滿。「馬來西亞的前朝政府就是獨裁嘛，因為他們是一黨獨大了六十年，從獨立開始就沒有換過。所以，我那時候無論做什麼，都會被針對。」黃明志因為改編馬來西亞國歌，抨擊警察貪污、公務員工作怠慢、種族政治、人才外流，被政府以「煽動法令」起訴。用他自己的話說：「我的音樂和電影創作都走的是很畸形的路，會惹到所謂的主流。」

跟黃明志一起工作長達十四年的電影監製 Joko Toh 如此描述當初黃明志所受的打壓：「剛開始的時候，我們是很嚴重被馬來西

亞的馬來族群反對的。他被抓了七、八次，我說比較嚴重的是七到八次，就是被警車載去警察局，然後坐牢。」

難道反骨到不怕政府嗎？「我當然怕！」黃明志脫口說出痛處，「每次抓進去沒有好日子過，每一秒像一個月這樣過，十個人睡同一個木地板，然後一天拷問九個小時，沒有人會覺得輕鬆的，可是這些都要捱過去呀，到後來我的感受是什麼？我覺得我看到成果。」

在大馬言論封閉的年代，黃明志大膽發聲，「把一些不公不義的東西講出來，透過我的作品、透過我的言論、透過我的電影講出來，慢慢愈來愈多人這樣做，愈來愈多作品、歌曲出來」。金牛座的黃明志擇善固執，在〈金牛〉這首歌中寫下「逆境打敗了弱者，也造就了強者」。回首歷盡坎坷的創作之路，他甘之如飴地說：「這首歌其實是代表我這些年的經歷，就是愈挫愈勇。」

2018年，出道十年的黃明志在臉書上寫道：「十年了，我被開案六次，被逮捕兩次，被拘禁兩次，被提控兩次，被判刑一次，被上訴一次，被舉報加抗議超過十次，在機場被扣留八次，自首五次，我只是一個電影人、音樂人⋯⋯」他一直唱，一直演，直到人民用選票擊敗專制者，直到腐敗的前領導人被關進監獄。「2018年馬來西亞終於政黨輪替，從此霸權政府下臺了，政府不會亂抓人、亂罰人、亂封人。」

畢竟，中國是最大的華語音樂的市場。黃明志也曾經到中國投石問路。2016年，他寫下傾訴「北漂」心聲的歌曲〈漂向北方〉：「他住在燕郊區殘破的求職公寓／擁擠的大樓裡堆滿陌生人都來自外地／他埋頭寫著履歷懷抱多少憧憬／往返在930號公路內心盼著奇蹟。⋯⋯我站在天子腳下被踩得喘不過氣／走在前門大街跟人潮總會分歧／或許我根本不屬於這裡早就該離去⋯⋯」他雖

然是外國人，卻唱出了掙扎在大城市底層的蒼生苦難。

　　寫這首歌時，黃明志人在北京。當時，他的電影因觸及政治敏感議題被馬來西亞禁映，欠下巨款。那天，他突然收到警告，如不終止網路募資，他和相關人員都會有人身危險。一個零下十度的夜晚，心情低落的黃明志請朋友把他放在北京街頭，他在街頭走了四個小時，走到凍僵的雙腳快要抽筋。「當時覺得自己很慘，可是我看到路邊那些人，有些在挖地道，在接水管，接電線，做裝修，都是半夜進行的，有些人在路中間和城管吵架，被城管趕，都不是北京人，聽他們講話就知道了。我看到大家的生活都那麼辛苦，我跟他們一起感同身受。一小時就把〈漂向北方〉寫出來了。」

　　〈漂向北方〉成為黃明志第一首在 YouTube 上點擊過億的歌曲。2018 年，他獲頒 KKBOX 風雲榜年度風雲歌手獎，並憑藉〈漂向北方〉一掃馬來西亞娛協獎「最佳歌曲製作」、「最佳作詞」等五座獎項。

　　很快，中國經紀公司陸續找上門，「我去那邊談了有四、五家吧，可是他們有一些審查機制和規矩，歌詞要一句句審查」。他發現，「審查一大把啊，你要去問廣電局。很多政治上的字都不能提。他們的紅線比較不清楚，比較難拿捏。可能突然流行一些字眼侮辱到什麼人，我們不覺得是侮辱，可他們覺得不可以」。黃明志鐵了心打退堂鼓：「這跟我創作的初衷背道而馳，我覺得算了，你們接下來開放一點，我再進來。」他沒想過為錢出賣創作靈魂，「對我來說，這不是我的損失，我覺得是人民的損失，他們沒有辦法聽到更多更廣的東西」。他露出一慣的灑脫口吻：「被封殺的是他們，不是我。」

　　一個典型的例子是：這位柔情鐵漢曾寫了一首〈臺北之旅〉

送給臺灣前女友，傾訴甜蜜苦澀的愛情故事。中國方面來接洽，「他們要拿這首歌去用，說可不可以把臺北的地名全部改掉，歌名改成〈北京之旅〉。」他當然沒有接受：「那些街景是我們相處的點點滴滴，況且我在北京也沒有女朋友，我寫不出來，因為創作是發自內心的。他們說一定要改，不改就沒得用。我說，那就算了。」

有人為進軍中國市場而妥協讓步，黃明志反倒以實力走出自己的路：「有些人跪著大魚大肉，有些人站著粗茶淡飯，我要希望我可以做到站著大魚大肉，我一定要賺到錢，我才可以讓那些站著的人看到希望，讓跪著的人難看。」他還說：「我的作品向來是表達我的真實看法，還有我的世界觀。如果我現在突然間停下來，反正粉絲多，可以慢慢賺錢，那跟收割韭菜有什麼差別？那我就失去了創作的初衷。」

黃明志曾在臉書上發文：「有人說藝人不要去干預政治。我想問，趙薇、范冰冰、周子瑜、KPOP明星，還有那些『娘炮』歌手，他們有干預政治嗎？有批評到政府嗎？請問他們現在怎麼樣了？我看政治才不要來干預娛樂和藝術創作。」

黃明志的曲風迥異多元，搖滾、嘻哈、藍調、民謠只是表達不同創作的工具，創作素材則來自生活，「生活會有喜怒哀樂，會遇到一些不公不義的事情，或者遇到一些好笑的東西，都是我創作的題材」。

社會觀察讓這位「鬼才」的作品有獨特的視角。他廣泛閱讀新聞時事，關注社會議題，更主動走進社會邊緣角落，關懷弱勢族群。「我本身也是電影導演和寫劇本的人，如果沒有去了解社會發生什麼事，就寫不出來。」

2021年，黃明志在YouTube開啟了「KPKB」新節目，這是

一個創新的音樂實驗,形式上是新聞熱話,由他擔綱主播兼評論員,節奏卻很饒舌,混搭出嘲諷味十足的時事說唱。「每個月的國際大小新聞、八卦,我都把它做成一個 RAP。」他還打破新聞守門人機制,把決定權開放給公眾,「我常說歡迎投稿、寫在留言下面,我下個月就唱出來,所以大家投稿,哪件事情比較轟動就一目瞭然。」

2021 年 10 月,黃明志與澳洲籍馬來西亞華人歌手**陳芳語**[148]共同在網上推出單曲〈玻璃心〉,引發轟動效應,在臺灣、香港、馬來西亞、新加坡等地排行榜名列第一,在澳洲、紐西蘭和加拿大也位居前十。這首歌曲還被中華音樂人交流協會評為「年度十大單曲」。與此同時,中國的影音平臺將黃明志和陳芳語的作品全面下架、禁播,兩人的微博帳號也被封禁。黃明志表示,「被封禁的過程也是創作的一部份」,中共當局自己證明了自己是「玻璃心」。

〈玻璃心〉的歌詞內容處處調侃政治,並反擊「小粉紅」的霸凌。其中還有兩句是:「你說你很努力,不換肩走了十里。」這兩句是在影射宣稱「扛兩百斤麥子走十里山路不換肩」的習近平。歌詞還唱道:「不明白,到底辱了你哪裡,總覺得世界與你為敵⋯⋯要我跪下去,Sorry 我不可以」,是在諷刺中國的「辱華」定義被中國網民無限擴大化。

〈玻璃心〉入圍第三十三屆金曲獎,但無緣獲得年度歌曲獎。黃明志在臉書上曬出原本寫好的得獎感言:「這首〈玻璃心〉其實是一首情歌。相信大家都聽得出來,相信金曲的評審也聽得出來。這也是我的作品裡面少數可以紅到除了亞洲各國和華人地區

---

[148] 陳芳語(Kimberley Chen,1994-):澳洲馬來西亞裔女歌手,於墨爾本出生成長,自幼即投身演藝活動,獲獎無數。2022 年 6 月,她受邀出席哥本哈根民主高峰會,獻唱〈玻璃心〉及新歌〈Who Says〉,成為第一位登上哥本哈根民主高峰會的歌手。

以外，就連歐洲，美洲，甚至中南美洲都有很多人在關注的一首歌。但唯獨有一個國家聽不到，也看不到。有很多人問我，你寫了這首情歌，現在被某個國家禁了，你覺得值不值得？我認為，被禁的不是我，不是陳芳語，也不是〈玻璃心〉。真正被『禁』的，是那些不能自由地上網，自由地聽歌，看戲，看新聞，自由地發表自己的意見，甚至自由出門的人們。」

〈玻璃心〉上線三天後，中國民族主義小報《環球時報》發表文章批判說，這是一首「打著浪漫情歌幌子侮辱中國人民的歌」。黃明志反駁說：「我本身就是華人，請問我要辱我自己嗎？」不過，他對這樣的批判一點也不陌生。以往他的創作和言論也屢屢被貼上「辱華、反中」標籤。他與香港藝人**黃秋生**[149]合作、致敬 Beyond 樂團被罵是「港獨分子」；他說「武漢肺炎的名字不能改」被轟炸是「傳播仇恨的小丑」。

「不自由毋寧死」，黃明志曾在臉書上寫道。他說，他的每首作品表達的內容都不同，也不是每個人都認同，但歸根到底，每個人都有思想的自由，都應該有更大的空間去表達。「我可以反對你的看法，但我尊重你說話的權利。」他認為：「每個人都有自己的自由，不是別人施捨給你，你才有。當他不給的時候，我們就應該去爭取啊。」

2024 年 1 月 26 日，黃明志推出「龍年賀歲歌曲」〈龍的傳人〉，旋即獲得廣大迴響，被封為新一代「辱華神曲」。這首歌曲

---

149 黃秋生（1961-），香港演員，港英混血兒。曾三度榮獲香港電影金像獎最佳男主角獎，並三度榮獲金馬獎最佳男配角獎。2002 年，憑電影《白日青春》榮獲第五十九屆金馬獎最佳男主角獎。他積極支持和參與佔中運動，曾領唱佔中主題曲的〈問誰未發聲〉（又名〈誰還未覺醒〉），遭中國封殺。近年來，他常常到臺灣繼續其演藝事業。

辛辣諷刺中國「小粉紅」、「戰狼」、習近平，若在中國，一定會被冠以「煽動顛覆國家政權」的嚴重罪行。許多聽眾網友紛紛留言「史上最暖心的賀歲歌」、「建議臺灣各大百貨公司都要輪播」、「身為香港人聽得總是那麼解氣，必須反覆聽夠八九六四次」。

在片頭，黃明志放上了俗稱「龍標」的中國廣電總局的《公映許可證》，不過他將「廣電總局」改成「小熊為你新聞出版廣電總局」。片中，與黃明志合唱的「小熊為你」穿著黃色龍袍，戴著小熊維尼面具，臉上打馬賽克。片尾名單有工作人員的名字被打上馬賽克，而演「小熊為你」的演員則寫了「禁評」（「近平」諧音）二字。

正所謂「魔鬼藏在細節裡」，觀聽黃明志〈龍的傳人〉新歌，不僅句句歌詞都是隱喻，就連畫面中出現的各種動作、道具及標語都充滿嘲諷的彩蛋。黃明志對中國政治提出多項嘲諷，如在臺灣議題上有些中國民眾主張「留島不留人」，以及各地明星為了市場而迎合中共當局的政治言論——其中一段副歌唱道：「對面又老又窮逼，連海鮮都吃不起，就連山上的住民，都是喝黃河水的」，顯然是在諷刺臺灣赴中國發展的藝人楊丞琳（說她小時侯在臺灣吃不起海鮮）與蕭敬騰（自稱被黃河長江滋養）。

黃明志還在 MV 畫面中做出「打手槍」的動作，同時唱道「我的龍根，能屈能伸」。此處為諷刺《環球時報》前總編輯胡錫進稱中國是能屈能伸的「世界老二」。接下來的歌詞「報告皇帝，首富的錢已經動態清零，那些過氣的明星，都來舔我的幣。」，針對習近平及其黨國體制進行「性侮辱」的貶抑和嘲弄。

在倫敦國王十字車站與中國小粉紅發生衝突的英國鋼琴家布蘭登・卡瓦納在這部音樂視頻下留言：「我愛這首歌。黃明志，你必須來英國，我們一起製作視頻。」

黃明志回應說：「謝謝 K 博士！如果你來臺灣或是馬來西亞務必告訴我！」

2024 年 8 月 22 日晚間，黃明志在臉書粉專發出長文解釋，直言自己早已被中國列入黑名單，收入與工作都受到了影響，還有人從柬埔寨打電話透過家人聯絡到他，「對方要我們馬上把『龍的傳人』和『玻璃心』這兩首 MV 下架，永久消失在各大平臺上。至於要多少『費用』都好商量……反之，如果我們不拿下來的話，就會有生命危險」。

黃明志披露，自從 2023 年 4 月在臺北小巨蛋登場後，接下來的十五場的巡演都被取消，損失超過上億元：「當晚我在臺上表演的時候，心情是非常矛盾且沉重的。因為在演出的前幾天我們就收到了通知，說臺北這一站，結束之後，接下來的十五站巡演都被取消了……主要原因是因為我們的各個合作伙伴平時在中國都有接一些工作，而他們都受到了來自各方的恐嚇和威脅，以致不敢再繼續跟我們合作下去，整個巡演只好被迫取消了。」

黃明志說，自己不要像某些歌手，上臺之前還要被抓去公安局蓋手印簽名拍影片存證，像熊貓一樣，他不改大砲個性直言：「我這個人雖然愛錢，但是我更愛尊嚴！『男兒膝下有黃金』，『不為五斗米折腰』，這個才是身為華人的正統教育！」

面對被中國打壓，黃明志非常感謝仍有許多人支持，「我們這兩年來都有接到很多商業演出，還有商家找我們代言和贊助，公司才能維持下來」。他更透露：「現在萬事俱備，東風就快來了！」表示演唱會就快要重啟了。

43 | 吳亞楠：殺人不過點頭地，我不怕！

吳亞楠（1984年6月—）：中國人民大學哲學博士，南開大學哲學院副教授，主要研究領域為宋明理學。白紙抗議期間，她在微信朋友圈發帖文聲援參與抗議的學生，譴責校方打壓學生的可恥行徑。之後，被當局以核酸檢測為由從家中帶走，帶往精神病院天津聖安醫院祕密關押，至今下落不明。

吳亞楠：山東高密人。高密是作家莫言的故鄉，也是其「紅高粱系列」故事的發生地。然而，當吳亞楠「被精神病」之後，莫言對這位年輕老鄉的遭遇不聞不問、沉默似金——或許他完全不知道這件事。在中國，如果一個人沒有追求資訊自由的強烈渴望，他就只能乖乖生活在一個虛幻的烏托邦世界，在黨營造的謊言大廈中畫地為牢、自願為奴。

吳亞楠從小熱愛中國古代哲學。2003年考入山東大學政治學與公共管理學院，2008年本科畢業後，考入中國人民大學哲學院，先後完成碩士和博士學業。2014年秋，她開始任教於南開大學哲學院。近年來，中國高校尤其是文科，人滿為患，教職一位難求，吳亞楠出身於平民家庭，沒有任何過硬的關係，能在名校南開大學謀到教職，可見其在學術研究上頗有過人之處。

吳亞楠在南開大學任教將近十年，由講師升任副教授，深受學生愛戴。她先後給本科生講授過《中國哲學史》、《儒家哲學》、《近思錄研讀》、《四書導讀》等課程，主持或參與過《儒家「敬」觀念研究》、《張栻經學哲學研究》、《南宋湖湘學研究》、《性學的走向——從胡宏到張栻》、《宋代經學與哲學研究》、《朱熹大辭典》、《中國經學通史》、《中國政治倫理思想通史》、《中國仁學發展史》等南開大學、天津市及國家社科基金的課題研究，發表過〈張栻的察養工夫及其意義〉、〈從重「欲」到「無為而治」——張栻理欲觀的三個層次〉、〈朱熹哲學中「自然」概念的內涵和角色〉等學術論文。從她的學術履歷可以看出，她具備了相當的學術研究能力，也足夠勤奮，十年間做出了豐碩的學術成果——只是這種戴著鐐銬做出來的學術，且研究對象為已經僵死的儒學，究竟有多大的價值，又另當別論。

吳亞楠研究與現實社會關係不大的中國古代哲學，她完全可以做到「兩耳不聞窗外事，一心只讀（教）聖賢書」。如果保持此前教學科研的勢頭，她必定能一步步在官方學術體系內攀升，由副教授升任教授、博導，進而享有優渥的待遇、佔據充足的學術資源，前程似錦，讓人羨慕。但這是不是她想要的成功人生呢？

2022年底，因烏魯木齊一場傷亡慘重的大火引發針對中共封城防疫政策的白紙抗議活動。白紙抗議迅速席卷全中國高校及若干大城市，迫使習近平政權放棄封城的防疫政策。南開大學有很多學生參與白紙抗議，事後遭到校方查處。有南開學生在網上發文披露：「之前南開大學有學生拉橫幅，然而橫幅還沒有寄到，快遞先被校方攔截（說明周圍有學生舉報）。後來，幾個涉事學生被聯繫家長，強制返鄉，自述回家後被家長拉到精神病院強制檢查。」

聞訊後，吳亞楠多次在微信朋友圈發文聲援學生。她義憤填膺地寫道：「學校，是不是應當保護同學們的?！老師，是不是應當保護同學們的?！你們，是不是應當保護同學們的?！現在，你們是在讚美誰？你們是在歌頌誰？你們在附和誰?！你們怎麼能臉不紅心不跳地『對戰』我可愛的同學們！誰給你的權力，讓你禁止我們發出真理的聲音?！你拿著你的權力審判誰呢?！還我南開來！南開難道屬於你們嗎？張伯苓校長同意嗎?！不要太厚顏無恥！」

吳亞楠的連轟猛砲，引起南開大學校方關注。校方約談她，要求她「不要再發這類東西了！」還說她現在的任務是「好好休息，調養身體」。但吳亞楠不為所動，明確表示，不願刪文。她在社交媒體上說：「面對一切威脅絕不後退。我哪怕只是一個小小的知識份子，也絕不失去自己的氣節。歷史，會記錄今天，還一切公道。我會把這些聊天記錄，一起截屏發了。我也忍無可忍了！」她還說，在自己的祖國與母校，竟然不能說一句真話，「殺人不過點頭地，我不怕！誰沒有一死」。

而學校相關人士回覆說：「你好自為之！」這句話已然是圖窮匕見。

吳亞楠針鋒相對地說：「現在大局已定。一個星期之內，許多事情都會徹底改變。你們現在的建議，你們以後可能會後悔。所以，你們現在確定要我這樣做麼？⋯⋯你們保護我到現在，我一直深深感激。但我一個知識份子，在自己的祖國被囚禁。我誠然給各位領導添麻煩了。但是比上死去的那些人和他們的家屬，我分得清孰重孰輕。如果你們願意保護我到底，事情過後，我願意叩頭謝罪！否則，一切威脅我都不會後退。」

校方認為已對吳亞楠仁至義盡，就不妨「先禮後兵」了。某

一日，吳亞楠在家時，被多名陌生人以「方便做核酸檢測」為由，強行拉上一輛麵包車，然後送入一家醫院。吳亞楠悄悄將醫院的位置發布到一個群組，顯示該醫院為心理精神專科醫院——天津聖安醫院。據她給學生發出的求救信息顯示：「有幾個謊稱是核測的人員，說我需要做核測。用麵包車拉了我做核測。再之後，就拉到這裡，走不了了。他們之前帶我去醫院，想要證明我是神經病。我做了機器掃描等檢查。又測試了566道心理題目，除了因為『有宗教信仰』，我的所有指標皆『優秀』，然後他們依然用各種方式『暗示』我，說我有幻聽、幻覺，神經病。我原來竟然不知道，權威的科學測試，都是不可靠的。這些人比科學還權威。」

隨後，吳亞楠又發出訊息表示，「各位師友，當下好在我的手機在我自己手裡，所有的密碼，我都重設了，他們目前沒轍」。最後，她說：「我躲進了廁所裡，外面好多人拿著繩子要綁我。我不穿褲子，不起來。幸好拿回手機，可以拍照片要脅他們。幫我擴散，救救我。」

學生們看到這些資訊後，為老師的境遇相當著急，連忙把師生對話紀錄上傳網路。還有學生回覆說：「老師你好好保護自己。」然後，師生之間的通訊就斷掉了。

據學生反映，吳老師很愛護學生，以前和學校領導有過不愉快。老師此前離異，沒有孩子。發消息的學生說，「她可以說孤立無援」。

還有學生表示，吳亞楠是一名善良、公義且有智慧的老師，「她面對抗議學生遭懲罰後的憤怒，是正常人的情感，如今卻要付出『被精神病』的代價。簡直要把人逼瘋，且對學生有殺雞儆猴的意味，讓人看了非常心寒又氣憤。」

也有學生在網上回憶說：「亞楠老師在課堂上教導我們在特殊

時期一定要發揮『靜』的精神，當時她身體一直不好，但是總是想著要保護她的學生們。」

吳亞楠失蹤多日後，12月14日，人們突然在最新朋友圈上看到她發出的一則資訊，承認「自己前幾天過於緊張，出現幻想、幻聽、胡言亂語等心理疾患病徵」。並稱「到今天，已基本痊愈」。她還為此向朋友們致歉。

有吳亞楠的友人質疑說，這則消息不像是吳亞楠慣常的語氣，很有可能是中共當局侵入其帳號，以她的名義發佈的假消息。

對於吳亞楠的遭遇，長期關注中國人權議題的英國華裔學者、「人道中國」理事**王劍虹** [150] 評論說：「上海復旦新聞學院兩位老師站在大批武警面前，保護參加白紙運動的學生們，那情景真是令人動容；而南開大學的吳亞楠老師因為支持抗議學生，竟然遭到學校當局強制精神病的迫害，這實在令人憤慨！大學是應當保護教師和學生、捍衛言論、思想和良心的自由的，它們派人綁架吳老師到精神病院，更是非法剝奪人身自由的犯罪行為。希望更多人的關注，能讓吳亞楠老師恢復正常的教學、生活。」

把自己不喜歡的人弄進精神病院，此種操作在獨裁國家中已有很長的歷史。系統性、開創性的把一大批反對者送進精神病院，首推已不復存在的蘇聯共產黨政權。

早在1940年代後期，令人談虎色變的格別烏（KGB）就對「精神病療法」產生濃厚興趣。該機構領導人發現，「精神病」這個名目可以用來妖魔化異議人士，可以不經過司法審判就剝奪異

---

[150] 王劍虹：基督徒、「人道中國」理事，長期支持和幫助中國人權受害者及其家人。2020年，發起成立張展關注組，又發起自由張展聯署簽名活動，及為張展編輯紀念文集。其心願為：向追求自由中國的人士傳播福音，向國際社會介紹中國人權真相，向所有人介紹勇敢的中國抗爭者群體。

議人士的人身自由。

1959年,赫魯雪夫提出一個創造性理論:在蘇聯這個幸福的國度裡,絕對不應該、也不可能出現持反對黨和政府的人。那些過著幸福生活還反對當局的人,一定是精神狀態不正常的。在這一理論指導下,蘇聯當局在莫斯科創設法醫精神病學研究所,名義上是專門研究社會類精神病問題,其實是研究如何用精神病的病理,把持不同政見人士確診為精神病。他們給這種操作起了高大上的名字:「精神療法」。這樣,他們就可以將「病人」關押起來,並在其身上實施各種「治療」。而且這一切有個冠冕堂皇的理由:為「病人的切身利益」,也是為「全社會的共同利益」。

1969年,格別烏頭子、後來出任蘇共總書記的安德洛波夫（Vladimirovich Andropov）提出,要一次性全部清理掉反蘇維埃的異見人士。他頒布了一條法令——「防止精神病人危險行為措施條令」。該法令授權所有精神科醫生,只要是有人符合某些在政治上描述的條件,就可將其確診為精神病患者,關進精神病院。安德洛波夫當局鼓勵醫生們主動去「尋找」此類政治犯,醫生可對某些精神病搞「釣魚診斷」,即在醫學上給政治犯們設「精神病陷阱」。於是,世界精神病診斷史上的奇觀出現了:蘇聯的精神科醫生變身成為警察和法官,只要有需要,就將正常人判定為精神病患者,再予以關押。

根據「政治用途精神療法國際聯盟」的資料顯示,整個蘇聯時期至少有兩萬人因為政治原因被關進精神病院。很多歷史學家認為,實際的數字要高很多。被當成精神病關進監獄的名人很多:人權鬥士和物理學家安德烈・沙卡洛夫（Andrei Sakharov）、詩人及後來的諾貝爾文學獎得主約瑟夫・布羅茨基（Joseph Brodsky）、前高級軍官、作家和人權活動家彼得・格里戈連科

（Petro Grigorenko）、文學批評家和翻譯家瓦萊麗塔爾西斯、女性政治活動家和詩人娜塔莉亞‧戈班耶夫斯卡婭等人。直到 1989 年，蘇聯還有 1,020 萬人在「心理性精神疾病診療所」註冊登記，一般認為，其中至少有百分之三十是「被精神病」的人。

中共一向以蘇共為師，即便蘇聯已解體、蘇共的繼承者俄共已淪為在野黨三十多年，但中共對蘇共經驗仍依樣畫瓢、有樣學樣。據人權組織「保護衛士」的報告，中共幾十年來將至少數百名異議人士強行送入警察管理的精神病院，用電擊、強制用藥等手段迫害，最長達十年以上。近年曝光「被精神病」的著名案例，包括楊佳母親**王靜梅**[151]、「潑墨女」董瑤瓊、「鐵鍊女」李瑩、異議人士王剛、王喻平和楊紹政等，這些案例只是冰山一角。

中國獨立記者**高健**[152]寫過《我的祖國有精神病》一書。該書指出，「被精神病」這個詞語表示自己沒有精神病，只是被有關部門強迫當做精神病患。當整個中國社會因經濟發展而產生各種不公時，司法既不能獨立審判也不可能發揮「正義最後一道防線」的功能，結果人民只能選擇上訪，而不斷上訪又會造成各級政府加大維穩力道，將上訪者當做精神病患者來處理。「被精神病」現象，自然不斷惡化。高健認為，追根究底，要徹底消滅「被精神病」亂象，應該要有民主的政府，保障人民有上訪或請願不受打壓的權利。司法更應獨立，以發揮「審查行政是否違法」的功能。

---

151 王靜梅：楊佳襲警案主犯楊佳的母親。在楊佳被捕後不久，她因替兒子申訴，被公安部門強行送入北京市安康醫院進行「強制性治療」長達 143 天。以楊佳母親為主角的紀實電影《我還有話要說》（When Night Falls）獲得第六十五屆瑞士盧卡諾影展最佳導演獎、最佳女主角獎，中國政府隨後強力封殺該片。
152 高健（1986-）：出生於山西，中國公民維權運動活動家、公民記者和人權捍衛者。自 2007 年開始，關注中國公民維權運動，並在 2010 年走上街頭抗議，參與過諸多公民街頭維權抗議活動。

然而，在目前的中國並不存在這樣的條件。

臺灣作家譚端[153]評論說，中共的集體治理模式：粗糙、將就、抹煞個人特質、視個人需求如無物，粗暴地以統一標準套用在每個人身上，為了集體觀感抹煞個人異質性、忽略個人權利，甚至不惜一切代價包括直接讓個體消失。在中國，個人沒有任何價值，即使消失了也無關痛癢。在這種風氣和文化下，社會基層單位更加泯滅人性，無視法律，對國家機器踐踏人權的行為完全無知，基層（國家機器大量培養無思考能力的罐頭人）無法判斷是非對錯，成為犯行者，幫凶。法院有權裁定一個女人該不該有孩子，該不該絕育手術，國家侵入公民的身體，也決定公民的自由，甚至都不用法院，一個精神病院的護士就能決定公民的去向。患者不需知道自己被注射了什麼，也不知到吞下什麼藥丸。只要不服從，就會被打針，逼迫吃藥，彷彿治療成為一種懲罰。這就是中國目前的現狀。

吳亞楠宛如人間蒸發，再無有關她的資訊傳出。她畢業於名校，任教於名校，處於知識階層和中產階級的中上端，仍不能享有「免於恐懼的自由」，仍不能免於「被精神病」的厄運。吳亞楠的遭遇表明：在中國，喪鐘不單單是為低端人口而鳴，而是為每一個人而鳴。

---

153 譚端（1971-）：記者、作家、紀錄片製作人，英國謝菲爾德大學新聞學碩士，曾經營一家名為「偵探書屋」的獨立書店。主要著作有：《天空的情書》、《烽火、離亂、老士官》。《石猴子》、《王者之眼》、《大稻埕落日》等。

一九八0年代　449

中國大陸良心犯資料庫之吳亞楠資料：https://tenchu.org/pocd/public/pocs/2953
「民生觀察」網站關於吳亞楠事件的報導：
https://msguancha.com/a/lanmu12/2022/1216/22445.html

44 宋澤：不讓天下有不平之事和不申之理

宋澤（1986年11月—）：又名宋光強，網民襄陽宋澤、宋大俠。「公盟」及「新公民運動」積極參與者、倡導者，多次因從事維權活動被抓捕、非法羈押及酷刑折磨。2023年8月15日，在上海被武漢公安局以「尋釁滋事罪」抓捕，關押於武漢市第二看守所。

宋澤：生於湖北襄陽一個山村農家。少時家境貧寒，家中排行老三，父母身為農民卻常囑咐孩子們要早立志向，站在貧苦百姓立場從小事、實事做起。

宋澤成長的年代，正是中國加入世貿組織、走向全球化、經濟高速發展的時代，但中國經濟的畸形發展，並未惠及全民，中西部地區仍深陷貧困之中，地區差異和貧富懸殊愈發拉大，社會不公比比皆是。對於宋澤這樣的貧寒農家子弟來說，改變命運唯有拚命苦讀、考上大學。1999年，十三歲的宋澤第一次聽說六四大屠殺，腦袋懵了一天，開始思考「我考大學是為了什麼？」。2000年，宋澤的鄰居因為無錢治病、逝於家中，對宋澤刺激甚大——這樣的命運，隨時會降臨在宋澤和家人身上，他們這些螻蟻一樣的底層民眾似乎只能聽天由命、逆來順受。2001年，他旁觀村裡選舉，發現投票結果一旦不符合上面的要求，被村幹部要

求一直投票，直到結果是既定人選為止。這種選舉是造假，是對民主的嘲諷。

2002年，宋澤考上高中，卻得知一位自己很佩服而成績又很優秀的同學，因家裡無錢上學而被迫輟學。他祈盼，將來永遠不要這種事發生在自己夥伴身上——但若真的再次發生，他無能為力。2005年，他得知村裡有人外出打工，在工地上因高空作業跌落而喪命，留下孤兒寡母，無所依靠，卻得不到應有賠償。這些事情讓宋澤初覽民生之多艱，決定棄理投文，尋找助人救世之道。

中學畢業後，宋澤考入中南財經政法大學，主修國際政治，獲法學學士學位；同期輔修金融學，獲經濟學學士學位。他在大學發現，學校裡有部分學生是花錢買進來的，占去寒門子弟的名額，之後還當上學生幹部和獲得很好的工作。在大學就讀時，他第一次參加投票，老師告訴他們必須投哪個候選人。2007年，他在一個偶然機會，看到八九學運的紀實片，猛然發現「確是應該有一種東西值得我們用生命去爭取」。他一直苦苦尋找一條助人救世之道、一種能讓天下人都不再受苦受難的方法。他在觀看電視連續劇《新水滸》時，聽到主題曲中毛阿敏唱到「尋常的瓦舍評書，暗藏著救世秘訣」時，感到痛苦莫名：難道只能用魯智深和宋公明的方式來「路見不平、拔刀相助」？梁山好漢的道路，當年沒有走通，如今又怎能走通？

大學畢業後，宋澤先是應聘到一家德資電梯企業武漢辦事處工作，此後，又到深圳一家私營企業的總經理辦公室從事助理和文秘工作。

宋澤一度強迫自己做一個普通人，卻發現好難做到——看見路邊需要的人，若不伸出手去，過後就會很痛苦；看見身邊不

平之事,若不站出去,就會有一種恥辱感;看見別人對需要幫助的人幫到更多,就會責怪自己太沒有用。他無法泯滅作為一名最樸素的公民的「來自於人性深處的本能的同情心、正義感與責任感」,希望能「行俠仗義」,上網發言,取「宋大俠」之名。他上網查「行俠仗義」,搜索框裡一輸入,跳出來的頭條便是新浪財經上的文章〈行俠仗義許志永〉。他讀了後深深感動,不願袖手旁觀,決心拔刀相助。2011年10月11日,他到北京公盟諮詢有限責任公司(簡稱「公盟」)辦公室拜訪許志永,沒有見到許志永,卻得到「公盟」工作人員熱情接待。

五天之後,宋澤給許志永寫了一封長信,作了自我介紹,並申請加入「公盟」:「一個充分認識到了自己的『不能夠袖手旁觀』與『下定決心』的公民,他不乞求信任,只願用行動來獲得信任。誠望許老師與貴團隊能給宋澤一次嘗試努力的機會、一個可以分擔貴團隊神聖使命的空間,宋澤必盡心盡智,與貴團隊共存共榮,為我中華『公民』之明天奉獻自己的青春和熱血。」

隨後,宋澤以志願者身份參與「公盟」。許志永後來在一篇文章中寫道:「宋澤給人的第一印象有點木訥內向,但內心深處是一個堅定而充滿豪情的理想主義者,他不在乎有多少收入,不在乎多麼辛苦,只在乎自己的行動對社會的意義。正好訪民救助項目缺人手,接下來宋澤的職責就是聯繫救助志願者、購買和接受捐來的棉衣棉被、發放衣物以及給生病者緊急救助。整個冬天,宋澤幾乎沒有星期天和節假日,和志願者們奔忙在北京南站周邊的貧民區、地下通道等貧窮上訪者聚集的地方,很多個寒風肆虐的晚上,他挨個查看橋洞,擔心新來的上訪者沒有棉被。」

中共殘民以逞,卻不允許民間組織和公民個人為弱勢群體提供幫助——中共認為,救助行動是與之爭奪民心,是出於政治野

心。2012 年 1 月 1 日，宋澤等人給訪民送湯圓時，志願者袁文華[154]被警察帶走，宋澤要求警察出示證件卻同時被帶走，這是他第一次被帶進派出所。許志永等人守在派出所外直到他們獲釋。

許志永發現宋澤聰明能幹，便分配他搜集北京「黑監獄」關押訪民的情況、編繪「黑監獄」地圖。「黑監獄」是地方政府非法拘禁上訪者的地方。被北京警方以「非正常上訪」理由抓捕的訪民，一般會送到位於久敬莊的國家信訪局臨時羈押分流中心。該中心命令地方政府駐京辦當天必須把各自轄區的訪民接走。大部分訪民不可能當天被遣送回家，等待被遣返可能幾天也可能幾個月，於是這就成為某些人謀取暴利的機會。「黑監獄」的經營者與國家信訪局、地方政府駐京辦狼狽為奸，租賓館地下室，雇傭黑心打手，將上訪者接出後非法拘禁，再等候地方政府來接人，從地方政府那裡拿到大筆經費。經營此種「黑監獄」成為一本萬利的地下行業。2012 年「兩會」前夕，宋澤核實整理出四十九個「黑監獄」，發佈了震驚世界的「北京黑監獄地圖」。

2012 年 1 月 11 日，宋澤與維權人士**趙振甲**[155]接到湖南訪民于洪的呼救短信，冒著嚴寒找了四個小時，找到湖南郴州駐京辦黑監獄的準確位置。他們聯繫了十多位記者和訪民志願者，策劃了

---

154 袁文華：原籍遼寧撫順的訪民。1983 年，其外甥因見義勇為被殺，當地政府卻保護兇手，由此走上了上訪。他組建了「上訪維權聯盟」，得到訪民支持，成員已達到幾萬人。他曾向中國民政部申請註冊「上訪維權聯盟」，卻被告知「沒有信訪辦的同意證明，不得辦理」，此後電話也受到監控。
155 趙振甲（1950-2022）：基督徒，中原教會負責人之一，維權公民領袖。文革期間因批評毛澤東被判處死刑，緩期兩年，坐牢八年後獲釋。2000 年，因為找朱鎔基維權，被勞動教養三年。2017 年，因闖入「黑監獄」救人被以「尋釁滋事罪」判處有期徒刑一年。2020 年，因提出「反截訪聯名」倡議，被判刑一年，出獄後退休金遭停發。在遭警察驅離北京房山區閻村鎮大董村的租房期間，因壓力太大及勞累過度誘發心臟病，於 2022 年 11 月 10 日去世。

一次完美的解救行動。1月13日上午，宋澤、趙振甲、**彭忠林**[156]、**關維雙**[157]等十多人來到這處「黑監獄」，一邊拍照錄影，一邊衝進房門。他們發現，這裡生活條件惡劣，沒有暖氣，只有很薄的被子，一人蓋一床，常常吃不飽飯，有時就給一人一天一塊速食麵。他們突破看守的阻攔，救出八十二歲的龔江保、七十三歲的于洪和五十七歲的陳碧香等三位上訪人士。但很快警察就來了，不是懲罰非法拘禁者，而是要帶走見義勇為的公民。大家據理力爭，趁機帶著三位訪民上了公車，看守也跟蹤上了車。許志永隨即趕到，攔住一輛計程車，宋澤與三位被救訪民迅速擠上去，擺脫看守的跟蹤。出租車繞了一大圈後，宋澤將三位訪民帶到「公盟」辦公室，給他們買了飯，給他們回家的路費，送他們到長途車站附近。

2012年3月5日，河南省新鄉市居民、八十歲老人胡玉甫上訪被關「黑監獄」，7日患病，苦苦哀求要治病，政法委書記說：「上訪的就不能慣！有病讓他自己想辦法。」直到12日才送醫急救，13日晨去世。宋澤幫助其子對新鄉市委書記、市長等提出非法拘禁刑事控告。

2012年4月底，陳光誠逃離山東臨沂東師古村被重重包圍的家園，被友人送入美國駐華大使館。中共當局甚為震怒，大肆搜捕，一幫便衣匪徒深夜持械闖入陳光誠侄子陳克貴家，陳克貴用菜刀反擊自衛，報警後卻被抓捕。宋澤冒著巨大危險，打車到山

---

[156] 彭忠林：江西維權人士，2013年6月9日被刑事拘留，關押三十七天後獲釋。同年10月，以公民代理身份為抗議強拆的訪民徐香玉辯護。

[157] 關維雙：撫順維權人士，多次被警察抓捕、拘留，長期幫助比之更弱勢的訪民。2011年，在天安門廣場被警察抓捕後交由撫順駐京辦，再由當地警察帶回原籍，一度將其關進鐵籠之中。

一九八〇年代　455

東臨沂，將陳克貴的妻子劉芳接到北京躲藏起來。

2012年5月4日中午，宋澤接到一個電話，說有人被關「黑監獄」希望幫助，約他兩點在北京南站大廳見面。像以往一樣，宋澤毫不猶豫答應了，卻不知這是北京警方設置的陷阱。就在約定的電梯口，出現一個奇怪的意外，宋澤的電話突然沒了信號。他仍在原地耐心等待。大約過了十分鐘，信號恢復，突然衝出幾個陌生男子，強行將宋澤帶走——5月4日這天，宋澤這位充滿理想主義的青年被祕密警察抓捕，實在是一件頗有象徵意義的事件。五四運動之後將近百年，中國的民主自由大大退步，試圖效仿五四青年的新一代青年身陷牢獄。

宋澤失蹤十多天以後，梁小軍律師在豐臺看守所見到了他。宋澤已被刑事拘留，罪名是「尋釁滋事」。在會見中，當宋澤聽說梁小軍律師找到他父母簽署委託書時，告訴律師，他最怕父母知道這件事情，怕母親會為他擔心。

隨後，許志永發表〈就宋澤被捕致信北京市公安局局長傅政華的公開信〉：「湖南郴州以及很多地方政府在北京私設黑監獄非法拘禁上訪者由來已久，從2008年9月21日第一次圍觀青年賓館黑監獄開始，我們先後數十次圍觀黑監獄，救出訪民數百人，組織公民圍觀黑監獄曝光黑惡勢力是公盟的一項職責，宋澤不過是履行職責，並且那天救助訪民是我的指導，如果你們認為他犯了尋釁滋事罪，主犯應當是我。今天，我公開告訴你，我和宋澤一起，做了我們應該做的事，這絕不是什麼犯罪。如果你們認為是犯罪，你們要抓的人應該是我，而不是宋澤。」

傅政華及北京市公安局置若罔聞，將宋澤刑事拘留三十天，羈押於豐臺區看守所。5月31日，梁小軍律師再次與宋澤會面，隊長在一旁監聽。宋澤說，感覺自己沒做什麼事情，就進來了，

有些不值得,他也替父母擔心,請律師轉告父母,他做的是正當的事情,父母不要有太大的心理壓力。他簡單介紹自己的情況以後,開始幫助同監室的人向律師詢問法律問題。問了幾個問題,隊長打斷說:「你說你的問題,別操心別人的事。」宋澤說:「我自己沒什麼事了,我也不操心我自己的事。」

三十天的拘留期加七天的批捕審查期屆滿後,宋澤並未獲釋,被變更強制措施,改為「監視居住」。看守所工作人員告訴梁小軍律師,宋澤已被北京市公安局帶走,但不知道是哪個部門,也不知道被帶到哪裡去,他們不再辦理此案。梁小軍在社交媒體發文指出:「『監視居住』作為強制措施的一種,本身其強制程度要弱於拘留,一般會在犯罪嫌疑人的居所實施,即使在警察指定的居所實施,也應該及時通知家人或律師。但自 2011 年『指定居所監視居住』被警察對異議人士濫用以來,這似乎已經成了他們對付維權者、異議人士的利器。2012 年刑訴法的修改,更加細化了『監視居住』的規定,特別是第七十三條,將『指定居所監視居住』而不通知家人合法化。」梁小軍指出:「宋澤是被提前『七十三條』了。」後來,人們才知道,宋澤被國保警察帶回湖北襄陽原籍,被「監視居住」六個月後才獲釋。

2013 年 7 月,獲釋不到半年的宋澤,又在「新公民」案中被北京市公安局公共交通安全保衛分局以涉嫌「擾亂公共場所秩序罪」刑事拘留,關押於北京市第三看守所。宋澤與律師會面時,控訴在獄中被趙姓國保副隊長毆打,方式為搧耳光、拳打腳踢等,無任何人制止。其律師李金星、張磊聯名向北京市檢察院、最高檢察院、公安部等部門提出〈就北京市公安局有關警員涉嫌故意傷害、徇私枉法、虐待被監管人犯罪的控告狀〉,當局不予受理和調查。2014 年 1 月 16 日,宋澤由其舅舅到北京為其擔保並辦

理取保候審手續，在被羈押六個月又四天後，走出了北京市第三看守所。隨後，他被兩名國保人員押送回襄陽老家。

即便在取保候審期間，宋澤仍未停止幫助其他公民維權。2014 年 10 月，宋澤與**王永紅**[158]等民主維權公民打橫幅迎接「新公民運動」參與者袁冬出獄，將照片傳於網上。13 日，北京警方對道衡律師事務所進行抄家，將余文生、**王成**[159]、**李對龍**[160]三名律師及宋澤抓走。王成律師、李對龍律師不久獲釋。余文生和宋澤被以「嚴重擾亂公共場所秩序」為由刑事拘留。有關人士認為，宋澤被捕的原因是他在 9 月 30 日聲援香港雨傘革命。10 月 22 日上午，張磊律師到北京大興區看守所要求會見宋澤，遭看守所拒絕。2015 年 1 月，李仲偉[161]律師成功會見宋澤後，接受外媒採訪時表示，宋澤被戴上了腳鐐，且不被允許配戴眼鏡。這種做法是嚴重違法，是政治迫害。2015 年 6 月 5 日，宋澤被以取保候審名義釋放，結束了八個多月的羈押。其在押期間屢遭折磨，被連續提審四十餘次，一直堅稱無罪，保持零口供。

2016 年 4 月 11 日，宋澤與女友李翹楚在網上發布一份請柬，邀請公民朋友、江湖兄弟，於 5 月 2 日赴湖北棗陽市南城辦事處嚴灣村六組參加他們的婚禮。中共當局擔心婚禮變成異議人士的大結集，於 4 月 28 日晚上 10 點，由棗陽市南城派出所以「違反

---

158 王永紅：遼寧大連訪民，因母親被當地政法委書記的親屬殺害、自己也被刺成重傷、警方卻不作為，而走上了上訪之路。因上訪被勞動教養二年。曾參與營救陳光誠的活動。2015 年 10 月，再度被捕。

159 王成：維權律師，「不買房運動」倡導者，「千萬公民大連署廢除勞教運動」倡議人，「中國人權律師團」發起人之一。

160 李對龍（1987-）：山東泰安新泰人，異議人士、維權律師，發表有數十萬字文章。曾任職於公益機構北京益仁平，後專職從事律師工作。

161 李仲偉：維權律師。2023 年 7 月，在無錫代理博文案和梁亮案時，控告無錫警方，招來報復，遭無錫警方非法傳喚。

監督管理規定」為由將宋澤傳喚帶走。宋澤被扣押一天後獲釋，臉上還有遭警察毆打的傷痕。隨後，當地安排大量警力，攔截從全國各地趕來出席婚禮的友人，甚至動用大型推土機，運來大量泥土砂石，將通往宋澤家的一條鄉村小路堵住。

最終突破重重障礙順利出席婚禮的僅有十多名朋友。從成都趕來的異議人士**張國慶**[162]被警方扣押數小時後，獲准出席，記述當時的場景說：「經過簡短的鄉村傳統婚慶禮儀後，婚宴大開，我們從全國各地來的嘉賓合成兩桌，棗陽國保和便衣警察毗鄰一桌，頗有點『同舟共濟』的感覺。……一場普通的公民婚禮，因著各樣力量的聚焦和博弈，延伸到互聯網的舉國圍觀，已上升成為一場經典的國民婚禮，這恐怕是宋澤沒想到的，我們沒想到的，也是湖北棗陽警方沒想到的。」

遺憾的是，因性格不合，兩人的婚姻只維持了一段很短暫的時間。

此後數年間，宋澤在警方嚴密監控和持續騷擾之下，不屈不撓地從事維權活動。他居無定所，成了「祖國的流浪者」。

2023年8月14日下午，宋澤在上海被抓捕。十幾個警察埋伏在他居住的社區，在他沒有任何違法犯罪活動的情況下將其抓捕。據刑事拘留通知書顯示，宋澤是被武漢市公安局以「涉嫌尋釁滋事罪」刑事拘留，宋澤的友人在網上披露：「宋澤近一年多來過著和平常人一樣的日子，侍弄花草，精進廚藝；賞美景，逛公園；寫寫小說，看看電影；參與勞動，親近自然，真正地融入具有煙火氣的生活中，和『尋釁滋事』沒有任何關係，可是依然被

---

[162] 張國慶：基督徒，維權人士，成都秋雨聖約教會執事，上訪者團契組長。因堅持宗教信仰的權利和自由，多次被警方拘押。

抓了,難道他連正常生活的權利都要被剝奪嗎?難道就因為他曾經幫助過深處苦難中的人,就一輩子都被監視著嗎?可是正直又有什麼錯呢?」

或許,宋澤唯一的罪名就是 2023 年 4 月 10 日在推特上發出三篇推文:〈中國的良心,未來的諾獎得主——許志永〉、〈何其殘忍的十四年刑期,何其偉大的理想主義精神〉、〈大戰風車的許志永——致敬我們所有的理想主義者〉。當初,許志永為失去自由的宋澤奔走呼號;如今,宋澤為失去自由的許志永奔走呼號——於是,他們都失去了自由。

宋澤被捕後,一直無法會見律師。律師使用一切合法方式請求保證宋澤的合法權益,均無果。在此期間,宋澤的家屬無辜遭受警方多次騷擾。宋澤是否遭受此前遭受過的、甚至更加可怕的酷刑折磨,外界不得而知。

宋澤現被羈押於武漢市第二看守所。
地址:湖北省武漢市漢陽區龍興東街 371 號

45 | 符海陸：我們再不說話，再不坐牢，他們會毀了更年輕的一代

符海陸（1986年12月13日—）：八九六四紀念酒（「銘記八酒六四」）創意者，自由職業者，維權公民，長期參與各類民主人權活動。2016年5月28日，因製作和販賣紀念酒被成都警方帶走。2019年4月1日，被祕密拘押將近三年後，被成都市中級法院一審以「煽動顛覆國家政權罪」判處有期徒刑三年，緩期五年，當日獲釋。此後，長期處於警方嚴密監控之下，警方多次施加壓力，讓房東迫使其搬家。

符海陸：四川省宣漢縣清溪鎮白鶴村人。因家境貧寒，初中畢業後，年僅十七歲就參軍入伍，在東北服役五年。在學校和軍隊，他接受中共洗腦教育，曾以身為一名愛國愛黨的軍人自豪，自認為是「共產主義事業接班人」。

退伍後，符海陸一度返鄉務農，積極為家鄉建設出力獻策，組織村民修建鄉村公路，得到鄉親好評。後因迫於生計，南下深圳打工，在打工生涯中看見諸多社會不公現象，上網後學會翻牆，了解到被中共掩埋的六四屠殺真相（六四屠殺那一年，他才三歲，對這段歷史毫無印象），公民意識開始覺醒，反思自己此前服役的意義和追求，進而通過微博結識若干追求自由的同道中

人,對中共的獨裁統治越來越反感。

回成都定居後,符海陸積極參與當地的同城活動。他在成都民主圈非常活躍,參加各種簽名聲援、同城聚會、紀念六四、紀念林昭等活動。在溫州動車事故、彭州石化污染等重大事件中,他都勇敢地站出來,發出強有力的聲音。

符海陸多年的老友、異議人士李化平在一篇文章中寫道,他認識符海陸時,符海陸才二十五、六歲,「第一印象:高、瘦、帥,一天到晚笑瞇瞇。⋯⋯海陸很溫和,人緣特別好,屬於人畜無害的那種類型。在成都的日子,我們老混在一塊。」

歐陽小戎則描述說:「符海陸渾身上下充滿耗不完的活力,背後是他熱火朝天的年歲和前途。他身材頎長挺拔,眼珠烏黑閃耀。我剛剛遇到他時,他正有一份平淡無華的工作和一位待嫁的未婚妻。無論走到哪裡,微黑的臉龐上都會有光澤不由自主流溢而出,使留著短髮的圓腦袋更加惹人喜愛。⋯⋯每逢想起他時,腦海中浮現起的,總是那個生氣勃勃的形象。自我見到他第一面起,他就無所憂慮,樸拙的笑容裡,深深刻著農家子弟那被泥土和雨露滋養的痕跡。⋯⋯他並不熱衷於滔滔不絕,愛好傾聽和學習,眼裡的火花似乎無時無刻在迫不及待地告訴人們,自己正在被某種新生命所滋養。我相信,那是自由思想,讓他在這塵囂的國度裡獲得活下去的熱情與希望。」

一位朋友後來回憶說:小符是個有持之以恆精神的人。他進入民主圈之後,發現年青人太少,就有目的地結識80、90後的朋友,經常在一起聚會。他花了大量精力、時間參加各種民主活動,力所能及地做一些促進中國進步的事情,這使得他原本還好的經濟狀況變得拮据。這種情況在民主圈普遍。他很活躍,很快就成了「敏感人物」。他的QQ經常不能正常登入,電話也時常被

監聽，警察在他住處附近頻繁出沒。有一段時間，他住姑父家，有一次警察敲門而入瞭解情況，當時他沒在家，姑姑都懵了，不知道發生什麼事。之後，他怕影響姑父一家，就在外面租房子住。之後，他更頻繁地參加各種活動，經常在網上發表敏感言論。他的處境越來越危險。果不其然，很快國保就找上了他。

另一位朋友在一篇題為〈符小眼二三事〉的文章中寫道：符海陸身材壯實，留著短髮，好客、熱情，說話大嗓門，隨時都在呵呵呵或者哈哈哈地笑，一笑眼睛就眯成一條縫。後來有朋友給他取了個外號，叫「符小眼」。那時，符海陸住在成都西二環外一個有點顯老的居民小區，要去他家得先爬七層樓梯。大夥站在他家門口已氣喘吁吁。客廳的水泥地上散落著幾張高矮不一、新舊也不一的板凳，靠窗一側擺了張有點破舊的床。住所簡陋，甚至有點寒酸。符海陸熱情地拿出剛剛在樓下小超市買的一箱啤酒和一堆花生米，跟大家邊吃邊聊。當時正是炎炎夏日，他和幾個朋友脫了上衣，光著膀子坐在一臺小電風扇前。那時，符海陸跟他的姑媽一起在寬窄巷子附近發旅遊小廣告，延攬外地遊客報團參加幾日遊之類的旅遊線路，掙取旅行社的傭金。這種生意時好時壞，旺季有的月份可掙到一萬多塊，淡季運氣差點可能入不敷出。好處是比較自由，沒有領導和上司。後來他還跟著朋友做過裝修，似乎也不順利，沒有掙到多少錢。

這位朋友還寫道：「從熟識之後開始，我經常去符海陸家，也經常搭符海陸的電瓶車東奔西跑。現在仍能記得晚上我們一邊騎電瓶車飛奔，他一邊大聲唱著歌劇《悲慘世界》裡《Do you hear the people sing》那首歌的場景。每次他這樣激昂澎湃的唱著『你可聽見那吼聲⋯⋯』的時候，我總會隱隱感到不安。」

2012年9月18日，官方組織反日遊行活動，參與活動的新左

派代表人物、北京航空航天大學教師韓德強兩次動手搧一位「咒罵毛主席」白髮老人耳光。符海陸堅決反對「韓德強打人事件」，遠赴北京，到韓德強任教的北航門口舉牌抗議，被維穩辦抓捕、強行遣回原籍。

2013 年，符海陸在成都人民公園參加公民同城喝茶活動時，認識了三觀一致女生劉天艷。兩人很快陷入熱戀。2014 年元旦，符海陸和劉天艷結婚，婚禮在成都城鄉結合部的一座農家樂舉行，沒有請婚慶公司，一切從簡。來的人很多，差不多在成都和離成都不遠的朋友們全到場了。

短短兩年內，符海陸完成戀愛、結婚、做父親三大工程。更令人驚喜的是，他和妻子一起受洗成為基督徒。「太升路的秋雨之福教會是他每個週末必去的地方。等他找到了女朋友，每個週末就帶他女朋友一起去。等他有了兒子，每個週末就帶著他妻子和兒子一起去。」

劉天艷曾在郫縣一家公司做文員，懷孕之後辭去工作，有時會搭符海陸的電瓶車跟他一塊到寬窄巷子，等著丈夫下班回家。朋友們說：「劉天艷的性格難得的好，通情達理，極易相處，像符海陸一樣待人大方，比符海陸穩重。」後來，符海陸深陷牢獄，劉天艷不畏警方威脅，一邊工作，一邊獨自撫養孩子，同時勇敢地站出來，在國際媒體上為丈夫的自由奔走呼號。

2014 年春，常住廣州的異議人士**劉四仿**[163]不堪當地警察騷

---

[163] 劉四仿：四川人，長居廣州。因為長期參加廣州的維權公益活動而被維穩，多次遭遇廣州警方逼迫搬家，以及逼迫房東斷水、斷電。他曾前往美國駐廣州領事館門前舉牌抗議。在 2019 年底許志永、丁家喜組織的廈門聚會案中，劉四仿負責安排具體事務，並握有與會者名單，成為當局重點抓捕對象。他於 12 月 30 日凌晨逃往香港，再從香港流亡美國。其妻子盧麗娜和孩子被扣留，被長期邊控，只好和先生辦理假離婚。三年後，邊控得以解除，妻兒才得以赴美團聚。

擾，跑到成都來躲避。符海陸和幾個朋友陪著劉四仿在昭覺寺喝茶。川粵兩地多名警察突然出現在茶館，劉四仿被帶回廣州，符海陸和當地幾個友人被各自轄區派出所扣留。經過一番審訊，當晚符海陸被送回家。剛生完小孩的劉天艷在小區門口看到符海陸時又急又氣，符海陸在濛濛細雨中安慰妻子半天。這是他第一次被限制自由。

2016年3月，中國爆發毒疫苗事件。該事件的發源地為山東，波及十八個省市。在地方政府庇護下，主要經營和運輸者在此前六年內大量供應無效或過期疫苗，致使數十萬孩童受害。符海陸剛剛有了孩子，對此事件感同身受，懷抱著一名父親的同理心，積極參與對疫苗受害者家屬的幫助和呼籲，被成都警方數次「喝茶」、警告。「無論喝茶、還是聚餐，海陸都帶著孩子，一臉的幸福。他笑瞇瞇的抱著孩子，無論孩子怎麼頑皮、哭鬧，自始至終海陸都笑瞇瞇的，真是耐得煩。……他時常告訴兄弟夥們要保重、不要急。可他自己，疫苗事件發生後卻跳得比誰都歡。與其說是擔當，不如說是一個父親因自己的幼兒而感同身受？」符海陸的QQ空間上有一句簽名：「我們再不說話，再不坐牢，他們會毀了更年輕的一代。」後來，其QQ被關閉，但這句簽名還能找到。這句話，是王怡牧師在一次講道時說的，符海陸牢牢記在心中。

2016年春，符海陸和友人在茶館中喝茶，突然想到製作六四紀念酒的點子。符海陸是行動派，很快就將該想法付諸實施。他找來好友**張雋勇**[164]、**羅富譽**[165]和陳兵（異議人士陳衛的弟弟）等三

---

164 張雋勇（1970-）：四川成都市錦江區人。曾是職業司機。2012年，他曾參與什邡市反對鉬銅項目事件的抗議活動。在六四酒案中，他被判三年、緩刑四年。
165 羅富譽（1974-）：四川瀘州市敘永縣人。畢業於重慶三峽聯大。他經營一家美

人集資九千元,然後與羅、陳二人一道赴邛崍市購買散裝白酒及酒瓶、瓶蓋等以備製作紀念酒。曾在三峽聯大修習廣告專業的羅富譽負責設計並製作紀念酒瓶身的文字及圖像標識,他的設計獲其他三人認可。這款紀念酒的瓶身印有「永不忘記,永不放棄」、「銘記八酒六四」、「二十七年記憶陳釀酒非賣品」等文字,以及六四期間標誌性事件──王維林隻身擋坦克──的畫面。

5月底,這款紀念酒經由即時聊天工具微信發售,標價「89.64」元人民幣每兩瓶。在簡易的宣傳海報中,留有符海陸的手機號碼和QR碼。此後,紀念酒的照片和宣傳海報經活動人士傳播,為外界廣泛所知。據後來的起訴書稱,紀念酒一共賣出數十瓶,當地警察扣押了尚待填裝的酒瓶和瓶蓋九百組。

第一個被抓的是符海陸。在他把這瓶酒的信息發上網的第二天,即2016年5月28日,他在一家茶館被警察帶走。次日午間,符海陸的家人收到成都成華區公安分局的拘留通知書,其上載明他「涉嫌煽動顛覆國家政權罪」,且被關押至成都市看守所。接下來一個月,他的朋友連接失縱,包括為「銘記」做瓶身標貼和宣傳海報設計的羅富譽,出資和宣傳的張雋勇,以及一齊去採購酒瓶等原材料的陳兵。

7月5日,符、羅、張被成都市檢察院以「煽動顛覆國家政權罪」逮捕。6日,此前已取保的陳兵也被以同樣的罪名逮捕。

符海陸等人總共才賣了四千多塊錢的紀念酒,遠未達到「非法經營罪」規定的交易金額下限的兩萬元。於是,當局以涉嫌「煽動顛覆國家政權罪」將他們逮捕。可見,中共當局對「六四」兩

甲店,同時兼職廣告設計。2016年5月,成都讀書會計畫舉行的朗誦詩歌紀念「六四」活動遭到當地警察干擾,他冒風險前往西華大學門口,示警尚不知情的參與者。在六四酒案中,他被判三年、緩刑四年。

個特殊的數字有多麼恐懼。

2017年3月底，符海陸四人正式被成都市檢察院訴至成都市中級法院。起訴書指出，符海陸等人對中國「社會主義制度不滿」，故而「共謀商量製作……紀念酒」，「通過網際網路宣傳紀念1989年的六四事件，以達到煽動群眾顛覆國家政權的目的」。同時，檢察院將此案認定為共同犯罪。之後，此案一直拖延未審。

羅富譽的妻子高燕和符海陸的妻子劉天艷質疑說：「難道那段歷史是虛構的嗎？請當局出來澄清！到底那段歷史發生了什麼，難道不應該讓後人記住？中國法律哪條規定不能記住歷史？請當局給出解釋！他們四人手無寸鐵，就因為自己設計和包裝了幾瓶酒就能把這個政權顛覆嗎？」

符海陸的律師冉彤和陳建剛、張雋勇的律師**盧思位**[166]和**何偉**[167]、羅富譽的律師李貴生和**龍霖**[168]也在一份共同聲明中指出：「我們呼籲這個國家善待這些良心犯，他們不僅不是犯罪之人，反

---

[166] 盧思位（1973-）：四川人權律師，辦理過成都「四君子」案，十二港人案，余文生、王藏、覃永沛、陳家鴻等「煽動顛覆國家政權案」。2017年，發起公民聯署，呼籲全國人大成立特別調查委員會，就打擊維權律師的「709」系列案件是否存在強迫服藥等酷刑進行獨立調查。2019年底，他參加維權律師及異議人士的「廈門聚會」，被傳喚。2021年，他為試圖逃到臺灣的十二名香港民主派人士擔任律師，律師執業執照被吊銷並被限制出境。其妻女前一年已赴美，一家人分隔兩地。此後，盧思位流亡寮國，卻於2023年7月28日被寮國警方逮捕，並於9月被遣返回中國。隨後，盧思位被關押在四川成都市新都看守所，直到10月28日取保獲釋。

[167] 何偉：重慶人權律師，代理過余文生案、冉崇碧案等人權案件。2018年9月12日，重慶市中渝區司法局發佈「律師違法違規行為被調查告知書」，稱重慶君融律師事務所律師何偉被舉報在「重慶社區」網站發布「危害國家安全言論」和發文炒作湖北維權人士陳劍雄「尋滋案」，還說何偉炒作重慶維權人士、「綠葉行動」成員潘斌「尋滋案」。2023年7月22日，何偉致信中國最高法院院長張軍，為被超期羈押的李昱函律師公開呼籲，指出該案在程序問題上存在嚴重違法行為。

[168] 龍霖：湖南維權律師，曾擔任望雲和尚（林斌）、劉麗傑等人權活動人士的辯護律師。2015年11月30日上午，龍霖在湖南長沙居處遭人暴力毆打，到醫院檢查後，額頭上縫了十幾針。

而是這個民族最有正義感和良知的一批優秀公民。」

符海陸等人的行為藝術雖受到嚴酷打壓和嚴密封鎖，仍然有不少公民支持並起而效仿。成都女詩人馬青因在新浪微博分享這款紀念酒的圖片，於5月27日晚間9點遭多名警察自家中銬走，被以「尋釁滋事罪」拘留。後於6月21日取保候審。2018年6月1日，廣西維權人士農定財[169]身穿「銘記八酒六四」文化衫，聲援符海陸等被超期羈押的四人。次日，農定財被警方帶走，以「在網上散佈虛構事實的謠言」為由行政拘留十日。

六四酒案起初定於2019年3月22日上午在四川省成都市中級法院九號法庭審理，隨後又取消。儘管此案被認定為共同犯罪，但成都中院決定分日分庭不公開審判案涉四人。

符海陸案於4月1日開庭。開庭前，符海陸的辯護律師冉彤、張雋勇的律師盧思位及羅富譽的辯護律師均已遭「解聘」。三人的家人指責這些單方面解聘未經律師與當事人會面，也沒有簽字或文書，且解聘時已臨近開庭，律師也因此質疑「解聘」的法律效力。

開庭前一天的3月31日，符海陸的妻子劉天艷在海外媒體發出一封公開信，信中指出：「明天，是符海陸開庭的日子，離他被捕，已有1,037天。緊跟著張雋勇、羅富譽、陳兵三弟兄也會陸續開庭。這一千多天的日日夜夜，妻子見不到丈夫，孩子見不到父親，母親見不到兒子。在這二十多公里的距離裡，我們往返無

---

[169] 農定財：廣西民主維權人士。2017年，李明哲案開庭時，他去到湖南岳陽中級法院參加旁聽聲援，被岳陽警方驅逐。2018年4月，他前往湖南邵陽參加李讚民追悼會並祭拜李旺陽，被邵陽國保強制驅逐。4月29日林昭忌日，他和朱承志等人赴蘇州靈巖山林昭墓地祭拜，被蘇州警方包圍、帶走扣押了一夜，第二天被強制送上火車。2024年6月3日，因發表紀念六四屠殺三十五週年言論而被拘留十天。

期。飽受案子被無理延期的煎熬，每次抱著希望出門，帶著失望而歸，再次抱著希望出門，帶著失落而歸。希望從此伴著夢遊而出，在夢醒之後帶著淚水而歸。《刑事訴訟法》裡明明說的是法院受理案件後兩個月內就要宣判，卻因為案件牽涉六四這一敏感事件，就讓我們在一扇門的黑暗裡盼望而無希望的苟活著。這一千多天以來，我們和律師一次次地向法院、檢察院、監察委員會投訴，抗議。等來的是我們聘請的律師『被解聘』，且沒有文件、沒有簽名、沒法會見，符海陸、張雋勇、羅富譽就不明不白地失去了為他們奔波三年的律師，甚至現在要開庭了，他們的律師還被司法局命令不得前往法院。我們的親人，因為一瓶酒，一聲道別也沒來得及和我們說，就不明不白地從我們的身邊消失了近三年，就平白無故的得受牢獄之災。但歷史不能永遠被掩蓋，真相和正義終會得勝。親愛的，我們不知道明天會發生什麼，但我們仍然期待……」

4月1日，符海陸入庭不及一個半小時後，即被法院判定「尋釁滋事」罪成，判囚三年，緩刑五年。劉天艷告訴海外媒體，她對判決表示不滿：「我肯定是不滿意的。我自己從一開始就不覺得他是有罪的。」

天後，羅富譽的妻子高燕亦發表聲明表示：「4月3日，我的丈夫將面臨法庭的不公審判。兩個月後，三十年前那場流血的罪將面對的是歷史的審判。一千多個日夜，我們的家是破碎的。一萬多個日夜，我們的國也是破碎的。在政府找不到公義，在民間找不到良心。掩蓋了那段歷史，國就破了三十年；為了紀念那份情結，家就亡了三年。」

獲釋後，符海陸一家於當年七月搬進成都市青羊區的新居，卻被當局施壓逼遷，甚至派公安強行進屋。警方威逼說，不僅要

搬出這一處住所，還必須搬出青羊區。劉天艷強調，兩夫妻現在一心掙錢養家，要的只是一片生存空間，沒想想到當局要趕盡殺絕，連一處遮風擋雨的地方都不給他們。

六四酒案後援團：https://xiaowaves.wixsite.com/64liqueur

46 | 鄧玉嬌：乍逢強暴拔刀起，天下惡官應喪魂

鄧玉嬌（1987年7月11日—）：湖北巴東縣野三關鎮雄風賓館服務員。2009年5月10日，該鎮招商辦主任鄧貴大、副主任黃德智等三人來此消費，向鄧玉嬌提出「異性洗浴服務」要求，被拒絕後企圖對其實施強姦。鄧玉嬌憤而反抗，用水果刀刺擊兇徒，鄧貴大不治身亡，黃德智手臂受傷。此案震驚全國，鄧玉嬌被民眾稱讚為「當代烈女」。6月16日，巴東縣法院一審公開開庭審理此案，作出對鄧玉嬌免予刑事處罰的判決。

鄧玉嬌：湖北省恩施州巴東縣野三關鎮木龍埡村人。在她一歲多時，父母離異，其後又各自組建新家庭。兒時，鄧玉嬌住在位於木龍埡村的外婆秦尚菊家。四歲時，她跟著母親張樹梅、繼父譚支波一起居住。

鄧玉嬌讀初中時，親生父親因一起車禍不幸罹難，此事成為她成長中的一道陰影。等到她升了高中，只讀了不到一年書，便決定輟學，遠赴福建一家鞋廠打工謀生。2007年，又轉道去浙江打工。她的母親張樹梅在野三關鎮一家麵包店打工，繼父譚支波開出租車。由於家境貧寒，鄧玉嬌同母異父的弟弟譚鵬也是讀了

一年半高中後輟學，跟著叔叔在廣州做電子模具學徒。

　　鄧玉嬌在外地打工數年，沒有找到改變命運的機會，便回到老家，在鎮上的雄風賓館「夢幻城」KTV 工作，當服務員和修腳技師。她每個月能掙一千五百元至一千六百元。與她一起工作的女伴透露，鄧玉嬌深受憂鬱症和失眠症所困擾，包包裡常隨身帶著三種治療失眠症和憂鬱症的藥。在好友阿萍眼中，鄧玉嬌是典型的「雙重性格」，「她跟熟悉的人就話多，跟陌生人就不說話。開心的時候，她當然就大聲講話囉！」繼父譚支波說，鄧玉嬌的性格「並不內向，她在屋裡跟我們在一起，有話講；反之，她對不認識的人，話不多」。在外婆秦尚菊眼中，鄧玉嬌的性格剛烈、倔強、有主見。

　　鄧玉嬌是一個普通的鄉村女孩，生活原本波瀾不驚。2009 年 5 月 10 日晚上，她遇到了生命中最黑暗的時刻，人生軌跡由此驟變。根據巴東縣法院的判決書，鄧玉嬌如此供述當晚案發時的情況：

　　2009 年 5 月 10 日晚上 8 時許，我在「夢幻城」VIP5 房間洗衣服時，一個高個子男人進來坐在床上。我將衣服洗完後準備離開，他站起來提出要我陪他洗澡，我拒絕了，繼續往外走。他動手拉我，我擺脫後，就到服務員休息室，當時休息室有三、四個服務員在看電視。

　　我剛進入休息室，高個子男人跟著進來辱罵我。接著一個矮個子男人也進入休息室，除了辱罵我之外，還從口袋裡拿出一疊錢朝我臉部和肩部搧擊。這時領班來了，對他們進行勸解、解釋，並要我出去。我先後兩次出去，都被矮個子男人拉回來，並將我推倒在單人沙發上。

我用腳蹬矮個子男人，但他們仍不罷休。這時我才站起來掏出隨身攜帶的水果刀，朝向我走過來的矮個子男人刺過去。他受傷倒地後，我就打電話報警，稱在雄風賓館殺了人，並在賓館等候派出所派人過來。沒過一會兒，派出所的人就過來將我帶走了。事後，我聽說黃德智手臂也受了傷。

我之所以用刀刺他們，是因為他們進休息室時態度凶狠，不聽旁人勸解。我又用腳蹬了他們，他們肯定要打我，我怕被他們打死。我用刀刺他們之前之所以沒有警告他們，是因為如果我警告他們，他們肯定會將刀子奪過去。死的就肯定是我。

鄧玉嬌口中的「矮個子男人」，是時任巴東縣野三關鎮招商辦主任的鄧貴大，「高個子男人」則是該單位的副主任黃德智。

次日，鄧玉嬌被巴東警方以涉嫌「故意殺人罪」刑事拘留。在偵查過程中，偵技人員發現鄧玉嬌隨身攜帶的包內有治療憂鬱症的藥物，遂將其送往恩施州優撫醫院作精神鑒定，隨後強行將其關押在醫院中。有一段網上流傳的影片顯示，鄧玉嬌四肢都被捆綁在床上，發出撕心裂肺的呼喊：「爸爸，他們打我！」

5月17日，網名為「屠夫」的維權人士吳淦趕到巴東，陪同鄧玉嬌的父母到優撫醫院看望鄧玉嬌，並將鄧玉嬌在病床上的近照傳於網路。

5月18日，吳淦在獲得鄧玉嬌家人委託後，聯繫北京華一律師事務所律師夏霖、**夏楠**[170]，兩位律師願意免費為鄧玉嬌擔任辯護人。當晚，兩位律師抵達巴東。19日下午4時，兩位律師將會見

---

170 夏楠：筆名楚望臺，在中國政法大學讀書時曾被譽為第一才子。長期任職於北京華一律師事務所，曾擔任著名NGO傳知行理事長，承辦過多起人權案件。

鄧玉嬌的法律手續提交給公安部門。

隨著全國網路輿論日漸發酵，驚慌的地方政府索性封鎖水陸交通，嚴禁外來者進入，並以「防雷擊」為由，截斷全鎮的電視廣播以及寬頻上網。縣城及三野關鎮的旅店全都掛上「客滿」的告示，經營者私下告訴記者，是政府下令禁止接待外地人。有出租汽車司機透露，政府口頭傳達文件，說要進行「反恐」演練——然而，此地既非北京、上海那樣的中心城市，又不是民族衝突嚴峻的新疆、西藏等地，不可能有恐怖分子實施恐怖襲擊。

在地方官員眼中，有可能危及他們烏紗帽的，不是恐怖分子，而是從外地來的記者和聲援鄧玉嬌的維權人士。5月20日上午，《新京報》女記者孔璞和《南方人物周刊》記者衛毅前往木龍埡村，擬採訪鄧玉嬌的外婆秦尚菊和外公張明瑤。採訪過程中，兩名記者遭多名不明身份者暴力圍攻。圍攻後，衛毅被帶到一處村民家中，其衣服口袋和採訪包中的所有物品都遭到搜查。經事後檢查，錄音筆中的錄音，相機中的部分照片，手機中的簡訊、照片和影片都被刪除。還有其他多名記者有類似遭遇。

5月21日下午5點半，律師夏霖、夏楠與鄧玉嬌結束會談，走出看守所後，接受媒體訪問，揮淚大呼「喪盡天良、滅絕人性」（指地方政府將鄧玉嬌送進精神病院），並聲稱「該案很可能出現重大取證失誤，鄧玉嬌案發當天的內衣內褲至今沒被警方提取，而是被鄧玉嬌母親張樹梅帶回家中。鄧玉嬌明確說出自己受到性侵犯」。他們立即打電話給鄧母，告其切勿動鄧玉嬌的衣物。但詭異的是，當晚，放置了十一天的鄧玉嬌衣物，突然被鄧母全部清洗。

5月23日凌晨，巴東政府網上高調宣佈鄧玉嬌母親與兩位律師解除委託關係。該通報稱，「鄧玉嬌及其母親和其他親屬對受委

託律師不顧事實向外散佈『鄧玉嬌被強姦』一事感到非常憤慨。目前，鄧玉嬌母親張樹梅已聲明與受委託律師解除委託關係。原因是，受委託律師未履行好職責，沒有對委託人提供實質上的法律幫助，偏離了委託的方向」。兩天後，恩施新聞網發佈消息稱：「鄧玉嬌母女另聘代理律師。」

夏霖律師說自己「被打了一悶棍」，鄧母只是電話告知解除委託關係，且不肯與他們面談。夏霖稱，這是他二十年來碰到的最難弄的案子，「因為不知道對手在哪裡」。

民眾質疑說：兩律師並非巴東警方指定的代理人，警方為何先於委託人宣佈解除律師代理關係？而且，夏霖代理鄧玉嬌案是免費的，經濟條件不太寬裕且又不熟悉法律及法律程序的鄧玉嬌家，為何會「解僱」兩個不遠萬里免費為其代理的律師？如果沒有特殊原因，一定是鄧玉嬌母親張樹梅內心有「隱情」。人們推測，張樹梅背後站著一個幽靈，這個幽靈究竟是誰呢？

在官方媒體上，對鄧玉嬌案的報導近乎於無，但此案在網路上成為民眾關注的焦點。各種以鄧玉嬌案為原型的詩詞、歌賦、順口溜、山東快書等如野火燎原一般爆發。理由不僅是鄧玉嬌案有蒙冤待雪的古典情節，更重要的是民間積壓已久對腐敗權貴的憤怒找到了一個發洩出口。有人寫了〈江城子·贊巴東俠女鄧玉嬌〉：「手刃惡吏是巾幗，紅顏恨，斬妖魔。披髮仗劍，千古有評說。自古勾欄少奇女，生死間，敢一搏。濁流橫溢淹丘壑，獨自潔，抗腐惡。天地豪情，換回碧水波。千秋俠女泣鬼神，肝腸斷，正氣歌。」還有人賦詩稱許：「巴東大地惡吏刁，淫慾攻心終挨刀。芳心一怒震寰宇，萬古揚名鄧玉嬌。」

前《百姓》雜誌主編黃良天認為：「應該說大部分的官員已經習以為常了這種惡行，在他們眼裡好像女孩子都應該為他們服

務,他們可以為所欲為,包括他們對上訪的民眾,對歌廳裡頭的這些女服務人員。我想大部分人應該是站在鄧小姐一邊,她有權選擇反抗,她有權選擇這麼一種方式來捍衛自己的人格尊嚴。」

　　一些女大學生就鄧玉嬌事件公開發表倡議書,呼籲尊重女性權益,維護女性人格尊嚴。她們在北京舉行行為藝術表演,試圖喚起更多民眾關注鄧玉嬌事件所昭示的中國女性權益所遭到的踐踏。表演者之一的**武嶸嶸**[171]指出:「我得知鄧玉嬌這個事件之後,非常氣憤。……我就說服了蘭玉嬌一起來做。我是來自中華女子學院的,她也是女子學院法律系的學生。女子學院一直在教育我們,為弱者維權,為女性吶喊。」5月24日,她們在北京天蓮大廈門口和在天壇公園表演了兩場——表演者被白布層層包裹,極力掙扎,卻無法掙脫,後面擺著幾個大字:「誰都可能成為鄧玉嬌」。由於表演吸引的觀眾太多,表演隨後被當局勸止。

　　《南方都市報》在一篇社論中分析說:「鄧玉嬌案之所以從個案發展成為轟動全國的公共事件,其時代背景正在於這些年來積聚的社會不公、司法腐敗與官民斷裂,急需一個宣洩的出口。這一個案,於輿論場中,實則背負了公眾尋求普遍的社會正義的期盼。若鄧玉嬌案不能公正處理,這一社會心理危機必將加劇,若此次不爆發也會成為下一次更激烈迸發的根源。」、「鄧玉嬌案不是一般的法治案件,而是一起引起輿論廣泛關注的法治案件,而且,由於公民法制意識的不斷增強,該案的真實內幕及如何依

---

171 武嶸嶸(1985-):山西省呂梁市交城縣人,女權活動人士。2015年國際婦女節前夕,原計畫在婦女節期間進行公交車反性騷擾宣傳的武嶸嶸,與其他四名活動家(韋婷婷、李婷婷、鄭楚然、王曼,合稱「女權五姐妹」)一起被警方拘留,隨後取保候審。2017年,武嶸嶸獲得香港大學法律碩士課程錄取,但在山西交城的出入境部門換發港澳通行證及護照時被拒。

法依程序辦理該案,每個公民都有其最基本的認識和判斷。辦案人員如果不能本著公心辦理,不能嚴格依法依程序辦理,致使該案出現執法瑕疵及對目前已經出現的諸多疑點不能作出可信的解釋,就算能天衣無縫地了結鄧玉嬌案,但是,你們不僅無法了結底層公民心中的憤怒與失望,更無法了結底層公民內心與你們日漸決裂的心。」

5月27日,巴東縣公安機關經審查認為,鑒於鄧玉嬌具有自動投案情節,根據《刑事訴訟法》有關規定,決定對鄧玉嬌變更強制措施,改為監視居住。

5月31日,當地警方對鄧玉嬌事件做出「防衛過當」的認定,並於同日將該案移送巴東縣檢察院起訴。

6月5日,鄧玉嬌的兩位來自湖北的辯護律師收到巴東縣法院送達的起訴書。檢察機關認為,鄧玉嬌具有防衛過當、自首從輕、減輕或免除處罰的情節。

6月16日,巴東縣法院一審當庭宣判,鄧玉嬌的行為構成「故意傷害罪」,但屬於「防衛過當」,且鄧玉嬌屬於限制刑事責任能力,又有自首情節,所以對其免除處罰。鄧玉嬌在法律上徹底恢復自由身。三十七天席捲全中國的輿論風暴暫時劃上句號。

然而,該案仍餘波蕩漾,並讓另一人臭名遠揚。2010年3月7日,時任湖北省省長的李鴻忠在北京全國人大政協「兩會」期間接受媒體採訪。當《人民日報》集團下屬的《京華時報》女記者劉傑詢問其怎麼看待鄧玉嬌案時,李沒有回答提問,反覆追問女記者為哪家媒體工作,說要將此事告訴報社社長,並一把奪過其錄音筆,隨後逕直走向電梯。此事被稱為「奪筆事件」。3月13日,三百多名媒體人發表〈新聞界學界就李鴻忠事件報全國人大書〉,要求李鴻忠向新聞界及公眾道歉並辭職,並籲求全國人大會

議主席團和秘書處立即啟動對其調查及彈劾程序。然而,在官場有「小林彪」之稱的李鴻忠後來屢獲升遷,成為中共中央政治局委員。

鄧玉嬌漸漸淡出公眾視野。湖北省當局將其安排到恩施州電視臺舞陽微波站工作,她改名換姓,同事只知道她是「小張」。恩施州廣播電視局一官員直言不諱地說:「嚴格地說,已經沒鄧玉嬌這個人了。」鄧玉嬌每天早晨從恩施州委大院的住處走到馬路對面的恩施電視臺上班,下班後再走回住處,基本過著從宿舍到單位的兩點一線式生活。她告訴《時代週報》記者:「我只是想安靜地生活,人的承受能力是有限的,你們的關心,讓我無法擺脫那些讓我難受的事情。……我挺好的,精神狀況和工作都很好,我會努力工作,不讓關心我的人們失望。」她還告訴記者:「電視臺的工作很順心,我現在的生活和工作來之不易,我這一生,終究還得靠我自己努力。畢竟大家幫得了我一時,幫不了我一世。」她言辭誠懇,但充滿滄桑。據知情者透露,在電視臺,鄧玉嬌拿的是省級財政工資,與微波站簽的是無固定期限合同。也就是說,鄧玉嬌後顧無憂,只要願意可以在此工作到退休為止。

2011年,鄧玉嬌結識了一名男友,第二次約會時,她對他坦承:「我是鄧玉嬌……你能接受,我們就繼續接觸,不能接受就算了。」2012年,兩人結婚。2013年,她生下一名健康男嬰。

2013年,導演賈樟柯拍攝了一部帶有紀實風格的電影《天注定》。《天注定》的英名片名是「A Touch of Sin」(一絲惡念),與胡金銓《俠女》的英文名「A Touch of Zen」(一縷禪機)十分相似,賈樟柯表示,它是向胡金銓、張徹等武俠巨匠的致敬之作。這部電影包含了四個相對獨立的故事,其中一個故事以鄧玉嬌案為原型。賈樟柯說:「這個故事闡釋的實際上是暴力的一個核心問

題，就是尊嚴的問題。因為在暴力發生的瞬間往往是尊嚴被剝奪最厲害的一剎那。人們失控，忍耐力超出自己能承受的水平，最後不得不拔刀相向，很多時候是因為尊嚴受到了傷害。」然而，這部電影卻因為暴露了中國社會的黑暗面，在中國成了禁片。

47 | 權平：以推翻共產主義為己任

權平（1988年—）：朝鮮族，網名Brave Johnny。曾留學美國，畢業後回中國經營家族企業。2012年以來，積極參與維權活動，在網上發表文章批評中共當局的倒行逆施。2016年9月30日，因計畫在次日（10月1日）身穿印有「習特勒」三字的T恤衫上街，被警方帶走。2017年2月15日，被吉林延吉中級法院以「煽動顛覆國家政權罪」判刑一年半。刑滿釋放後，仍被邊控。2023年8月16日下午，從山東半島某處駕駛水上摩托車祕密出海，駛向韓國，經十四小時的艱苦行程，成功實現「仁川登陸」。同年11月23日，被韓國仁川法院以「非法移民」和「海上傾倒垃圾」（他丟棄了油桶）罪名判處一年有期徒刑，緩期兩年執行。2024年6月23日，放棄上訴，在人權團體幫助下，搭機飛往美國。權平在新澤西紐華克機場遭美國移民局扣押，隨後提出政治庇護申請，目前在等待相關法律程序。

權平：出生於吉林延邊朝鮮族自治州延吉市。他的祖父母出生在韓國，從戰亂中的韓國移居中國延吉，在中國就成了被稱為朝鮮族的少數族裔。權平的父母為成功的商人，他自幼生活條件便頗為優越。

2009年，權平赴美留學，在愛荷華州立大學讀航空航天工程。在此期間，他參加了愛荷華州立大學的陸軍預備役軍官訓練團項目，並學習了飛行課程。

在美留學期間，權平在推特和臉書等社群媒體上非常活躍，經常發帖批評中國政府的言論審查和政治控制、支持異見人士和其他抗爭者。中共的長臂管轄一直延伸到自由世界，很多海外留學生因在網上發表批評共產黨的言論，遭到舉報和恐嚇，國內家人亦承受莫大壓力。因此，在美留學的三十多萬中國留學生中，像他這樣戰勝恐懼、無所顧忌地發表政治觀點的人寥寥無幾。權平在推特上將自己描述為「永遠的學生、公民、以推翻共產主義為己任」。

2012年，權平從愛荷華州立大學畢業，回到中國，參與經營家族企業——一個在線服裝品牌。同時，他也從事加密貨幣交易。每逢假期，他便四處旅行，去過戰火中的黎巴嫩和敘利亞等地，他期望能做一名攝影記者。

雖然回到牆內，權平一直通過翻牆，熱烈地在被中國封鎖的推特和臉書等社媒上討論敏感的政治議題。他在推特上抗議中共鎮壓香港民主、迫害人權律師及歪曲六四真相，聲援烏坎村民的抗爭，支持唐荊陵、郭飛雄等多位政治異見人士和維權公民，還曾親身赴香港參加維園六四紀念晚會。他在推特上寫道：「我們一起努力，去推翻這堵看不見的牆。」

權平體現了一種令中國政府擔心的現象：出國留學、接觸過

國外思想的中國年輕人,漸漸覺得他們能自由地批評中國政府。維權律師梁小軍說:「權平來自更年輕的一代,這代人吸收了關於民主和自由的思想,他們有更明顯的反對精神。」

流亡美國的六四學生領袖、人權活動家周鋒鎖評論說,權平代表了中國年輕一代的覺醒和反抗。「大部分80、90後被洗腦、被恐嚇束縛,但像權平這種異議的聲音,就像火山裡的熔岩,正在尋找噴發的機會。」

2016年9月,權平在一個推特發文中講述了自己被請「喝茶」的經過。他說:「我以後再被喝茶,就不會扭扭捏捏,躲躲藏藏了。……很明顯地表達我的看法,旗幟鮮明地反對共產黨,我就是這個態度。我不會去找麻煩,如果碰上麻煩,我就認了。」

9月30日,權平在推特上發了一張身穿挑釁性T恤的照片──上面印有「XITLER」(習特勒)、「習包子」和「大撒幣」等諷刺習近平的字樣。他說,次日(10月1日,中共政權建立之日)他要穿著這樣的T恤衫上街。隨後,他給在美國的友人、異議人士**古懿**[172]發了一則短信「出事了」,就失蹤了。後來,朋友們才知道,權平在發出最後一則短信後,就被延邊市警方上門帶走刑事拘留,後被延邊市檢察院以涉嫌「煽動顛覆國家政權罪」正式批捕。

---

172 古懿:網名蘇萊曼・古懿(Sulaimam Gu),回族,穆斯林,四川瀘州人,美國喬治亞大學化學系博士留學生,全美學自聯理事,曾參與聲援香港雨傘革命等行動。六四屠殺二十六週年前夕,發表「六四公開信」,表示「中共屠夫政權」沒資格為六四受害者「平反」、「劊子手必須受到審判」,呼籲國內學生了解中共從1921年以來的整個罪惡歷史,反思中國苦難的根源。他否認中國共產黨政權的合法性,期待大規模和平抗爭導致共產主義體制瓦解。

權平被捕的消息傳出之後，立即引起全世界的關注和聲援。在澳大利亞留學的中國留學生**易松楠**[173]在推特上發起了「一人一照聲援權平」活動，號召全球留學生在社交媒體發自拍來聲援權平。

　　六四後成立的「全美學自聯」發表公開聲明說，權平是一個富有良知和正義感的年輕人，「中共當局以莫須有的政治罪名將他祕密逮捕，是對言論自由赤裸裸的鎮壓，嚴重侵犯了權平的合法權利，這是一種可恥的國家恐怖主義」。聲明「呼籲國際社會注意到中共當局的這一最新罪行」。

　　「民生觀察工作室」發表評論指出，一件文化衫上不管寫了什麼，都無法在事實上「煽動顛覆」任何國家政權。在社交媒體上聲援被捕的維權律師、紀念六四等言行，不僅無罪，更可證明權平是一個富有良知與正義感的年輕人，是當下中國社會難能可貴的存在。若要以此抓人定罪，不僅將成為一個荒唐可笑的政治鬧劇，更是「因言獲罪」的典型實例。然而，在近年中共當局的高壓維穩治下，「煽顛」已成為打壓異見者的口袋罪名，是對基本人權的野蠻踐踏。有鑒於此，「民生觀察工作室」呼籲各國政府、人權組織和新聞機構關注權平目前的處境，共同譴責這場赤裸裸的政治迫害，採取一切可能措施敦促中共當局立即無條件釋放權平，停止對其家人和辯護律師的無理騷擾和恐嚇，追究參與這場政治迫害事件的有關部門與個人法律責任。

---

173 易松楠（Richard Yee）：基督徒，澳大利亞昆士蘭理工大學研究生。經常在臉書上發表政見，並聲援中國各地的維權人士，關注和聲援受到打壓的中國基督教會。他參與發起了〈全球留學生至習近平公開信〉，要求無條件釋放所有政治犯。他堅信：「隨著中國的情況愈來愈惡化，清醒的人會愈來愈多，我不覺得中共能把所有敢於反抗的人都打服、打趴下。」

隨後,世界多地的中國留學生發起穿「權平同款」文化衫,前往所在地的中國使領事館前抗議。易松楠、**張樹人**[174]兩位中國留學生到中國駐澳大利亞布里斯班領事館抗議。中國駐布里斯班領事館如臨大敵,以閉館應對,後來還聯繫大學校方向兩名學生施加壓力。張樹人在接受媒體訪問時表示:「(中共的做法)絲毫不能打壓我們對權平事件的關注,更不能使我們停止對權平的聲援,因為我們知道中共這樣做、習近平這樣做,是非常不對的,非常反人道的。我們會繼續聲援權平,要求中共早日釋放權平,讓權平早日自由。」

由易松楠、張樹人、古懿等三名留學生發起〈敦促習近平停止鎮壓並釋放權平等被綁架公民的公開信〉,徵集到五十四位海外留學生以真名簽名(有幾位簽名者是高中生)。該信點名痛斥習近平:「習近平,無論是為了發洩被公民諷刺的私怨,還是出於維穩黨國江山的公憤;無論是親自授意、還是僅僅縱容,作為極權體制自封的核心,你難逃迫害權平的責任。⋯⋯習近平,你的父輩們拿著盧布和槍桿子竊取中國距今已經六十七年,而擁有核武器和古拉格的蘇俄只存在了七十四年,自由的降臨突如其然又不可阻擋。當茉莉花開遍中國的時候,你還能指望誰來駕駛坦克碾壓我們——八九的下一代學生呢?是那些剛剛包圍了黨衛軍司令部的天安門老兵的孩子們嗎?你曾感歎在鐵幕崩潰時的莫斯科『竟無一人是男兒』,你說的是齊奧塞斯庫(西奧塞古)那樣的男兒嗎?他的確向人民扣動了扳機,但子彈拐了彎吞沒了謀殺犯自

---

174 張樹人(1993-):原名張上,生於遼寧瀋陽。十四歲時,因在電線桿上貼出支持臺灣民進黨總統候選人謝長廷的標語,而被警察抓捕,險以「煽動顛覆國家政權罪」被關進少管所。2014年,前往澳洲昆士蘭大學留學。積極參加支持香港、西藏、新疆及聲援中國人權捍衛者的活動,後於澳洲申請政治庇護並獲得批准。

己。暴君親手鑄就了自己的毀滅，他不是第一個，恐怕也不是最後一個。」該信最後莊嚴宣告：「我們，作為被你虧欠的人民，要求你停止法西斯式的迫害，釋放權平以及所有其他被你綁架的公民，並向那些被虐待者和被殺戮者謝罪。良心犯們昂首挺胸地走上你的法庭，你將來能不能不需攙扶地走上歷史的法庭？我們矢志奪回自己作為公民的未來，也希望你不要譜寫你自己作為暴君的未來。」

在權平被當局祕密羈押的四個多月當中，其家人一直迫於當局的恐嚇和壓力而不敢對外發聲。後來，其家人決定委託維權律師梁小軍和張磊介入代理。此後，外界才從律師那裡知曉權平被控涉嫌「煽動顛覆國家政權罪」，已正式被延邊檢察院起訴到延邊中級法院。

兩位律師透露，從他們到達延吉市開始，便遭到不明身份人員全程跟蹤和偷拍，申請會見權平亦遭拒絕，延吉法院的法官拒見律師及拒接電話。對權平的起訴書稱，權平的罪證是其在推特和臉書頁面上分享的七十多個評論、圖片和影片。檢方指控這些評論和圖片「誹謗、侮辱國家政權及社會主義制度」。梁小軍律師說，他們不知道哪些評論是顛覆性的，也不知道那張T恤衫的照片是否屬於其中，因為官員拒絕他們見權平和閱覽卷宗的請求。

梁小軍評論說，當局對保護習近平的形象特別敏感，把習近平與納粹獨裁者作比較無疑會惹惱當局。「以前，有些人的案子，比如劉曉波被起訴『煽動顛覆』，是因為他們寫了長篇的評論和文章，但現在，就連微博和推特上的簡短評論也可被視為是煽動顛覆國家政權。在這點上與過去不同了。還有其他類似的案件，包括尚未審理的。」

據兩位律師透露，北京司法局約談他們，試圖說服他們退出

代理此案。2017年2月10日,兩位律師突然接到主理權平案的合議庭電話,稱根據吉林省高院規定,代理法輪功和涉國家安全案件的律師,需補交執業機構所在地的司法局介紹信,否則對其代理資格不予認可。兩位律師認為,吉林中院完全違反《刑訴法》規定,試圖在剝奪權平和律師的訴訟權利,他們就此向吉林高院提告。

《紐約時報》在一篇題為〈穿「習特勒」T恤,權平被控煽動顛覆國家政權〉的報導中揭露,權平案開庭審理前幾天,在中共當局的壓力下,權平的父母被迫解聘了梁小軍和張磊兩位律師。據悉,當地官員對權平的父母說,只要他們放棄梁小軍和張磊為權平當律師,權平可望被從輕判處一年半徒刑。權平的父母最初拒絕了這個要求,但隨後告訴兩位律師不再需要他們。

2017年2月15日,權平案在延邊中級法院開庭審理。因權平拒不認罪,判決結果遲遲拖延。隨後,權平被以「煽動顛覆國家政權罪」判刑一年六個月。

2018年3月29日,權平刑滿出獄。之後,他仍處在警方嚴密監控之下。警方監聽他的通訊,追蹤他的行蹤,並定期對他進行問話。在中國,一旦被警方視為敏感人物,一輩子都無法「脫敏」。權平後來說:「在中國,我無法過上正常的生活。」

於是,權平變得迫切想要離開中國,前往祖父母的出生地韓國。他有中國護照,也有韓國簽證。他的父母在韓國有房產,此前他多次到韓國旅行,也會說一點韓語。然而,中國政府禁止他出境──像他這樣被「邊控」的異議人士多達數十萬人。

萬不得已之下,權平策劃從海上離開中國──部分原因是受到1994年根據史蒂芬・金(Stephen King)的小說改編的電影《刺激1995》和駕駛水上摩托車環遊澳洲的探險家林賽・華納的啟發。

《紐約時報》在題為〈中國異見人士權平首次公開講述逃亡韓國細節〉的報導中，首次披露了權平逃亡的經過：為了不引起警察注意，權平分別從幾家不同的銀行總共提取了相當於 2.5 萬美元的現金，購買了一艘 Yamaha WaveRunner 水上摩托車。

2023 年 8 月 16 日，權平駕駛水上摩托車從山東半島霧濛濛的海岸出發。他攜帶著救生衣、望遠鏡、指南針、頭盔，用繩子將五個汽油桶綁在水上摩托車上。他為自己準備了五大瓶飲用水和五個火腿金槍魚三明治。他用一個航海指南針和從別人那裡得到的智慧型手機導航。他在接受採訪時回憶說：「我什麼都帶了：防曬霜、備用電池、割浮標繩的小刀。」他後來唯一的遺憾是沒有帶夜視鏡。他早早做好了準備，如果被困，就用雷射筆發出自己所在位置的信號；如果被抓，就用打火機燒掉自己的筆記。

一路上，權平都穿著黑色救生衣，戴著摩托車頭盔，衝進三米高的海浪，躲避漂在海上的米酒瓶。他的皮膚被夏天的烈日灼傷，兩次掉進海裡，弄丟了太陽鏡。他在波濤洶湧的黃海上，一路狂奔三百多公里。當夕陽給韓國外海的島嶼灑下溫暖的光輝時，他終於看到陸地。原本以為需要八個小時的旅程，實際上用了十四個小時。當他抵達仁川時，他之前駐足欣賞的粉色天空已變成了漆黑一片。

權平說，他沒有看到任何站崗的船隻或艦艇，即使他進入的是一個軍事化程度很高的區域，海軍會監視這裡的風吹草動，包括來自朝鮮的脫北者。

會講中文、英語和一些韓語的權平，打電話向當地警方求助。在等待的一個小時裡，他穿著米色的卡駱馳洞洞鞋在水上摩托車周圍走來走去，試圖驅趕蚊子。

當晚，仁川海岸警衛隊和韓國海軍陸戰隊救起他，然後仁川

海洋警察廳將他拘留,並開始與韓國國家情報院一起對他進行調查。

根據韓媒《News1》報導,韓國海洋警察表示,從16日以後對權平進行長達一週的訊問,但權平對於偷渡動機始終閉口不答。警方只好將權平依照違反出入境管理法的嫌疑移交檢方。後來,權平被檢方拘留,並移送法庭。韓國檢察官提出對權平判處兩年六個月有期徒刑的建議。

2023年11月23日,權平抵達韓國三個月後,韓國法院開庭審理此案。在法庭上,權平辯稱自己是政治難民,本打算持旅遊簽證合法抵達距離他登陸的那處灘塗僅一公里的仁川港入境處。

仁川地方法院判處權平一年有期徒刑、兩年緩刑,並將其當庭釋放。法院表示:「雖然罪行不輕,但考慮到當事人已被長期拘留,且在韓國未曾受過刑事處罰。」然而,檢察官對法官的判決提出上訴,移民官員對權平實施出境禁令。所以,權平雖然獲釋,但在法律上處於某種困境:既未被通緝,也不被允許離開。

這段時間,權平住在首爾以南安山的一套其父母擁有的公寓中。他去健身房鍛煉身體,閱讀有關加密貨幣交易的書籍,並在成人英語學校做志願者。他還加入一群奈及利亞難民的足球俱樂部,與他們成為了朋友。但是,中國的陰影仍然如影隨形,他在韓國並未感到真正安全了。

2024年5月,上訴法院駁回了檢察官的上訴及權平律師為減刑所做的申訴。權平的律師表示,為了儘快離開韓國,權平決定不再繼續上訴,檢察官也解除了其旅行禁令。

2024年6月23日,權平持旅行簽證前往美國。他說:「我想過自己的生活,我想過一段平靜的日子。」他的一些朋友和親戚住在美國,他期望在美國展開嶄新的人生。

權平在新澤西的紐華克機場入境美國時，因在中國及韓國均有犯罪記錄而被拘留。美國移民及海關執法局的公開查詢系統，以及協助權平在美申請庇護的律師均證實，權平人在新澤西州伊莉莎白市的拘留設施內。美國移民和海關執法局的發言人告訴媒體：「權平正在走相關法律程序（immigration proceedings）。」

一九九〇年代

48 鄒家成：拒絕殖民，民族抗暴

鄒家成（1997年2月10日—）：佛教徒，香港本土派政治人物，香港都會大學護理系畢業。2020年，參加立法會選舉，發起「墨落無悔，堅定抗爭——抗爭派立場聲明書」。其後遞交報名表參加民主派立法會新界東初選，宣揚本土派理念，參選口號為「拒絕殖民，民族抗暴」。2021年1月6日，香港警方抓捕鄒家成等四十七名香港民主派初選參與者。2024年3月16日，因另一件關立法會案被判處五年又一個半月刑期。

鄒家成：生於香港葵青一個基層家庭。父親在他中三時離世，母親獨力照顧他和四位姐姐。他的母親是典型的望子成龍的慈母，姐姐都沒有讀大學，母親期望兒子成為家中第一位大學生，他不負母親所望，考上大學護理系。

從小到大，鄒家成在家都很自由。父親常對家人施以家暴，他對父親恨之入骨。作為家中唯一的男孩，他從小就想保護媽媽。他也熱心參與政治活動，中學三年級時，跟朋友參加七一遊行。

在中學上通識課時，戴耀廷教授〈違法達義〉的文章在鄒

家成心中埋下公民抗命的種子。中學六年級時,香港爆發雨傘革命。他忍不住去參與,一人在校園內掛爭取普選的標語,校方拆一個,他又掛一個。中學畢業禮上,他將自己寫的對普選的想像交給頒禮的親中陣營元老譚惠珠,封面上寫著:「我不懂政治,但我有良知。」雨傘運動落幕,他質疑和理非手段是否能爭取到民主,想法轉趨激進,從「為民生而民主」、「面向北京爭取民主」的傳統泛民立場轉向「抵抗中國無可避免」、「抗爭不應有潔癖」的激進本土立場。

2019年,香港爆發大規模民間抗議,反對港府強推引渡條例修正案。7月1日,香港主權正式移交北京紀念日,數百名抗爭者衝進立法會大樓,鄒家成就衝在前面。抗爭者在行動中提出的五大訴求(撤回逃犯修訂條例;撤回612暴動定性;釋放所有被捕示威者;成立獨立調查委員會調查警暴;重啟政改,達至雙普選),此後成為香港爭取民主抗爭活動的核心口號。

11月,鄒家成投入區議會選舉,邁出從政第一步。他本著延續抗爭熱度的心態,以素人身份,以「革故鼎新、自成大局」的口號參選。最終,以748票敗給民主黨候選人**吳定霖**[175]。

敗選後,鄒家成用了數個月時間沉澱。隨後,他看見新界東選區有可出選的議席,打算將本土派的聲音帶入選舉議程,號召一班在2016年「魚蛋革命」中醒覺、但漸漸走向放棄的年輕人。「我覺得這個板塊的香港人對香港民主運動極有價值,我不想他們就此流失。所以想用我的身位,挽留這個不能流失的部份。」

2020年6月9日,戴耀廷召開記者會交待民主派初選細節,

---

175 吳定霖:香港民主派政黨民主黨籍政治人物,前香港沙田區議會大圍區議員。2021年10月7日,被香港政府裁定宣誓無效並被褫奪議席。

表示不會要求所有參選人簽署共同政綱。鄒家成提出不同看法，認為用各種手段包括否決財政預算案，是在初選協調會上已取得的共識，是一眾參選人合作的基礎，是「抗爭陣營光譜的最大公因數」，墨落理應無悔，否則失信於選民。他連同**張可森**[176]、**梁晃維**[177] 發起名為〈墨落無悔，堅定抗爭〉的「抗爭派立場聲明書」。其中寫道：「我認同『五大訴求，缺一不可』。我會運用基本法賦予立法會的權力，包括否決財政預算案，迫使特首回應五大訴求，撤銷所有抗爭者控罪，令相關人士為警暴問責，並重啟政改達致雙普選。我認同若支持度跌出各區預計可得議席範圍，須表明停止選舉工程。」他們成功號召多名泛民主派有意參選人加入聯署，包括香港眾志、公民黨、人民力量、新民主同盟、民協、朱凱廸、岑敖暉、**黃子悅**[178]、何桂藍、張崑陽、**王百羽**[179]、吳敏兒、**馮達浚**[180]、**李嘉達**[181] 等。

---

176 張可森（1993-）：香港民主派政治人物，前香港屯門區議會新墟選區議員，亦曾擔任過屯結新墟創辦人等職務。2021 年 1 月 6 日，因民主派初選案被捕。2021 年 5 月 11 日，辭任區議員職務。

177 梁晃維（1997-）：香港民主派政治人物，香港大學生物醫學系學生，前香港大學學生會外務秘書及時事委員會主席，前香港中西區區議會觀龍選區議員。2021 年 1 月 6 日，因初選四十七人案，被控「串謀顛覆國家政權」遭關押，其後辭去區議員職務。

178 黃子悅（1997-）：香港民主派政治人物，前「學民思潮」發言人。2021 年 1 月 6 日，因參與民主派初選而被捕。2 月 28 日，與另外四十六人被警方以「串謀顛覆國家政權」的罪名正式起訴，被國安法指定法官拒絕保釋，還押至 12 月 21 日，其後獲高等法院批准保釋。

179 王百羽（1991-）：香港民主派政治人物，「天水圍民生關注平臺」發言人，前任元朗區議會天恒選區議員，畢業於香港科技大學計算機科學及工程學系。2021 年 1 月 6 日，因民主派初選案被捕，五月宣佈辭去區議員職務。

180 馮達浚（1995-）：香港民主派政治人物，「九龍城大小事」主席，「半島連線」召集人，龍城社區主任，香港立法會選舉民主派初選九龍西選區參選人。2021 年 1 月 6 日，因參與民主派初選被捕，2 月底一直還押至今。

181 李嘉達（1991-）：香港民主派政治人物，前香港觀塘區議會協康選區議員。2014

鄒家成的政治理念清晰明快,迴異於拖泥帶水的傳統泛民人士。他認為,中華民族是近代才出現的概念,卻被包裝為「自古以來」,然後強加於港人身上,目的只為增添獨裁政權的「正當性」。香港民族是一種政治建構物,屬於防禦性質,以對抗中華民族主義。他引用本尼迪克特・安德森(Benedict Anderson)的理論,指香港人透過本地媒體建立出集體生活經驗和相近的價值觀(如民主及自由),在反送中運動中,香港人「為手足流淚」是代表著共同的經歷和傷痛,塑造出龐大的情感,形成香港民族。香港民族以「公民民族主義」的形式存在。他還認為,香港從未脫離過殖民狀態,九七主權移交只是將宗主國由英國變成中國,一國兩制實為殖民工具,只是用了二十三年,香港便進入「一國一制」。他強調,香港人在一場關乎自身命運的前途談判中被中國拒諸門外,好比如一場六百五十萬人的人口販賣,香港人從英屬殖民地被販賣到中屬殖民地。中國在政治、經濟、社會、文化、外交、國防等各種層面殖民香港。他主張香港民族需要奮起抗爭,直至達到全面解除中國對香港的殖民。

6月13日,中共喉舌《文匯報》報導岑敖暉、**葉子祈**[182]、**陳緯烈**[183] 陪同「素人」鄒家成多次擺街站講解「民族概念」,指有政界

年,受和平佔中影響,聯同幾位熱心社工同學創立「公民自主力量」。2021年1月6日,因參與民主派初選被捕,扣留逾一日後獲保釋。直至3月初正式被起訴及還押至今。

182 葉子祈(1995-):香港民主派政治人物,「將向天晴」成員,前香港西貢區議會維景選區區議員。2021年12月15日,因在巴士上拒絕配戴口罩,被控以「誤導警務人員」、「公眾滋擾」、「故意阻撓巴士司機」的罪名。

183 陳緯烈:香港民主派人士,傘後組織「將軍澳青年力量」召集人,前西貢區議會彩健選區區議員,具註冊護士資格。2020年2月8日晚,民眾為防疫政策示威抗議,陳緯烈等多名民主派民選議員前往執行議員職務,勸止警方切勿使用暴力驅散及無理拘捕,以及協助市民離開現場,卻被警方拘捕。後因區議員宣誓問題,被迫辭職。

人士認為那些區議員已明顯不擁護基本法，違背區議員守則，更不符合立法會參選資格，應盡快取消參選者資格。《文匯報》更給鄒家成扣上「煽暴『素人』鄒家成」的帽子。針對鄒家成聲言要「抗擊『中國殖民暴政』，捍衛『香港民族尊嚴』」，港區全國人大代表陳勇在接受《文匯報》訪問時形容是「典型的叛國及挑戰國家底線的行為，嚴重違反基本法，希望相關部門立即跟進，依法制裁」。

6月29日，鄒家成在臉書宣佈，已向做了一年多的內科病房辭去實習護士職務，正式告別護理界，全身投入政治工作。「護士和政治之間，我一定會選後者……」6月30日那場選舉論壇，鄒家成堅持言說本土、香港民族理念，踏著多條國安「紅線」。論壇之後，他哭成淚人，因感覺一切回不了頭。最終，他獲得16,758票，以第五名出線。但政府以抗疫為由延後選舉。

6月30日，《香港國安法》正式生效。7月7日，鄒家成的競選團隊停止運作，大家不知如何走下去。迷失之際，鄒家成去看電影《幻愛》，在戲院的靜默空間，細心思考前路。看完電影，他馬上打電話給團隊，決定重整旗鼓繼續參選：「It's my choice, I'm not the chosen one.」（我不是「被選中的一個」，所有都是我選擇的）他說，整件事跟看《幻愛》很相似，一切順其自然。他擔心連參選人也放棄的話，整個公民社將會面對一沉百踏。

8月23日，十二港人偷渡臺灣失敗，在中國海域被捕。鄒家成參與組織「十二港人關注組」，協助被捕者家屬。他聽到家屬講述親人的故事，感同身受，「去廁所會哭、坐車會哭、洗澡會哭、臨睡前會哭……。一想起他們在深圳的情況，我就好難受」。他總是聲線盡啞，但仍陪著家屬馬拉松式地接受傳媒訪問。

從政路上，母親特別憂心，常常勸兒子去外國讀書。承受著

「不孝子」壓力的鄒家成，只好順應每日煲定靚湯守候他的母親，開始考慮留學計畫。

　　2021年1月5日晚間，鄒家成正在搜集留學資料，警察猛烈敲門，入室後將其拘捕。很早以前，鄒家成已告訴姐姐要有心理準備，自己被捕要如何處理。直至事發一刻，姐姐尚算冷靜，母親則被嚇得全身發抖，一度坐在沙發上語無倫次：「我的兒子好乖啊，認真讀書拿獎學金呢⋯⋯」

　　隨後，鄒家成獲保釋，但再次被捕的達摩克利斯之劍懸在頭上。這次被捕經歷讓此前與家人的隔閡打破了。母親突破心理關口，接受兒子真的會坐監的事實：「坐牢雖然不好，但至少可以打籃球。」他抽時間陪媽媽聊天、逛街，因為不知道自己何時會失去自由。

　　警方要求鄒家成於2月28日到警署報到。那天，他跟家人吃了頓飯，欣賞過《狂舞派》之後，跟朋友逐一擁抱，抹乾眼淚安然進入警署。他與另外四十六人被控「串謀顛覆國家政權罪」，3月1日早上11時西九龍裁判法院提堂。國安法指定法官拒絕保釋，還押至6月22日，其後獲高等法院批准保釋。

　　坐牢期間，鄒家成在筆記中寫道：「監牢是一所很容易令人胡思亂想的地方。身處獄中，一切生活細節都變得簡約。以單獨囚禁的情況而言，一天約22.5小時都身於鐵籠裡，沒有電視機，連與其他囚友談話的機會也隨時被剝奪，視線範圍內就只有床、馬桶、書本等等。在這種空間，人就變得十分敏感，猶如一根髮被吹動也能觸動心靈一樣，情緒亦因此容易放大，隨時一失足就往無底深潭去。面對這些外境因素，如何安住自己呢？個人認為最重要的兩件事是：情緒管理和思考。⋯⋯『專注』與『放鬆』是不二法門。」他鼓勵同道中人：「正因為我們都不甘自己及下一代成為被

圈養的動物，才希望透過改變與掙扎將環境導向理想國。未來的現實如何令大家勾勒出另一種對更遠的未來想像，就依靠當刻的勇氣與毅力。有人設法破壞公民社會，令大家處於一種孤立無援的狀態，我們更要告知世人，即便暫時孤獨，我們都能承受並發奮。」

2021年12月7日，保釋中的鄒家成出席大學畢業典禮。他沒有完成護理專業實習，不能以護理系學生的名義畢業，只能在湊夠學分的情況下被校方安排學位，但他對能親自接下畢業證書感到幸運。他回顧說：「回想最初讀大學的幾年，我都曾為護士這個角色努力。記得大二那年我第一次包裹屍體時，腦海突然浮現出父親逝世時的樣貌，使我當刻抽泣得無法繼續。」他也特別向母親致敬：「當年自己聯招放榜時，綻露在母親臉上的燦爛笑容，是我廿年來從未見過。……她是一位勤奮又疼愛子女的慈母，我們家的幸福也來得簡單而平凡。即使我學途半路決意參政，母親的笑臉依然烙印心坎，亦因如此，戴上四方帽與母合照，乃是我向高院申請保釋的主因。」

12月31日，鄒家成在臉書發表年終總結：「自由就像空氣，而我們正在窒息。沒有空氣的城市，我們該如何好好過活？黑暗的時代，我們就是光；窒息的城市，我們就是空氣。抓緊身邊的善緣，專注當下，種子種對了，果自然會來。別焦急，慢慢走，快快到。……我在去年今天做年度總結，曾寫過這一段說話，現在回看，只要將『2020』改成『2021』，依然適用：『我不會否認香港人在2020年所承受的痛苦，亦不會天真得以為我們已過了最黑暗的時期。畢竟縱觀各地抗爭史，諸如槍決政治犯、軍隊屠城、集中營等極權統治下的指定情節尚未出現在香港，幾近可以肯定的是，香港與最壞的時期也尚有一段距離。形勢險惡，但對於我們的夢想，對於香港終將成為一個自由國度的信念，我卻從不質疑。』」

2022年1月12日，鄒家成因保釋期間發佈的臉書帖文被認為危害國家安全及違反法庭保釋條件，再次被捕並被撤銷保釋。他早已做好再度入獄的準備：「保釋期間，每一天我也為重返獄中努力：調整心態、掃除心靈垃圾、學習與身邊人說再見、安排身後事等等。或許這就是修行人的特質，就是為未知的未來作準備。我們都知道這是一條漫長黑暗的路，我無法說自己已完全破除對監獄的恐懼，但我相信我過去的努力並無白費。終點必然有光，現在前路依然漆黑一片，因為我們還未到終點，所以我們要繼續往上爬、繼續努力。」

　　佔領立法會案開庭時，鄒家成做出陳辭：「法官閣下：一旦了解香港人從來未曾當家作主的歷史，佔領立法會就不應該被理解為單純侵犯公共財產，或踐踏民主制度的暴力衝擊事件。首先，於我而言，香港人質疑的從來都並非選舉舞弊，而是整個選舉，以至立法制度，根本無法反映港人的意願和利益，也無法落實《基本法》莊嚴的民主化和自治承諾。其次，驅使香港示威者進入立法會的並不是任何個人利益，而是為了宣傳理念和守護價值⋯⋯當時的環境雖然無人指揮，但示威者卻是堅守原則、井然有序。我想到最好的解釋就是示威者是抱持共同理念進入立法會，這個理念最終凝成包含五大訴求的〈金鐘宣言〉，在會議廳被讀出。」他更指出：「由個別政策而起，最終演變成民主化運動的事件在歷史上比比皆是。太陽花學運是由臺灣人反對立法機關不經審核下，通過與中國的服務貿易協議而起；烏克蘭橙色革命的起因是反對危害國家運作的嚴重貪污；土耳其人佔領蓋齊公園是為了反對政府不顧民生需要的城市規劃。在這些運動裡，佔領者最終的訴求都涉及政制改革，期望透過修正不公義來達致人民生而為人應有的人權、民主、公義。佔領與所謂破壞的最終目的不外乎是

要建立一個令所有人民,而不只是在上位者能安居樂業的制度。我在立法會裡的行為,也是本著一樣的精神和信念。一個政權如何看待異見和能否修正自己的錯誤,決定一個社會能否行穩致遠。無論法庭對我的處罰為何,我都會繼續前行,將恐懼化為力量,正如我當日走進立法會一樣。」

民主黨初選案被捕人士中大部分都認罪,但鄒家成拒絕認罪:「若你問我對於不認罪這回事有沒有恐懼──當然有,而且禍不單行,我還有另一單暴動控罪在身。但是恐懼是可以治理的。人會隨著經歷成長而能夠承擔更多,此刻的恐懼此刻面對,未來的恐懼則交由未來更為成熟的自己。我深信越是恐懼越要面對,步向無畏無懼也大概是這個意思。一石未必能激起千層浪,可能沒有任何成果,面臨的有機會只是更長的刑期。但不要緊,衡量過後,若能承受起風險和結果,就去吧。更重要的是,真正要受到審判的,不可能是我們。我們根本無罪,因此不認罪。」

2022年8月28日,鄒家成在法庭上完成了長達六日的抗辯。此後他整理了抗辯的部分重點。他指出,自己的參選理念是:「第一,宣揚香港民族理念;第二,爭取五大訴求;第三,執行立法會議員職務,即監察政府、制衡政府、為人民發聲。」

首先,鄒家成認為,香港民族指「一個民族係建基於語言、文化、價值、歷史、命運而形成嘅命運共同體。」與之對立,「中華民族對我來說是一個用來合理化損害港人利益,干擾港人自主權的殖民工具。而這種殖民的統治方式正在弱化香港民族的根基。」

其次,五大訴求具壓倒性民意支持,合情合理合法合憲,可在《基本法》框架下達成,作為立法會議員本來就應該要為人民爭取訴求及發聲。確立香港民族地位,是他從政最大願景。香港民族主義的核心是港人治港,五大訴求背後的精神,是追求民主

政制、自由自主、制度公義，是港人治港的體現。

最後，鄒家成對當今議會的看法是：「議會的功能理應是制衡行政機關。但我認為現時的議會是殖民工具，因為整個議會制度並不民主，行政機關亦會用一些不公義手段阻止某些人參選，行政機關就可以依賴這個不民主的議會落實很多損害港人利益的議案。」他認為，民主派初選具有重要意義：「我參加初選的第一個目的，就是希望可以宣揚香港民族理念。另外，我理解初選是一個去蕪存菁，而且具競爭性的政治活動。……我參加初選的第二個目的，就是要協助香港人選出最多具備抗爭意志的代議士。」他還對〈墨落無悔〉聲明做出闡釋：「這是一份面向公眾的聲明……其主要目的就在第四段：『僅為確保抗爭陣營參選人，有最基本的抗爭意志。』」他還談到為何支持「攬炒」：「攬炒是一種側重於自我犧牲的態度。在 2020 年的初選要延續攬炒精神，我認為有兩種具體表現：第一是實踐議會內寸土必爭；第二是不惜自我犧牲也要阻止惡法。另一方面，我認為攬炒從來都不是一個禁忌，而且非常常見。有權勢者打壓無權勢者就會有反抗，就會形成攬炒。我認為攬炒的目的，就是拉近有權勢者與無權勢者雙方的政治力量，為和談帶來可能。」他雖身陷黑獄，卻始終堅持其理念：「勿忘國恥，忍辱潛行。靜觀其變，伺機而起。」

2024 年 3 月 16 日，香港西九龍法院判決反送中運動中衝擊立法會大樓案。審理該案的香港地區法院暫委法官李志豪指出，示威者包圍立法會亦等同衝擊法治，屬暴動案中最嚴重。十四名被告中，**王宗堯**[184]、鄒家成、劉穎匡、**何俊諺**[185]、**吳志勇**[186]、

---

184 王宗堯（1978-）：香港藝人，主演過多部電影和電視劇。2014 年佔中運動期間，現身龍和道為市民打氣。2019 年 9 月 30 日，因涉嫌在 7 月 1 日佔領立法會大樓，被警方拘捕。他在臉書發文強調「沒有暴徒，只有暴政」，指這只是製造恐慌，又

一九九〇年代　501

林錦均[187]、**潘浩超**[188]、**范俊文**[189]、**羅樂生**[190]、**畢慧芬**[191]、**孫曉嵐**[192]、**沈鏡樂**[193] 等十二人「暴動罪」成立，被判刑期不等的徒刑；**黃家豪**[194] 和**馬啟聰**[195]「暴動罪」被判無罪，但「進入或逗留在會議廳範圍」罪名成立。

勉勵香港人勿忘初衷，呼籲「大家不用太擔心我」。2024 年 3 月 16 日，被裁定暴動罪成立，被判入獄七十四個月。他早前否認「暴動罪」，並於作供時表示，他前往立法會給記者送充電器，在立法會大樓逗留不足五分鐘即離開。法官李志豪判刑時稱，王宗堯行為雖不涉及暴力，但即使逗留時間短，也會壯大聲勢，促成暴動延長。

185 何俊諺（1998-）：運輸工人，曾推倒會議廳肖像。雖患有智能障礙、自閉症及思覺失調症，仍被法院判囚七十四個月。

186 吳志勇（1996-）：佔領立法會期間，堅持留守到最後一刻，被人抬走。事後有人聯絡，可幫助他離開香港，被他拒絕。他入獄前已剃度出家，視入獄為修行。他被法庭判囚八十個月。

187 林錦均（1996-）：被指佔領立法會期間參與運送物資、以鐵馬破壞立法會玻璃門，以「暴動」及「刑事毀壞」罪被判囚八十二個月，是該案中判刑最重的被告。

188 潘浩超（1989-）：被譽為「佔旺畫家」，在佔領立法會案中被指向警方投擲雞蛋，行為具挑釁性，被判囚六十三個月。

189 范俊文（1993-）：文員，在佔領立法會案中被控以鐵棒敲打立法會玻璃、留守至最後一刻，被判囚六十一個月又十五天。

190 羅樂生（2003-）：廚師，在佔領立法會案中被控參與運送物資，被判囚五十九個月又七天。

191 畢慧芬（1996-）：被稱為「佔旺女村長」，患輕度智障，在佔領立法會案中被控有小型指揮，被判囚五十九個月又七天。

192 孫曉嵐（1997-）：前港大學生會會長，在佔領立法會案中被判囚五十七個月。在庭上求情時，強調自己熱愛香港，投身反修例運動的倡議是自然和義不容辭，認為有獨立理性思考的公民，在本港的價值面臨挑戰時應挺身而出，又認為「在政權眼中，真正罪名是對民主自由人權的追求。」她又說，在過去四年半從未放棄追求公義，自言未來會繼續「活在真實當中」、「過光明磊落生活」。

193 沈鏡樂（1998-）：工人，曾因佔領立法會案在中國被扣押，判囚五十五個月又十五天。

194 黃家豪（2000-）：城大編委記者，在佔領立法會案中，因撕毀《基本法》小冊子，被罰款一千五百港元。

195 馬啟聰（1992-）：網媒《熱血時報》記者，在佔領立法會案中，被罰款一千港元。

鄒家成因在闖入立法會期間撕毀《基本法》小冊子、塗鴉牆壁及貼上港英旗等，被判入獄五年又一個半月。他在法庭上引用馬丁・路德・金恩的話「暴動是不被聆聽者的語言」，指市民大眾突然變得激進，並不是一時衝動，而是走投無路的疾呼。他在宣判前告訴法庭：「無論法庭對我施加什麼懲罰，我都會繼續前進，將我的恐懼轉化為改變的力量，就像我走進立法會的那天一樣。」

鄒家成電郵：owenchowkashing@gmail.com
鄒家成臉書：https://www.facebook.com/owenchowkashing
鄒家成 patreon：https://www.patreon.com/owenchow
鄒家成通訊地址：荃灣郵政局郵政信箱 1342 號

49 ｜夏巢川：他們在教我變成石頭，但請變成水，夥伴

夏巢川（1997―）：夏巢川為化名，常用英文名為 Rei Xia。上海白紙運動參與者。三次被抓捕，前後關押 2 個多月，備受折磨。2024 年初，她逃離中國，接受美國之音、《華爾街日報》等媒體訪問，並於 2024 年 5 月 16 日在日內瓦民主人權高峰會講述自身經歷。目前在歐洲申請政治庇護，希望在海外繼續從事民主人權活動。

夏巢川：河南鄭州人，在鄭州度過童年和少年時代，後前往新加坡和蘇格蘭留學。

夏巢川的父母是成功人士，母親當年曾是 1989 年民主運動參與者。她從小過著較為優越的生活，國中時留學新加坡，後考入蘇格蘭聖安德魯斯大學哲學系。但是，與絕大多數 1989 年之後出生的中產階級家庭的年輕人一樣，她從未聽父母講述過 1989 年的那段歷史，對中國社會的黑暗和共產黨的殘暴也缺乏基本的了解。直到成年後，經歷中國病毒大流行期間中共當局嚴苛的封城政策，才迎來思想啟蒙和轉折。當代中國的每一代年輕人，幾乎都會遭遇這種「思想史和精神史」的斷層，他們未能承續上一代的思想和精神資源――不知道林昭、方勵之和劉曉波，待到開始抗爭時，才發現自己一無所有，一切不得不從零開始。

2020年,因為疫情的關係,夏巢川從英國回到上海。沒想到,在上海一待就是四年。在上海期間,她參與了一些關於女性和性少數群體的公益活動。她還參加一些地下活動,如根據伊芙‧恩斯勒（Eve Ensler）的《陰道獨白》改編的戲劇演出。她發現,中國當局將她們視為對其大男子主義意識形態及父權文化的威脅。她在X上宣稱:「我支持每個中國人看黃片的權利。我支持中國人找到屬於自己的快樂。我支持中國人得到完善的性教育。我支持中國人可以自由的愛。我支持中國人能大方的談論性和性創傷。我支持中國人在性傷害面前勇敢站出來。我支持中國人看到性關係背後的不平等。我支持中國人可以誠實底面對慾望。」

俄羅斯入侵烏克蘭後,夏巢川走上街頭散發反對俄羅斯侵烏的傳單,第一次被警察盤問。

2022年1月,江蘇徐州豐縣「鐵鍊女」事件引發輿論風暴。夏巢川跟朋友們在網路上做聲援工作,很多朋友受到警察的騷擾、威脅、喝茶,警告不能做這類事情,否則學業和家庭都會受到牽連。

2022年4月,中國政府在上海實施強制封城。夏巢川跟媽媽兩個人鎖在家中,每天沒吃的,沒有物資,在看自己的朋友圈。有人喊要物資,有人喊說想要自由。許多人被強行帶走隔離,還有許多人因饑餓、抑鬱及病痛死在家中。嚴酷的疫情防治措施令民怨四起。再接著是習近平的連任,彭載舟在四通橋上舉出布條。夏巢川感覺到,所有人的情緒都來到一種壓抑的頂點。所有人都在高壓鍋裡,所有人都已經接近精神失常。

11月24日,烏魯木齊的一場火災造成十名維吾爾族人死亡,這場火災引發白紙抗議。在中國各大城市,人們聚集在街頭,悼

念死者。人們帶來蠟燭和鮮花，並高舉白紙，象徵沉默的力量，嘲笑審查制度。紙上沒有文字，但所有的控訴都在人們心中。

白紙抗議前一天晚上，夏巢川正在看婁燁的電影《頤和園》。這部電影在中國是禁片。裡面有一段是女主角在寫日記，最後一句是：「北大的學生去了天安門。」她拿了一張紙，把那段臺詞抄下來。她想把它發在朋友圈裡，但當她點開朋友圈時，看到所有人都在街上。原來白紙運動爆發了。

27日凌晨2、3點鐘，夏巢川幾乎沒有什麼猶豫，打了車直接到達抗議現場。她發現，當天在街上的人好像突然不怕死一樣，有種像是過去一年所受到的所有的噤聲、所有的壓迫，終於以另一種方式被喊出來一樣。抗議者們迷茫而無序，就像剛出生的嬰兒感受到了子宮外的新鮮空氣。他們第一次喊出了佛地魔的名字：「習近平下臺，共產黨下臺。」她從來沒有想過自己能親自在中國國內見證這一場面。

很快，警察開始清場。抓人的巴士開上街，所有人都舉起大拇指，向大巴車裡被逮捕的人致敬。夏巢川情不自禁地對著警察舉起中指。然後，她的眼淚止不住地往下流：「因為我們能看得到彼此。因為我們能看到每一個人和我們在同一個空間裡感受著什麼。我覺得那種看見會讓所有人都變得毫無畏懼。」

27日下午，人群又聚集在烏魯木齊中路。下午3、4點，夏巢川回到那裡，感覺形勢大變。來了很多武警，警察變得特別暴力，沿街抓捕人、打人。她看到人們在恐慌中逃竄、尖叫，人們的臉上滿是傷痕，傷口鮮血淋漓。每次當她舉起來相機，警察就會蜂擁而上來追她。有一次，她沒有跑掉，警察和便衣就蜂擁而上，將她按倒在地。他們將她像沙包一樣抬上一輛大巴士。那是一輛可以容納三十人左右的巴士。上面已經坐了一些人，很多年

輕的面孔。

警察粗暴地命令所有人交出手機，說出手機的密碼。夏巢川的右前方坐了一個被捕者，警察來到他面前，要他交出手機。他說，他不交。警察又問了兩句，就把車上的簾子拉起來，然後打耳光。

當時，夏巢川很害怕。她問身邊的人，你們怕不怕。他們說，我怕。她說，我也怕。她不知道今天以後會不會再也見不到家人了。但就算是今天之後見不到家人，她也不後悔做過這樣的事情。她想，這就是第二場八九六四運動。抗議者的下場可能是坐牢，也可能會人間蒸發。

他們被大巴士分批載到一處荒涼、廢棄、貼著警察標識的建築裡，接著又被分送到上海各地的派出所。夏巢川被帶到徐匯分局康健新村派出所。他們採集了被抓的抗爭者的指紋，掃描了虹膜，並脫光衣服進行檢查。

然後，夏巢川被帶到審訊室。警察問，為什麼要上街，看到了什麼，聽到了什麼？警察特別問，你有沒有聽到有人喊「什麼什麼下臺」？她裝傻說，我不知道你在說什麼。他們說，就是那些「下臺下臺」的，你沒有聽到嗎？好笑的是，警察就算連重複抗爭者的標語和口號，都要把「習近平」三個字省略掉。

後來，警察又問，上街誰指使的？知不知道是誰在策劃這個活動？有沒有人給過妳錢，妳的目的又是什麼？夏巢川發現，他們對於任何一個跟政治沾了邊的人，永遠都是這幾個問題。永遠假設說，抗爭者背後有一個團體，有一個邪惡的勢力在操控。夏巢川一遍又一遍跟他們講，她是自發性的，她的每一個朋友也是自發性的，但他們就是不願意相信這一點。

二十四小時以後，夏巢川和其他大部分抗議者都被釋放。在

釋放之前，警察警告說，這是你們第一次參與這個活動，也是你們最後一次參與。如果再有下次，情況就不會這麼簡單了。

12月初，夏巢川見到一位同在白紙運動中被抓的朋友。朋友說，她被帶到田林新村派出所。在那裡，好幾個白紙參與者都被殘酷毆打。夏巢川覺得，自己聽到這一切，如果不講出來，如果不讓更多人知道，那自己整個人的靈魂就慢慢死掉。當時只有一個選擇，就是跟著自己的良心走。

於是，12月3日，夏巢川在名為 Aestascornix 的推特帳號上發推說：「昨天和另一個27號被逮捕的朋友見面，她被帶去的是田林新村派出所。那邊好幾個女生／男生都被毆打，其中一個女生被打出了腦震盪，一個被踢了肚子，還有的是被搧了耳光。有一男生關了二十四小時後還沒有被釋放，他表達不滿後被警察拉去了小黑屋，她們聽到裡面傳來他的尖叫。她們進去之後被要求脫光檢查。」次日，她繼續發推文揭露此事。

12月5日晚，夏巢川跟媽媽在家裡吃飯。吃到一半，外面突然響起敲門聲，是那種很急促的敲門聲。她踮腳尖通過貓眼看了一眼，發現外面大概四、五個穿著警服的人。夏巢川跟媽媽說，你不要說話，也不要開門，什麼都不要做。然後，她回到自己的房間，刪掉手機上的推特訊息。

警察開始在外面大喊大叫。大概過了一分多鐘，她媽媽過去開門。警察蜂擁而入，控制了夏巢川，不顧她媽媽歇斯底里的哀求，將其帶走。隨後，夏巢川以「尋釁滋事」的罪名被關進徐匯區看守所。

警察讓夏巢川脫光衣服，手抱在頭上原地跳。主要是為了檢查她身上有沒有藏東西。體檢完之後，他們把她送進看守所。他們在後面不停地吆喝說，快一點，快一點，像在對待一個牲口一

樣。他們稱呼囚犯永遠用一串編號，而不是用囚犯的名字。他們拿走了夏巢川的眼鏡，她幾乎看不清周圍的環境。

單獨關押夏巢川的房間，大概九公尺長、三公尺寬，一半是半公尺高的木板，另一半是瓷磚地板。囚室內，最前和最後各有兩個監視器。床旁邊有一個蹲便器，監視器就在蹲便器正上方，囚徒毫無隱私可言。

最開始那幾天，夏巢川每天晚上都失眠。白天，她盤腿坐在一塊木板上。每一分鐘都像是一個小時。在所有不眠之夜，白熾燈亮著，每一分鐘都像是過了一年。她不能洗澡、讀書、寫字，也不能和任何人說話。她產生了幻聽，失去了時間感，幾乎看不清生與死的界限。

看守所的作息大概是6點30分起床，7點吃早餐，10點30分吃午飯，下午4點吃晚餐。每餐是用一個大鐵盒送過來，鐵盒裡面會裝滿米，上面有一層薄薄的蔬菜，有時候會有一些肉末。條件好一點時能吃到那種乾巴巴的魚排。吃看守所的劣質飯菜會產生嚴重的便秘。夏巢川大概到了第十天時，發現自己一次都沒有排過便。最後，她沒有辦法，是用手一點點摳出來的。

後來，夏巢川在日內瓦演講時如此形容獄中生活：「請想像，有一天你醒來發現自己變成了一隻毛毛蟲，短短的四肢幾乎觸不到地面，眼睛被蒙住，舌頭被割掉。你被困在一間空蕩蕩的水泥房裡，除了皮膚上流淌的冰冷空氣，你什麼也感覺不到。」她還說：「那段時間，我跟死亡的距離是非常非常非常近的。一個是來自於我對未來的恐懼，一個是來自於那種像地獄一樣煎熬的時間。我會覺得我不知道自己還是不是活著。」她每天用一個紙團去代表一天，每七個紙團再會換成紙棍，到了滿四個星期時再把那根紙棍換成一朵花。

根據中國法律，刑事案件至多刑事拘留三十天，外加七天的檢察院批捕階段。被拘留後的第三十七天是命運的分水嶺。到了第三十七天，夏巢川覺得自己注定要坐牢了，整個人處於一種萬念俱灰的狀態。

到了那天晚上，夏巢川房間裡的喇叭突然響起叮咚一聲，喇叭裡傳出聲音，讓她把所有東西都整理好，在門口等。她當時幾乎整個人癱在地上，那一刻覺得自己像活在夢裡。

夏巢川走出看守所，叫來計程車。在路上，她把車窗搖下來，把手伸到外面，一直在揮舞。然後大喊：「我自由了，我自由了。」就像電影中非常老套的場景。

夏巢川到家時，媽媽在門口等她。她發現媽媽在一個月裡老了很多。她後來才知道，那一個月媽媽都在抄佛經。

夏巢川並沒有完全自由，而是在繳納一千元保證金後被取保候審。她的取保候審期限是一年。在這一年裡，她不得出境、不能開車，如要離開上海，需要向承辦警察報備。

那一年，夏巢川過得很孤單。她沒辦法向周圍任何一個朋友講自己的經歷，她不想讓自己陷入危險，也不想讓朋友陷入危險。但她經歷過的創傷就擺在那裡，沒辦法逃開它，沒辦法去像別人一樣回到正常的生活。這種感受讓人窒息。

這段期間，夏巢川經常受到當局騷擾，被逼迫搬遷。警方強行帶她到上海精神衛生中心做精神鑑定。她很擔心警方藉機將她關進精神病院。

2023年底，白紙運動時隔近一年後，成千上萬的上海年輕人以慶祝萬聖節的名義再次聚集街頭。中國人並沒有過萬聖節這個美式節日的傳統，但這一年的萬聖節並非對美國模式亦步亦趨。很多參加過白紙運動或被白紙運動喚醒的年輕人，在萬聖節的幌

子之下，用行為藝術來表達各種政治隱喻。

夏巢川也走上街頭，用曲別針固定的白紙覆蓋一襲黑衣，她想以此讓人們記得白紙運動。她知道這樣做可能會讓自己再次陷於危險，但她認為，即便出現最壞的結果，也是自己願意承受的。她後來接受媒體訪問時說：「我心裡的恐懼最強的時候，是第一次在白紙運動被捕的時候。因為那時候我不知道我的後果是什麼。但是當我真地經歷過看守所之後，我會覺得那個經歷雖然是像地獄一樣的經歷。但它是可以看得見可以摸得到的。那種可以看得見摸得到的那種恐懼，其實和無形的恐懼相比，就沒有那麼的強。其實我覺得這就是共產黨為什麼能統治我們的原因吧。因為我們都知道中國的司法是一個黑箱。所有人從老到少，我們都會講不要惹他們。惹他們的後果是不可預料的。他們也很懂得怎麼去利用我們這種對他們無形的恐懼。」

萬聖節過後，日子如常，夏巢川以為不會再有秋後算帳。然而，半個月後的 11 月 14 日，警察又來敲門。這種曾經出現過的猛烈的敲門聲，喚起夏巢川一種本能反應，她先把備用手機關上，把它藏在廁所的垃圾桶裡。然後，她踮著腳尖走過去門看貓眼。貓眼外面站著大概五、六個警察。還有一個穿便衣的人。她的心臟一直在狂跳。一半腦子很害怕，另一半腦子又極度冷靜。她知道下一步要做什麼。她給媽媽打了視訊電話，告訴媽媽說警察就在門外，然後又向外界發送了訊息。她還打了個電話給朋友，說自己可能要消失一段時間，「我讓她別害怕，其實我是在告訴自己說，別害怕」。

這一切都做完以後，夏巢川打開了家門。警察和穿便服的人衝進來，花了不到三秒鐘，把她按倒在地上，然後開始打她的耳光，一邊扇一邊問：「為什麼不開門？為什麼要讓我們等這麼

久?」他們在她家裡翻箱倒櫃,一直到覺得沒有別的可找的東西時,就給她拷上手銬帶走。當時,一名警察說:「你知道我們花了多久才找到你嗎?我們花了十四天的工夫找到你,接下來我們要看看該怎麼對你。」

這次,夏巢川被送進黃浦區看守所,一樣的「尋釁滋事」罪名,一樣的單獨關押,一樣長明的白熾燈,一樣無所不在的監視器。她被禁止會見律師,警察還威脅她媽媽不要對外披露此案。警方為了取到口供,將夏巢川用手銬綁在一塊木板上整整三天。他們還毆打她、調戲她,甚至威脅要強姦她、剃光她的頭,並將她再拘留幾個月。

三天以後,夏巢川撐不住了。她不知道他們會再拿出來什麼樣的手段來折磨她。她跟警察說:「那我寫一份筆錄好了。」她在口供中承認,自己在萬聖節的裝扮是在紀念白紙運動。

又過了幾天,警察又一次來提審。警察說,妳要拿出更誠懇一點的態度,我們要給妳拍一段影片,妳要在影片裡面講,對自己的行為感到後悔,對不起國家,也對不起身邊的人。警察說,只要錄了這段視頻,保證一定可以釋放她。

夏巢川拒絕了,她知道,這就是電視認罪。此前,很多維權律師和異議人士都被強迫錄製過這樣的影片,影片後來在央視播放,當局以此羞辱和摧毀他們。後來,當他們重獲自由後,都推翻了電視認罪的內容。

遭到拒絕後,警察很生氣,對夏巢川吼了很久。然後他們拍桌子離開了。他們最後一句話說,行,你等著。

夏巢川回到囚牢後,心中頗為驚慌。她覺得,警察的意思是,妳可能出不去了。

二十八天之後,夏巢川突然獲釋。她至今不知道自己被「從

輕發落」的原因是什麼。她只知道，重獲自由後，她將不帶一絲留戀地離開中國。「最重要的事情就要活下去。不擇手段地活下去。為了以後有人知道，在這個時候的中國發生過什麼。」

2024年初，夏巢川獲准出境。「從踏出中國的那一刻起，我的心就像是從一個窒息的地獄終於回到了空氣裡，終於可以呼吸了一樣。」她在X上寫道：「這一年來，我的生命軌跡也因這份磨難而被重寫。現已到達自由之地，感謝這段時間每個給予過我幫助和鼓勵的人，願自由、勇氣和善良與大家相伴。」

她曾做過一個逃離北韓的夢。在夢裡，她不斷奔跑，跑過那些在飢荒中掙扎的村莊、埋死人的田野、廢棄的鐵路、一排排的機關槍。可是，無論怎樣努力，自由都只是遠方那無法企及的微光。她後來表示：「我自己常常覺得，自己的身分和那些北韓逃出來的人之間有一些說不上來的關聯。我是倖存者，他們也是。我們就是在這個世界另一邊黑暗裡面活著的這些人，但我們又是這些人裡面最幸運的類型。因為我們有權利倖存下來，我們有權利活著。而我現在做的這一切，就是我在用這個權利，去講述我所經歷的這一切。我期望自己有一天能很平靜，帶著力量地講出說：我從共產黨的統治下倖存了。……我這輩子其實不管怎麼樣，都已經被共產黨影響、塑造。就好像他們永遠永遠把一個共產黨的符號印在我的記憶裡面了。那我就只有一種選擇，就是我要帶著它活下去。我要帶著所有這些傷痛、這些創傷，活得越來越好。」她還在X上貼文表示：「他們在教我如何去恨，我想說請記得除了恨還有愛。他們在教我們懷疑彼此，我想說除了懷疑還有信任。他們在教我們為了活著欺騙自己和他人，我想說除了欺騙還有真誠。他們在教我們非黑即白，我想說除了敵我還有曖昧不清。他們在教我變成石頭，但請變成水，夥伴。」

2024 年 5 月 16 日，夏巢川在日內瓦人權與民主峰會上發表演講，在演講的最後表示：「他們希望我們忘記。他們希望我們對發生在自己土地上的事情視而不見。最重要的是，他們希望我們生活在恐懼之中。但我們的聲音不會被壓制。我們的存在永遠不會被審查。」

　　2024 年 6 月 4 日，在天安門大屠殺三十五週年紀念日當天，夏巢川向美國國會一個推動對華採取對抗性政策的委員會發表錄音講話。她用這種方式與母親三十五年前參加過的那場波瀾壯闊的民主運動致敬，並在兩代人的代溝間架設起一道橋樑。

　　6 月 26 日，為聯合國支持酷刑受害者國際日，夏巢川在 X 上留言說：「作為酷刑倖存者，我永遠不會忘記中共當局對我施加過的折磨、毆打、威脅和兩個月的單獨監禁，也永遠不會忘記仍在獄中承受折磨的許志永、李翹楚、丁家喜、伊力哈木、黃雪琴、王健兵、阮曉寰、彭立發、**陳品霖**[196]……」她還為東突厥斯坦、香港、伊朗、阿富汗的人權捍衛者們發聲。

　　7 月 17 日，《華爾街日報》發表了一篇對夏巢川的訪問〈不再孤獨：一個中國年輕異見人士的流亡新生〉。文章寫道：「流亡歐洲後，妝容和穿戴都帶著哥特式風格的夏巢川直言不諱地抨擊中國共產黨的極權統治。此前，夏巢川在中國作為異見人士的那段短暫生活是孤獨的，缺乏組織，沒有指導，『在中國時，我只覺得無能為力，什麼都做不了，政治氛圍很壓抑』。而在海外，她說，

---

[196] 陳品霖（1991-）：網名 Plato，福建霞浦縣人，上海市居民，從事文化傳媒工作。在白紙運動期間，陳品霖與一位女性朋友在上海的烏魯木齊中路抗議現場拍攝了大量影像資料，在運動一週年之際整理成紀錄片《烏魯木齊中路》。2023 年 11 月 28 日，被刑事拘留。2024 年 1 月 5 日，被上海市公安局寶山分局以涉嫌「尋釁滋事罪」正式批捕。2 月 18 日，該案移送檢察院審查起訴。2024 年 6 月 4 日，他榮獲本年度「青年人權獎」。

『我的生活更充實了，有太多事情要做，常常感覺時間不夠用』。」

夏巢川的 X 帳號：https://x.com/karasu_ga_warau

二〇〇〇年代

50 ｜ 方藝融：與魔鬼是沒有任何妥協餘地的

方藝融（2991年2月7日—）：湖南異議人士，白紙運動支持者和參與者。2023年，畢業於湖南交通工程學院。2024年7月30日，仿效四通橋勇士彭立發，在湖南新化縣鬧市區的天橋上掛起反習反共的標語。同時在網上發表短片。隨即被捕，杳無音信。

　　方藝融：出生於湖南婁底市新化縣。2024年7月30日，方藝融在新化縣的一座天橋上掛出標語：「不要特權要平等，不要文革要改革，不要封控要自由，不要領袖要選票，不要謊言要尊嚴，不做奴才做公民。」其標語將彭立發標語中的第一句「不要核酸要吃飯」改為「不要特權要平等」，其它內容不變。同時，他通過擴音機播放口號：「要自由，要民主，要選票！罷課罷工罷免獨裁國賊習近平！」短片由網友「李老師不是你老師」在社交媒體X平臺發布後，立刻在海外平臺大量轉發。

　　在影片中，這位自稱方藝融的青年人說：「暴政必然可怕，但權威壓不垮人心。習近平再怎麼迫害我們，也阻止不了民主的思想，一次又一次地在中國人的心中生根發芽。長江之水不會倒流，我希望中國人能早日擺脫專制，過上更好的生活。」他還

表示：「做完這件事後，我可能會被精神病（被關入精神病院迫害），也可能會死在監獄裡。但是我不會後悔。」在最後，他清楚地告白：「我不會自殺，並且精神正常，政府也在向我的家人施壓。我是在壓抑了幾個月後，懷著憤怒的心情寫下了這封告狀信。」

在文字聲明中，方藝融詳細講述了自己的心路歷程：

你好！我是來自中國湖南省的異議人士，我遭到了來自中國公安部的政治迫害。每天面臨來自政府人員的監視、恐嚇、騷擾。

我曾在白紙革命結束時，出於對中共獨裁暴政的不滿，而參與過貼海報活動。並且多次在網路上發言反對習維尼獨裁專政的封建統治。最終，於中共黑警釣群「白紙矩陣」內因策劃謀反而暴露。從去年 7 月起，我就一直在受到狗狗政府的壓制與迫害。共產黨下臺！習近平下臺！

我始終是一個溫和左翼。自從 2022 年 11 月 24 日新疆烏魯木齊大火後，我對於中共一黨暴政的最後一絲幻想破滅了。出於希望同胞百姓過更好生活的願望以及純粹的好奇心，在情感的衝動下，我貼了三張反共反習的海報。在這之後，我一直投身於研究中國的民主轉型以及在網路上發表反對言論。以此推動中國社會的民主與進步。

在 2023 年 7 月中旬，我在策劃反對習維尼的獨裁統治時，被網警發現。並持續受到監視，最後受到中共當局的軟禁與折磨。我在軟禁期間，因回憶起曾經的點點滴滴，而嘗試與中共妥協。觀點也從反建制派變成了親建制派。

但是在高壓的恐嚇下，我的觀點又逐漸變回了反建制派。我最終意識到，與魔鬼是沒有任何妥協餘地的。希望你們能將我

的例子公開，曝光魔鬼的暴行！同時，我也堅信在我們推翻中共後，中國百姓將在真正民主政府的帶領下，過著平等自由的生活！

從方藝融的聲明中可以看出，烏魯木齊火災是其人生的轉捩點——也是他的很多同齡人民主人權意識覺醒的起點。他由被共產黨洗腦的「溫和左翼」轉變為反抗者。

2022年11月24日，處於疫情封控中的新疆烏魯木齊市天山區吉祥苑小區的一棟高層住宅樓發生火災，火災造成十人死亡，九人受傷。一些民眾認為，當局的封控措施阻礙了救援，居民無法逃生。居住在華盛頓的維吾爾族學者伊明（Tahir Imin）表示，死難者全都是維吾爾人，政府處理此事非常糟糕，表明他們不在乎維吾爾人的性命：「在中國這種擁有各種設施、設備和人力的國家，消防部門為什麼會無法在三小時內控制火勢？這起火災發生當下，相關人員還在周邊進行病毒檢測，導致火災持續蔓延、拖延救火，白白浪費兩小時寶貴時間，進而導致維族民眾喪生。」

烏魯木齊火災成為反抗運動的導火索。11月26日，南京傳媒學院學生率先自發聚集，發起哀悼烏魯木齊大火的死難者的活動，並由此點燃各地抗議運動，進而引發了全國各地高舉空白紙張、抗議當局長期的封控政策、爭取民主自由的「白紙運動」。就連多年來歲月靜好的上海，也有大量民眾聚集在烏魯木齊中路的匯賢居和亦園門外，呼籲摘掉口罩，結束「動態清零」政策，結束中國共產黨執政地位。有民眾在「烏魯木齊中路」路標下點起白色蠟燭，以此悼念烏魯木齊火災死難者。有民眾高呼「新疆解封」、「共產黨下臺」、「習近平下臺」，另有民眾高呼「不要核酸要自由」，呼應北京四通橋抗議的口號，傳遞並手持無字白紙抗議

言論封鎖。北京、成都等地的抗議活動更是風起雲湧。

反抗與不反抗，結果絕對是不一樣的。在當代中國，反抗是一種自我拯救，是通往自由之路。習近平視百姓為芻狗，掌權以來，在黨內外、國內外橫行無忌，白紙抗議是其第一次踢到了釘子。英國《經濟學人》刊文指出：「可能是壓力的累積，尤其是經濟壓力，迫使政府做出了決定。中國官員從不承認示威遊行是一個轉折點，以免鼓勵更多類似的示威遊行。但有報導稱，中國領導人習近平開始解除限制時，確實考慮到了抗議者以及其他因素。」

白紙運動被中共鎮壓下去，很多白紙青年至今仍深陷牢獄，但白紙抗議並非水過無痕，《經濟學人》採訪的一名曾參加白紙抗議的年輕人對未來抱有樂觀：「即使是沙漠，也有一小叢綠草。中國是一片沙漠，而白紙運動就是那一小片草。……再過二、三十年，人們會明白它的意義。」從方藝融的壯舉即看到，白紙青年的信念如星星之火，可以燎原。

方藝融就讀的湖南交通工程學院是一所位於三線城市湖南衡陽的二本民辦大學，那裡遠離中國思想文化活躍的沿海和名校。通常，這類學校的學生接受的只是技能訓練，也很難遇到優秀的啟蒙老師，少數好學深思的學生只能通過上網翻牆完成「自我啟蒙」。然而，即便中共的文宣、教育系統越來越密不透風，仍然有熱愛自由的年輕一代突破封鎖，方藝融就是其中之一。像他這樣的小城青年、小鎮青年一定還有很多很多，只是沒有被外界發現和關注。一旦時機成熟，他們必定能匯集成反抗的洪流。

白紙抗議的現場參與者，大都是基於個人痛苦和義憤，並沒有人做出周詳的計劃和安排，也很少有人考慮到後果。而在「後白紙」時代，年輕一代知曉了中共鎮壓的殘酷，對類似的抗議會

招致的嚴重後果都一清二楚。所以,「後白紙」時代挺身而出的更是真英雄。

方藝融登高一呼,雖未應者雲集,卻也驚動天下。他的抗議活動雖非首創——有彭立發的抗議作為榜樣,但也需要事先做出精心周密的安排,如標語的製作、音響設備的配備以及網路的運用等,缺一不可。而且,他對自己需要付出的巨大代價早已有充分的評估。

像彭立發一樣,網上關於方藝融的生平資料極少。彭立發和方藝融被捕後,中共當局必然千方百計消弭他們的抗議事件的影響,並消除他們在這個世界生活過的點點滴滴。唯有將反抗者從現實生活中摘除,讓普通民眾繼續沉睡,中共的獨裁統治才能繼續下去。

曾參與上海白紙運動、如今在德國留學的黃意誠表示,許多參與白紙運動的人都有「知其不可而為之」的信念與勇氣,當每個人在感動方藝融挺身而出的精神時,別忘了一定要更加口口相傳相關事蹟,絕不能讓方藝融等勇士白白犧牲。黃意誠認為,方藝融已不顧自身安危,想用一種犧牲來喚醒沉默的國民。黃意誠強調,經歷過白紙運動的青年,都具備一個共同的信念:「不管是我,還是像方藝融,還是像陳品霖、李老師,其實我們都有一種特質,就是『知其不可而為之』,就是你可能明明知道這個事情做了也不一定會有成果,很多人可能就覺得,這個事情做了沒有用他就不做了,但我們覺得,無論如何,不管這些有沒有作用,首先要知道這個事情是對的,如果是對的話,那就去做。方藝融是徹底犧牲掉青春、生命,觸發每個人都再去反思,自己是不是還做得不夠多。」黃意誠談到,很難說方藝融的天橋行動,後續可以對中國社會造成什麼改變,就像兩年前看到「四通橋勇士」彭

立發的壯舉時，也是類似想法，但後來就很快發生改變，出現了白紙運動，所以往後的進展也將令人難以預料。「一些大規模的這種社會運動突然爆發，我覺得也是有可能的，只是說現在很不確定。方藝融構成一種脈絡或者一個系統，就是從『玲瓏塔』到『北大勇士』，還有去年萬聖節的『白紙女孩』，現在我們知道她是夏巢川，還有之前的董瑤瓊、還有彭立發、阮曉寰、陳品霖，他們真的是有一種很讓人震撼的犧牲精神。」

「今日質疑網」發表了署名程軍的評論文章指出：「這一勇敢的行動迅速在網路上傳播。方藝融用簡潔有力的標語直接挑戰中共獨裁體制的核心，繼承了四通橋事件的精神。……方藝融的勇敢行動和隨之而來的被捕事件，揭示了中國社會對民主與自由的強烈渴望，也反映出當前政治體制下的嚴峻現實。在中共的高壓統治下，異議人士的聲音雖然微弱，但在歷史長河中彙聚力量，推動著社會的變革與進步。」文章認為：「方藝融的聲音在中國這個廣袤而複雜的國家中不應被壓制。隨著全球對自由和民主的支援聲浪不斷增強，我們期盼著一個更加開放和公正的中國。任何時代的專制終將被自由取代，而方藝融的勇氣無疑會成為這段歷史進程中的重要篇章。」

評論人「一真濺雪」在〈方藝融的壯舉顯示出一代青年學子覺醒的非凡意義〉一文中指出：「這次7月30日在湖南婁底新化縣城過街天橋上掛起大幅『四通橋』式標語，並用擴音器大聲播放『要自由，要民主，要選票！罷課罷工罷免獨裁國賊習近平』口號的青年方藝融，就是這一大批覺醒了的青年學生和知識份子的傑出代表，他甘冒坐牢、被迫害、被殺頭的巨大風險，在新化縣城鬧市區的過街天橋上發出了時代的最強音，勇敢地、義無反顧地喊出了全大陸民眾共同的心聲。這是一件具有劃時代重大意

義的英雄壯舉；這是一件必將載入史冊的重大事件，其產生的巨大影響是不可估量的。」文章認為，中共當局因經濟下滑造成的財政困難，已致使中共各地的維穩體系處於「躺平」和「不作為」狀態，這才使得方藝融有充分的時間在鬧市的過街天橋上完成懸掛反習反共的「反動標語」，並安裝擴音器向民眾呼喊：「要自由，要民主，要選票！罷課罷工罷免獨裁國賊習近平」。這表明「在中共目前面臨的政治經濟困境之下，中共賴以生存的維穩體系正在走向崩潰。」

「民主中國」網站發表了署名吳嚴的評論文章〈中國不該有個湖南省——方藝融事件有感〉。文章指出：「此次方藝融事件，政治訴求十分明顯，訴求已由溫和發展到了激烈。從方藝融那可信度相當高的自述來看，他對現實有過幻想，有過妥協。是什麼因素把他逼上終於克服了恐懼之路？答案肯定在當局。愚蠢又兇殘的當局已陷入自身造成的死結之中。」文章分析，今日中國，有義憤和理想的青年人各省皆不罕見，但具備湖南人「霸蠻」性格的人卻不是很多。此種「霸蠻」性格的形成，需要歷史淵源的潛移默化，也需要民情風俗的陶冶。「自曾國藩以來，湖南的軍政名人多出自湘中、湘南沿江城市，但湖南的中下層勇武之士卻主要出自湘中地區，它組成了歷史上湘軍的基本盤。婁底及所轄新化縣便為湘中地區，這帶地區人的性格霸蠻，時常讓省會長沙的人也得甘拜下風，能與這帶地區人的性格比肩的是湘南地區的人。而就對現實的不滿乃至義憤而言，今日湘中地區已然聯成了一體。方藝融其人其事，不會湮滅，只會發酵。不久後中國再爆發大動蕩乃至革命，這塊地區踴躍參與將是大概率。這個大概率見證了百年前那個流行詞：『若果中國亡，除非湖南人死光。』」誠然，日後湖南人的抗爭行動，需要與新的世界大勢相結合。畢

竟,一百七十年來湖南人奮起向命運抗爭,有光榮也有悲哀。」

在方藝融再現「四通橋勇士」壯舉的視訊下,網友這樣留言:

「和四通橋遙相呼應。勇士站出來了,中共到處爆雷,就看什麼時候崩盤了!」

「這種舉動無疑是對中共統治的直接挑戰,也是對獨裁體制下被壓抑已久的民意的一次宣洩。諷刺的是,中共自詡為人民服務,但一遇到真正的民意表達,就會迅速鎮壓。這個標語不僅是一聲吶喊,更是一面鏡子,照出了一個體制的虛偽與恐懼。人民的聲音,終究是無法被長期壓制的。」

「要自由,要民主,要選票!這吶喊,是壓抑已久的火山噴發的岩漿。有人說,這是螳臂當車,是蚍蜉撼樹。是的,一個人的力量或許微不足道,但當越來越多的四通橋勇士站出來,當越來越多的沉默者發出自己的聲音,那彙聚成的,將是不可阻擋的歷史洪流!」

隨後,「維權網」報導,方藝融反習標語事件發生後,公安部派員進駐當地辦案,各地加大維穩力度,防止類似事件在其他地區再現。

冷水江市網友、當地某學校老師吳青春勇敢轉發了方藝融拉橫幅的視訊到微信群「卵談群」,遭當地警方刑事拘留,該微信群成員差不多都被問話。可見,中共當局已到了風聲鶴唳草木皆兵的地步。

中國研究系列20
永不屈服：黑暗時代的抗爭者第三卷

作　　者：余杰
篆　　刻：姚碩業
策　　劃：公民權利同盟
責任編輯：鄭欣挺
版型設計：張凌綺
排　　版：旭豐數位排版有限公司
封面設計：楊啓巽

出版發行：主流出版有限公司 Lordway Publishing Co. Ltd.
出 版 部：台北市南京東路五段 389 巷 5 弄 5 號 1 樓
電　　話：(02) 2766-5440
傳　　眞：(02) 2761-3113
電子信箱：lord.way@msa.hinet.net
劃撥帳號：50027271
網　　址：www.lordway.com.tw

經　　銷：
紅螞蟻圖書有限公司
臺北市內湖區舊宗路二段 121 巷 19 號
電話：(02) 2795-3656　　傳眞：(02) 2795-4100

2025 年 5 月 初版 1 刷
書號：L2506
ISBN：978-626-99594-3-3（平裝）
Printed in Taiwan
著作權所有　翻印必究

國家圖書館出版品預行編目資料

永不屈服. 第三卷, 黑暗時代的抗爭者 / 余杰著. -- 初版.
 -- 臺北市 : 主流出版有限公司, 2025.05
 面 ; 公分. --（中國研究系列 ; 20）
ISBN 978-626-99594-3-3（平裝）

1.CST: 世界傳記

781　　　　　　　　　　　　　　　　114004554